Volker Plagemann
Kunstgeschichte der Stadt Hamburg

Im Kontakt mit den Großen der deutschen Romantik hat Philipp Otto Runge
an seinem Zyklus Zeiten *gearbeitet.*
Das zentrale bildkünstlerische Projekt der Romantik blieb unvollendet;
Der Morgen, *aus der 1805 publizierten Stichserie; Hamburger Kunsthalle 1807.*

Volker Plagemann

Kunstgeschichte der Stadt Hamburg

Junius Verlag

Umschlagbild vorn: Alfred Lichtwark lud Künstler nach Hamburg ein und empfahl ihnen Hamburgische Landschaft *in Pastelltechnik: Edouard Vuillard hat 1913 den* Blick auf die Binnenalster *in Pastelltönen gemalt; Hamburger Kunsthalle.*

Junius Verlag
Stresemannstraße 375
22761 Hamburg

Titelfoto: Hamburger Kunsthalle
Umschlaggestaltung: Gesine Krüger
Layout: Ulrike Theilig
Herstellung: Das Herstellungsbüro, Hamburg
Satz: H & G Herstellung, Hamburg
Druck: Druckhaus Dresden
Printed in Germany 1995
ISBN 3-88506-257-7

Die Deutsche Bibliothek — CIP-Einheitsaufnahme
Plagemann, Volker:
Kunstgeschichte der Stadt Hamburg / Volker Plagemann. -
Hamburg : Junius, 1995
ISBN 3-88506-257-7

Inhalt

Für Christine und Johann

Stadtrepublikanische Kunstgeschichte?
Ein Vorwort

Die Geschichte der Kunst in der Freien und Hansestadt Hamburg ist bisher noch nicht geschrieben worden. Darstellungen der Kunst in Residenzstädten wie München sind dagegen zahlreich. Dies Vorwort soll eine Erklärung dafür finden.

Zunächst lassen sich sozialpsychologische Gründe vermuten: Zur residenziellen Selbstdarstellung gehört bis heute eine glanzvolle Kunstgeschichte. Zur stadtrepublikanischen Selbstkritik in der Stadt des Protestantismus und der Aufklärung will es dagegen wenig passen, kunstgeschichtliche Zusammenhänge wahrzunehmen, wo – in der Absicht, die Verhältnisse zu bessern, – gerade das Fehlen von Kunstpolitik in der Vergangenheit verhöhnt wird.

Aber es gibt auch historische Ursachen: Tatsächlich war Kunstpolitik in der Vergangenheit das Resultat stadtherrlichen Willens. Zu den Aufgaben stadtrepublikanischen Handelns gehörte gemeinschaftliche Kunstförderung dagegen lange nicht.

Nur in den ersten Jahrhunderten nach der Christianisierung war Hamburg stadtherrlichem Willen unterworfen. In seiner Zeit als Missionsmetropole des Nordens vom 9. bis 12. Jahrhundert bestimmte der Ehrgeiz der hamburgisch bremischen Erzbischöfe Architektur und Kunst. Im 13. Jahrhundert konnte die Stadt sich dann aber von ihren Stadtherren befreien.

In den Städten haben sich in dieser Zeit die Zünfte, in Hamburg Ämter, zusammengeschlossen, unter denen die Kunsthandwerker eine kleine Gruppierung bildeten. Bei isolierter Ausbildung entwickelten sie erkennbare einheitliche Traditionen, die die Kunsthistoriker »Schulen« genannt haben. In Hamburg waren anfänglich aber die kunsthandwerklichen Aufträge so wenig zahlreich und die Einwanderung so groß, daß es zu solcher Einheitlichkeit nie gekommen ist.

Das ganze Mittelalter hindurch hatte die Stadt sich mit der Kirche zu arrangieren; die ersten bürgerlichen Repräsentationsbauten und Kunstwerke waren sakrale. Seit der Reformation engagierte sie sich für den Protestantismus; bis ins 18. Jahrhundert hinein beeinflußte daraufhin die lutherische Orthodoxie und ihr distanziertes Verhältnis zur Bildkunst die sakrale Architektur, die Kunst und das kulturelle Leben in Hamburg.

Nach der Reformation wurde ein Hamburger Maler, Franz Timmermann, ausdrücklich zu Lucas Cranach geschickt und finanziell unterstützt, um als protestantischer Maler ausgebildet zu werden. Danach erhielt er, in der Geschichte der Stadt einmalig, den Titel eines Ratsmalers.

Jenseits sakraler Beeinflussung befaßte sich die städtische Politik mit Architektur und Kunst nur unter dem Gesichtspunkt des gemeinsamen Nutzens; am deutlichsten wird dies bei der Anlage des größten Bastionenkranzes der europäischen Welt. Alle übrige Kunstproduktion und Kunstrezeption wurde der Freiheit des Marktes überlassen. So konnte sich individuelle Freiheit entfalten, in erster Linie die der bürgerlichen Auftraggeber und Rezipienten, aber auch die mühseligere Freiheit der künstlerischen Produzenten. »Schall eine freye Kunst sien und bliven und jeder Tiedt in Eines Ehrbaren Raths Gefallen stahn«, hieß es 1578 in einem Urteil des Rates. Damit wurde die Voraussetzung für eine spätere Unabhängigkeit von kirchlicher und fürstlicher Obrigkeit geschaffen.

Der Gegenreformation konnte Hamburg sich widersetzen, und gegen die Unterwerfung unter das neue Territorialfürstentum half der zahlungskräftigen Stadt hinter ihrem Bastionenkranz eine geschickte Außenpolitik. Die nun mögliche Emanzipation von der Kirche bereitete die bürgerliche Aufklärung vor.

Andernorts richtete fürstliche Politik im Laufe des absolutistischen Zeitalters Architektur und Kunst immer stärker zentralistisch auf die Residenz, auf den Hof, auf den Monarchen aus und räumte dabei dem Kooperationspartner, der Kirche, eine protegierte Sonderrolle ein. Zugleich schuf sie sich eigene Instrumente: Bauintendanzen zur Realisierung der fürstlichen Bauten und Regulierung der residenziellen Strukturen, Wunderkammern, Gemäldegalerien, Antikengewölbe für die fürstlichen Prätiosen- und Kunstsammlungen genauso wie fürstliche Archive, Bibliotheken, Orchester und Theater.

Zu den Instrumenten fürstlicher Kunstpolitik gehörte vor allem die Akademie, anfangs als Ort der Künstlerdiskussion, dann immer mehr auch der Künstlerausbildung zur Ausrichtung von Architektur und Kunst. In Residenzen entstanden sowohl aus der Künstlerkonzentration am Ort des Hofes wie später aus der Akademieentwicklung Einheitlichkeit vermittelnde künstlerische Traditionen, die ebenfalls »Schulen« genannt worden sind.

Die Stadtrepublik hatte solche Institutionen nicht oder nur unter dem Gesichtspunkt des gemeinsamen Nutzens: Bauhof,

Stadtarchiv und Stadtbibliothek waren für das Stadtregiment notwendig. Kunstsammlung und Kunstrezeption — in den Residenzen Privileg des Hofes — blieben Sache der einzelnen Bürger. Theater und Musik, außer der Kirchenmusik, aber auch Literatur vermittelten sich kommerziell. Architektur war das Ergebnis bürgerlicher Aufträge. Kunst verbreitete sich über den Kunstmarkt. Hamburg entwickelte sich zu einem der großen europäischen Kunsthandelszentren.

Institutionen zur Künstlerdiskussion oder Künstlerausbildung, gar zur Künstlerausrichtung gab es in Stadtrepubliken wie Hamburg nicht. Für Hamburg ist deshalb geradezu charakteristisch, daß sich vereinheitlichende Traditionen im Sinne von »Schulen« bis ins 19. Jahrhundert hinein nicht gebildet haben. Die Interessen der bürgerlichen Auftraggeber und der Kunstmarkt der Stadt wurden vielmehr bedient von immer wieder neu einwandernden Bauleuten und Künstlern. Damit setzte sich eine Tradition der von auswärts kommenden Wanderhandwerker und Wanderkünstler aus der vorfränkischen heidnischen Zeit fort: Auch die Erzbischöfe der frühmittelalterlichen Missionsmetropole ließen Bau- und Kunsthandwerkertrupps von außerhalb kommen. In der mittelalterlichen Stadt fanden aus verschiedenen Regionen einwandernde Künstler Beschäftigung. Vom 15. bis 18. Jahrhundert bedienten mobile Künstler — wie in den Niederlanden — den Kunstmarkt. In allen Perioden wurden daneben Aufträge an auswärtige Werkstätten vergeben oder einzelne Kunstobjekte durch Auftraggeber und Händler von außerhalb eingeführt.

In Residenzen konnten die fürstlichen Architektur- und Kunstinstitutionen seit dem 19. Jahrhundert einheitlich in staatliche Institutionen umgewandelt werden; auch die erst fürstliche, dann staatliche Denkmalpflege kam hinzu. In der Stadtrepublik dagegen mußten diese Institutionen erst geschaffen werden. Sie entstanden dadurch, daß bürgerliche Initiativen der Aufklärung, Gesellschaften oder Vereine, gemeinsame Interessen aller formulierten. Sie wurden von bürgerlichen Dotationen einzelner unterstützt. Erst spät begann die Stadt sich an der Finanzierung und an der Verwaltung von Kultureinrichtungen zu beteiligen. Dieser Prozeß der Zusammenführung individueller Interessen zu gemeinsamen Anliegen, die demokratische Formung kulturpolitischer Intentionen, dauert bis heute an. Er ist charakteristisch für den modernen Pluralismus in den einst nichtresidenziellen, reichsstädtischen oder stadtrepublikanischen Gemeinwesen. Hamburg ist in Deutschland das markanteste Beispiel dafür.

Auch die Unterstützung der Ausbildung von Architekten und Künstlern entstand in Hamburg erst aus privaten Initiativen: derjenigen der Patriotischen Gesellschaft Ende des 18. Jahrhunderts, der des Kunstvereins und der des ersten Künstlerzusammenschlusses Anfang des 19. Jahrhunderts. Einen Künstler als Zeichenlehrer am Johanneum gab es seit 1780 mit Johann Anton Tischbein. Eine Bau- und eine Gewerbeschule mit späterer Kunstgewerbeschule wurden im 19. Jahrhundert eingerichtet. Einheitliche Künstlerbestrebungen, die man als »Schulen« bezeichnen und wiedererkennen könnte, sind deshalb erst bei den Realisten des Künstlervereins von 1832, den Pleinairisten des Künstlerclubs von 1897 oder bei den Expressionisten der »Sezession« seit 1919 zu beobachten. Solche Regionalismen hat die pluralistische, überregional und international ausgerichtete Großstadt dann jedoch schnell überwunden.

Wiedererkennbare Einheitlichkeit künstlerischer Entwicklungen ist in der hamburgischen Geschichte aus den genannten Gründen kaum zu beobachten. Residenzielle Kunstgeschichte, das vereinheitlichte Resultat fürstlichen Willens, eignet sich eher für den kunstwissenschaftlichen Nachvollzug als solche stadtrepublikanische Pluralität. Mit den Beamten fürstlicher Kunstinstitute – von der Akademie bis zur Denkmalpflege – stand dafür in den Residenzen aber auch viel eher Fachpersonal bereit, das residenzielle Kunstgeschichte erforschen und das Interesse an deren Darstellung befriedigen konnte.

Hamburg hatte solche Institutionen, solches Fachpersonal und solches Interesse lange nicht. Sieht man von der Geschichtsschreibung der Stadtarchivare ab, war Alfred Lichtwark als erster Kunsthallendirektor auch der erste, der sich als Sammler, als Forscher und als Schriftsteller mit der hamburgischen Kunstgeschichte befaßt hat. Er begriff, daß sie sich nicht den Kategorien residenzieller Kunstgeschichte beugen ließ. Vielleicht deshalb behandeln seine wenigen Schriften nur einzelne Themen, vielleicht deshalb hat er nie eine zusammenfassende Darstellung in Angriff genommen. Eine Kunsthochschule, anfangs Kunstgewerbeschule, und dort angestellte Kunsthistoriker erhielt Hamburg erst im 20. Jahrhundert; sie widmeten sich der Propagierung zeitgenössischer Kunst. Die Kunsthistoriker der ebenfalls erst im 20. Jahrhundert gegründeten Universität waren anfangs und später wieder ganz den Anschauungen und der Methode des großen Hamburger Kunstgeschichtsprotagonisten Aby Warburg verpflichtet; eine auf Hamburg beschränkte Kunstgeschichtsdarstellung konnte für sie keine Bedeutung finden. Auch die Denkmalpflege als Institution hat sich in Hamburg im 20. Jahrhundert entwickelt. Erst nach den Kriegszerstörungen entstand das Bewußtsein für die Notwendigkeit einer hamburgischen Baugeschichtsforschung. Deren über erhaltene Bauten und Bauausstattungen publizierte Ergebnisse sind das einzige Zusammenfassende, was zu einer Kunstgeschichte in Hamburg vorliegt: die Schriften von Renata Klée Gobert und Hermann Hipp. Die freie Initiative von Historikern, Kunsthistorikern und Journalisten hat Zusammenhangstiftendes hinzugefügt: das Geschichtswerk der Hamburg-Historiker, herausgegeben von Werner Jochmann und Hans-Dieter Loose, das Buch von Hermann Heckmann über Barockarchitektur in Hamburg sowie die Hamburggeschichte von Eckart Klessmann. So uneinheitlich die Kunstgeschichte der Stadtrepublik war, so uneinheitlich sind die Versuche zu ihrer Beschreibung geblieben.

Eine offenkundige Begründung für das Fehlen einer hamburgischen Kunstgeschichtsschreibung ist schließlich der Hinweis darauf, daß von der historischen Bausubstanz und deren Ausstattung nur weniges original erhalten ist. Vorchristliche, vorfränkische Funde sind das zufällige Ergebnis von Grabungen. Die Bauten der Missionsmetropole des Nordens waren schon in ihrer Zeit ständigen Zerstörungen ausgesetzt und sind kaum ergraben und rekonstruiert worden. Die Stadtstrukturen und Bauten des frühen und hohen Mittelalters sind von der Stadtentwicklung überlagert worden. Der mittelalterliche Dom, viele mittelalterliche Sakralbauten und der Bastionenkranz des 16. und 17. Jahrhunderts wurden im frühen 19. Jahrhundert beseitigt. Der Brand von 1842 vernichtete noch erhaltene mittelalterliche Bausubstanz. Die rasante Stadtentwicklung des 19. und frühen 20. Jahrhunderts zerstörte dann auch Altstadt- und Neustadtzusammenhänge. Wichtige barocke Bauten wie die Michaeliskirche fielen Bränden zum Opfer. Im Zweiten Weltkrieg wurde schließlich fast alle historische Bausubstanz zerbombt und beschädigt. Das Ergebnis ist, daß nur noch für Kundige alte Strukturen erkennbar sind, daß nur wenige mittelalterliche Bauten noch stehen, die überdies häufig in großen Teilen rekonstruiert sind, daß selbst barocke Bauten und deren Ausstattungen Rekonstruktionen sind. Die Stadt besteht heute überwiegend aus Bauten und Ausstattung des 19. und 20. Jahrhunderts.

Abgesehen von der glückhaften Erhaltung und Wiederentdeckung weniger Kunstgegenstände des Mittelalters – Werke von Meister Bertram oder von Meister Francke, der Lukasaltar – ist man häufig auf Rekonstruktionen auch für mobile Kunstobjekte angewiesen. Die Geschichtsschreibung kann die Stadtgeschichte aus schriftlichen Quellen nacherzählen, Kunstgeschichtsschreibung muß über weite Strecken eine Darstellung nach Rekonstruktionen sein.

Das alles sind aber keine Gründe, die stadtrepublikanische Geschichte der Kunst in Hamburg nicht darstellungswürdig zu finden. Im Gegenteil. Die vielen Beschädigungen der Stadt und die Wechselhaftigkeit in ihrer Geschichte erweisen sich als ein Charakteristikum der Stadtrepublik, das dazu herausfordert, sie zu durchdringen und darunter die verschiedenen Zustände der Struktur und Architektur, die verschiedenen Spuren der bildenden und dekorativen Künste in der Stadt zu entdecken. Auch wenn wenig Zusammenfassendes darüber geschrieben worden ist, so sind doch viele interessante Einzelheiten darüber zusammengetragen worden. Bei der Betrachtung der Kunstgeschichte der Stadt Hamburg läßt sich nicht Einheitlichkeit erwarten. Das Interessante daran ist die sich immer weiter entfaltende Uneinheitlichkeit und Vielfalt, die zeitgenössischen Großstadtpluralismus vorbereitet.

1. Hamburg in sächsischer Zeit

Hamburg begann seine Existenz als unbekannte Siedlung außerhalb des Lichtes lateinisch geschriebener Geschichte. Die Kaiserstadt Augusta Treverorum, das spätere Trier, die Handelsstadt Colonia Agrippinensis, heute Köln, Militärstädte wie Castra Regina, Regensburg, und andere römische Orte in West- und Süddeutschland verdanken Ursprung oder Aufschwung Maßnahmen des Imperium Romanum. Von Siedlungen wie Hamburg jenseits der Grenzen dieses Reiches gibt es dagegen nicht einmal eine römische Erwähnung, auch wenn ihre Bewohner als Gegner und als Söldner den Römern in Erscheinung traten.

Elbgermanen

Die von Augustus selbst vorbereitete Germanien-Offensive unter seinem Stiefsohn Drusus brachte schon 9 v. Chr. römische Truppen bis zur Elbe. Unter seinem anderen Stiefsohn, Tiberius, erreichte die römische Flotte 6 n. Chr. die Niederelbe und stieß das Landheer auf die dort lebenden Stämme. »Besiegt wurden Völker, die beinahe dem Namen nach unbekannt waren, und die Unterwerfung der Chaukenstämme entgegengenommen [...]. Gebrochen wurde die Kraft der Langobarden, eines Stammes, der noch wilder ist als die germanische Wildheit«, schrieb Velleius Paterculus, der Tiberius als Legat begleitete.[1] Er war der erste und einzige Römer, der aus eigener Anschauung über die Elbgermanen berichtet hat. Nach der Vernichtung der Legionen des Varus, 9 n. Chr., drang dann nur noch Germanicus, der Sohn des Drusus, auf seinen Rachefeldzügen, 14-16 n. Chr., bis zur Elbe vor. 17 n. Chr. erhielt er seinen Triumph »über die Cherusker, Chatten und Angrivarier und die anderen Völker, die bis zur Elbe wohnen«[2]. Dabei wurden zum ersten Mal auch Elbgermanen als Kriegsgefangene in Rom vorgeführt. Dann aber beendete Tiberius, inzwischen selbst römischer Kaiser, weitere Vorstöße römischer Soldaten.

Germanische Söldner brachten Auszeichnungen aus Rom zurück: einer von zwei unter Kaiser Arcadius (Amtszeit 395-408 n. Chr.) geprägten römischen Solidi, die in Hamburg-Eppendorf und Hamburg-Lokstedt gefunden wurden; Helms-Museum.

Von nun an drangen nur noch römische Händler und Handwerker mit ihren Waren bis an die Elbe vor. Germanische Krieger lernten als Söldner römische Kulturgegenstände kennen.

Funde römischer Beutestücke, Handelswaren oder Handwerksprodukte sind deshalb auf hamburgischem Gebiet nichts Ungewöhnliches. Die Elbgermanen akzeptierten diese kulturelle Beeinflussung, die ihnen Spezialisierung und kunsthandwerkliche Produkte von außerhalb bescherte.

Was die römische Literatur und vor allem Tacitus' *De origine et situ Germanorum (Über Ursprung und Wohnsitz der Germanen)* angeben, ist für die Elbgermanen besonders wenig differenziert[3]: Die Kimbern und Teutonen, die schon von 120 bis 110 v. Chr. in das Römische Reich eingedrungen waren, gehörten zu ihnen, die Langobarden, die an den Ufern der Elbe lebten, die Chauken, die später römische Grenzgebiete seeräuberisch heimsuchten.

Bei Ptolemäus werden um 160 n. Chr. schließlich auch die Sachsen erwähnt, die dann als neuer Großstamm nach dem Teilabzug der Langobarden im 3. Jahrhundert n. Chr. zu beiden Seiten der Elbe siedelten und der Elbeniederung Siedlungskontinuität brachten.[4] Von hier aus erschienen sie im 3. und 4. Jahrhundert n. Chr. dann als Piraten an den gallischen und britannischen Küsten und setzten auch zur Landnahme nach Britannien über: »Ein Volk, das am Gestade des Ozeans und in unzugänglichen Sümpfen wohnt und wegen seiner Tapferkeit und Beweglichkeit gefürchtet ist.«[5]

In wenigen literarischen Zeugnissen der von den Römern als »edle Wilde« Betrachteten spiegelt sich die eigene Geschichte wider. Das ursprünglich langobardische Hildebrandslied[6] schildert den Zusammenstoß zweier Reiterkrieger. Der nach dreißigjähriger Kriegsgefolgschaft Theoderichs zurückkehrende Hildebrand erkennt Hadubrand, seinen Sohn; dieser aber fordert den Unbekannten zum Kampf auf und nötigt ihn, sein eigenes Kind zu erschlagen. Das Lied beleuchtet nur einen Moment in der Männerwelt der Kriegereliten. Seßhaftigkeit oder gar der feste Aufenthalt in Städten waren diesen lange unbekannt. Jahrzehntelanges Umherziehen bestimmte die Lebensweise von Anführern wie Arminius, Theoderich oder Widukind ebenso wie die von Reiterkriegern und Seeräubern, von Wanderhändlern, Wanderhandwerkern und Wanderkünstlern.

Haus und Hof waren das Ergebnis bäuerlicher Seßhaftigkeit. Die Kriegereliten und ihre Anführer befaßten sich mit Architektur allenfalls, wenn es um Wehranlagen oder um ihre eigenen Grabmäler ging, wie das Grabmonument Theoderichs bei Ravenna, gebaut um 520, in besonderer Weise demonstriert. Wir kennen in der Umgebung von Hamburg vor allem die Gräber der Sachsen. Die kreisförmige Grabanlage eines Reiterkriegers mit Pferd und Waffen südlich der Elbe erinnert an den germanischen Kriegsgefolgsmann der Völkerwanderungszeit. Ursprünglich war sie von konzentrischen Gräben mit Ringwall dazwischen umgeben. Sie stammt aus dem 7. Jahrhundert, als die Sachsen Reiterheere gegen die fränkische Bedrohung zusammenzogen.[7]

Solche architektonische und dingliche Kultur aus der Zeit zwischen der Beunruhigung durch das ferne Römische Reich und der fränkischen Eroberung und Christianisierung ist an der Elbe nur archäologisch erschließbar. Sie bestimmt aber in vieler Hinsicht die Kultur der folgenden Zeiten.

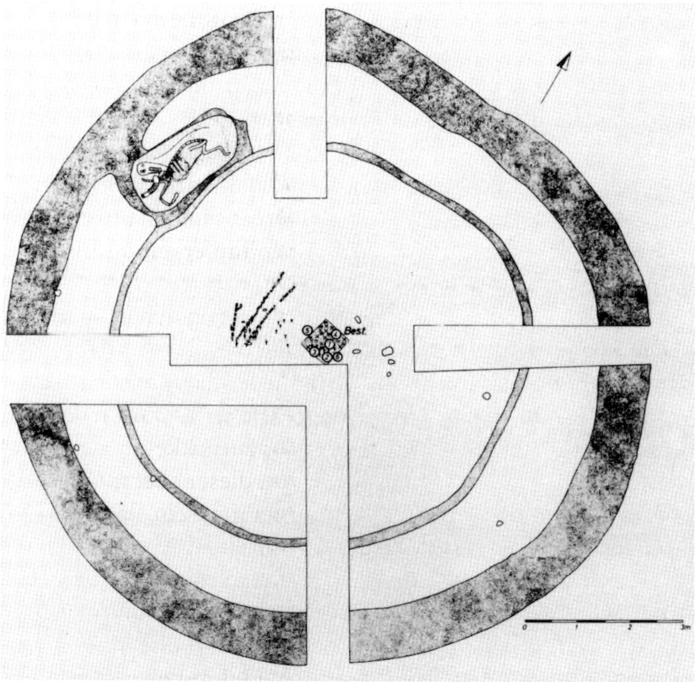

Von sächsischen Kriegern zeugen deren Gräber und Grabbeigaben: Ringwall mit Pferdegrab, Leichenbrand, Pferdegeschirr und Waffen, 7. Jahrhundert, Rehrhof; Museum Lüneburg.

Das sächsische Hamburg

Der sächsische Ringwall des 6., 7. und 8. Jahrhunderts lag unter der fränkischen sogenannten »Hammaburg«; Grabungsergebnis von 1982-1988; Helms-Museum.

Die Bestimmung des Standortes der späteren Stadt Hamburg wurde durch einen — erst jetzt ergrabenen[8] — Ringwall in sächsischer Zeit getroffen, der vom 6. bis ins 9. Jahrhundert bestanden hat. Diese sächsische Burg lag auf einer Geesthalbinsel, die sich von Osten zwischen Bille und Alster in die Elbeniederung vorschob. Von hier aus konnten der Alsterübergang eines ost-west-gerichteten Handelsweges und eine Siedlung mit Hafen überblickt werden. Die »unzugänglichen Sümpfe« der Elbenie-

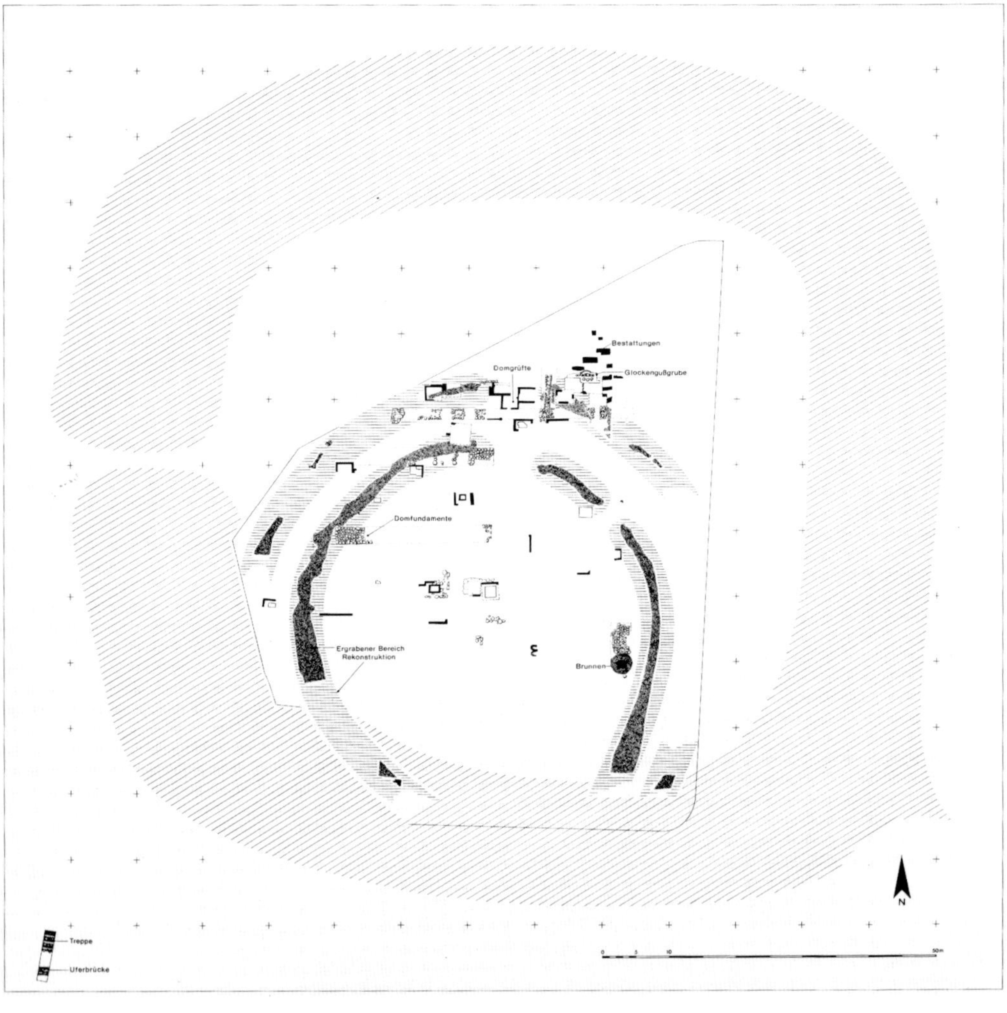

derung machten die Befestigung von Süden her für Angreifer unerreichbar. Die Anlage bestand aus zwei konzentrisch angelegten Gräben, hatte einen Durchmesser von achtzig Metern und war zwischen den Gräben palisadenverstärkt.

Der Name »Hamburg« ist in sächsischer Zeit schriftlich nicht belegbar, ein »Hammaburg« genannter Ort »im äußersten Sachsenland, jenseits der Elbe«, erscheint in späteren Abschriften einer Urkunde Ludwigs des Frommen von 834 und vorher in einer undatierten Urkunde Papst Gregors IV. (Amtszeit 827 bis 844).[9] Das Wort »ham« – im Stadtteilnamen »Hamm« noch erhalten – für die sumpfige Elbeniederung und die Bezeichnung »burgus« für eine Befestigung waren aber in vorfränkischer Zeit so geläufig, daß dieser Ort schon bei den Sachsen »Hamburg« geheißen haben muß.

Die Siedlung westlich des Ringwalles aus verstreuten Gehöften, wenigen bäuerlichen Wohnstallhäusern und kleineren Gebäuden für Handwerker und Fischer, war älter als der Wall selbst. Das mit Holz- und Sträucherwerk befestigte Ufer diente als Anleger. In der Umgebung gab es Eisenverhüttung und Waffenschmiede.

Eine Befestigung von überregionaler Bedeutung, ein Ort mit Landwirtschaft, Handwerk, Fischerei, Schiffahrt und Handel bildete also spätestens im 6. Jahrhundert die früheste Ansiedlung auf dem heutigen Stadtgebiet. Von Orten wie diesem sind die sächsischen Piraten und Landnehmer losgefahren. Hier konnten die friesischen Wanderhändler landen und Markt halten. Von hier aus begannen die Sachsen ihren eigenen Handel aufzubauen.

Kunstgegenstände

Die erschließbaren Architekturformen der von sächsischen Handwerkern aufgeführten Anlagen und Bauten waren zweckorientiert oder dienten standesgemäßer Bestattung. Die gefundenen Gegenstände bezeugen außerdem eine anspruchsvolle kunsthandwerkliche Produktion. Sie wurden von den ansässigen Frauen – Keramik und Stoffe – und Männern – Waffen, Metallgeräte – hergestellt. Auf kompliziertere Fertigung (wie Eisenverhüttung, Metallschmelzen, Keramikbrand) von kunsthandwerklich herausragenden Gegenständen hatten sich umherwandernde Waffenschmiede, Goldschmiede und Töpfer spezialisiert. Sie blieben über längere Zeit an bestimmten Orten, wo sie ihre Öfen und Schmieden errichteten – Wanderhandwerker als Vorfahren späterer Wanderkünstler.

Andere Produkte wurden aus italienischer, provinzialrömischer oder fränkischer Produktion durch die Reiterkrieger selbst oder von Händlern importiert: Münzen, Metallwaren, Schmuck und Glas.[10]

In Hamburg gefundene Goldmünzen aus der Völkerwanderungszeit – zwei Solidi aus Hamburg-Eppendorf und Hamburg-Lokstedt, die unter Kaiser Arcadius (Amtszeit 395-408) geprägt und an Söldner vergeben worden sind – belegen, daß Krieger dieser Gegend in römischen Diensten gestanden haben.[11] Gräber mit prunkvollen und zugleich wirkungsvollen Waffen und metallverziertem Zaumzeug als Grabbeigaben zeichneten sie und ihre Nachfolger in späteren Jahrhunderten auch nach dem Tode aus. Schließlich belegen Keramik und Glas eine hohe Kultur der Gebrauchswaren.

Darüber hinausgehendes Prunkbedürfnis und religiöse Motive haben zu künstlerischen Leistungen angespornt. Besonders eindrucksvoll sind die amulettartigen sächsischen Goldbrakteaten, deren große Zahl Einblicke in eine untergegangene heidnische Welt erlauben.[12] Ein Brakteat des 6. Jahrhunderts aus einem Schatzfund bei Hamburg zeigt inmitten von Flechtwerk die Umrißdarstellung des Sachsengottes Tyr oder Saxnot mit dem sächsischen Kurzschwert, wie er mit dem Fenriswolf vor sich, in dessen Rachen er seine Hand einbüßt, und mit der Mitgardschlange hinter sich kämpft: eine zu einem sehr eigenen dekorativen Zauberbild zusammengezogene Darstellung, die auch frühe hamburgische Händler begleitet haben kann.

Adam von Bremen beginnt die Beschreibung der Sachsen in seiner hamburgischen Kirchengeschichte aus der Zeit um 1072 mit der Feststellung, daß »Hamburg einst die vornehmste Stadt der Sachsen war«[13]. Selbst wenn er übertreibend irrt, Karl der Große, Ludwig der Fromme und Gregor IV. werden nach der fränkischen Eroberung nicht einen bedeutungslosen sächsischen Ort zur Metropole des nördlichsten Erzbistums bestimmt haben. Vermutlich war Hamburg das Zentrum des letzten nordalbingischen Widerstandes gegen die Franken unter Karl dem Großen.

Amulette zeigen religiöse Darstellungen aus vorchristlicher Zeit: Goldbrakteat des 6. Jahrhunderts mit dem Gott Tyr, Fenriswolf und Midgardschlange aus einem bei Hamburg gefundenen Schatz; Archäologisches Landesmuseum, Schleswig.

2. Die Missionsmetropole des Nordens im 9. bis 11. Jahrhundert

Die Christianisierung der Sachsen brachte für das Elbegebiet stärkere Befestigungen und die Kirche als neue Architekturform. Sie veränderte die Bestattungsweisen und die Sitten der Grabbeigaben. Sie vertrieb die heidnische Götterwelt aus Sagen, Bildern und Kunsthandwerk und ließ auch in Hamburg langsam Baukunst und Bildwelt des christlichen Mittelalters erstehen.

Seit der Einführung der lateinischen Schrift wurde das Elbegebiet in Heiligenviten und Kriegs- und Herrschaftschronographie beschrieben. Bis heute beginnen Historiker die Geschichte der Stadt mit einer Nacherzählung aus fränkischen Annalen und Bischofsbiographien als den ersten Schriftquellen. [1]

Die Archäologen sehen in Änderungen der Bestattungsweise dennoch schon vor dieser Zeit christlichen Einfluß. An der Elbe treten um 700 statt der Brandbestattungen Körpergräber in Süd-Nord-Ausrichtung auf. Im Laufe des 8. Jahrhunderts wird die West-Ost-Ausrichtung üblich, und die Waffenbeigaben verschwinden. [2]

Nach der offiziellen Historiographie hatten aber erst die Sachsenkriege seit 772 und die Massenhinrichtungen Karls des Großen 782 bei Verden den Christianisierungserfolg und führten schließlich auch zur Taufe des sächsischen Widerstandsführers Widukind 785. »Ek forsacho allum Diaboles werkun and wordum, Thunaer ende Woden ende Saxnote ende allum them unholdum, the hira genotas sint« (Ich widersage allen Werken und Worten des Teufels, Donar und Wotan und Saxnot und allen den Unholden, die ihre Genossen sind) – das altsächsische Taufgelöbnis war ein erzwungenes Abschwören der alten Götterwelt, die als Teufelswerk abgetan wurde. [3]

Die Schauplätze der Sachsenkriege lagen zunächst südlich der Elbe. Um den Widerstand der Nordelbinger zu brechen, suchten die Franken schließlich in den neunziger Jahren ein Bündnis mit den slawischen Abotriten. Seit 795 war das Hamburger Umland von Kämpfen betroffen. 798 unterlagen die Nordelbinger Sachsen einem Heer aus Abotriten und Franken. Zu dieser Zeit wurde auch der Ringwall in Hamburg ein erstes Mal erobert. 804 wiederholte Karl der Große von Hollenstedt aus einen

Angriff. Die sächsische Bevölkerung wurde deportiert. Slawische Keramik des frühen 9. Jahrhunderts in Hamburg weist darauf hin, daß die Abotriten die sächsische Burg noch für einige Zeit besetzt hielten.[4] »Da zu der Zeit auch die Slawenvölker der fränkischen Herrschaft unterworfen wurden, soll Karl Hamburg, die Stadt der Nordelbinger, nach Errichtung einer Kirche daselbst, dem Heridag, einem heiligen Mann, den er zum Bischof des Orts bestimmte, zur Herrschaft anvertraut haben«, rekapitulierte Adam von Bremen die Anfänge der Christianisierung zwei Jahrhunderte später.[5]

Auswirkungen der Grenzlage

Das Vorrücken der Grenzen des neuen fränkisch-sächsischen Reiches bis über die Elbe hinaus brachte vor allem neue Möglichkeiten für den Handel auf der Elbe. Hamburgs Standort wurde demjenigen Kölns zu Beginn der Ausdehnung des römischen Imperiums bis an den Rhein ähnlich, allerdings hatte die Lage jenseits der Elbe Gefahren zur Folge, die eine schnelle und sichere Entwicklung verhinderten. Die Verbannung des Papstes Benedikt V. nach Hamburg, 965, und sein schneller Tod im gleichen Jahr weisen darauf hin, daß Kaiser Otto I. die Stadt noch im 10. Jahrhundert als Verbannungsort einschätzte und sie in der Tat wenig Annehmlichkeiten für einen Papst aus Rom geboten haben muß.

Die Franken erbauten über dem sächsischen Wallring eine eigene »Hammaburg«. 831 bestimmte Ludwig der Fromme, »des Vaters Wunsch zu erfüllen willens, die Stadt der Nordelbinger Hamburg zum kirchlichen Mittelpunkt aller Barbarenvölker, Dänen, Schweden, auch Slawen und andere ringsum wohnende Stämme, und ließ Ansgar als ersten Bischof dieses Stuhls einweisen«[6]. 832 wurde Hamburg durch Gregor IV. zum Erzbistum erhoben und darin 834 kaiserlich bestätigt.

Aber schon für 845 berichtet die *Vita Ansgarii* von einem Überfall der Wikinger. »Da wurde die Kirche, da das Kloster, da die mit höchsten Eifer zusammengebrachte Bücherei vernichtet.«[7] Ansgar zog sich nach Bremen zurück und wurde dort 848 nach dem Tode Bischof Leuderichs dessen Nachfolger, so daß die hamburgisch-bremischen Bischöfe seitdem ihre Residenz und ihre Grablege in Bremen hatten, Hamburg aber weiter als Missionsmetropole beanspruchten.

Hamburg blieb danach in karolingischer, ottonischer, salischer Zeit ein Grenzort und – dem Anspruch nach – ein Missionszentrum, das immer wieder angegriffen wurde von den skandinavischen und slawischen Völkern, die man von hier aus zwangsmissionieren wollte. Legt man nur die Kirchen- und Missionsgeschichte Adams von Bremen zugrunde, so sind in den dort geschilderten etwa drei Jahrhunderten für die Kirche, ihre Bauten und Einrichtungen sowie für die Geistlichkeit in Hamburg Phasen der Ruhe, Konsolidierung und sogar des glanzvollen Ausbaus, aber immer wieder auch des Überfalls, der Plünderung, Brandschatzung, Zerstörung und Verwüstung aufeinander gefolgt. Ansgar hatte offenbar vorausgesehen, daß die nichtchristlichen Völker weiterhin ihr Angriffsziel im Missionsort und dessen kirchlichen Einrichtungen suchen würden. Sie waren ideologisch motiviert; Adam von Bremen hebt nicht ohne Grund hervor, daß heidnische Angreifer Kreuze zerbrochen und Geistliche erschlagen hätten, nicht anders als Missionare mit heidnischen Heiligtümern und ihren Priestern verfuhren. Das Interesse galt allerdings auch der Beute, die in kirchlichen Einrichtungen zu holen war.

Erste Stadtstrukturen

Die architektonische Entwicklung der Stadt vom 9. bis zum 12. Jahrhundert folgte weder einem einheitlichen Plan noch folgerichtigem politischen Willen. Das spätere Stadtzentrum fügte sich aus einzelnen Organisations- und Baumaßnahmen, bevor es von einer alles umfassenden Befestigung umgeben wurde.

Die Hafen- und Handelssiedlung breitete sich stetig weiter aus. Sie bildete seit vorkarolingischer Zeit das Element der Kontinuität. Sie war aber auch der Anlaß für fortifikatorische Maßnahmen der Stadtherren, die sie zu beherrschen suchten, um von ihr zu profitieren. Die Geschichtsschreibung vermerkt Maßnahmen dieser Stadtherren, über die Geschichte der Siedlung hingegen schweigt sie bis ins 12. Jahrhundert. Rechtsakte bezeugen aber deren Prosperität: Schon zwischen 834 und 845 erhielt Ansgar das Recht, Markt abzuhalten und Zölle einzuziehen. Für 888 ist belegt, daß der Bremer Erzbischof Markt-, Zoll- und Münzrechte hatte. Die Auseinandersetzungen der Erzbischöfe mit den weltlichen Herzögen und Grafen um die Stadt im 10. und 11. Jahrhundert weisen darauf hin, daß sie sich lohnten.

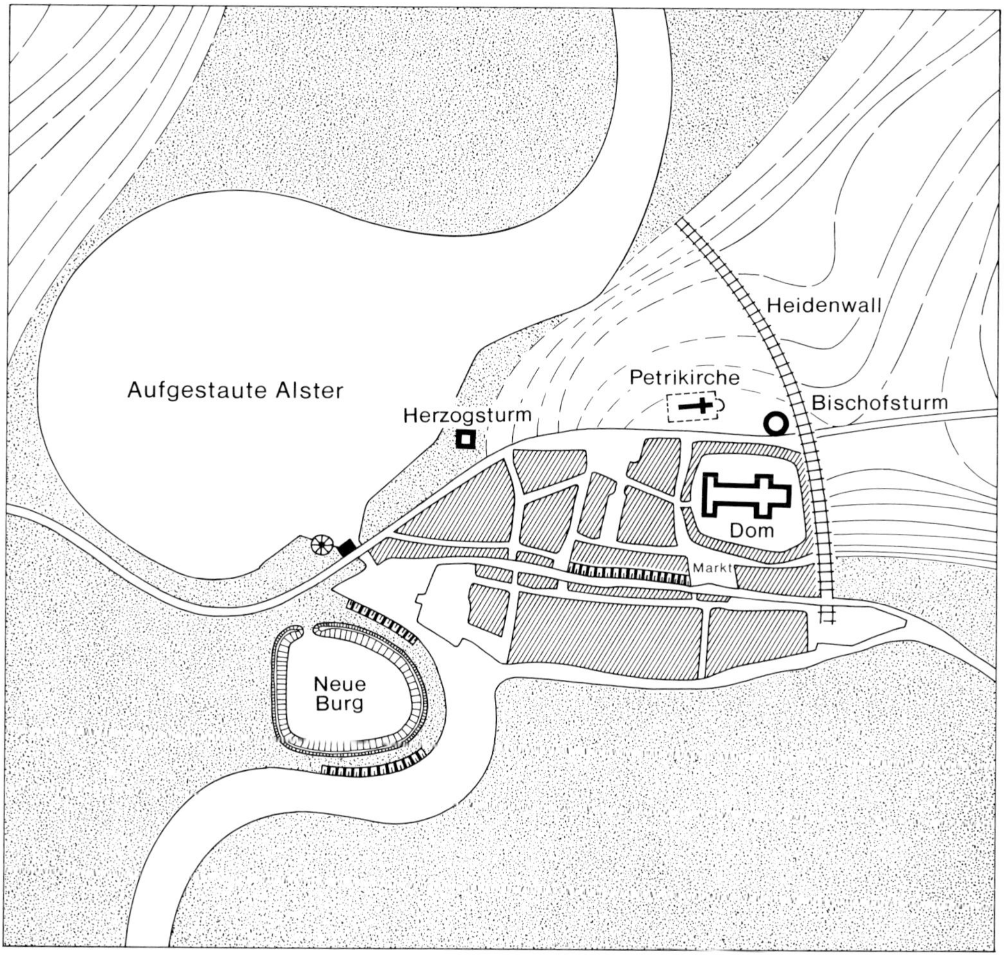

Die »Neue Burg« des Herzogs Ordulf aus dem 11. Jahrhundert lag der alten »Ham(ma)burg« des Bischofs auf der anderen Seite der Alster gegenüber; Rekonstruktionszeichnung.

Daß die Bevölkerung sich aber schon im 11. Jahrhundert nicht alles gefallen ließ, beweist ein erfolgreicher Aufstand gegen eine von Vasallen des Erzbischofs errichtete Burg auf dem Süllberg um 1066. Die Archäologie bestätigt im übrigen die wachsende Ausdehnung des Ortes.[8]

In karolingischer Zeit wurde über dem kleinen sächsischen Wallring auf einem 130 x 130 Meter großen Areal eine Palisadenanlage errichtet. In ihrem Inneren entfalteten sich die bischöfliche Verwaltung und das kirchliche Leben, die Domimmunität. Erst nach 1100 wurde die Fläche der verfallenden Palisaden mit Häusern des Domkapitels überbaut.

Inzwischen war nach Slaweneinfällen im 10. Jahrhundert der — im späten Mittelalter so genannte — »Heidenwall« errichtet worden, der mehrfach und noch im 13. Jahrhundert verstärkt worden ist. Er verband Alster und Billearm und schirmte die Geestzunge nach Osten ab, so daß dieser Teil der späteren Stadt schon früh befestigt war. Ein Plan des Erzbischofs Bezelin Alebrandt (Amtszeit 1035-1043), diesen Teil der Stadt sogar mit einer Mauer und zwölf Türmen zu umgeben, konnte nicht realisiert werden.

Dagegen errichtete der weltliche Herzog Ordulf (Amtszeit 1059-1072) seinerseits eine Befestigung — im Gegensatz zur alten »Hammaburg« »Neue Burg« genannt — auf der Hamburg gegenüberliegenden Alsterseite. Sie war — ähnlich der karolingischen Burg — über einem Areal von etwa 100 x 100 Metern als Ringwallpalisade aufgeführt. »Denn auch der Herzog gab zu der Zeit die alte Burg zu Hamburg auf und gründete für sich und die Seinen eine neue Feste zwischen dem Elbestrom und einem Bach, der Alster hieß. So bewohnte also, im Herzen und in den Behausungen voneinander getrennt, der Herzog die Neustadt, der Erzbischof die Altstadt.«[9]

Die Hafen-, Händler- und Handwerkersiedlung lag zwischen den Ringwällen der beiden nie ständig anwesenden konkurrierenden Stadtherren.

Frühe Steinarchitekturen

Beide Herren — der kirchliche wie der weltliche — ließen sich auf der vom Heidenwall abgeschirmten Geestzunge gemauerte Türme bauen, die ersten steinernen Bauwerke nördlich der Elbe. Adam von Bremen schilderte um 1072 den Vorgang: »Darauf schuf er ein weiteres steinernes Gebäude für sich mit

Türmen und Zinnen stark bewehrt. Zur Nachahmung dieses Werkes angestachelt, rüstete der Herzog für die Seinen auch ein Haus in demselben Burgbereich.« [10] Das Fundament des von Erzbischof Bezelin Alebrandt erbauten Bischofsturms ist ergraben worden: ein an den Heidenwall und an den Ringwall der Domimmunität angelehnter Rundturm aus Findlingsmauerwerk von neunzehn Metern Durchmesser. [11] Den Herzogsturm erbaute Bernhard II. Billung (Amtszeit 1011-1059) an der Alster — wie nach den auf dem Rathausmarkt ergrabenen Fundamenten seines Nachfolgebaus geschlossen werden kann: ein Viereckturm, ebenfalls aus Findlingsmauerwerk und von der gleichen Größe wie der Bischofsturm. Innerhalb der umfestigten Siedlung von Holzbauten standen nun zwei markante, mit Zinnen bewehrte Herrschaftsarchitekturen, ein Rundturm der geistlichen Gewalt und ein Viereckturm der weltlichen Gewalt.

Von den frühen Hamburger Kirchenbauten ist nur die kärgliche schriftliche Überlieferung geblieben. Danach gab es die hölzerne »ecclesia primitiva« des Bischofs Heridag, St. Peter geweiht, vermutlich an der Stelle der heutigen Petrikirche. Die hölzerne Bischofskirche, »ecclesia miro opere«, der Maria geweiht, errichtete Ansgar zwischen 831 und 845 in der Mitte der

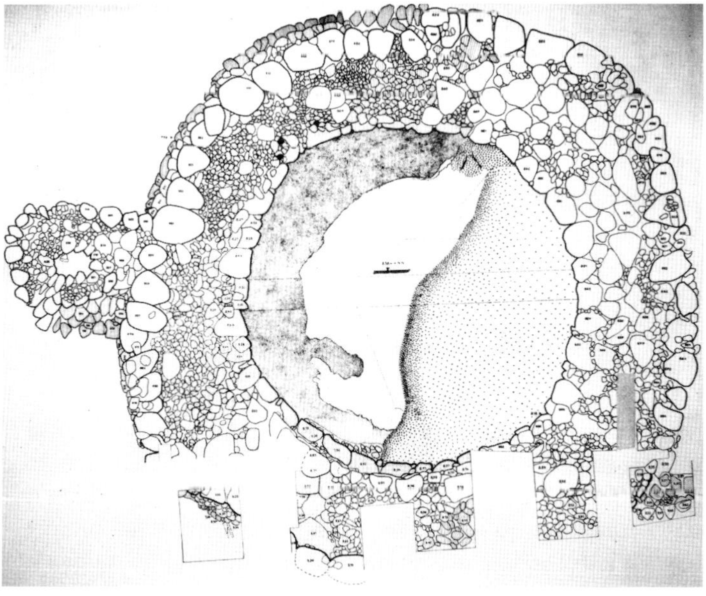

Das Fundament des Bischofsturms ist ergraben worden: ein an der heutigen Steinstraße gelegener Rundturm aus Findlingsmauerwerk von neunzehn Metern Durchmesser (1035-1043).

karolingischen Hammaburg.[12] Alle hölzernen Nachfolgebauten haben ebenfalls an dieser Stelle, dem Standort des Hamburger Doms, gestanden. Sie werden Saalkirchen, später eventuell dreischiffige basilikale Bauten mit eingezogenem Ostchor gewesen sein.

Eine Grabung im Bremer Dom hat die Entwicklung der Grundrisse einer Domkirche, beginnend mit den kleinen karolingischen Steinkirchenbauten Ansgars aus dem 9. Jahrhundert, zutage gebracht.[13] Die Kirchen auf dem Hamburger Domgelände waren jedoch, anders als die am Bischofssitz Bremen, weiterhin so gefährdet, daß man sich noch längere Zeit mit Holzbauten begnügte, die nach Zerstörungen schneller wieder aufgebaut werden konnten. Zweifellos gab es für den Ort der Kirche und deren hölzerne Bauten aber eine Kontinuität. Der Leichnam des 965 gestorbenen, in der Kirche beigesetzten Papstes Benedikt V. wurde 999, nachdem dieser heiliggesprochen war, exhumiert und nach Rom überführt; der Ort seines Grabes blieb das ganze Mittelalter und bis zum Abbruch des Domes bekannt. Noch von Bischof Unwan (Amtszeit 1013-1029) wird berichtet, daß er eine hölzerne Domkirche erbaut habe. Es muß ein Sakralbau gewesen sein, der die weltlichen Holzbauten in Hamburg weit überragt hat. Sein genaues Aussehen kennen wir nicht, obwohl wir wissen, daß Unwan und später Bezelin darin mit großem Gepränge Gottesdienste abgehalten haben.[14]

Der Dom im 11. Jahrhundert

Ein steinerner Kirchenbau wurde erst in einer Zeit in Angriff genommen, in der nacheinander zwei mächtige hamburgisch-bremische Erzbischöfe ihre ehrgeizigen Pläne für den Ausbau des Erzbistums und Missionszentrums und der von ihnen beanspruchten beiden Städte Hamburg und Bremen verfolgten: Bezelin Alebrandt (Amtszeit 1035-1043) und Adalbert (Amtszeit 1043-1072). Beide spielten eine Rolle in der Umgebung des Kaisers und in der Reichspolitik. Bezelin kam aus dem Kölner Domkapitel und war Mitglied der kaiserlichen Hofkapelle, Adalbert war sogar zeitweise engster Berater des Kaisers und begleitete diesen nach Italien. Beide kannten die rheinischen Städte und Bauten und die großen kaiserlichen Kirchenbauprojekte jener Zeit in Limburg an der Hardt und in Speyer, Adalbert kannte Italien und italienische Architektur. Beider Ehrgeiz richtete sich auf bauliche und künstlerische Ausstattung ihrer

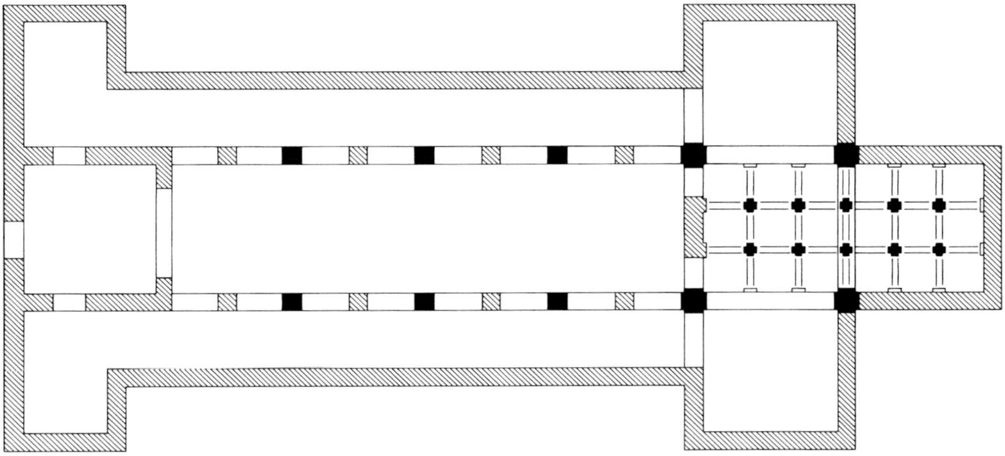

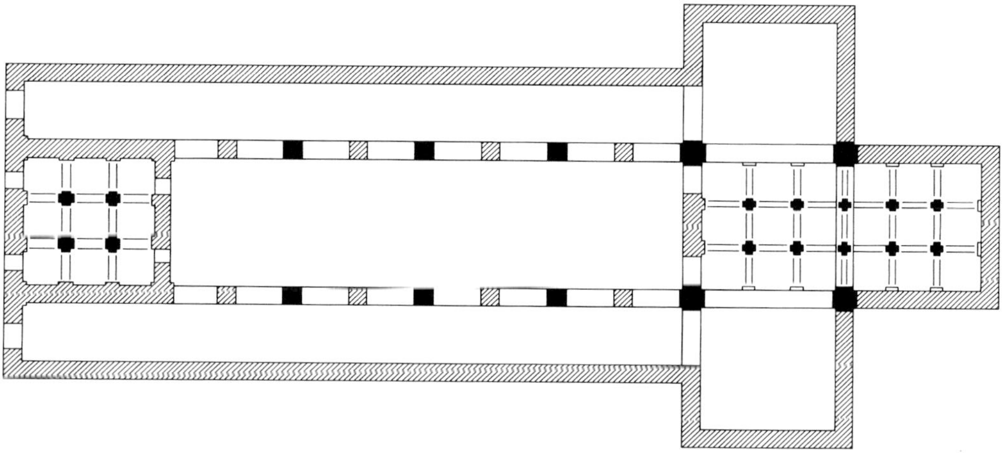

Der Hamburger Dom des 11. Jahrhunderts, auf dessen Grundmauern der Bau des 13. Jahrhunderts erstand, und der Bremer Dom wurden nach gleichem Grundrißschema unter Erzbischof Bezelin (Amtszeit 1035-1043) begonnen; nach Rekonstruktionen von Rosenau, Mathieu und Fliedner.

Residenzen. Beide zogen deshalb Bautrupps und Künstler aus anderen Regionen nach Hamburg und Bremen. Beide legten besonderen Wert auf ihre Präsenz in Hamburg: Bezelin ist dort ordiniert worden, Adalbert wollte dort begraben sein. Erst die erneuten Slaweneinfälle haben den Ehrgeiz der Erzbischöfe wieder stärker auf Bremen zurückverwiesen.

Bezelin Alebrandt schickte sich 1035 »alsbald mit der ganzen Liebe seines Herzens zum Bau der Hamburger Kirche an. Er hielt gegen die häufigen feindlichen Einfälle eine etwas stärkere Befestigung [...] für notwendig und erbaute als erster von allen die Kirche, die er zu Ehren der Mutter Gottes errichtete, aus Quadersteinen« [15], hat Adam von Bremen über die Baumaßnahmen festgehalten. Einen eventuellen späteren Verdienst Adalberts um deren Fertigstellung erwähnt er nicht. Es spricht deshalb alles dafür, daß Bezelin den steinernen Dombau in seiner Amtszeit begonnen und vollendet hat. Da der ebenfalls von Bezelin begonnene und dann von Adalbert fortgeführte salische Dombau in Bremen erst erforderlich wurde, als dessen karolingischer Vorgängerbau 1041 abbrannte, muß der Hamburger Dom vor diesem begonnen und also von 1035 bis 1043 in kurzer Bauzeit aufgeführt worden sein. Allerdings muß der Hamburger Dom sowohl 1066 wie 1072 durch die Slawenstürme beschädigt, vermutlich in seinen hölzernen Dachteilen verbrannt, in seinem Inneren gebrandschatzt und danach immer erst wieder neu verzimmert und gedeckt worden sein, so daß Adalbert 1072 nicht im Hamburger Dom beigesetzt werden konnte.

Von dem Bau Bezelins sind nur archäologische Spuren erhalten. Der salische Dom kann deshalb nur aus dem rekonstruierten Nachfolgebau, der auf seinen Fundamenten stand, und aus der Verwandtschaft mit dem Bremer Dom erschlossen werden. [16] Er war eine flachgedeckte Basilika mit Querhaus, ausgeschiedener Vierung und quadratischem Chor. Die Längenausdehnung machte sieben Quadrate, die des Querhauses drei Quadrate aus. Die Seitenschiffsbreiten entsprachen dem »quadratischen Schematismus«, d.h., neben einem Mittelschiffsquadrat lagen zu beiden Seiten zwei kleinere Nebenschiffsquadrate. In der Ostanlage war der Bau dem etwa gleichzeitigen ersten Plan des Kaiserdoms in Speyer verwandt. Grundriß und Proportionen insgesamt glichen denen des wenig später begonnenen Bremer Doms und denen des ebenfalls unter Bezelin angelegten Schleswiger Domes. Bezelin hat sich offenbar an Speyer anlehnen und in der Ausdehnung programmatisch – im Sinne eines politischen Anspruchs – den damaligen Kölner Dom einholen wollen. Für den Bremer Dom ist eine solche Absicht, was die Ausmaße, die Anlage von Ost- und Westchor, die Ost- und Westkrypta und die Patrozinien anlangt, in der entsprechenden Aussage Adam von Bremens erwiesen. Der Hamburger Dom hat keinen Westchor gehabt, die Existenz einer frühromanischen Ostkrypta scheint dagegen sicher; der Nachfolgebau besaß eine Ostkrypta, die der salischen Krypta in Bremen gleicht. In Hamburg wie in Bremen haben danach Metropolitankirchen gestanden, die wenigstens in den Ausmaßen dem karolingisch-ottonischen Dom des Kölner Erzbischofs und Reichskanzlers glichen, ein Zeugnis für den gewaltigen Ehrgeiz der beiden hamburgisch-bremischen Erzbischöfe.

Herausragende Bauten in Hamburg mögen außerdem die Häuser der bischöflichen Verwaltung und der Domschule sowie später des Domkapitels im Bereich der Hammaburg gewesen sein, in denen Papst Benedikt V. im Exil gelebt hat.

Siedlungsbauten

Die Einwohnerschaft der Siedlung hat den Herrschaftsarchitekturen zu dieser Zeit noch keine eigenen herausgehobenen Bauten entgegengesetzt, sieht man von der Marktkirche St. Petri ab, die irgendwann über der allerersten Heridag-Kirche errichtet worden ist. Vermutlich war es eine Kirche der Kaufleute, denn auch an anderen Orten, zum Beispiel in Bremen, war es üblich, nahe dem Marktplatz ein eigenes Kirchlein für die Kaufleute zu errichten. Im Falle der Petrikirche spricht für eine karolingische Gründung, daß sie sich an einen heidnischen Begräbnisplatz anlehnt, daß sie ein karolingisches Patrozinium hat und daß sie ursprünglich der Mittelpunkt eines weitreichenden Kirchenspiels war.[17] Die ersten Bauten waren aus Holz; im Laufe des 12. Jahrhunderts muß die zuerst 1195 bezeugte Kirche dann als kleiner Steinbau errichtet worden sein.

Das übrige Gelände der befestigten Geestzunge füllte sich vom 9. bis 12. Jahrhundert mit den profanen Gebäuden der trotz aller Überfälle im 9., 10. und 11. Jahrhundert stetig wachsenden Kaufmanns- und Handwerkersiedlung. Zu Füßen der Hammaburg lag die sich ausdehnende Hafenanlage mit einem Anleger aus Pfosten, Flechtwerk und mit Aufschüttungen der Uferzone. Grabungsergebnisse lassen auf getrennte Kaufmannsbereiche am Hafenrand und Handwerkerbereiche im Inneren der

Siedlung schließen. Nach 850 wurde auch das gegenüberliegende Ufer – das wegen seiner Insellage Schutz bot – mit Kaufmannshäusern besiedelt, auf die der seit 1264 bezeugte Name »platea divitum«, Reichenstraße, zurückgeht. Im frühen 12. Jahrhundert vollendete sich so ein frühstädtisches Gebilde mit Hafenzone, Marktplatz auf dem späteren Fischmarkt, Kaufmannssiedlungen an beiden Ufern des Hafenfleetes und Handwerkerstraßen im Inneren. Diese Siedlung hatte noch keine nachweisbaren städtischen Organe; aber die Initiativen zum Marktkirchenbau und zum Wasser- und Hafenbau lassen auf erste gemeinschaftliche Organisationsformen schließen.

Außer den Ringwällen, dem Heidenwall, dem Bischofs- und Herzogsturm sowie der Bischofs- und Marktkirche waren alle Bauten, die das Gesamtbild der Stadt ausmachten, aus Holzpfosten, Flechtwerk mit Lehm und Reetdach. Ausgrabungen haben die dreischiffigen Wohnstallhäuser auch für die nachsächsische Zeit erschlossen. Aus ihnen entwickelten sich die großen Häuser der Fernhändler. Handwerker und Fischer bewohnten wesentlich kleinere Häuser. Daneben gab es besondere Speicher und Werkstattbauten.

In einer Stadt der Deiche, Erdwälle, Holzpalisaden, Holzkirchen, Blockhäuser, Flechtwerk- und Lehmbauten, der hölzernen Hafenanlagen und Holzschiffe, in der sogar die Dammwege und Treppen mit Holzbohlen belegt wurden, gab es offenbar Scharen von Erd- und Holzarbeitern, Zimmerleuten, Dachdekkern und Schiffszimmerern, die nach den gewohnten Überfällen die Aufräum- und Wiederherstellungsarbeiten verrichteten.

Für Stein- und Mörtelarbeiten waren dagegen weder die Materialien vorhanden, noch waren die Techniken geläufig. Für Haustein- und Steinmetzarbeiten mußten die örtlichen Findlinge benutzt oder Kalk- und Sandsteine erst mit Schiffen herbeigeschafft werden. Maurer und Steinmetzen wurden als Bautrupps von außerhalb herbeigeholt. Für Bremen sind solche Trupps aus Italien oder dem Rheinland bezeugt. Auch in Hamburg müssen sie von Bezelin für das Findlingsmauerwerk seines Turms und das Hausteinmauerwerk seines Domes eingesetzt worden sein. Sie haben Findlingsgranit behauen.

Kirchenausstattung

In Bremen haben Steinmetztrupps auch bauplastische Arbeiten und Steinskulpturen von einiger Qualität hinterlassen. In Hamburg ist Skulpturales dagegen weder erhalten noch überliefert. »Quaderstein« war in dieser Gegend vor der Einführung des Backsteins so rar, daß jeder dieser Steine im Falle eines späteren Um- oder Neubaus wiederverwandt wurde. Im Mauerwerk des späteren Bremer Doms haben sich frühere Basen, Kapitelle und andere Bauskulpturen gefunden; auch die frühere Bauskulptur des Hamburger Doms wird im gotischen Mauerwerk verbaut gewesen sein. Sie wird ausgesehen haben wie die Bremer Arbeiten und von denselben Steinmetztrupps im Auftrage derselben Bischöfe ausgeführt worden sein: eine von den geistlichen Herren importierte auswärtige Steinmetzkunst. Herausragend in Bremen ist das Relieffragment eines thronenden Christus aus der Zeit zwischen 1047 und 1049 – heute in der Westkrypta des Domes –, der als Verkörperung des Missionsauftrages und Taufbefehls für die hamburgische Kirche an der Bremer Domfassade gearbeitet worden ist.[18]

Auch die Werke sakraler Goldschmied- und Textilkunst, kirchlicher Skriptur oder Buchmalerei, die von den Erzbischöfen, dem Domkapitel und der Domschule in Hamburg verwandt worden sein mussen, sind verloren und können nur aus dem, was in Bremen gerettet wurde, rekonstruiert werden.[19] Von allerhöchster Qualität ist ein Evangeliar, das um 1030 bis 1050 in Echternach eventuell für den Hamburger Erzbischof ausgeführt wurde und das er in Hamburg wie in Bremen für den Altar- und Chordienst benutzt haben kann.

Daß der Dom in Hamburg nicht ärmlich ausgestattet war und die dort vollzogenen Zeremonien des Pompes nicht entbehrten, schildert Adam von Bremen für mehrere Bischöfe: »Unwan hatte bei den meisten Osterfeiern sieben Bischöfe bei sich und außerdem Aebte und ebenso den Herzog und einige Grafen«[20]; Bezelin wurde geweiht »von seinen Suffraganen und sieben anderen sächsischen Bischöfen, und zwar in der Metropolitanstadt Hamburg mit außerordentlicher Pracht«[21]; Adalbert »wollte [...] dort alle Oster- und Pfingstfeste und Feste der Mutter Gottes feiern«, »ließ [...] alle gottesdienstlichen Handlungen mit großer Sorgfalt und auch äußerem Prunk ausführen« und »freute [...] sich am Rauch von Spezereien, am Blitzen der Lichter und am Donner der laut tönenden Stimmen«[22].

Kaiser Heinrichs IV. Geschenke an Adalbert, mit denen der Hamburger Dom nach der Plünderung 1066 wieder eingerichtet werden sollte, geben uns genaue Vorstellungen über Pracht und Reichtum des Kirchenschatzes: »Drei goldene Becher, in denen zehn Pfund Goldes waren, ein silbernes Salbgefäß, einen silbernen vergoldeten Schild, einen mit Goldbuchstaben geschriebenen Psalter, silberne Weihrauchfässer und Leuchter, neun königliche Wandbehänge, 35 Kaseln, 30 Plurialen, Dalmatiken, 14 Tuniken [...] und ein Reliquienkästchen, dessen Deckel neun Pfund Goldes enthalten mochte [...].«[23] Zugleich zeigt diese Aufzählung, wie lohnend Plünderungen der sakralen Einrichtungen in Hamburg waren.

Hamburg war also in dieser Zeit mehr als ein Siedlungsort von Händlern und Handwerkern. Bezelin und Adalbert erhoben für ihn den Anspruch eines Mittelpunktes der gesamten nordeuropäischen Welt. Und dennoch haben die heidnischen Vergeltungsschläge und Brandschatzungen bewirkt, daß sich keine materiellen Spuren der sakralen Kunst dieser Zeit erhalten haben. Was Bezelin und Adalbert in Hamburg zur Präsentation der Macht des Christentums an großartigen Textilien und Insignien vorgeführt haben, davon geben nur noch die in ihren Bremer Gräbern gefundenen Reste einen Eindruck.

Kunstgegenstände

Da das Verbot der vorchristlichen Grabbeigabensitte für normale Sterbliche in der Folge der Christianisierung zunehmend befolgt wurde, sind Gebrauchs-, Wert- und Kunstgegenstände der Bevölkerung nur in zufälligen Funden erhalten. Ein Lederschuh des 9. Jahrhunderts aus der Hammaburggrabung oder Pringsdorfer Weinkrüge sind Zeugnisse des Alltagslebens. Waffenfunde wie das Wikingerschwert des 9. Jahrhunderts oder das Ulfberhtschwert des 11. Jahrhunderts aus der Elbe führen uns vor Augen, daß auch ständige Bedrohungen zu diesem Alltag gehörten. Amulette wie die Kreuzfibel des 9. Jahrhunderts aus der Hammaburggrabung, die Heiligenfibel des 9. Jahrhunderts aus einem Körpergrab in Seevetal und das elfenbeinerne Kruzifix des 10. Jahrhunderts aus der Reichenstraßengrabung zeigen, daß die Bevölkerung sich nun auf christlichen Zauber umgestellt hatte.[24]

Bemerkungen Adams von Bremen liefern darüber hinaus die

Kruzifixe verdrängten die heidnischen Amulette: Elfenbein, 11. Jahrhundert, Grabungsfund in der Reichenstraße; Helms-Museum.

Steinchen eines Sittenmosaiks aus der Umgebung Erzbischof Adalberts, das mehr erahnen läßt als die wenigen archäologischen Funde: Von Adalbert heißt es dort, daß er bei Tische »nicht so sehr an Speis' und Trank wie an witzigen Gesprächen oder Geschichten von Königen oder seltenen Sprüchen von Philosophen Gefallen« [25] fand, aber auch, daß er die Gewohnheit hatte, »bei der Mahlzeit hochgestellte Männer durchzuhecheln«, und daß er gelegentlich »seine Muße mit Märchen und Träumereien [...] hinbrachte«. Von »Lautenspielern« ist die Rede, von »Menschen mancherlei Art und vieler Künste kundig« [26], von »verrufenen Leuten und Gauklern, Aerzten und Schauspielern und anderen derartigen Menschen«. Erstmals wird auch ein Goldmacher erwähnt, »ein vom Judentum zum christlichen Glauben bekehrter Zuwanderer, Paulus [...] in vieler Künste Wissenschaft wohl erfahren«, der »in Hamburg eine öffentliche Goldmünze einrichten und für Denare Byzantiner ausgeben« [27] wollte. Schließlich gehörten auch »Pantomimen, die mit unzüchtigen Körperbewegungen die gemeine Menge zu unterhalten pflegen«, zu dieser Szene [28] und natürlich die »verführerische Nachbarschaft von Dirnen« [29].

3. Die Entstehung der selbständigen Stadt im 12. und 13. Jahrhundert

Wie die Erzbischöfe zogen sich auch die Herzöge seit dem Ausgang des 11. Jahrhunderts ganz aus Hamburg zurück. Nach dem Grafen Gottfried, von dem man weiß, daß er dem Dom ein Evangelienbuch stiftete[1], wurden die Schaumburger mit den Rechten der Grafen von Holstein beliehen. Sie waren es, die – nachdem Unterwerfung und Christianisierung der Slawen gelungen waren – zur Kolonisierung Nordalbingiens und Wagriens aufriefen und Neugründungen sowie selbständige Weiterentwicklung der norddeutschen Städte, allen voran Lübeck und Hamburg, ermöglichten.

Zu Beginn des 12. Jahrhunderts ereigneten sich in Hamburg die typischen Vorgänge der Stadtentwicklung[2]: Zunahme des Fernhandels, Aufblühen der Gewerbe- und Handwerkerviertel, Entstehung früher bürgerlicher Verfassungsorgane sowie gemeinschaftliche Anstrengungen zum Deich-, Wasser- und Hafenbau, vor allem aber zur Stadtbefestigung. Der Aufschwung des Handels zwischen dem englisch-flandrischen Raum und dem Ostseebereich begünstigte diese Entwicklung. Die Stadt lag an einer für die Elbschiffahrt wie für den Warentransport zur Ostsee und später nach Lübeck wichtigen Umschlagstelle. Sie gewann ein immer größeres Absatz- und Einflußgebiet und wurde immer attraktiver für Händler, die aus Westfalen, Friesland, Holland und Flandern einwanderten. Darüber hinaus gewann die Stadt von außerhalb neues handwerkliches Spezialistentum, das sie zur Bewältigung der neuen Aufgaben benötigte.

Im frühen und hohen Mittelalter hatte sich das Zimmererhandwerk aus einer bäuerlichen Nebentätigkeit sowohl im Schiffbau wie im Hausbau zu einem eigenen Handwerk entwikkelt. Im Zusammenhang mit den Kirchenbauten aus Findlingsmauerwerk wurde auch das Maurerhandwerk in den niederdeutschen Städten eingeführt. Zimmerer und Maurer hatten jedoch lange keine Zunftzusammenschlüsse. Sie arbeiteten im Tagelohn; gerade in diesen Berufen war das Eindringen ungelernter Handwerker von außerhalb der Stadt deshalb am ehesten möglich. Das Steinmetzhandwerk schließlich wurde durch italienische Bautrupps oder durch Mitglieder der Bauhütten aus dem Süden und Südwesten des Reiches verbreitet, die für die bischöflichen Repräsentationsbauten eingesetzt worden waren.

An Materialien waren Holz, Flechtwerk und Lehm überall vorhanden. Findlingsgestein mußte von der Geest herbeigeschafft werden und war darüber hinaus schwierig zu bearbeiten. Kalkstein kam aus Lüneburg, später aus Segeberg. Sandstein wurde an der Mittelweser gebrochen und auf dem Wasserweg nach Hamburg geschafft. Kalk für den Mörtel kam ebenfalls aus Lüneburg und aus Segeberg sowie aus Helgoland. Das wichtigste Baumaterial war jedoch seit dem 12. Jahrhundert der Backstein. Als Backsteinbau in Norditalien in Anlehnung an die ravennatischen Sakralbauten wieder aufgenommen wurde, fand er in der zweiten Hälfte des 12. Jahrhunderts in Dänemark und Holstein ebenfalls Verwendung und setzte sich sehr schnell durch. Backstein war ebenso wie Lehm im Rohmaterial überall vorhanden; er war billig, leicht und warm und ließ sich zudem leichter verarbeiten als Findlings- und Hausteinmaterial; er ließ sich vorzüglich mit der Holzständer-Bauweise zu der heute noch geläufigen Fachwerkbauweise kombinieren; allein verwandt schließlich war er weitaus weniger feuergefährlich als Holz und Flechtwerk. Vielleicht hatte er in Dänemark auch eine reichsbildende, an den Bauten Heinrichs des Löwen in Ratzeburg und Lübeck wie bei den lombardischen Städten eine antistaufische, also ideologische Funktion.

Städtische Rechte und neue Gemeinschaftsaufgaben

Hamburg entwickelte sich im 12. Jahrhundert zuerst auf dem durch den Heidenwall abgesicherten Gelände der Altstadt. Dann aber kam es zur systematischen Anlage einer Neustadt, die seit den achtziger Jahren von einem Fernhändlerkonsortium betrieben, von Adolf III. von Schaumburg, dem Grafen von Holstein, nach »lübischem« Recht mit Privilegien ausgestattet wurde und auf dessen Betreiben 1189 sogar einen Freibrief Barbarossas erhalten haben soll. Was die Hamburger Bürger — damals wie für die Zukunft — an neuen Rechten für wünschenswert hielten, geht aus einer von ihnen um 1225 gefälschten Barbarossa-Urkunde hervor: freie Schiffahrt auf der Elbe von deren Mündung bis Hamburg, freien Warenverkehr im Gebiet der Grafschaft Holstein, Verbot des Burgenbaus im Umkreis von zwei Meilen um die Stadt, Fischfangrechte, Weiderechte für das Vieh, Holzungsrechte, Strafgelder für falsches Maß bei Bier, Brot und Fleisch, Erlaubnis des Geldwechsels sowie schließlich Freiheit der Bürger von Heeresfolge und Landesverteidigung.

Während Barbarossa und Adolf III. auf dem Kreuzzug waren, kehrte 1194 der 1181 verbannte Heinrich der Löwe zurück. Den Übertritt der Stadt zu ihm dankte er damit, daß er die Rechte der Neustadt auch auf die Altstadt übertrug. Den Umgang mit wechselnden Stadtherren hatten die Hamburger gelernt. Als sie im 13. Jahrhundert zeitweilig unter dänische Herrschaft gerieten, nutzten sie dies zur rechtlichen Vereinigung von Altstadt und Neustadt; »daß Hamburg eins ist und eins bleiben soll für alle Zeit und daß man jeden tauglichen Mann in den Rat wählen soll, ohne Rücksicht darauf, wo er wohnt«[3], hieß es dazu 1216. Dennoch beteiligten sich Hamburg und Lübeck am Maria-Magdalenen-Tag 1227 auf der Seite von Adolf IV. von Schaumburg an der legendären Schlacht bei Bornhöved gegen die Dänen unter König Waldemar II. und verpflichteten sich so den Landesherren.

Nachdem Adolf IV. 1227 Bauplätze für zwei Bettelordensklöster gestiftet und St. Nikolai dem Domkapitel geschenkt hatte, verzichtete Erzbischof Gerhard II. 1228 seinerseits auf seine Rechte an der Altstadt. Adolf schließlich trat 1239, einem Gelübde in der Schlacht von Bornhöved folgend, in das von ihm gestiftete Maria-Magdalenenkloster ein, fuhr von dort aus aber fort, die Stadt mit kirchlichen und sozialen Einrichtungen zu bedenken. Den Grafen von Holstein standen noch Gericht, Ausfuhr- und Durchfuhrzoll, Münze und Mühle als Geldquellen zu, aber auch diese gingen immer stärker in die Hände des Rates über. Immerhin war dieser schon während der Kampfhandlungen von 1225 bis 1227 in der Lage, für militärische Unternehmungen und zum Auslösen von Geiseln und Gefangenen eine Summe von 4000 Mark reinen Silbers, das heißt eine Tonne Silber, auszugeben.[4]

Stadtanlage

Seit 1241 ist mit dem Stadtsiegel die in den Jahrzehnten vorher geschaffene Grundform des hamburgischen Wappens überliefert[5]: die Abbreviatur eines wehrhaften Gebäudes, anspielend auf die Burg im Namen der Stadt, so scheint es auf den ersten

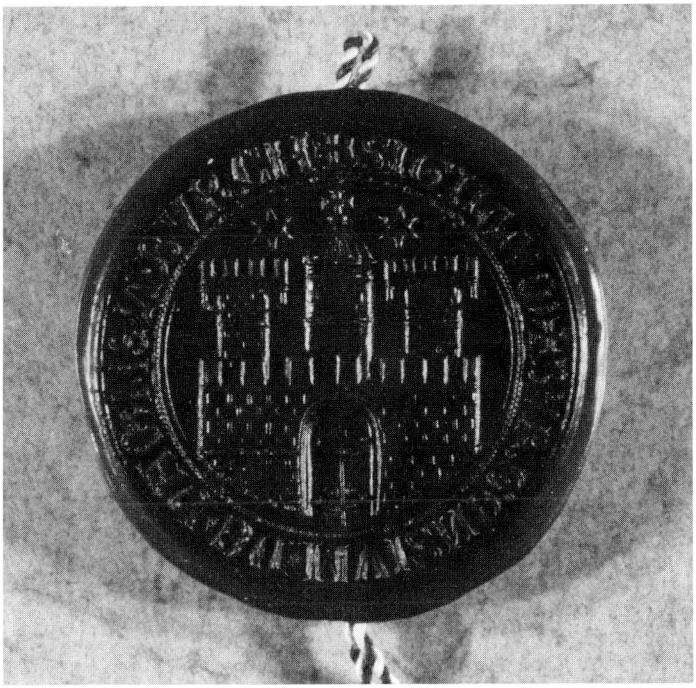

Das vor 1242 entstandene Stadtsiegel zeigt die vier Steinbauwerke der Stadt: die zinnenbekrönte Stadtmauer, dahinter die Türme des Bischofs und des Herzogs sowie in der Mitte den Domturm; Staatsarchiv.

Blick, oder aber die Darstellung eines eigentümlichen Stadttores mit drei Türmen, wie moderne Wappenfassungen nahelegen. Dem genaueren Blick offenbart sich jedoch etwas einfach Dargestelltes: Die Stadt präsentiert sich als von einer steinernen und mit Zinnen bekrönten Mauer umgürtet, deren Tor geschlossen ist. Hinter den Zinnen der Mauer erheben sich drei steinerne Bauwerke, die damals für charakteristisch gehalten werden mußten: links und rechts je ein zinnenbekrönter weltlicher Turm – Bischofsturm und Herzogsturm – und in der Mitte ein mit einem Kreuz bekrönter sakraler Turm – der Turm des Domes. Das frühe Stadtsiegel und Wappen kombiniert die Abbildung der beiden Stadtherrentürme und des Domturmes aus dem 11. Jahrhundert mit der stolzen Darstellung der neueren städtischen Mauer aus dem 13. Jahrhundert. In einem sogenannten Burgbrakteat aus der Zeit der dänischen Herrschaft Anfang des 13. Jahrhunderts, wie er in der Hamburger Kunsthalle aufbewahrt wird, hat das Hamburger Wappen zwar eine Art Vorläufer: Er zeigt ebenfalls die Abbreviatur eines wehrhaften Gebäudes. Aber das neue Wappen entwickelt daraus die sehr konkrete

Wiedergabe der vier charakteristischen Steinbauten der Stadt als eine Art Stadtdarstellung.

Nach Vereinigung von Altstadt und Neustadt waren die Neuanlage des Hafens in der untersten Alsterschleife, die Eindeichung und Aufschüttung des Marschengebietes zu beiden Seiten des Alsterhafens, der Stau der Alster weiter oberhalb für die Obermühle und damit die Trockenlegung der Alsterufer zwischen Hafen und Reesendamm, der dabei notwendige Aushub von Fleeten und die Aufschüttung von Dämmen und Deichen die umfangreichsten Gemeinschaftsaufgaben der Stadt und größten organisatorischen Leistungen ihrer neuen Ratsführung. Darüber hinaus wurde auf der Geest eine immer stärker besiedelte Vorstadt vor dem Heidenwall in die Stadt einbezogen. Für das ganze Gebiet wurden der privaten Bebauung systematisch Plätze und Straßen vorgegeben. Um das Gebiet herum wurde schließlich in wenigen Jahrzehnten die erste Ummauerung der Stadt fertiggestellt.

Vom Koggenbau an den Ufern der Alster sind ebensowenig Reste entdeckt worden wie von den für Hamburg charakteristischen Hafen- und Wasserbaumaßnahmen dieser Zeit. Auch von der technischen Sicherung der Schiffahrt auf der Elbe, für die Hamburg schon 1286 das Recht erwarb, auf der Insel Neuwerk vor der Elbmündung ein Leuchtfeuer errichten zu können, ist nichts mehr nachweisbar.[6] Deichbau und Aufschüttung sowohl bei der »Neuen Burg« wie auf der Reichenstraßeninsel lassen sich immerhin archäologisch nachweisen.

Von der Steinstraße ist überliefert, daß sie schon 1250 mit Steinen gepflastert war: Offenbar haben die Hamburger den Bischofsturm an der Steinstraße, die Zwingburg des Erzbischofs, der 1228 auf seine Herrschaft verzichtet hatte, bis auf das Fundament abgetragen und mit seinem Findlingsmauerwerk die Hauptverkehrsstraße gepflastert – Maßnahmen von mittelalterlicher Drastik. Die gewaltige Aufbauphase der Stadt nahm ihre Kräfte auch aus selbstbewußter Destruktion.

Vom mächtigsten Bauwerk dieser Zeit, der Stadtmauer, ist – außer dem Hamburger Wappen und dem Straßennamen »Bei den Mühren« – kaum etwas erhalten: Vermutlich hat die Stadt den Bau der Mauer nach dem Sieg über den dänischen König 1227 in Angriff genommen, und zwar nach dem Vorbild des Danewerk, das seit Waldemar I. (Amtszeit 1157-1182) anstelle der voraufgehenden Feldsteinmauer als Backsteinmauer errichtet worden war. Spätestens 1240 stand eine Befestigung, zunächst teils aus Mauerwerk, teils aus Planken, für die Altstadt, die Neustadt und die Marschengebiete des Katharinenkirchspiels. Nach 1258 wurden auch im Westen der Rödingsmarkt und im Osten die Vorstadt in einen turmbesetzten Backsteinmauerring einbezogen. Die Stadtmauer war lange ein »work in progress«, das in drei Jahrhunderten die Konturen der Stadt bestimmt hat. Nach der Rekonstruktion Erich von Lehes[7] öffnete sich die Ummauerung im Norden mit dem »Alsterdor«, im Osten mit dem »Spitaldor«, dem »Steindor« an der Steinstraße in Richtung Lübeck und dem »Diekdor«; im Süden lag vor der Mauer mit »Brokdor«, »Scaldor« und »Scardor« ein aus der Bille gespeister Stichkanal. Im Westen öffnete sich das »Milderadisdor« und auf der Höhe des neuangelegten Reesendammes das »Mölendor«; hier breitete sich vor der Befestigung die aufgestaute Alster aus. Den Zufluß der Bille im Osten sicherte ein im Fluß schwimmender befestigter Balken, der »Winserbom«. Besonders charakteristisch aber war die Einbeziehung des Alsterhafens: Zwei Mauertürme standen zu seiten der Alsterhafenöffnung. Außerdem überspannte eine Holzkonstruktion den Hafen, die »hoge brügge«, 1260 als »altus pons« erwähnt und heute am Straßennamen »Hohe Brücke« kenntlich, unter der alle ein- und auslaufenden »coggones« hindurch mußten.[8]

Dombau im 13. Jahrhundert

Größtes Einzel-Bauprojekt in Hamburg blieb aber auch im 13. Jahrhundert der Dom, über den unter Leitung des Bremer Erzbischofs der Domprobst mit dem Domkapitel verfügte.[9] Der unter Bezelin errichtete Hausteinbau muß nach zahlreichen Reparaturen bis in das 13. Jahrhundert bestanden haben. In diesem Jahrhundert war es üblich, Kirchenbauten Zug um Zug zu vergrößern und dem Bevölkerungswachstum in den Städten anzupassen. So ließ Erzbischof Gerhard II. auch den Bremer Dom durch eine neue Doppelturmfassade vergrößern und dann das ganze Gebäude über denselben Fundamenten neu hochführen, damit der hölzerne Dachstuhl durch Gewölbe ersetzt werden konnte. In Hamburg finden sich auch von dem Bau dieser Zeit keine Reste mehr. Nach Zeichnungen des 19. Jahrhunderts ist aber zu schließen, daß der Neubau aus Backsteinmauerwerk und Backsteingewölben angelegt worden ist, die herausragenden Architekturglieder – Sockel, Basen, Kapitelle und Kämpfer

Abriß-Darstellungen lassen den Gesamteindruck des Domes und Details der Bauskulptur des 13. Jahrhunderts erkennen; Zeichnungen von Jeß Bundsen, 1807.

— dagegen in Haustein gearbeitet waren. Im Gegensatz zu Bremen begnügte man sich in Hamburg mit einem Westturm. Das wurde typisch für alle Hamburger Kirchen.

Die Erscheinung des Hamburger Doms entsprach in Proportionen und Dimensionen etwa dem Gesamteindruck des in Bremen erhaltenen Baus: Er war als eine großräumige spätromanische Emporen-Basilika im gebundenen System über dem Grundriß des Vorgängerbaus angelegt und wurde zunächst mit gewaltigen frühgotischen Gewölbekonstruktionen hochgeführt. Schon bald nach dem Baubeginn im Jahre 1248 müssen Ostpartie, Querschiff und Krypta fertig gewesen sein, wie Altarstiftungen in den fünfziger Jahren des 13. Jahrhunderts bestätigen. Das Langhaus folgte in den sechziger und siebziger Jahren. In seiner basilikalen Ausformung ragte der Hamburger Dom als letztes Monument erzbischöflichen Anspruches in die städtische Gegenwart des 13. Jahrhunderts hinein. In dieser Form hatte er seinerzeit Einfluß auf andere Bauten wie den Schleswiger Dom, die Johanniskirche in Meldorf oder die Zisterzienserkirche in Lügumkloster.

Ganz fertiggestellt wurde diese basilikale Form aber nie. Vielmehr wurden der Dom und seine Baugerüste durch einen ver-

Anfang des 13. Jahrhunderts wurde der Dom als dreischiffige Emporenbasilika geplant; Rekonstruktion von Mathieu, 1973.

Nach dem Brand von 1284 wurde der Dom als dreischiffige Stufenhalle vollendet; Rekonstruktion von Mathieu.

heerenden Stadtbrand von 1284 in Mitleidenschaft gezogen, so daß er bis zur endgültigen Weihe 1329 noch einmal umformuliert werden konnte: Das basilikale Langhaus wurde in eine dreischiffige sogenannte Stufenhalle verwandelt, deren Seitenschiffe etwas niedriger als das Mittelschiff waren. Im Laufe des 13. Jahrhunderts hatte sich von Westfalen bis in das Baltikum die Hallenkirche als Bauform für hansische Markt- und Kaufmannskirchen verbreitet. Teilweise entstanden solche Hallenkirchen durch Umbau vorhandener Basiliken, teilweise wurden sie neu konzipiert. Für Hamburg weiß man immerhin, daß der um 1250 entstandene Bau der Katharinenkirche bereits als Stufenhalle aufgeführt war, bevor der Dom neu konzipiert wurde. Sowohl das Hamburger wie das Lübecker Domkapitel entschieden sich zur Übernahme dieser neuen bürgerlichen Bauform für die Langhäuser ihrer Dome.

Der fertige Dom erhob sich über einem Grundriß, der dem des 1035 von Bezelin angelegten entsprach: quadratischer Chor, quadratische Vierung, quadratische Querschiffsarme, eine über Chor- und Vierungsquadrate sich erstreckende hohe Krypta mit Empore darüber, Langhaus mit vier quadratischen Mittelschiffsjochen und je einem längsrechteckigen Nebenschiffsjoch sowie Mittelturm über quadratischem Grundriß mit seitlichen Anbauten. Zweifellos bedeutete das Festhalten am alten Grundriß eine Anknüpfung an die große Zeit der Hamburger Metropolitankirche unter Bezelin und Adalbert. Der Bereich des Domkapitels, die Querschiffe, die Vierung und der Chor mit Krypta, bewahrte offenbar bewußt die gleiche Ausbildung wie der Bereich des Domkapitels im Bremer Dom. Nur das Langhaus, der den bürgerlichen Laien vorbehaltene Bereich, erhielt — anders als der Erzbischofsbau in Bremen — die Form der Halle, die dann ebenso wie der einzelne (West-) Turm für alle anderen vom Bürgertum verwalteten und finanzierten Hamburger Hauptkirchen typisch wurde.

Hauptkirchen

Bezeichnend für das Wachstum der Bevölkerung hinter der neuen Befestigung war die Aufteilung in vier Kirchspiele mit neun Straßenbezirken: das älteste, das von Kaufleuten und Handwerkern bewohnte St. Petri-Kirchspiel, das zweitälteste, das Kaufleute-Kirchspiel St. Nikolai der Neustadt, das um 1250 entstandene Kaufleute-Kirchspiel von St. Katharinen und das ununterteilte Arme-Leute-Kirchspiel St. Jacobi. Zwar übte das Domkapitel die Kirchenhoheit über die vier Hauptkirchen aus, die kirchlichen Baulichkeiten und deren Inventar aber wurden von gewählten Bürgervertretern, den Kirchengeschworenen, verwaltet. Kirchenbau und -ausstattung wurden zur Prestigeangelegenheit der Bürger in den Kirchspielen.

Im 13. Jahrhundert entstanden die ersten Anlagen der Hauptkirchen [10]: Die frühen Bauten der Pfarrkirche St. Petri sind nicht ergraben; eine erste Steinkirche des 12. Jahrhunderts war wohl eine romanische Basilika. Die zweite Hauptkirche, St. Nikolai, wurde um 1180 zunächst als Kapelle errichtet, noch im 12. Jahrhundert erweitert, im 13. Jahrhundert als Backsteinhalle angelegt und im 14. Jahrhundert noch einmal vergrößert; neben der um 1250 gegründeten Kirche St. Katharinen war sie der erste bürgerliche Backsteinhallenkirchenbau. Die Katharinenkirche wurde noch im 13. Jahrhundert erbaut; ihr aus dieser Zeit stammender Turmschaft ist der älteste erhaltene aufrechtstehende Bau Hamburgs. 1945 waren an seiner Ostseite die Ansätze des ersten Langhauses erkennbar, eine Stufenhalle unter einheitlichem Dach.

Die Anlage der vermutlich noch kleinen Jacobikirche aus dem 13. Jahrhundert läßt sich unter den erhaltenen Teilen des 14. bis 16. Jahrhunderts nicht mehr erkennen. Gemeinsam war ihr mit den übrigen Hauptkirchenneubauten des 13. Jahrhunderts eine Stufenhalle für die bürgerliche Gemeinde, eine unaufwendige Choranlage für die Kleriker und ein Westturm, dessen Fertigstellung im 13. Jahrhundert aber nicht mehr gelang.

Klöster und Spitäler

Im 13. Jahrhundert entstanden weitere Einrichtungen, an denen sich die Differenzierung der sakralen, sozialen und auch baukünstlerischen Aufgaben ablesen läßt: 1227 wurde das Franziskanerkloster St. Maria-Magdalenen gestiftet, das am Ort der heutigen Börse lag. Gleichzeitig entstand das benachbarte Dominikanerkloster St. Johannis, etwa am Ort des heutigen Rathausmarktes. 1246 kam ein Zisterzienserinnen-Kloster im Dorf Hervardeshude, in der Gegend des heutigen St. Pauli, hinzu, das 1295 in das heute nach dem ehemaligen Kloster benannte Harvestehude verlegt wurde. 1255 folgte der Beginenkonvent in einem Apfelgarten an der Steinstraße. Die Männerklöster stiftete Graf Adolf IV. von Schaumburg, der ins Maria-Magdalenenkloster eintrat, die Fraueneinrichtungen seine Frau, Gräfin Heilwig, die Nonne des Zisterzienserinnen-Klosters wurde.[11]

Den Ordenseinrichtungen entsprachen Fürsorgeinstitutionen, die seit dem späten 13. Jahrhundert vom Rat übernommen wurden und vielleicht bürgerlicher Initiative zu verdanken sind: das bereits 1220 erwähnte St. Georgs-Spital, das Seuchenkranke aufzunehmen hatte, und das zuerst 1247 erwähnte Heilig-Geist-Spital nahe der westlichen Stadtmauer.

Alle diese Anlagen wurden im 14. und 15. Jahrhundert ausgebaut, so daß sich ihr Aussehen im 13. Jahrhundert kaum erschließen läßt.

Städtische Bauten

Stadtherren und auch das Stadtbürgertum hatten zur Repräsentation zunächst sakrale Gebäude eingesetzt. Weltliche Bauten – Burgen, Stadtmauern und Stadttore oder gar private Wohnbauten – waren bis zum 12. Jahrhundert in erster Linie Funktionsarchitektur; erst seit dieser Zeit spielte ihr Repräsentationscharakter eine immer größere Rolle.

Auch die ersten Bauten des bürgerlichen Gemeinwesens wurden zunächst nur funktional konzipiert: Der neu konstituierte Rat der Hamburger Neustadt benötigte ein Versammlungs- und Verwaltungsgebäude. Um 1200 wurde deshalb ein Rathaus am Markt der Neustadt errichtet, ein kleines Backsteingebäude, das sich vermutlich nur durch das Baumaterial von den übrigen Holz- oder Fachwerkbauten abhob. Kurz darauf muß auch am Markt der Altstadt ein Rathaus entstanden sein. Die Lage am Markt war erforderlich, weil zu dieser Zeit Marktaufsicht zu den wichtigsten Ratsfunktionen gehörte. Nach dem Zusammenschluß von Alt- und Neustadt – »ein einziges Rathaus soll man auch haben und kein weiteres daneben«[12] – wurde spätestens 1230 das erste Rathaus der Gesamtstadt an der Ecke Kleine Johannisstraße/Dornbusch erbaut: ein tiefes Giebelhaus aus Backstein mit hohem Kellergewölbe, darüber eine große Versammlungshalle und eine vorgelagerte Laube, von der aus man sich an öffentliche Versammlungen wenden konnte. Das im Mittelalter für deutsche Rathäuser gültige Bauprogramm war hier schon angelegt. 1290 entstand schließlich das endgültige »Alte Rathaus« an der Trostbrücke, wo sich im Laufe des Jahrhunderts der Mittelpunkt der Stadt mit Kran, Waage, Zollhaus und Wechslerbuden entwickelte.[13] Es war ein zweigeschossiges Backsteingebäude von 26 Metern Länge und 18 Metern Breite. Das Raumprogramm war zu dieser Zeit bereits standardisiert: hoher gewölbter Keller, untere und obere Halle mit Wendeltreppen verbunden, dazu einige Nebengelasse. Das Rathaus wandte dem Platz bereits seine Breitseite mit repräsentativen Fensterreihen in zwei Geschossen zu. Im Inneren wie im Äußeren verkündete seine Architektur den Anspruch, Entscheidungszentrale der Stadt zu sein. Mit späteren Anbauten blieb dieser Rathausbau bis zum Brand von 1842 in Funktion.

Privatbauten

Standen bis ins 12. Jahrhundert die privaten Häuser noch einzeln, so wurde eine dichtere Bebauung an so markierten Straßen seit dem 13. Jahrhundert zur Regel. Dennoch muß man sich für das ganze Mittelalter eine Streulage von Häusern und Buden vorstellen. Schon seit dem 9. Jahrhundert hatte sich aber eine Sozialtopographie, die Ansiedlung bestimmter sozialer Gruppen in eigenen Vierteln, eingestellt, die sich immer weiter differenzierte. Die unterschiedliche Einwohnerschaft der Kirchspiele ließ sich am Zuschnitt der Grundstücke und immer deutlicher auch an Größe, Material und Ausführung der Häuser erkennen.

Grundform des Wohnhauses war der reetgedeckte Holzständerbau mit Flechtwerk und Lehm, die allmählich durch Backsteinfüllung verdrängt wurden. Lichtquelle waren Tür und Holzladenfenster; erst seit dem späten 13. Jahrhundert gab es vereinzelt Glasbutzenscheiben. Wärmequelle war das offene Feuer ohne eigenen Rauchabzug; erst seit dem 13. Jahrhundert gab es vereinzelt Öfen, und erst im 15. Jahrhundert wurden Kaminröhren aus lehmbestrichenem Flechtwerk eingeführt. Zentraler, zunächst häufig einziger Raum war die Wohn-, Koch- und Arbeitsdiele, über der gegebenenfalls Schlafräume lagen. Nach hinten konnten sich Stallungen für Zug-, Milch- und Mastvieh anschließen, wie es für das ganze Mittelalter in der Stadt nachweisbar ist. Aus dieser in verschiedenen Größen ausgeführten Grundform entwickelten sich die für die verschiedenen Stände notwendigen Raumanordnungen und Repräsentationsformen. Der Kaufmann brauchte Kontor- und Lagerräume, der Handwerker Werkstatt und Laden. Unter freiem Himmel arbeitende Fischer, Seeleute, Handwerksgesellen, Tagelöhner bewohnten sogenannte Buden, die zunächst um größere Häuser herum, schließlich immer mehr in Hinterhöfen angelegt waren.

In Hamburg hat sich das Dielenhaus als Spezialtyp des Kaufmannshauses entwickelt, dessen Prototyp das am Reichenstraßenfleet ergrabene große Wohnstallhaus der Fernhändler des 9. Jahrhunderts darstellt. Es wandte den Giebel der Straße oder dem Deich zu, im Erdgeschoß lag die Diele als Pack- und Verkaufsraum, daneben das Kontor, darüber befanden sich die Wohnräume und dann die Speicherböden, die mit einer Winde im Giebel zu beschicken waren. An der Rückseite konnte ein Speichergebäude mit Zugang zum Wasser folgen.

Werke der Kunst

Kirchenschmuck, Kirchenausstattungen, Kirchenschätze, die eine Vorstellung von der Kunst zugewanderter Steinmetzen, Maler oder Goldschmiede im 12. oder 13. Jahrhundert geben könnten, haben sich kaum erhalten.

Immerhin aber haben Grabungen ausdrucksvolle Reste des ranghöchsten sakralen Kunstprojektes jener Zeit zutage gebracht: des posthumen Grabmals für den Papst Benedict V.[14] Dieser war 965 in der Verbannung in Hamburg gestorben und beigesetzt worden, 999 dann aber heiliggesprochen, exhumiert und nach Rom überführt worden. Es ist wahrscheinlich, daß es für den Ort der Beisetzung eines Papstes und seit 999 eines Heiligen eine Kontinuität der Überlieferung gibt. Ebenso wahrscheinlich ist, daß die verschiedenen aufeinanderfolgenden hölzernen und seit 1035 steinernen Dombauten den Ort des Papst- und Heiligengrabes respektierten und wohl auch direkt auf ihn baulich reagiert haben. Eine überlieferte frühe Nachricht über den Ort des Papstgrabes gibt es jedoch nicht.[15] Erst eine zwischen 1248 und 1255 niedergeschriebene Nachricht im Nekrolog des Hamburger Domkapitels berichtet: »Benedicti Pape, qui in hac Hamburgensis ecclesia requiescit, in cuius anniversario ossa sua in medio choro in capella ponentur et memoria sollempuiter peragetur.«[16] (Die Gebeine des Papstes Benedict, der in dieser hamburgischen Kirche ruht, werden an seinem Geburtstag in der Kapelle im mittleren Chor aufgebahrt, und dies wird zum Gedächtnis alljährlich wiederkehrend ausgeführt.) Die vermeintlichen Gebeine des heiligen Papstes wurden in dieser Zeit also offenbar alljährlich über seinem Begräbnisort im Chor des Domes aufgebahrt. Denkbar ist, daß dieser Brauch im

Um 1300 ist über dem Grab des 965 verbannten und 999 heiliggesprochenen Papstes Benedict V. im Dom ein Grabmal aus glasierter Terrakotta errichtet worden; Stich von 1661 und zwei ergrabene Terrakotta-Fragmente.

Sinne eines geistlichen und auch politischen Anspruchs vom Domkapitel und vom Bremer Erzbischof erst in Zeiten des sinkenden Einflusses der Kirche neu eingeführt wurde. Jedenfalls muß seit dieser Zeit das Projekt einer prunkvolleren Ausstattung des Papstgrabes im Chor des Doms betrieben worden sein, und dies mag auch im Sinne der finanzierenden bürgerlichen Hamburger Kirchenherren gewesen sein. Vermutlich ist die Weihe des neuen Doms 1329 der Zeitpunkt, zu dem das Grabmal spätestens vollendet gewesen ist; Nachrichten gibt es darüber aber nicht. Erst in den posthum erschienenen Werken des geistlichen Historikers Albert Krantz wird das Grabmal 1572 genannt und 1590 seine Lage erwähnt: »in choro Hamburgensis ecclesiae« (im Chor der Hamburger Kirche). 1661 wird es in einem Buch erwähnt und darin mit einem Kupferstich von H. von Winterstein, der einiges verzeichnet, erstmals wiedergegeben. 1782 hat das Domkapitel das Papstgrab dann zugunsten einer Kapitelstube im Chor abgebrochen und den Schutt in eine nahegelegene Baugrube räumen lassen, aus der Ausgrabungen von 1949 und 1980 ff. Fragmente zutage gefördert haben. Der Domherr J.F.L. Meyer berichtete 1804 nach der ihm bekannten Überlieferung von einem »Grabmal, welches alte Schriftsteller, die es gesehen haben wollen, einen ›hocherhabenen steinernen Sarg‹ – sarcophagum eminentem – nennen«. Dann fährt er aber mit einer Mißachtung fort, die den Abriß erklärbar macht: »Ein Beiname, der auf das noch zu unserer Zeit vorhanden gewesene niedrige Grabmal von schlechter Töpferarbeit nicht paßt [...]. Es bestand in einem schmalen, einen Fuß hoch aus dem Boden hervorragenden aufgemauerten Grabstein, im schlechtesten gothischen Geschmack verziert. Aus länglicht viereckten, glasurten und erhaben gearbeiteten Backsteinen war auf dessen Oberfläche das päpstliche Bildnis im Ornat zusammengefügt, und mit Brustbildern von Aposteln und Heiligen, kämpfenden Ritterfiguren und einer mönchischen Inschrift umgeben.« [17]

Nach den Zeichnungen des 17. Jahrhunderts und den gefundenen Bruchstücken können wir uns das Papstgrab als einen etwa dreißig Zentimenter hohen Aufbau aus farbig glasierter Terrakotta vorstellen. Zwölf Kacheln bildeten eine fiktive Grabplatte mit umlaufender Inschrift, auf der der Papst auf einem Baldachin stehend dargestellt war. Eine Langseite zeigte die zwölf Apostel unter Baldachinen, die andere die Personen der Verkündigung an Maria, ihrer Krönung, der Kreuzigung mit Maria und Johannes sowie einen thronenden Christus mit Evan-

Die Fälschung des Barbarossa-Privilegs war das für die Entwicklung der Stadt damals wichtigste Kunstwerk: Es ist mit dem Datum 7.5.1198 versehen, stammt aber von etwa 1225; Staatsarchiv.

Die Bibel des Domdechanten Berthold, um 1255, ist ein Werk des Magister Karolus. Es bleibt unklar, ob er nur der Schreiber oder auch der Künstler der Miniaturen war: Initiale mit Marienkrönung; Königliche Bibliothek Kopenhagen.

Ein Hamburger Kaufmann schenkte dem Grafen von Schaumburg um 1280 die illuminierte Handschrift der Sächsischen Weltchronik. *Eine der vierhundert Illuminationen zeigt den Sieg Adolfs IV. und der Hamburger Truppen bei Bornhöved über Dänemark, 1227; Staats- und Universitätsbibliothek Bremen.*

gelistensymbolen. Die Schmalseiten wurden durch je drei Fliesen mit einer Reiterdarstellung gebildet. Die beiden größeren Bruchstücke mit ausdrucksvollen Ausschnitten lassen einen der Apostel und einen der Reiter von den kleineren Fliesen der Seitenflächen erkennen. Von ihnen muß man auf hamburgische Importkunst hohen Rangs schließen, die um 1300 entstanden ist.

Außerdem gehören wichtige erhaltene Schriftstücke zu den Werken der Kunst dieser Zeit. Vor allen muß in diesem Zusammenhang die kunstvoll erdachte, in Latein auf Pergament geschriebene und gesiegelte Fälschung des Barbarossa-Privilegs erwähnt werden, die mit dem 7.5.1198 datiert wurde, aber erst um 1225 in Hamburg entstand.[18]

Herausragende illustrierte Schreibwerke, die von zugewanderten oder von weiter her liefernden Illuminatoren ausgeführt wurden, zeigen den Anspruch, den hamburgische Auftraggeber an die Bildkunst stellten.

Domdechant Berthold ließ 1255 von dem vermutlich vom Niederrhein zugewanderten Magister Karolus eine dreibändige lateinische Bibel schreiben, die in einer lateinischen Widmung mitteilt, daß sie »Karolus« geschrieben habe. Vielleicht stammen von ihm auch die Miniaturen, dann wäre er der erste namentlich überlieferte hamburgische Bildkünstler. Unter den Miniaturen fällt in einer Initiale eine Darstellung der Krönung der Maria auf, der Dom- und Stadtpatronin, der die Handschrift gewidmet ist.[19]

Der Hamburger Kaufmann Johann von dem Berghe schenkte dem Grafen Gerhard I. von Schaumburg um 1280 vermutlich im Gegenzug für die Überlassung von Ländereien in Fuhlsbüttel eine illuminierte Handschrift der *Sächsischen Weltchronik*. Dieses Exemplar des ersten in niederdeutscher Sprache abgefaßten Universalgeschichtswerkes, das in sechs Zeitalter gegliedert ist und diese um Darstellungen aktueller Ereignisse des Jahrhunderts anreichert, ist mit knapp vierhundert Miniaturen eines Künstlers ausgestattet, der vermutlich die Ausbildung eines Klerikers hatte. Unter diesen Miniaturen heben sich Darstellungen der Schlacht bei Bornhöved und einer Sturmflut der jüngeren Vergangenheit als regional besonders typisch hervor. Das Buch zeigt, daß sich Hamburger Bürger der neuen Form wissenschaftlicher Laienliteratur zuwandten und dabei eine Illustrationskunst von höchster Qualität förderten.[20]

Das 1301 im Auftrag des Rates als Stadtrechtssammlung entstandene Rote Stadtbuch *enthält eine Darstellung des Jüngsten Gerichts als Metapher für die Rechtsprechung des Rates; Staatsarchiv.*

Eine 1292 im Auftrag des Rates entstandene Handschrift des Hamburger Schiffsrechtes, das in veränderter Fassung dann von Lübeck, Bremen, Oldenburg und Riga übernommen wurde und eine der Grundlagen für das hansische Schiffsrecht wurde, ist mit dekorativen Initialen ausgestattet worden. [21]

Das sogenannte *Rote Stadtbuch* von 1301, eine Stadtrechtssammlung, der auch das Schiffsrecht zugeordnet war, ließ der Rat mit einer monumental wirkenden Miniatur versehen, die in traditioneller Weise das Jüngste Gericht als überhöhende Metapher für die weltliche Rechtsprechung des Rates präsentiert. [22]

Die Bürger und das neue Stadtregiment hatten seit dem 12. Jahrhundert die Stadtorganisation, die großen Gemeinschaftsanlagen, die einzelnen Bauaufgaben, aber auch die subtileren Werke der Kunst und des Kunsthandwerkes selbst in die Hand zu nehmen. Auftraggeber waren der mächtiger werdende Rat sowie einzelne Geistliche und weltliche Herren, deren Reichtum, Einfluß und Bildung zunahmen. Sie stellten von nun an immer höhere Ansprüche an die Ausführenden, die von außen zuwanderten oder deren Werke von außerhalb importiert wurden.

4. Die Hansestadt im 14. und 15. Jahrhundert

Die in Kaufmannshansen zusammengeschlossenen Fernhändler aus deutschen Städten hatten sich im 13. Jahrhundert die Küsten der Ost- und Nordsee für ihre Handelsunternehmungen eröffnet. Im 14. Jahrhundert entwickelten sie das Handelssystem der Städtehanse.[1] In Lübeck, dem Haupt der Hanse, konzentrierte sich der Ostseehandel. Der Landweg zwischen Lübeck und Hamburg wurde zum Verkehrsgelenk zwischen Ost- und Nordsee. Hamburg spielte in diesem Zusammenhang eine immer größere Rolle. Selbst setzte es alles daran, die Elbe und die Schiffahrtswege nach Flandern und England zu sichern.

Als Unruhen im 15. Jahrhundert die Handlungsfähigkeit des Lübecker Rates beeinträchtigten, fiel Hamburg sogar vorübergehend die Rolle des Hansevorortes zu. Diese Hansebeteiligung bestimmte die Entwicklung der Stadt, Hamburg ist aber immer seinen eigenen Weg gegangen.

Die republikanische Organisation der Stadt hatte sich seit dem 13. Jahrhundert ausgeprägt. Der Rat, im 14. Jahrhundert mit achtzehn, im 15. Jahrhundert mit zwanzig bis dreißig Mitgliedern, denen vier Bürgermeister vorsaßen, bestand fast ausnahmslos aus Kaufleuten. Nach innen hatte er für die Rechtsordnung, das Münz- und Geldwesen, die Handels- und Arbeitsorganisation zu sorgen, nach außen bemühte er sich um die Voraussetzungen für ungestörten Handel.

Mehrfach trat der Rat seit dem 14. Jahrhundert als Auftraggeber von Bau- und Kunstwerken auf. Unterhalb der Ebene des Rates vereinigten sich die Kaufleute — Flandernfahrer, Englandfahrer, Schonenfahrer und andere — zu Fahrergesellschaften; die Handwerker schlossen sich zu Ämtern zusammen, für die sich der Begriff Zunft in Hamburg nie eingebürgert hat, und daneben zu Bruderschaften. Auch diese Gesellschaften, Ämter und Bruderschaften traten als Stifter von Bau- und Bildwerken in Erscheinung.

Obwohl es seit dem 14. Jahrhundert Handwerkerunruhen gab, in deren Zusammenhang auch der Name von Meister Bertram genannt wurde, blieb es in Hamburg bei der Dominanz des Handels. Nie entwickelte sich ein höher differenziertes, exportierendes Handwerkertum wie in Nürnberg, in dessen Zusammenhang sich auch ein stärkeres Kunsthandwerker- und Künstlertum hätte ausbilden können. Im Unterschied zu den Lübekker Werkstätten, die in den ganzen Ostseeraum exportierten, sind Werke von Hamburger Künstlern deshalb nur in den niederdeutschen Raum und in wenigen Fällen darüber hinaus nach Skandinavien oder ins Baltikum gekommen. [2]

Stadtbild und Stadtstruktur

In der frühen Neuzeit wurde die Stadt Hamburg selbst Thema künstlerischer Darstellungen. An ihnen läßt sich das gewachsene Erscheinungsbild der Stadt ablesen. Die Civitas der Hansezeit zeigt sich darin im Gesamtzusammenhang: Die Stützpunkte an der Elbe bis Neuwerk, die seegehenden Koggen auf der Niederelbe und die Binnenschiffe auf der Oberelbe, das beherrschte Territorium der stadteigenen Dörfer, der zu sichernde Landweg nach Lübeck, die Weidegründe der Viehherden, Landhäuser und Armeleutebuden vor der Stadt, das Schußfeld vor der Befestigung sind zu erkennen, Gräben und Mauern, Brücken und Tore. Hinter ihnen erheben sich die Türme und Gebäude der Stadt.

Die Dominanz der Schiffe in den Darstellungen der Zeit macht – wenn auch scheinbar nur als Staffage – klar, daß der Hafen, jetzt nicht mehr nur im Nikolaifleet, sondern von neuen Mauern umfestigt vor der alten Stadtmauer, die wichtigste und empfindlichste Gemeinschaftsanlage der Stadt war. Mit der Heranführung eines Elbarmes an die Stadt war die Durchflutung des neuen, größeren Hafens gelungen. Die drei Entwicklungsschritte des mittelalterlichen Hafens blieben in den frühneuzeitlichen Darstellungen erkennbar: der kleine Nebenarm der Alster bei der Hammaburg, die Alstermündung, der spätere Nikolaifleet hinter der ersten mittelalterlichen Mauer und schließlich davor der Elbarm, der spätere Zollkanal.

Die Befestigungswerke – ständig weiter ausgebaute Mauern und deren Torkonstruktionen – waren die zweite, für jede Stadt notwendige, hier der amphibischen Natur Hamburgs angepaßte Gemeinschaftsanlage.

Seit dem Ende des Mittelalters war dann in den frühneuzeitlichen Darstellungen auch eine erkennbare Stadtkrone von Kirchtürmen in Erscheinung getreten, wenn auch nur drei

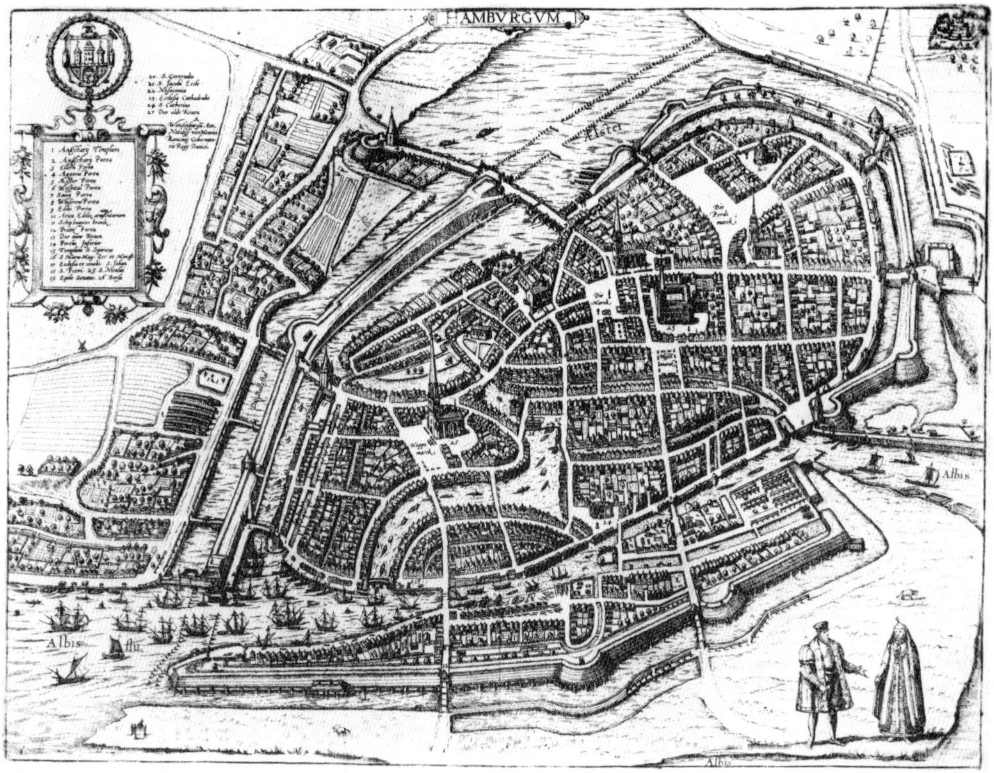

Neuzeitliche Darstellungen der Stadt sind zugleich Quellen für die spätmittelalterliche Stadtentwicklung; »Vogelschau« eines Kupferstiches von Braun/Hogenberg, um 1589.

Türme vollendet waren: der des Domes, der von St. Nikolai und der von St. Petri. Alle Kirchen erhoben sich mit den hohen Dächern ihrer Schiffe über die übrige Stadtbebauung: außer dem Dom die vier Hauptkirchen, St. Petri, St. Nikolai, St. Katharinen und St. Jacobi, sowie die Bettelordenskirchen St. Maria-Magdalenen und St. Johannis, St. Gertruden und die Heilig-Geist-Spitalkirche. Profane Bauten traten dagegen in den Gesamtansichten noch nicht merklich in Erscheinung.

Der Dom

Die ehemalige Bischofskirche ist in der Geschichte der Stadt offenbar immer als Architektur einer nicht akzeptierten geistlichen Herrschaft, in protestantischer Zeit als Bauwerk mit katholischer Vergangenheit empfunden worden. Dennoch war der Dom im ganzen Mittelalter – nach Grundrißausdehnung, künstlerischer Anlage und Ausstattung – das bedeutendste Gesamtkunstwerk der Stadt.[3] Umgeben von Grundstücken der Domherren, bildete er gemeinsam mit den Klausurgebäuden ein gewaltiges Bauensemble. Charakteristisch für seine äußere Erscheinung waren der viereckige Turmbau aus dem 13. Jahrhundert mit spitzem spätmittelalterlichem Helm inmitten von vier kleinen Ecktürmchen, das hohe Mitteldach und die Quergiebel der Südseite mit ihren unregelmäßig ausgebildeten Fenstern über zahlreichen Anbauten, deren wichtigster die Erweiterung des Langhauses um zwei weitere Schiffe im 14. Jahrhundert zu einer fünfschiffigen Halle war. Einfache Portale unter dem Turm und in der Mitte der Südseite erschlossen das Innere: einen aus unterschiedlichen Jochen gebildeten Hallenraum, gewaltig und grob zugleich, der von der Seite her so breit wie lang wirkte, durch das Mittelschiff gesehen aber doch die Längsausrichtung aus frühromanischer Zeit offenbarte. Der Eindruck der vielen schweren, steilen Stützen und der hochgereckten Backsteingewölbe über den Jochen aller fünf Schiffe machte das geräumige Innere des Hamburger Doms zum typischen Sakralraum der Hansezeit. Dennoch waren im Hamburger Dom der Grundriß von Bezelin, die von rheinischen und westfälischen Bautrupps eingebrachten Eigenheiten der spätromanischen Basilika und der frühgotischen Halle sowie die norddeutsche Durchformung der fünfschiffigen Halle zugleich zu einem Bauwerk von hamburgischer Besonderheit zusammengewachsen. Seine Zerstörung und die Lückenhaftigkeit seiner Erforschung haben es fast

Der Dom mit Turm, fünfschiffigem Langhaus, Chor und Krypta war das bedeutendste Gesamtkunstwerk der Stadt im Mittelalter; Ansicht von Lemkus/ Ladomin, 1671/1690.

unmöglich gemacht, die Entwicklung der mittelalterlichen Baukunst in Hamburg nachzuvollziehen. Denn der Dom lieferte mit seinen Hauptcharakteristika – Einzelturmfassade, Mitteldach mit Querdächern und Hallenlanghaus – auch im späteren Mittelalter das Vorbild für die anderen Hamburger Kirchen. Die Ostanlage, den Bereich des Erzbischofs mit Krypta, Hochchor und Lettner, haben die übrigen Kirchen allerdings bewußt nicht zum Vorbild genommen. Sie stellten sich ohne herausgehobenen Hoheitsbezirk der Geistlichkeit dar. Insgesamt bildeten die mittelalterlichen Kirchen in Hamburg aber eine Summe ähnlich gearteter Sakralbauwerke, in deren Mitte der Dom stand.

Zu den mittelalterlichen Bauten des gesamten Dombauensembles kam im Spätmittelalter die Domhalle, der sogenannte Schappendom, als eindrucksvollster Bau noch hinzu. Er war erst im 16. Jahrhundert in der Zeit des Dekanats von Albert Krantz in Angriff genommen worden und 1520, nur wenige Jahre vor der Reformation, fertiggestellt worden. Er setzte den Westbau des Domes im rechten Winkel zum Langhaus nach Norden fort: ein zweigeschossiger, langgestreckter Bau mit sechs Achsen. Besonders eindrucksvoll war der regelmäßige zweigeschossige Raum im Erdgeschoß, dessen Gewölbe von einer Reihe von fünf monolithischen Porphyrsäulen getragen wurde – der architektonisch bedeutendste nichtkirchliche Raum des Mittelalters in Hamburg. Bis 1804 diente er unterschiedlichen Zwecken, darunter Veranstaltungen, Verkaufsausstellungen und Märkten. Auch der vorweihnachtliche Jahrmarkt fand darin statt. Die Bezeichnung »Dom« für den hamburgischen Jahrmarkt stammt von ihm, dem Schappendom.

Die Hauptkirchen

St. Nikolai und St. Petri sollten es in der Ausbildung des Turmes dem Dom gleichtun. Bei beiden Kirchen erhob sich im Spätmittelalter auf breiterem Westunterbau ein viereckiger Turm mit hohem Helm.

St. Nikolai, St. Petri und St. Jacobi sind in der ersten Hälfte des 14. Jahrhunderts als dreischiffige Backsteinhallen mit fünfseitigem Chorschluß neu errichtet worden; St. Nikolai und St. Jacobi hatten sechs, St. Petri hatte vier Joche.[4] Alle wurden im 15. Jahrhundert um ein Südschiff erweitert und sollten damit der Vielschiffigkeit des Domes folgen. St. Katharinen[5] spielte eine Sonderrolle, weil das Mittelschiff die Seitenschiffe so weit überragte, als hätte hier ursprünglich eine Basilika nach dem Vorbild von St. Marien in Lübeck entstehen sollen. Damit ist sie den beiden Klosterkirchen vorausgegangen.

Heute fehlt nicht nur der für die Hauptkirchen vorbildhafte Dom. Auch die mittelalterlichen Teile der Hauptkirchen selbst sind nur teilweise und in Rekonstruktionen erhalten. Alle Hauptkirchen hat die jahrhundertelange protestantische Nutzung stark verändert. Darüber hinaus wurde St. Nikolai nach den Zerstörungen durch den Brand von 1842 in ihrer alten Form aufgegeben und durch eine architektonische Neuschöpfung ersetzt. St. Petri wurde nach dem Brand von 1842 über dem alten Grundriß nach dem alten Gesamteindruck und unter Einbeziehung zahlreicher historischer Einzelteile, vom Türzieher bis zum Schalldeckel der Kanzel, aber ohne mittelalterliche Unregelmäßigkeiten neu erbaut. Sie ist in ihrer heutigen Form ein Werk der Architekten Alexis de Chateauneuf, Hermann Peter Fersenfeldt und Johann Hermann Maack (Turm). St. Katharinen wurde 1943 bis auf den Turmstumpf und die ausgebrannten Mauern zerbombt und nach dem Krieg wieder rekonstruiert. Von St. Jacobi wurden der Turmhelm und die Gewölbe 1944 zerstört und ebenfalls nach dem Krieg neu geschaffen bzw. rekonstruiert.

Eine Erinnerung an die mittelalterlichen Türme der Stadt gibt heute nur noch der St. Petri-Turm. Einen Eindruck vom äußeren Erscheinungsbild der Hauptkirchen können aber neben St. Petri auch St. Katharinen und St. Jacobi geben. Ihre Anbauten deuten an, wie deren mittelalterliche Vorgänger ausgesehen haben mögen; der Anbau für Sakristei und Herrensaal nördlich des Chores von St. Jacobi ist sogar – als einziges unzerstört – ein mittelalterliches, im 17. Jahrhundert ausgebautes Original.

An den Eindruck der mittelalterlichen hamburgischen Hallenkirchen können als letzte die rekonstruierten Kirchen von St. Katharinen und St. Jacobi erinnern: Es waren dreischiffige Backstein-Stufenhallen des 14. Jahrhunderts mit im 15. Jahrhundert ausgebautem Südschiff. Die geringe Länge, der kurze Chor, die ungewöhnliche Breite und die Ausformung der Rundpfeiler mit vier Diensten tragen dazu bei, daß sie wie Hallen ohne Ausrichtung wirken, denen in protestantischer Zeit durch den einen Altar, die Kanzel und die Orgel besondere Akzente gegeben worden sind. Der Charakter von Dom, Hauptkirchen und Klosterkirchen läßt sie als hamburgischen Typus erscheinen und verweist die Theorie vom »Lüneburger Typus« ins Reich der Kunsthistorikerlegenden.

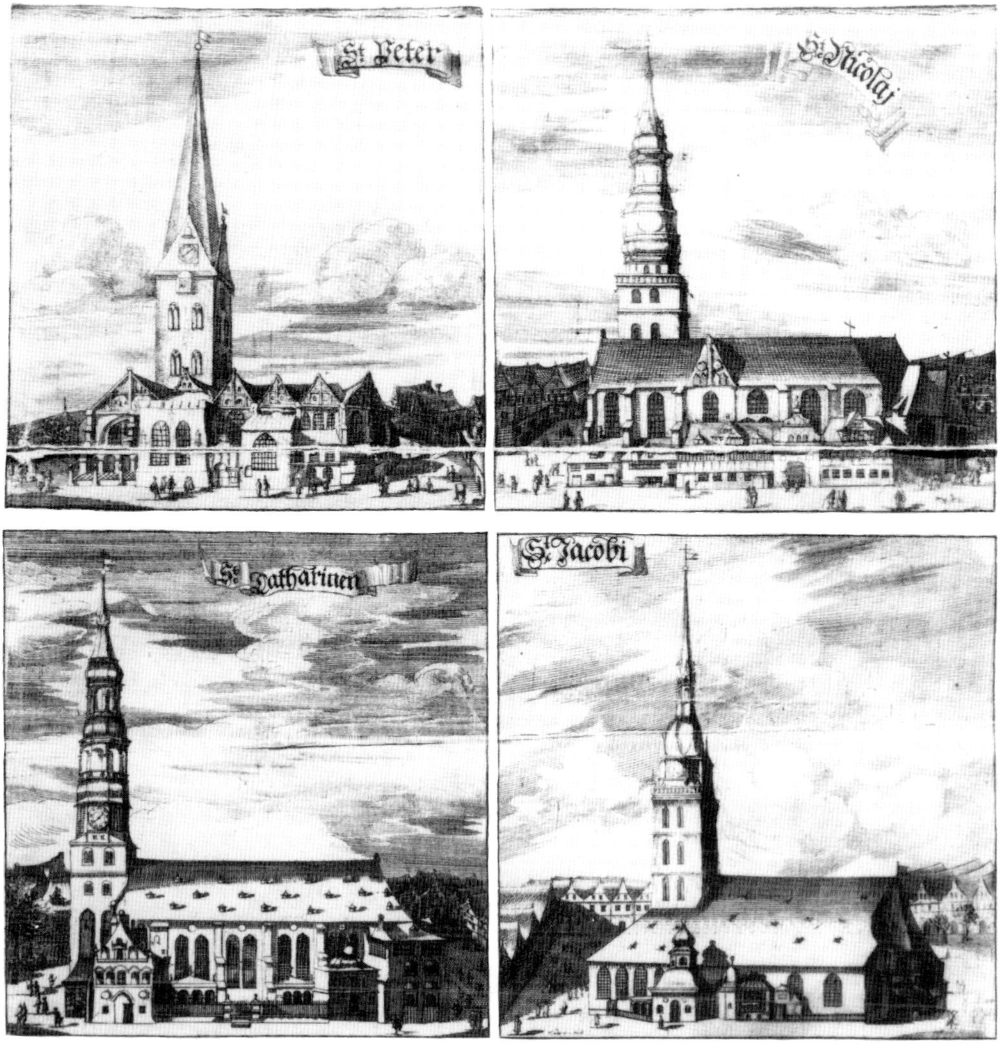

Die vier Hauptkirchen aus Backstein, St. Petri, St. Nikolai, St. Katharinen und St. Jacobi, mit Einzeltürmen und Hallenlanghäusern bildeten mit dem Dom eine Familie gleichgearteter Sakralbauten; Ansichten von Lemkus/Ladomin, 1671/1690.

Das Mittelschiff der Stufenhalle von St. Katharinen sollte ursprünglich als Mittelschiff einer Basilika erhöht werden; lavierte Federzeichnung von Jeß Bundsen, 1812; Staatsarchiv.

Auch die Bettelordenskirchen St. Maria-Magdalenen und St. Johannis sowie die Kirche des Heilig-Geist-Spitals waren Backsteinhallenkirchen, allerdings ohne Turm; Ansichten von Lemkus/Ladomin, 1671/1690.

Die kleineren Kirchen

St. Maria-Magdalenen[6] und St. Johannis[7], die zu den gleichnamigen Klöstern gehörten, waren durch kleinere Dachreiter als Bettelordenskirchen gekennzeichnet, und auch die Kirche des Heilig-Geist-Spitals hatte nur ein Dachtürmchen. St. Maria-Magdalenen wurde in der ersten Hälfte des 14. Jahrhunderts als dreischiffige und vierjochige Halle neu angelegt; um 1350 erhielt sie ein fünftes Joch und einen langgestreckten Chor, im 16. Jahrhundert ein viertes, südliches Schiff. Die Kirche des Heilig-Geist-Spitals[8] entstand im 14. Jahrhundert ebenfalls neu als dreischiffige vierjochige Halle. Später wurde auch sie um ein Joch erweitert. St. Johannis war die letzte, eleganteste Verwandte im Kreise der hamburgischen Backsteinhallen. Das Kloster ist im 14. Jahrhundert noch einmal ganz neu gebaut worden und hat erst im 15. eine neue Kirche erhalten. Ihr Langhaus war von schöner spätgotischer Regelmäßigkeit: eine dreischiffige Halle mit sieben Jochen.

Beide Klosterkirchen und die Kirche des Heilig-Geist-Spitals sind abgerissen worden. Ihr Charakter als hamburgische Hallenkirchen ist heute nur noch in den bildlichen Darstellungen erkennbar.

Allein St. Gertruden[9] blieb eine Besonderheit unter den hamburgischen Kirchen: Auf einem ehemaligen Pestfriedhof am Rande der Stadt wurden von der Bruderschaft der »Elenden tho Sunthe Gartruden« Leprosen- und später Armen-Beerdigungen besorgt. 1391 bis 1395 entstand die Kirche mit Hilfe der Bruderschaft der »Allerhilligen der Murlüde«, ein achteckiger Zentralbau mit Spitztürmchen, dessen innere Strebepfeiler sechsseitige Kapellen begrenzten. Die Anspielung auf den Zentralbau der Grabeskirche Christi und die Beteiligung der Bruderschaft der »Murlüde« erklären die Besonderheit der Anlage: Da die Bruderschaft der Mauerleute hier selbst zu den Bauherren ge-

Die Klosterkirche von St. Johannis aus dem 15. Jahrhundert war die jüngste und eleganteste in der Familie der hamburgischen Stufenhallen; Lichtdruck nach Martin Genslers Darstellung vor dem Abriß von 1829, um 1884.

hörte, konnte sie ein Bauwerk von ganz eigenem Kunstfertigkeitsgrad schaffen. Die Reste von St. Gertrud sind nach den Zerstörungen durch den Brand von 1842 aufgegeben worden. Wie an manche andere der mittelalterlichen Kirchen in Hamburg erinnert nur noch eine Straßenbezeichnung an sie.

Der achteckige Zentralbau St. Gertruden bildete eine Besonderheit unter den mittelalterlichen Kirchen in Hamburg; Ansicht von Lemkus/Ladomin, 1671/1690.

Daß die Bewohner der Stadt alle Kirchen als ständige Bauprojekte verstanden und sie in Fürsorge für ihr Seelenheil testamentarisch bedachten, belegt das Testament des Malers Meister Bertram von 1390, in dem er sämtliche hamburgischen Kirchenbauten bedachte: »Item gheve ik to den bowen deser godeshus to Hamborch: to sunte Peter minen besten hoyken, to dem dome minen mengheden hoyken, so sunte Jacope 1 mark, to sunte Katherinen 1 mark [...].« [10] (Item gebe ich den Bauten dieser Gotteshäuser zu Hamburg: St. Petri meinen besten Mantel, dem Dom meinen anderen Mantel, St. Jacobi eine Mark, St. Katharinen eine Mark [...] Es folgen alle anderen Kirchen mit einer Mark) St. Petri ist hervorgehoben, weil Bertram für diese Kirche den Hauptaltar geschaffen hatte.

Das Rathaus

Außer den Kirchen und Kirchplätzen als öffentlichen Versammlungsräumen bestimmten eine Reihe von Marktplätzen die Struktur der mittelalterlichen Stadt. Als wirtschaftliches und politisches Zentrum hatte sich bereits der Platz am Nikolai-Fleet herausgebildet, an dem das Rathaus stand.

Neben den Bauten der Mauern, Türme und Tore und den technischen Bauwerken des Hafens war das Rathaus in immer stärkerem Maße zum wichtigsten profanen Gebäude geworden. [11] Dem Platz wandte es die Breitseite zu und bot auf seiner Fassade bedeutungsvollen Bildschmuck dar. 1470 wurde ihm ein Blendgeschoß mit Spitzbogennischen aufgesetzt, für die der Maler Hans Bornemann 1473 siebzehn auf Holz gemalte lebensgroße Figuren von römischen Kaisern in antikischer Tracht anfertigte. Sie sollten die Ergebenheit der Stadt gegenüber den Oberhäuptern des Reiches anschaulich machen, zugleich aber auf angeblich garantierte Rechte und Freiheiten hinweisen. [12]

Die Ausmalung des Rathauses im Inneren, nämlich die Darstellung des Jüngsten Gerichtes im Rathaussaal, hatte schon im 14. Jahrhundert eine Rolle im Rahmen eines Prozesses gespielt, den der Hamburger Rat und das Hamburger Domkapitel seit

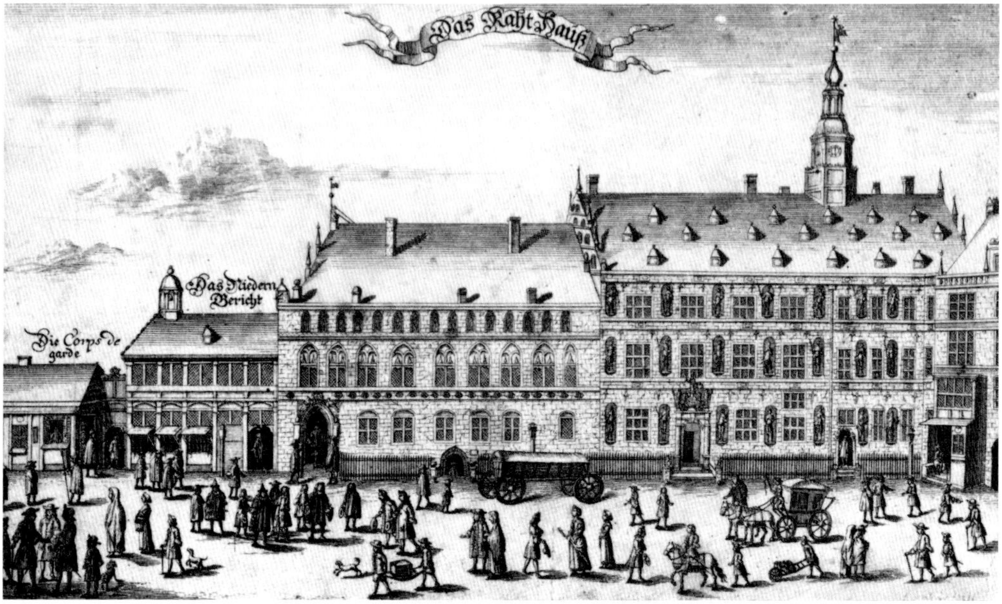

Der gotische Kernbau des »Alten Rathauses« an der Trostbrücke folgte dem Programm der Zeit: gewölbte Keller, durch Wendeltreppen verbundene untere und obere Hallen, repräsentative Fensterreihen an der Breitseite; Ansicht von Lemkus/Ladomin, 1671/1690.

den dreißiger Jahren jenes Jahrhunderts zuerst vor dem Bremer Erzbischof und dann in der Berufung vor der päpstlichen Kurie in Avignon geführt haben. Wenn schon nicht die Darstellung selbst, so ist uns doch wenigstens die Abschrift des lateinischen Berichts des Probstes Willekin aus dem Kloster von Harvestehude erhalten. Das Domkapitel hatte danach behauptet, das Jüngste Gericht im Rathaussaal verhöhne die Geistlichkeit und die Kirche. Probst Willekin – so stellt er dar – sei nach dem Auftrag, die Anschuldigung zu überprüfen, ins Rathaus gegangen und habe auf Leitern das Bild genau untersucht. Er habe aber weder die unterstellte noch eine andere anstößige Darstellung gefunden, erinnere sich auch nicht, daß solche sich im Rathaus befänden oder früher vorhanden gewesen seien. Allerdings seien bei dem Jüngsten Gericht – wie herkömmlich – im Paradies und in der Hölle neben Laien auch Geistliche dargestellt.[13] Die Quelle belegt nicht nur, daß der Rat schon zu jener Zeit Auseinandersetzungen mit der Kirche hatte und sie mit Selbstbewußtsein durchstand, sondern auch, daß ein Bild Anlaß solcher Auseinandersetzungen sein konnte und wie die Kirche Anspruch auf Zensur erhob. Schließlich ist sie schlichter Beleg für die künstlerische Ausschmückung des Rathauses, für die Größe des Bildes und für den Bildinhalt.

Die Donjons auf Neuwerk und in Ritzebüttel

Stadtmauer und altes Rathaus sind nicht mehr erhalten. Auch die im 14. Jahrhundert errichtete hamburgische Moorburg auf dem südlichen Elbufer wurde 1819 abgerissen. Aber zwei bedeutende bauliche Zeugen der Entwicklung der Hansestadt des 14. Jahrhunderts stehen noch: die Burgen, die Hamburg auf der Insel Oe vor der Elbmündung und in Ritzebüttel auf dem Festland südlich der Elbmündung zur Sicherung der Elbschiffahrt errichtet hat. Es sind zwei einander ähnliche, vollständig erhaltene wuchtige Wehr- und Wohntürme aus Backstein, wie es sie an den europäischen Küsten sonst nicht gibt.[14]

Der Turm auf der Insel Oe, 1299-1310, ersetzte den Vorgängerbau von 1286, ein Schiffahrtszeichen, und hieß deshalb »das neue Werk«, dessen Bezeichnung auf die Insel Neuwerk überging; 1372 bis 1380 wurde er vermutlich nicht nur verstärkt, sondern gänzlich erneuert. Der sechsgeschossige, 45 Meter hohe Turm steht auf einer Grundfläche von 17 x 17 Metern. Die Mauern, die im untersten Geschoß eine Stärke von 2,80 Metern haben, verjüngen sich von Geschoß zu Geschoß. In den beiden unteren Geschossen werden die Decken von vier Pfeilern und neun Kreuzgewölben getragen. Beide hatten ursprünglich keinen Zugang von außen, ein Einstieg war erst im dritten Geschoß möglich. Die weiteren Geschosse sind in späteren Zeiten hölzern ausgebaut. Über dem abschließenden Zinnenkranz wurde nächtens ursprünglich das Feuer einer Blüse angezündet, seit dem frühen 19. Jahrhundert trägt der Turm einen Leuchtfeuer-Aufbau.

Die nur wenig später, 1311-1315, von der mit Hamburg verbündeten Familie Lappe und vermutlich mit den gleichen Handwerkern angelegte Burg in Ritzebüttel kam 1393 ganz in hamburgischen Besitz und wurde vermutlich ebenfalls neu aufgemauert. Sie ist viergeschossig über einer Grundfläche von 12 x 16 Metern. Ihre beiden unteren Geschosse werden von zwei Pfeilern, zweimal zwei Wandpfeilern und sechs Kreuzgewölben getragen. Hinter dem abschließenden Zinnenkranz erhebt sich ein spitzes Turmdach. Zu Zeiten der Anlage des hamburgischen Bastionenkranzes erhielt auch der Turm in Ritzebüttel eine Bastionsbewehrung. Vor die Schmalseite des Turmes mit dem alten Einstieg ins dritte Geschoß ist im 18. Jahrhundert ein barockes Backsteingebäude gesetzt worden.

Beide Türme vermitteln noch heute einen Eindruck von der

imposanten Backsteinwehrarchitektur, die sich die Stadt im Spätmittelalter leistete.

Wohnbauten

Das Englische Haus von 1478, an seiner Fassade mit Baldachin-Skulpturen ausgestattet, war das opulenteste spätgotische Bürgerhaus der Stadt; Lithografie von Peter Suhr vor dem Abriß von 1827.

Die von den bürgerlichen Gremien verantworteten Gemeinschaftsanlagen formten den nach außen einheitlichen Charakter der Stadt. Kirchen und Rathaus setzten Akzente. Einen keineswegs einheitlichen Stadtkörper aber bildeten die individuellen Wohnbauten der Reichen und Armen. Nach deren Berufen und Einkünften staffelten sich ihre Häuser in Größe, Anlage und Ausstattung, auch wenn die Ansichten uns glauben machen wollen, daß die Straßen von Giebeln etwa gleich großer Bauten gesäumt waren. Die Sozialtopographie war im Spätmittelalter besonders ausgeprägt.

Typisch für die reich ausgestatteten Kaufmannshäuser mag das sogenannte Englische Haus gewesen sein[15]: Es ist 1478 entstanden, wurde 1567 von der Stadt für den English Court, die Handelsniederlassung englischer Kaufleute, erworben und ist 1819 abgerissen worden – ein reicher Backsteinbau mit zentralem spitzbogigem Gewändeportal und großen spitzbogigen Fenstern im Erdgeschoß, einem Rundbogenfensterfries und spitzbogig ornamentiertem Stufengiebel darüber. Vier Baldachinfiguren zeigen, daß auch profane Bauten skulpturalen Schmuck erhielten.

Typisch für die Hausbebauung entlang den Fleeten waren die Brauereigebäude, die seit dem 14. Jahrhundert in Hamburg, das damals als »Brauhaus der Hanse« bezeichnet wurde, so zahlreich wurden, daß um 1350 bereits 450 sogenannte Brauerben, Brauhandwerksbetriebe, nachweisbar sind. Der Straße wandten sie die übliche Fassade eines Treppengiebelhauses zu; dahinter lagen die Produktionsräume für die Bereitung von Malz, Maische und Hopfenwürze, die Lagerräume für die Fässer und die Anlage für die Verschiffung der Fässer auf der rückwärtigen Wasserseite.[16]

Aus Schriften des italienischen Architekturtheoretikers Antonio Averlino, genannt Filarete, wissen wir, daß im 15. Jahrhundert die Armen der Städte in kleinen, nicht weiter unterteilten Verschlägen hausten. Das muß im mittelalterlichen Hamburg auch für die Tagelöhner so gewesen sein, die in Anbauten, vor allem in Hinterhöfen unterkamen.

Die angewandten Künste der Steinmetzen, Schnitzer und Goldschmiede

Kirchen und Klöster, die profanen Repräsentationsbauten, aber natürlich auch die private Sphäre der Hauseinrichtung, der Ausstattung von Roß und Reiter und des Schmuckes geben in der spätmittelalterlichen Hansestadt den Rahmen ab für die Tätigkeit der skulpturalen und angewandten Künste, die sich auch in der Organisation der Ämter nachweisen läßt. Steinmetzen, Schnitzer, Sattler, Schmiede und Goldschmiede haben aber nur wenige Spuren ihrer Tätigkeit in Hamburg hinterlassen.

Steinmetzarbeiten

Frühe Steinmetzwerke im Bauzusammenhang, etwa die reiche Kapitellplastik des Domes, sind nur noch in Zeichnungen aus der Zeit des Domabrisses von 1804 bis 1807 bekannt.[17] Steinmetzen werden aber schon für das 13. Jahrhundert als Hausbesitzer in Hamburg genannt. Immerhin wissen wir, daß über dem frühgotischen Südquerschiffportal des Doms das Brustbild eines segnenden Christus angebracht war[18], und kennen auch die »Bildsäule« einer törichten Jungfrau von einem Domportal.[19] Steinmetzfiguren aus der Zeit seit dem 14. Jahrhundert sind aber nur in Ausnahmefällen bekannt geworden: Der Domlettner vom Anfang des 15. Jahrhunderts präsentierte allein auf seiner Ostseite zum Langhaus hin vier lebensgroße und fünfzehn halblebensgroße Sandsteinfiguren in farbiger Fassung.[20] Die im Domschutt ergrabene farbige Sandsteinfigur einer Madonna, vermutlich von demjenigen der beiden Marienaltäre, der 1427 errichtet wurde, ist die früheste erhaltene Steinskulptur in Hamburg.[21] Nach dem Brand von 1842 wurde darüber hinaus eine Paulusfigur vom Außenbau von St. Petri, um 1450, beschädigt geborgen. Gerettet wurde auch eine Madonna aus der Petrikirche, um 1470.[22] Gerade diese Reihe von Steinmetzskulpturen macht deutlich, daß die Nachfrage im 15. Jahrhundert in Hamburg Künstler von hoher Qualität, aber verschiedener Herkunft – aus Lübeck, aus Westfalen, aus Franken – versammelte, deren Namen wir in keinem einzigen Falle kennen.

Skulptur eines Steinmetzen fränkischer Herkunft: unter dem Domschutt ergrabene Madonna aus Sandstein, 1427; Museum für Hamburgische Geschichte.

Ein Steinmetzwerk, das sich aus der Reihe der erhaltenen sakralen Skulpturen und der nichterhaltenen Grabmalplastik heraushebt, ist der Gedenkstein für den gefallenen Hauptmann Dietrich Schreyge. Dieser war 1420 beim erfolgreichen Angriff

Hamburgs und Lübecks auf die mittelalterliche Wasserburg Bergedorf des Herzogs Erich V. von Sachsen-Lauenburg-Ratzeburg auf seiten der Hamburger Truppen erschossen worden. Der Stein, den ihm die Hamburger gesetzt haben und der in der Bergedorfer Kirche aufgestellt war, teilt auf einer Inschrift den Tod des Hauptmannes mit und zeigt im Relief Christus am Kreuz.[23] Er ist vergleichbar dem Kruzifix, das in Bremen 1435 für den bei Unruhen hingerichteten Bürgermeister Vasmer am Orte des Geschehens errichtet worden ist.

Schnitzwerke

Skulptur eines Schnitzers Lübecker Herkunft, vielleicht Bernt Notkes, aus dem Hamburger Dom: Ansgar, um 1480; heute in St. Petri.

Auch von den Bildschnitzern in Hamburg sind keine Namen überliefert. Im 14. Jahrhundert haben Maler wie Bertram, etwa bei seinem Petri-Altar, auch die plastische Ausstattung ihrer Altäre in ihren Werkstätten oder in Kooperation mit Schnitzerwerkstätten übernommen. Die Nachfrage in Hamburg selbst, aber darüber hinaus in ganz Norddeutschland hat offenbar zu großer Beweglichkeit der Künstler außerhalb der Handwerkerorganisationen geführt. Die wenigen erhaltenen Holzfiguren und -reliefs zeugen von hohem Stifteranspruch und gutem künstlerischem Standard: Die frühesten sind die Holzskulpturen des St. Petri-Altares von Meister Bertram[24], 44 Figuren von Propheten, Aposteln und Heiligen, zwölf Sitzfiguren und zwanzig Büsten erscheinen im geöffneten Zustand des Schreins. Von 1460 stammte ein im Krieg zerstörtes Kreuzigungsrelief, das Mittelstück eines Altares der Schiffbauerbrüderschaft in St. Katharinen, zu dem zwölf Apostelfiguren in einer um 1609 zusammengefügten Altartafel gehörten.[25] Um 1480 ist die Figur des Gründers Ansgar aus dem Hamburger Dom – heute in St. Petri – entstanden, die Bernt Notke zugeschrieben wird, in jedem Fall aber die Arbeit eines Lübecker Meisters ist.[26] Eine Kreuzigungsgruppe mit Maria und Johannes in St. Petri stammt von 1490; zu ihr gehören zwei gemalte Altarflügel, die mit Johann Witte in Verbindung gebracht werden.[27] Kunstreich ist auch das Schnitzwerk des erhaltenen alten Kanzel-Schalldeckels in St. Petri. Und schließlich sind noch die Schnitzwerke dreier spätgotischer erhaltener Altarwerke zu nennen, die Skulptur und Malerei vereinigen: der Mittelschrein des von der Lukas-Bruderschaft gestifteten Lukas-Altares aus dem Dom (heute St. Jacobi), um 1499[28], der Mittelschrein des St. Annen- und Petri-Altares der Fischer (heute in St. Jacobi[29]), um 1508, sowie Mit-

Eine der wenigen erhaltenen Metallskulpturen: der Türzieher von St. Petri mit dem Weihedatum 1342.

telschrein und Seitenflügel des Trinitatis-Altares der Böttcher, vor 1518, ebenfalls in St. Jacobi[30]. Die Skulpturen zeigen den allgemeinen Stilwandel im Laufe von nicht einmal zwanzig Jahren. Sie offenbaren – bei aller Qualität – aber auch die unterschiedliche Herkunft der Künstler, so daß Kunsthistoriker Zuschreibungslegenden um sie gerankt, aber auch viel Verwandtes in benachbarten Städten gefunden haben. Hamburg war im späten Mittelalter eine Stadt, in der und von der aus nicht nur Steinmetzen, sondern auch Bildschnitzer verschiedener Herkunft ein reiches Betätigungsfeld fanden.

Metallarbeiten

In einigen Fällen ist aus dem 14. und 15. Jahrhundert auch Metallplastik von Goldschmieden, Bronze- und Glockengießern bekannt geworden. Einen Eindruck vom Reichtum der mittelalterlichen Klosterschätze auch in Hamburg gibt ein Vortragekreuz, erste Hälfte des 14. Jahrhunderts, aus dem Kloster Harvestehude, das wieder nach Hamburg zurückgekommen ist: Es besteht aus in Venedig geschnittenen Bergkristallstücken, die in

Lübeck montiert und in vergoldetem Silber gefaßt wurden – es ist also eines der vielen Beispiele für Hamburger Auftragskunst von auswärtiger Hand.[31] Der Türzieher von St. Petri ist als Löwenkopf in einem mit Weinlaub verzierten Tondo ausgebildet und gibt das Weihedatum der Kirche von 1342 an.[32] Ein Lektionar, dessen in Silber getriebener und mit Schmelzarbeiten und Edelsteinen verzierter Prachteinband auf der Vorderseite den thronenden Christus und die Evangelistensymbole darstellt, ist um 1380 entstanden.[33]

Thronender Christus mit Evangelistensymbolen auf dem Buchdeckel eines Lektionars der Petri-Kirche, um 1380; Museum für Kunst und Gewerbe.

Malerei

Die wenigen Lichter der Erkenntnis, die anfangs auf die mittelalterliche Malerei in Hamburg fielen, sind dem Zufall zu verdanken und den Anstrengungen von Friedrich Schlie, Alfred Lichtwark, Heinrich Reincke und Bella Martens, diesem nachzugehen. Immerhin traten danach – wie sonst nirgendwo – für das späte 14. und frühe 15. Jahrhundert zwei Maler mit einigen ihrer Werke aus der Anonymität heraus: Bertram, der in Hamburg zum erfolgreichen Werkstattunternehmer wurde, und Francke, ein vermutlich in Frankreich ausgebildeter Geistlicher, der ins Dominikanerkloster eintrat und von dort aus ein weithin berühmter Künstlermönch wurde.

Meister Bertram

Von Bertram wissen wir, daß er aus Minden eingewandert ist. 1367 und 1377 sind ihm Marienbilder für Stadttore, 1367 ein Engelsbild für das Rathaus, 1385 drei Holzbilder und sechs Schilder vom Rat in Auftrag gegeben worden; 1387 hat er ein Holzbild des Christopherus mit Christuskind ausgeführt. Keine dieser Arbeiten ist erhalten. 1373 war er jedoch als »mester« in Hamburg verzeichnet. 1900 hat Friedrich Schlie den Hauptaltar von St. Petri in einer Kirche im mecklenburgischen Grabow erkannt, von dem es in der *Hamburger Chronik* heißt: »Anno 1383 wort de tafel des hogen altares tho S. Peter tho Hamborch gemaket. De se makede hetede mester Bertram van Minden.« (Anno 1383 wurde die Tafel des hohen Altares zu St. Petri zu Hamburg gemacht. Der sie machte, hieß Meister Bertram von Minden.) Von 1390 ist ein erstes Testament erhalten, in dem »Bertram malre« ankündigt, daß er nach Rom pilgern wollte, »to troste miner zele« (zum Troste meiner Seele). Daß er in dieser Zeit nicht der einzige Hamburger war, der eine Pilgerfahrt antrat, zeigt ein einzigartiges Pilgerkreuz, ein Pilgerschmuck des 14. Jahrhunderts aus Zinn, das in einem Grab auf dem Friedhof des hamburgischen Moorburg gefunden worden ist. Nach seiner Romreise muß er zurückgekehrt sein und weitere Werke geschaffen haben, die ihm aber alle nur indirekt nachgewiesen werden konnten. Von 1410 ist ein weiteres Testament von »Bertram maler, borgher to Hamborch«, erhalten; er war also inzwischen Bürger geworden. Weil er darin ein Buxtehuder Kloster und das Harvestehuder Nonnenkloster besonders bedenkt,

Der eingewanderte Meister Bertram von Minden führte mit einer Werkstatt von Holzschnitzern und Malern den größten erhaltenen

Altarschrein seiner Zeit aus: den Hauptaltar von St. Petri, 1379; Hamburger Kunsthalle.

scheint sicher, daß auch die in der Hamburger Kunsthalle erhaltenen Marienaltäre aus den Klöstern Buxtehude und Harvestehude von ihm hergestellt worden sind. Andere Werke sind ihm und seiner Werkstatt nur zugeschrieben worden. Für 1415 ist belegt, daß Mindener Verwandte sich bemühten, Erbrechte geltend zu machen. Zwischen 1410 und 1415 muß Bertram also gestorben sein. Wir kennen sein Sterbealter nicht und können deshalb nicht genau auf sein Geburtsjahr schließen; es wird aber um 1340 angenommen.[34]

Das Hauptwerk Bertrams, der Hauptaltar von St. Petri, hat mit einer Breite — bei geöffneten Flügeln — von sieben Metern und einer Höhe von etwa drei Metern vor dem Mittelchor der Kirche gestanden. Wenn die Flügel an hohen Festtagen geöffnet waren, erblickte man ein Bildprogramm von Schnitzfiguren: Maria mit dem Verkündigungsengel, umgeben von zehn Kirchenlehrern, in der Predella; im zweigeschossigen Schrein unten 22 Heilige, darüber 22 Propheten und Apostel sowie eine vermutlich später eingefügte Kreuzigung in der Mitte; in zwanzig Reliefmedaillons der Bekrönung kluge und törichte Jungfrauen sowie seitlich davon Propheten. Das Programm sollte die mystische Vermählung von Christus und Maria, ursprünglich in der Schreinmitte, analog zum Hohelied Salomos und der Offenbarung des Johannes versinnbildlichen. Waren die Flügel geschlossen, dann zeigte sich ein gemaltes Programm von 24 Bildern: Sechs Darstellungen der Schöpfung und sechs Szenen aus dem Alten Testament in der oberen Reihe, sechs Szenen aus dem Leben der Vorväter Christi und sechs Szenen von der Verkündigung bis zur Flucht nach Ägypten in der unteren Reihe. Es geht dabei nicht etwa nur um die Verbildlichung biblischer Szenen, sondern um die malerische Umsetzung eines mittelalterlichen theologischen Konzeptes, in dem Altes und Neues Testament aufeinander bezogen werden.

Bertram muß nach Quellen und Werk ein selbstbestimmt auf Künstlerwanderschaft gegangener, handwerklich, künstlerisch und organisatorisch veranlagter und ausgebildeter junger Zuwanderer gewesen sein, der schon früh — als etwa Siebenundzwanzigjähriger — handfeste Aufträge des Rates so zu dessen Zufriedenheit ausgeführt hat, daß er auch weiterhin für ähnliche Aufgaben herangezogen wurde. Zugleich muß er ebenso früh ein hohes Ansehen als Künstler und Werkstattleiter genossen haben, denn sonst hätte er nicht als etwa Vierzigjähriger einen der vom Umfang und künstlerischen Anspruch bedeutendsten

Die Verkündigung Meister Bertrams für den Petri-Altar entstand vor seiner Pilgerfahrt nach Rom, 1390, die für den Buxtehuder Altar erst danach; Hamburger Kunsthalle.

Aufträge, den für den St. Petri-Altar, erhalten. Er hat ihn nur als Leiter einer großen Werkstatt ausführen können, in der zahlreiche Schnitzer und Maler zu künstlerisch einheitlicher Arbeit zusammengeführt worden sind. Dabei muß er selbst vorbildhaft kunsthandwerkliche Solidität und künstlerische Imaginations- und Innovationskraft eingesetzt haben, sonst hätte dieser unter den erhaltenen Kunstwerken seiner Zeit so einzigartige Altarschrein und Bilderzyklus nicht entstehen können. Zugleich muß Bertram ein von den religiösen Vorstellungen und Normen seiner Zeit überzeugter Mann gewesen sein; davon zeugen nicht nur seine künstlerischen Darstellungen, sondern auch seine Pilgerfahrt nach Rom, die Unterstützung aller Kirchenbauten der Stadt und die Fürsorge für einen offenbar behinderten Bruder. Vermutlich aber war er auch ein an künstlerischer Weiterbildung hohen Standards interessierter Mann, der seine Romreise – wie anders als als Pilger hätte er sie zu seiner Zeit unternehmen können – sicherlich auch zu diesem Zweck genutzt hat. Bei alledem aber war er auch ein wirtschaftlich erfolgreicher Mann, der von Testament zu Testament großzügiger hat austeilen können.

Alfred Lichtwark hat in seinem eindrucksvollen, allerdings auch von deutschnationalen und hamburgischen Emotionen bestimmten Bertram-Buch von 1905 die künstlerischen Eigenheiten und Leistungen der Bilderzyklen des Petri-Altares und des späteren Buxtehuder Altares genau beschrieben; es lohnt sich, seine eingehenden Beobachtungen mit historischer Distanz noch einmal zu lesen. Einige Fragen, die sich – nicht nur dem nach Italien reisenden Hamburger – stellen, hat er allerdings leider nicht beantworten können: Welches Motiv hatte dieser seßhaft gewordene Mann, über viele Monate nach Rom zu wandern? Immerhin ist er der einzige Künstler, von dem wir dies ein Jahrhundert vor Dürers Italienfahrt wissen. Welchen Weg hat er genommen, und was hat er dabei gesehen? Ist er über die Kunstzentren Köln oder Prag gegangen? Vermutlich hat er in Padua Giottos Capella degli Scrovegni und den gerade fertiggewordenen, reich ausgemalten Ostteil der Pilgerkirche S. Antonio mit der 1378 bis 1382 – gleichzeitig mit seinem Petri-Altar – ausgemalten Capella S. Felice von Altichiero gesehen. Hat er den Weg über das Pilgerzentrum Assisi mit der von Giotto und Nachfolgern gerade ausgestatteten Franziskus-Kirche genommen? Was hat ihn in Rom interessiert? Und wie hat sich das auf sein Werk nach dem Petri-Altar ausgewirkt?

Wir können heute die Zuordnung aller Darstellungen der Bilderzyklen Bertrams an einen einzigen Künstler nicht mehr nachvollziehen, wenn wir die Arbeitsteiligkeit des Produktionsprozesses bedenken. Auch stammesgeschichtliche Zuordnungen und »Händescheidungen« nach Meister- und Gesellenwerk erscheinen uns als Kunsthistoriker-Legende. Dennoch macht die Betrachtung der Werke deutlich, daß zwischen Petri-Altar und Buxtehuder Altar ein Unterschied besteht, den schon Lichtwark herausgearbeitet hat: »Auf dem Buxtehuder Altar geht der Künstler dem Problem des Raumes konsequenter zuleibe. Er sucht entschieden so weit wie möglich in die Tiefe zu kommen.«[35] Raumtiefenstaffelung, Architekturdarstellung, menschliche Proportionen erfahren so deutliche Veränderungen, daß man Bertrams Begegnung mit italienischer Kunst gern als Erklärung nimmt.

Meister Francke

Ein einziges, nur in einer Notiz von 1541 wiedergegebenes zeitgenössisches Dokument nennt den Namen »mester Francken«, und zwar im Zusammenhang mit dem Auftrag der Hamburger Englandfahrer-Gesellschaft, eine Altartafel für deren Kapelle in der Dominikaner-Klosterkirche St. Johannis auszuführen. Nachdem Friedrich Schlie 1882 Tafeln vom Thomas Altar der St. Johannis-Kirche in der Schweriner Großherzoglichen Galerie entdeckt hatte, wurde im Katalog von 1897 ein »Hamburger Meister von 1435« bekannt gemacht, in dem nach dem Ankauf für die Hamburger Kunsthalle 1899 vom hamburgischen Archivar Anton Hagedorn jener »Meister Francke« erkannt wurde.[36] Danach sind ihm nur noch wenige Werke zugeschrieben worden: ein Barbaraschrein, um 1413, für St. Olof im finnischen Nykyrka, ein Schmerzensmann, um 1423, für einen Altar der Heilig-Kreuz-Bruderschaft in der Hamburger St. Johannis-Kirche und ein weiterer Schmerzensmann, nach 1435, ebenfalls für St. Johannis. Insgesamt sind das wenige rein malerische Werke, von denen die meisten in Zusammenhang mit der Hamburger Dominikaner-Kirche stehen, außer dem einen, das über Lübeck, Reval und Abo nach Nykyrka transportiert worden sein muß.

In die Geschichte um die Entdeckung Franckes gehört auch ein Archivfund Heinrich Reinckes: die Bestellung einer nicht erhaltenen Altartafel, die die Revaler Schwarzenhäupter 1429 für die Revaler Dominikanerkirche St. Katharinen in Auftrag gege-

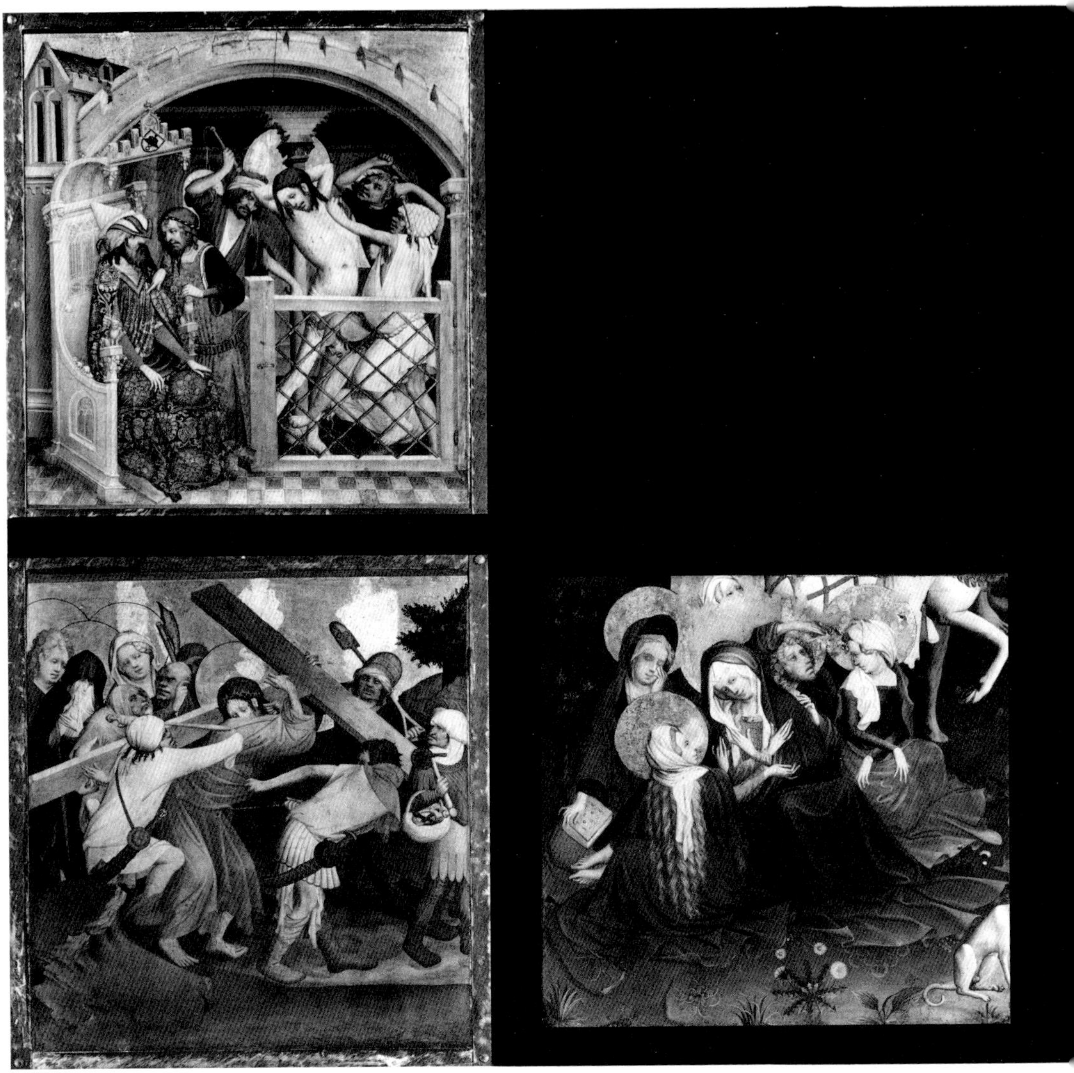

Der Thomas-Altar, den Meister Francke für die Kapelle der Englandfahrer-Gesellschaft malte, ist fragmentarisch erhalten: mit geöffneten und mit geschlossenen inneren Flügeln, um 1424; Hamburger Kunsthalle.

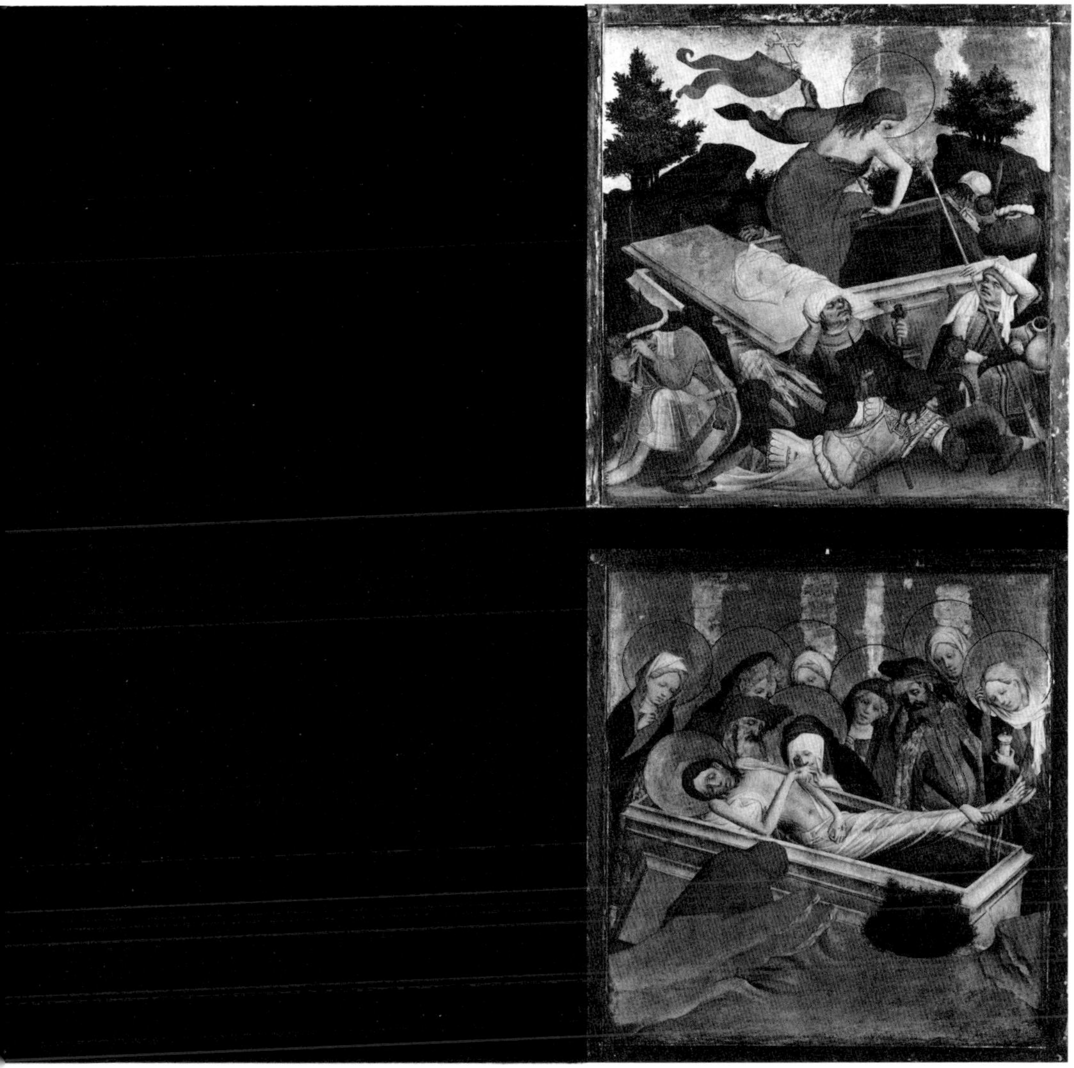

ben und nach Reval haben transportieren lassen; über den Bestellungsauftrag an einen Lübecker Revalkaufmann hieß es: »de sal se (die Tafel) uns to Hamborch enen swarten monich malen laten« (der soll sie uns zu Hamburg durch einen schwarzen Mönch malen lassen). Reincke entdeckte mit diesem Fund, daß Francke ein schwarzer Mönch, also ein Dominikaner war, der im St. Johannis-Kloster in Hamburg lebte und malte. Hinzu kommt, daß Reincke einen aus Zutfen in den Niederlanden zugewanderten Hamburger Schuhmacher, Nicolaus Franco Zutphanicus, ausfindig gemacht hat, der der Vater Meister Franckes sein könnte; Bella Martens hatte 1929 von Werken der ersten Hälfte des 15. Jahrhunderts in Münster berichtet, die »a fratre Francone Zutphanico« (vom Bruder Francke aus Zutfen) stammen sollten, von den Wiedertäufern aber als Abortsitze mißbraucht und zerstört worden waren. Erst 1992 hat Helmut R. Leppien aus der Kombination von »frater« und »mester« geschlossen, daß »mester« »Magister der Theologie« bedeuten müsse und nicht »Handwerksmeister«. Geburtsjahr und Todesjahr Franckes kennen wir damit nicht, wohl aber seine Herkunft, seine Ausbildung als Geistlicher und seine Aktivitäten als Künstlermönch von 1413 bis 1440 im St. Johannis-Kloster.

Das Hauptwerk Franckes, der Thomas-Altar, hat seit 1436 in der Maria geweihten Kapelle der Englandfahrer-Gesellschaft von St. Johannis gestanden. In der Zeit zwischen der letzten Erwähnung 1725 und dem Abbruch der St. Johannis-Kirche 1829 muß er daraus entfernt worden sein. Er ist nur teilweise erhalten, nämlich in einem aus der großen Kreuzigung des Mittelteils herausgesägten Ausschnitt, der vermutlich bei einer Vierteilung der großen Tafel entstanden ist, und in zwei von insgesamt vier Flügeln, die beidseitig mit je zwei Szenen bemalt sind. Wir wissen vom Vorhandensein des Altares in der St. Johannis-Kirche aus der *Hamburgischen Kirchengeschichte* von Nicolaus Staphorst[37], und wir kennen sein Aussehen mit geschlossenen inneren Flügeln aus einem Kupferstich, der im vierten Band dieser Kirchengeschichte von 1731 enthalten ist. Danach zeigte der geöffnete Altar Szenen der Passion Christi mit einer großen Kreuzigung in der Mitte. Schloß man die inneren Flügel, so erschienen oben vier Marienleben-Szenen und unten vier Szenen aus dem Leben des Heiligen Thomas (Thomas Beckett, Erzbischof von Canterbury). Auf einer verlorenen Predella waren Brustbilder Christi und der zwölf Apostel zu sehen. Anders als der St. Petri-Hochaltar von Meister Bertram konzentrierte sich der

Thomas-Altar auf malerische Darstellungen. Es ist zu vermuten, daß Francke sowohl der Schöpfer des dargestellten Bildprogramms war, das die Interessen der Englandfahrer ebenso berücksichtigt, wie das desjenigen, der die malerischen Darstellungen in seiner klösterlichen Malerwerkstatt ausgeführt hat. Ungewöhnlicherweise trägt der auferstehende Christus auf dem Altar der Englandfahrer eine einfarbig rote Fahne. In dieser mußten die Hamburger Englandfahrer die rote Hansefahne erkennen, die auf jedem Mast ihrer Koggen wehte.

Franckes Künstlerpersönlichkeit bleibt uns nach diesen wenigen Quellen und Werken seltsam fern. Er muß ein allein sich bildender, allein arbeitender Künstler gewesen sein, der zurückgezogen im Kloster lebte, wenig produziert hat, mit dem Wenigen aber weithin berühmt gewesen ist. Kam er wirklich aus den Niederlanden und war er in Frankreich, ist er dort als Maler ausgebildet worden und hat er dort studiert, so findet damit die Verwandtschaft seiner Malerei mit altniederländischer und burgundischer eine Erklärung. Der Eintritt ins Kloster mag seine Reaktion auf die Entwicklung des Kunstauftragsmarktes und seine individuelle Glaubensentscheidung gewesen sein. Sie hat ihm ökonomische Sicherheit gegeben und eine künstlerische Entfaltung erlaubt, die gänzlich verschieden von der Bertrams war.

Lichtwark hat auch Francke sehr eingehend gewürdigt. Von ihm, der Bertrams und Franckes Werke zusammengeführt hat, stammt die Erkenntnis, daß zwar beide den hohen Rang hamburgischer Kunstproduktion belegen, daß von einer »hamburgischen Schule«, »Überlieferung« oder »Tradition« aber nicht die Rede sein könne.

Hans Bornemann, Hinrik Funhof, Absolon Stumme, Hinrik Bornemann, Wilm Dedeke und andere Meister

Seit der Entdeckung des Thomas- und des Petri-Altars und deren Zusammenführung in der Hamburger Kunsthalle wurde die Stadt von der Kunstwissenschaft als bedeutender Ort mittelalterlicher Kunst entdeckt.[38] Entscheidende Impulse gingen und gehen dabei bis heute von Karl Georg Heises Buch *Norddeutsche Malerei*, 1918, Alfred Stanges elfbändigem Werk *Deutsche Malerei der Gotik*, 1934 bis 1961, und der Dissertation von Ralph Knickmeier über den großen Altar des Hamburger Domes, 1995[39], aus.

Der einzige Hamburger unter den Hamburger Meistern, Hans Bornemann, malte eine mauerumfestigte Stadt an einem großen Fluß mit Kogge und Schiffbrüchigen: Heiligenthaler Altar, St. Andreas und die Schiffbrüchigen, *nach 1445; heute St. Nikolai in Lüneburg.*

»Seit Meister Bertram stellt sich Hamburg als ein Mittelpunkt bedeutender Meister dar, und wenn es sie nicht gebar oder erzog, so zog es die Besten an«, resümierte Stange. »Und wie schon Bertram und Francke kennen wir auch jetzt fast alle Maler mit ihren Namen und wissen einigermaßen über ihr Leben Bescheid.«[40] Heise hatte schon 1918 festgestellt: »Diese im 15. Jahrhundert seltene und aufschlußreiche Verknüpfung von urkundlich nachweisbaren Künstlern und heute noch erhaltenem Werk muß bei der Betrachtung der hamburgischen Malerei entschädigen für die an sich auffallend kleine Zahl erhaltener Werke.«[41] Tatsächlich ist in Hamburg selbst wenig an mittelalterlicher Kunst erhalten. Wir kennen die Meister besser aus den Werken, die aus Hamburg verschlagen wurden oder die für andere Städte ausgeführt worden sind.

Von Zeitgenossen Franckes, Arnold von Köln und Henselin von Stratzeborch, die beide 1387 in das Amt als Meister eintraten und offenbar im selben Jahre, 1429, gestorben sind, gibt es keine überlieferten Malereien. Ihre Namen bestätigen aber die Feststellung, daß Hamburger Meister in der Regel bereits fertig ausgebildet aus anderen Kunstzentren in die Stadt kamen.

Conrad von Vechta wird 1425 zuerst erwähnt. Da er Vormund der Witwe von Henselin wurde, muß er dessen Werkstatt übernommen haben. Von Conrad wissen wir, daß er so praktische Dinge wie die Vergoldung der Giebelknöpfe auf der hamburgischen Burg in Ritzebüttel gemacht hat. Nachrichten über malerische Werke sind jedoch nicht überliefert. 1444 bedachte er in seinem Testament einen Knecht namens Hans, der wohl mit Hans Bornemann identisch ist, mit einem schwarzen Mantel und der Hälfte seiner »Kunst«, das heißt seines Gerätes und seiner Muster. Nach seinem Tode erwarb Bornemann 1448 sein Haus, zahlte seinem geistlichen Sohn eine Rente und wurde sein Nachfolger.[42]

Ein Johannes Bornemann wird schon 1434 erwähnt. Vermutlich war er einer der wenigen Hamburger unter den mittelalterlichen Künstlern. Von ihm sind aus schriftlichen Zeugnissen so zahlreiche Arbeiten bekannt, daß wir einen Eindruck davon erhalten, wie breit das Arbeitsfeld eines Hamburger Meisters im Spätmittelalter sein konnte[43]: 1448 erhielt er Zahlungen für eine Tafel auf dem Kreuzaltar im Leprosenhof St. Nicolai zwischen Luneburg und Bardowik; 1449 stiftete der Lüneburger Bürgermeister Hinrik Lange ebenfalls eine Tafel von ihm für jenes Spital; seit

Vermutlich von Hans Bornemann: Votivbild des Ansgar aus dem Hamburger Dom, nach 1457; heute in St. Petri.

1461 erscheint er in Hamburger Urkunden mit Aufträgen für Kirchenfahnen und -schilder; 1463 unterstützte ihn der Hamburger Rat gegen den Lüneburger bei der Forderung einer Leibrente von 25 Mark für Arbeiten am Hochaltar der Lambertikirche in Lüneburg, und 1467 führte er Arbeiten im Haus des Hamburger Rates in Stade aus. Darauf folgten siebzehn auf Holz gemalte Kaiserdarstellungen am alten Hamburger Rathaus. Schließlich war er einer der drei Älterleute des Amtes der Maler und Glaser, die einen Altar zu Ehren Gottes, der Maria und des Heiligen Lucas im Dom errichteten. Da ab 1474 seine Frau die Zahlungen für die Kaiserbilder erhielt, ist daraus zu schließen, daß er 1473 verstorben ist.

Wegen der stilistischen Verwandtschaft mit dem sicher von Bornemann stammenden Lambertialtar, 1460, in Lüneburg wird ihm auch der Heiligenthaler Altar zugeschrieben, der zwischen 1445 und 1450 von den Prämonstratensern des Klosters Heiligenthal für die Lüneburger Ordenskirche St. Andreas gestiftet worden ist und als frühestes großes Werk des Künstlers gilt. Er kam nach der Reformation in Teilen in die Lüneburger St. Nikolaikirche, so daß er rekonstruiert werden kann. In der Szene mit dem Heiligen Andreas und den Schiffbrüchigen gibt Bornemann im Hintergrund die realistische Darstellung einer ummauerten Stadt an einem breiten Fluß sowie einer beschädigten Kogge. Neben einer Reihe von ihm zugeschriebenen Werken an anderen Orten ist Bornemanns Kunst in Hamburg auf einem Votivbild zu betrachten, das für den Hamburger Dom gestiftet worden war, heute aber in St. Petri hängt. Es zeigt den Stifter, den Präpositus Johannes Middelmann (gestorben 1457) zu Füßen des Heiligen Ansgar, der das Modell des Hamburger Doms in Händen hält. »Bornemann war ein Maler, der mit sachlich blickendem Auge die Dinge als irdische Existenzen begriff, und so handgreiflich gab er auch seine Bildräume«, hat Stange ihn gewürdigt.[44] Heise erkannte bei ihm eine »Verbindung von treu abschilderndem Wirklichkeitssinn mit gepflegtem Feingefühl für Farbe und Licht« und brachte ihn damit in die Tradition Meister Franckes.[45]

Hinrik Funhof, Träger eines westfälischen Namens, aber ausweislich seiner Werke in den Niederlanden ausgebildet, heiratete die Witwe Bornemanns und übernahm dessen Meisterstelle. In den Jahren 1479-1484 erhielt er Zahlungen für einen Altar in St. Georg; 1480 malte er im Auftrag des Rates Dekorationen für

Vermutlich von Hinrik Funhof: Maria im Ährenkleid *aus dem Kloster Harvestehude, um 1480; Hamburger Kunsthalle.*

ein Passionsspiel; 1482 reiste er nach Lüneburg. 1484 hatte er den Auftrag einer Bruderschaft im Dom. Bereits für 1485 sind jedoch Zahlungen von St. Johannis in Lüneburg und von jener Bruderschaft für den Domauftrag an seine Witwe – »der Malerschen to Hamborch« (der Malerfrau zu Hamburg) – nachgewiesen. Funhof ist folglich nach nur etwa zehn Jahren Meisterschaft jung gestorben. Er hat in dieser kurzen Zeit aber an drei größeren Altarwerken arbeiten können: einem uns unbekannt gebliebenen Altar in St. Georg, einem in einer Zeichnung des 18. Jahrhunderts überlieferten Altar im Hamburger Dom und einem in der Lüneburger St. Johannis-Kirche erhaltenen Altar, der noch an seiner ursprünglichen Stelle steht.[46] Funhof hat hier an einem älteren Schnitzaltar vier ganztafelige Bilder gemalt, die bei der ersten Schließung sichtbar sind – Szenen aus dem Leben der vier Heiligen Cäcilia, Johannes der Täufer, Georg und Ursula. Die Außenflügel, über denen er gestorben sein muß, hat ein anderer Künstler vollendet.

Über die genannten hinaus sind noch einige weitere Werke Funhof zugeschrieben worden, darunter eine Tafel mit Maria im Ährenkleid, die große Ähnlichkeit mit der Lüneburger Cäcilia hat. Sie ist von einer Nonne, wie man an der Stifterfigur der kleinen Klosterfrau zu Cäcilias Füßen erkennen kann, für das Maria-Magdalenenkloster gestiftet worden und hängt heute in der Hamburger Kunsthalle. »Ein souveräner Maler schuf sie, ein Meister, der sein Handwerk vollkommen beherrschte, und mehr als das, ein hervorragender Künstler« – so Stanges Resümee seiner Beschreibung der Lüneburger Tafeln Funhofs.[47] Gewürdigt wird vor allem Funhofs Kolorit, das auf eine Ausbildung bei Dirk Bouts hinweist.

Absolon Stumme, dem Namen nach vielleicht ein Däne, aber vermutlich bei Hans Bornemann ausgebildet, heiratete 1486 die Witwe von Bornemann und Funhof und wurde deren Nachfolger in der Werkstatt. Sein Name erscheint mehrfach im Zusammenhang mit schriftlich belegten kleineren und größeren Aufträgen. 1497 arbeitete er danach für einen Hochaltar der Kirche in Lunden (Dithmarschen); 1499 zahlte der Hamburger Rat 250 Mark für Tafeln in der Kapelle des Rates im Dom. 1505 ist Stumme gestorben, nachdem seine Frau ihm darin 1492 vorangegangen war. Gesicherte erhaltene Werke gibt es von Absolon Stumme nicht. Karl Georg Heise wie Alfred Stange erklären aber vier gewaltige Tafeln aus dem Hamburger Dom für ein Werk von seiner Hand. Allerdings haben sie beide dieses Werk bedauerlicherweise so negativ beurteilt[48], daß sich bis zur Dissertation Ralph Knickmeiers niemand wieder damit beschäftigt hat. Auch die Neigung, Stumme andere Werke zuzuschreiben, ist damit merkwürdig eingeschränkt worden.

Hinrik Bornemann, das älteste von vier Kindern des Hans Bornemann, wurde zwischen 1464 und 1468 geboren. Vermutlich hat er bei seinen beiden Stiefvätern Hinrik Funhof und Absolon Stumme gelernt. 1487 wurde er mündig und trat sein Erbe an; 1490 bezahlte die Stadt Stade »Hinrik pictori filio Bornemani« (dem Maler Hinrik, Sohn des Bornemann) Malerarbeiten; 1496 erlaubte ihm das Amt, eine eigene Werkstatt aufzumachen. Von 1497 bis 1499, dem Jahr, in dem er starb, war er Ältermann der Bruderschaft. Wir kennen ihn als Person aus einem der Stifterbilder des Lucas-Altars. Und auch als Künstler ist er aus seinem Anteil an diesem Altar zu erkennen. Stange hat ihm darüber hinaus noch einige andere Werke zugeschrieben, darunter die figurenreiche Kreuzigung aus der Katharinenkirche (heute in der Hamburger Kunsthalle); sie ist von Tiele Nigel (gestorben 1491) und seiner Frau Tibbeke (gestorben 1503), der Tochter des Hamburger Bürgermeisters Köting, nach dessen Tod gestiftet worden.[49]

Über die bisher Genannten hinaus gab es eine Reihe von weiteren Malern in Hamburg, von denen wir schriftlich Nachricht haben[50]: Johann Witte war von 1496 bis 1511 in Hamburg als Meister tätig. Wilm Dedeke heiratete die Witwe Hinrik Bornemanns und übernahm 1500 dessen Werkstatt; 1506 und 1514 wurde er als Meister des Maleramtes genannt; er starb 1528. Helmeke Hornebostel war 1505 Nachfolger in der Werkstatt des Absolon Stumme. 1513 ließ sich außerdem der Braunschweiger Arnd Arndes in Hamburg nieder. Von all diesen Meistern gibt es aber keine Verknüpfung zwischen Archivalien und erhaltenen Werken, so daß auch für Zuschreibungen kein Anhalt gegeben ist. Ihre Zahl bezeugt allerdings, daß das Arbeitsfeld für kleinere und größere Malerarbeiten in Hamburg und der niederdeutschen Umgebung im Spätmittelalter größer geworden ist.

Gestärkt wird dieser Eindruck noch durch die Arbeiten einiger Künstler, die nicht namentlich bekannt sind und denen die Kunstgeschichte darum Not- oder Kunstnamen gegeben hat. Unter diesen ist vor allem der Meister des Halepagen-Altars von Bedeutung, dem sich auch die kunstwissenschaftliche Forschung mit besonderem Interesse zugewandt hat.[51] Der Meister hat seinen Namen nach dem Stifter »gherardus halepaghen magister« (gestorben 1485) erhalten, der auf dem Passionsaltar der Buxtehuder St. Petri-Kirche erscheint. Er war der Onkel und Vormund des späteren Hamburger Bürgermeisters D. Dr. Hermann Langenbeck. Dieser Umstand und der künstlerische Rang des Altars sprechen für einen bedeutenden Künstler aus Hamburg, den Max Hasse und Hans Georg Gmelin mit Wilm Dedeke identifiziert haben. Durch die Zuschreibung einiger Werke haben sie ihm darüber hinaus eine Vita geschaffen: Danach erhielt er seine Ausbildung bei Funhof zusammen mit Hinrik Bornemann, ging mit diesem auf Wanderschaft nach Westfalen und arbeitete, während Bornemann seine Hamburger Werkstatt erhielt, in Lübeck; nach dem Tod Hinriks soll er dessen Werkstatt übernommen haben. In Lübeck hat der Halepagen-Meister oder Wilm Dedeke unter Einfluß von Bernt Notke die Bilder der Johannis-Legende des Fronleichnam-Altars, 1496, von Henning von der Heyde geschaffen haben sowie drei andere kleine Werke, heute alle im St. Annen-Museum in Lübeck. Als wichtiges Werk seiner Hamburger Zeit wird ihm der Altar der Fischer, 1508, in der St. Jacobi-Kirche zugeschrieben; sein Hauptwerk dieser Zeit ist jedoch der Buxtehuder Halepagen-Altar, der zwei Jahre später entstanden ist. Außerdem soll er kleinere Bildnisse und Marienbilder gemalt haben: um 1505 ein Diptychon, zu dem eine Madonna (St. Annen-Museum Lübeck) und das Bildnis eines Hamburger Stifterehepaars (Roselius-Haus in Bremen) gehört haben, um 1505 eine Madonna (Hamburger Kunsthalle) und um 1515 ein Porträt Bürgermeister Langenbecks.

Sechs unterschiedliche, im ausgehenden Mittelalter entstandene Werke, die im folgenden eingehender besprochen werden sollen, vermögen die Leistungsbreite der hamburgischen Malerei im Spätmittelalter, deren historische Aussagekraft, aber auch deren funktionale Einbindung zu demonstrieren.

Die Tafeln vom Hochaltar des Hamburger Domes

Der Rat der Stadt hatte im Dom eine eigene Kapelle, die »Capella consulum Hamburgensium« (Kapelle des Rates der Hamburger). Diese Kapelle lag dem südlichen Haupteingang zum Langhaus gegenüber in einem Joch des nördlichen Seitenschiffs; sie hatte eine Breite von etwa zehn Metern und eine Tiefe von etwa fünf Metern. Im Jahr 1499 zahlte der Rat die Summe

1499 bezahlte der Hamburger Rat Tafeln für die Ratskapelle im Dom bei Absolon Stumme. Auf 1499 sind vier gewaltige Tafeln mit sechzehn Darstellungen des Marienlebens datiert, die von einem »großen Altar« im Hamburger Dom stammen: Verlobung Mariens; heute im Kunstmuseum Lodz.

von 250 Mark »Absaloni pictori pro praeparatione et depictione tabule in capella consulum Hamburgensium«[52] (dem Maler Absolon für die Vorbereitung und Bemalung von Tafeln in der Kapelle des Rates der Hamburger). Die ungewöhnlich hohe Summe läßt auf ein besonders großes Werk schließen.

Drei Jahrhunderte später, vor dem Abbruch des Domes, wurden zahlreiche Einrichtungsgegenstände in verschiedenen Verfahren aus dem Dom entfernt. Im März 1805 wird berichtet, daß »die geistlichen Bilder, welche die Deputation nicht zum öffentlichen Verkauf zu bringen gewünscht«, an verschiedene Empfänger, darunter Kirchen, die Stadtbibliothek und der »Zeichenmeister Waagen«, abgeliefert worden seien. Unter anderen Dingen wurde »das hohe Altar mit vielen vergoldeten Figuren«

Der nach dem Abriß verschollene Mittelschrein des Hochaltars im Hamburger Dom war in nachreformatorischer Zeit verändert worden. Eine Zeichnung des 18. Jahrhunderts gibt nur einen vagen Eindruck: Lichtdruck, Stöter 1879, Tafel 11.

an die St. Nicolai-Kirche abgegeben. Waagen erhielt neben mehreren anderen Werken »zwei Türen vom großen Altar«. Am 11. Juli 1805 wurde in einer Versteigerung dann noch die »Verkleidung an und auf dem hohen Altar« an Unbekannt versteigert.[53]

Vom »hohen Altar« kennen wir nur eine Zeichnung des 18. Jahrhunderts, die den Mittelschrein darstellt.[54] Die Tafeln aber, die Waagen erhielt, hat die Deputation ihm einige Zeit später geschenkt. 1808 hat er Hamburg mit den Ausstattungsstücken des Domes verlassen und ist nach Schlesien gezogen. Sein Sohn, Dr. Gustav Friedrich Waagen, der 1823 zunächst Gehilfe und dann, 1830, der erste Direktor der Berliner Gemäldegalerie, also oberster für Gemälde zuständiger Beamter Preußens wurde, hat sich selbst zu den Tafeln geäußert: »Die betreffenden Bilder befanden sich ursprünglich an dem Hochaltar des Domes zu Hamburg und bildeten wohl ohne Zweifel die Flügel desselben, während das Mittelstück nach dem gewöhnlichen Gebrauche im 15. Jahrhundert, aus in Holz geschnitzten Vorstellungen bestehen mochte. Obgleich der damalige Bürgermeister Amsinck meinem Vater, nachdem der Domherr Meyer und andere Herren erklärt hatten, daß sich nichts im Dome befände, welches der Erhaltung werth wäre, erlaubt hatte, von allen den darin befindlichen Kunstwerken zu nehmen, was ihm irgend anstände, so waren doch die Maße jener Skulpturen des Mittelstückes jenes Altars zu ansehnlich, um in einer Privatwohnung eine Stelle zu finden. Nach den Maßen der vorhandenen Bilder muß dasselbe nämlich, nach Maßgabe, wie die jetzt auseinandergeschnittenen, einzelnen Tafeln ursprünglich zusammengesetzt waren, entweder 16. F. [Fuß] hoch und 11 F. 4 Z. [Zoll] breit, oder was mir wahrscheinlicher, 8 F. hoch und 22 F. 8 Z. breit gewesen sein. [...]

Die Rückseite der Holztafel, worauf die Bilder gemalt sind, war vergoldet, so daß, wenn die Flügel, wie meist, geschlossen waren, der Altar eine große, von Gold strahlende Fläche bildete.

Nachdem das Schloß von Marienburg hergestellt war, kam mein Bruder, welcher damals Landrath in Memel und mit dem Oberpräsidenten von Schön näher bekannt war, auf den glücklichen Gedanken, jene Bilder, welche mein seeliger Vater, bei seiner, im Jahre 1808 erfolgten Uebersiedelung von Hamburg nach Waldenburg in Schlesien, dahin mitgenommen hatte, in die Capelle jenes Schlosses zu stiften und sie so wieder einem mittelalterlichen Baudenkmale anzuschließen, wozu die beiden anderen Brüder gern ihre Einwilligung gaben. Als ich dieselben vor einigen Jahren seit meiner Jugend zum ersten Mal dort wiedersah, überzeugte ich mich, daß sie von einem recht achtbaren Meister aus der zweiten Hälfte des 15. Jahrhunderts herrühren, welcher am ersten der westphälischen Schule angehören möchte. Sie befinden sich leider jetzt theilweise in einem schlechten Zustande.«[55]

1834 sind die Tafeln in der Tat dem preußischen König geschenkt worden, damit sie in der Marienburg, dem neu restaurierten preußischen Propagandadenkmal, das noch ohne Ausstattung war, aufgestellt wurden. Sie haben dort bis 1945 im Remter gestanden. 1945 kamen sie in den Besitz der Warschauer Nationalgalerie und sind von dort an das Kunstmuseum Lodz verliehen worden. Die Tafeln tragen das Datum des Jahres 1499, in dem Absolon die 250 Mark vom Hamburger Rat für die Tafeln in dieser Kapelle erhielt. Es spricht vieles dafür, daß sich die Nachricht darüber und das Datum der Tafeln miteinander verknüpfen ließen.

Die Tafeln haben die ungewöhnliche Größe von 2,50 x 1,87 Metern und mögen 1805 zu »zwei Türen« zusammenmontiert gewesen sein; sie machen aber vier Flügel aus. Zusammen haben sie tatsächlich eine Breite von etwa acht Metern. Sie hätten also in der zehn Meter breiten Kapelle des Rates Platz gehabt.

Der Rat hat die Tafeln offenbar Maria, der Patronin des Domes und zugleich der Stadtpatronin, widmen wollen. Auf jeder Tafel sind vier, also insgesamt sechzehn gleich große Szenen dargestellt, die sich in zwei Reihen, von links oben nach rechts oben und von links unten nach rechts unten ohne Lücke nacheinander lesen lassen: Am Anfang steht eine Darstellung des Baumes Jesse, aus dem Maria mit dem Jesuskind hervorgeht, am Ende Maria als Mater dolorosa; das letzte Bild trägt das Datum 1499, das Datum der Zahlung. Zwischen den genannten folgen vierzehn Szenen aufeinander, die das Leben Mariens und Christi behandeln, soweit Maria es begleitet hat: die Verkündigung der Geburt Mariens, Mariens Tempelgang, Verlobung Mariens mit Joseph, Verkündigung an Maria, Besuch der Elisabeth, Geburt Jesu, Anbetung der Weisen, Beschneidung Jesu, Flucht nach Ägypten, der zwölfjährige Jesus im Tempel, die Kreuzabnahme, der Tod Mariens und ihre Krönung. Es handelt sich also nicht nur um einen ungewöhnlich großen, sondern auch ungewöhnlich ausführlichen Marienzyklus.

Absolon Stumme hatte seit 1486 die seit Bornemann meistbeschäftigte Werkstatt der Stadt geführt. Hinrik Bornemann war noch jung, Dedeke noch nicht in der Stadt. Wohl deshalb müssen diese großen Tafeln der Stadt bei ihm bestellt worden sein – wer in der Stadt hätte sie sonst ausführen können? Vermutlich hat die Werkstatt Jahre daran gearbeitet, bis am letzten Bild die Zahl 1499 festgehalten werden konnte. Die Kompositionen der Darstellungen und Szenen, die Gruppierung der Vordergrundpersonen, die Gewandbehandlung, die Landschaften und Architekturen im Hintergrund, die Architekturversatzstücke, Interieurs und Möbel sind allerdings so unterschiedlich angelegt, daß man an einen hohen Grad von Arbeitsteilung in dieser Werkstatt glauben muß, wobei Stumme nicht die Einheitlichkeit erzielen konnte, die man von Meisterwerken einer Werkstatt gewohnt ist. Dennoch ist auch mit diesen Tafeln Meisterliches gelungen. Die Personenszene der Verlobung Mariens zeigt einen angesichts der Aufstellung im Dom beeindruckenden Innenraum – eine Szene, auf die in einer der späteren Illustrationen des Hamburger Stadtrechtes angespielt wird. Das weist auf den Bekanntheitsgrad der Tafeln im Dom hin, darauf, daß die Miniaturen nach dieser entstanden sind, und wohl auch, daß sie von der gleichen Werkstatt wie die Tafeln stammen.

Der Zyklus der sechzehn Darstellungen aus dem Marienleben muß in seiner Zeit allein wegen seiner Größe ein gewaltiges Monument des spätmittelalterlichen Marienkultes in der Hansestadt gewesen sein. Glaubt man der Verknüpfung zwischen Zahlung und Datierung des Altars im Jahre 1499 und betrachtet den Zyklus als den Altar des Rates, so hat man mit ihm den ranghöchsten erhaltenen Altar der Stadt vor sich; der Petri-Hochaltar war daneben nur der einer Hauptkirche, der Thomas-Altar lediglich der einer Kunsthandwerker-Bruderschaft. Der Rat hat allem Anschein nach mit der Größe des Altares in der Domkirche seinen Machtanspruch erhoben – er war ein höchst politisches Monument.

Angesichts der Größe der Tafeln und der Konzentration des Bildprogramms auf Maria wird auch verständlich, warum Gustav Friedrich Waagen, der es gewohnt war, in der preußischen Kunstsammlung mit Beutekunst umzugehen, die Tafeln für die Marienburg gestiftet hat. Er, der größte preußische Kenner der Geschichte der Malerei, kannte kein größeres mittelalterliches Marienbildprogramm als dieses, das seinem Vater aus dem Hamburger Dom zugefallen war. Nichts anderes hätte sich für die noch leere Marienburg so sehr geeignet, wie diese gewaltigen Tafeln mit dem Marienleben.

Bei der Hypothese, die Datierung des Altars und Zahlung von 1499 miteinander verknüpft, bleibt allerdings merkwürdig ungeklärt, wie die Tafeln aus der Ratskapelle später zu Flügeln des Hochaltares gemacht worden sein können, als die Waagen sie bezeichnet. Die Geschichte der Uminterpretation vorreformatorischer Altarwerke in nachreformatorischer Zeit, wie sie auch vom Petri-Altar Bertrams bekannt ist, könnte dafür eine Erklärung bieten. Tatsächlich gibt eine unvollkommene Darstellung des 18. Jahrhunderts vom Mittelschrein des Hochaltares eine Schnitzwerk-Collage wieder, die Darstellungen und Ornamente verschiedener nachreformatorischer Zeiten miteinander kombiniert und darüber hinaus keinen Zusammenhang mit dem Marienzyklus der Tafeln erkennen läßt. Eine nachreformatorische Neukombination des Mittelschreins und der Figuren darin sowie der Tafeln, die aus der Ratskapelle genommen wurden, erscheint danach durchaus wahrscheinlich.

Karl Georg Heise, Alfred Stange und der Katalog der Warschauer Nationalgalerie geben nichts auf die Verknüpfung der 1499 datierten Tafeln mit der Nachricht, nach der der Rat 1499 für die Tafeln der Ratskapelle bezahlt hat. Sie erklären die Tafeln ohne längeres Nachdenken zum Hochaltar des Hamburger Doms, schreiben ihn aber dennoch Absolon Stumme zu. Die neuesten, noch nicht abgeschlossenen Forschungen Ralph Knickmeiers nehmen das Werk ebenfalls als Teil des Hochaltares; sie versuchen aber eine interessante Rekonstruktion des übrigen verlorenen Altarzusammenhanges.[56]

Die Miniaturen zum Stadtrecht

Nach einem Beschluß des Rates von 1497 hat Bürgermeister Hermann Langenbeck das Hamburger Stadtrecht neu gefaßt und dabei den Text von 1301 neu geordnet und ergänzt. Außer einer Initialminiatur am Anfang ist jedem der fünfzehn Kapitel eine ganzseitige, in Deckfarben mit Vergoldungen ausgeführte Miniatur vorangestellt, die den Inhalt des Kapitels illustriert.[57]

Die bekannteste der Miniaturen ist die zum fünfzehnten, dem letzten und wichtigsten Kapitel P »van schiprechte« (Vom Schiffsrecht), in dem von Reedern, Schiffern und ihrem Gesinde, von Frachten, aber auch von Schiffbruch und Seeraub die Rede ist. Das Bild hat in erster Linie die Funktion, die in der Handschrift dargestellten Rechtslehren zu verbildlichen. Es deutet dabei im unteren Bildteil eine Hafenstadt an, im mittleren und

Die Miniatur zum Kapitel »van Schiprechte« im 1497 von Bürgermeister Dr. Langenbeck neu gefaßten Hamburger Stadtrecht zeigt den Hamburger Alsterhafen und die Elbeausfahrt mit Hamburger Koggen; Staatsarchiv.

oberen Bildteil einen Wasserlauf zwischen stilisierten Felsküsten, der sich am Horizont verliert. Der Vordergrund kann als die Situation am Hamburger Hafenkai interpretiert werden: rechts das Rathaus, links der Kran, ein Seegericht, Reeder, Schiffer, Kaufleute, ein Kranführer, Ewerknechte in ihren Hafenbooten. Im Mittelgrund liegen unterhalb des »Eichholzes«, durch einen großen Baum symbolisiert, zwei an ihren roten Wimpeln kenntliche Hamburger Koggen auf der Reede; auf ihnen sind Seeleute beschäftigt. Im Hintergrund, unterhalb der stilisierten hamburgischen Festung Ritzebüttel, fährt eine Kogge mit vollen Segeln auf die See hinaus.

Die Miniaturen des *Hamburger Stadtrechts*, an denen mehrere Künstler gearbeitet haben, präsentieren die Möglichkeiten hamburgischer mittelalterlicher Malerei, Innenräume und städtische Außenräume mit Architekturen darzustellen, in denen Personen verschiedener sozialer Zugehörigkeit, Haustiere, aber auch Teufel agieren. Auf der ersten Miniatur ist der Rat mit Langenbeck als einem der vier Bürgermeister dargestellt. Auch in der Initialminiatur und auf einigen anderen Bildern der Handschrift ist er, der Verfasser des Stadtrechts, zu erkennen. Eine der Miniaturen spielt auf die Darstellung der Verlobung Mariens auf den Altartafeln von Absolon Stumme im Hamburger Dom an; dies könnte ein Anzeichen dafür sein, daß auch die Miniaturen aus dessen Werkstatt stammen.

Der Altar der Lukas-Bruderschaft

Der Lukas-Altar des Maleramtes ist eine Art Selbstzeugnis der gesamten Hamburger Malerschaft im späten Mittelalter.[58] Das Amt der Maler und Glaser hatte in der Zeit von 1452 bis 1463 einen eigenen Altar im Dom errichtet. Gegen Ende des Jahrhunderts müssen die Meister des Amtes die Stiftung eines Schreines beschlossen haben. Damals gab es in Hamburg drei Meister: Absolon Stumme (Meister 1486, gestorben 1505), Johann Witte (Meister 1496, gestorben 1511) und Hinrik Bornemann (Meister 1496), Sohn von Hans Bornemann. Hinrik Bornemann ist 1499, während der Ausführung des Schreines, gestorben. Statt seiner wurde sein Nachfolger Wilm Dedeke (Meister 1500, gestorben 1528) in die Fertigstellung einbezogen. Natürlich hat das Maleramt alle Meister an der Ausführung des gemeinschaftlich gestifteten Schreines auf einem von ihnen allen genutzten Altar beteiligt. Deshalb nimmt es auch nicht Wunder, daß die

Der Lukas-Altar war ein Gemeinschaftswerk aller Hamburger Meister: Lukas malt die Madonna, um 1500, geschlossener Zustand; St. Jacobi-Kirche.

Auf dem Lukas-Altar erscheinen mit Berteke Bornemann und Hinrik Bornemann die ersten Hamburger Künstlerporträts: Hinrik Bornemann als Stifterfigur; St. Jacobi-Kirche.

Im Schrein des Lukas-Altars ist das Thema des malenden Lukas noch einmal plastisch dargestellt; St. Jacobi-Kirche.

Forschung Spuren der Hände aller Meister entdeckt haben will: Der Schrein ist ein Gemeinschaftswerk.

Gegen Ende der Ausführung wurden zwei zu diesem Zeitpunkt bereits verstorbene Personen als Stifterpaar auf die Außenflügel gemalt, zu denen das Maleramt eine besondere Beziehung hatte: die Frau Absolon Stummes, die sowohl die Witwe Bornemanns und Funhofs wie auch die Mutter Hinrik Bornemanns war, und ihr während der Arbeit verstorbener Sohn: »biddet got vor berteke bornemanns sele« (bittet Gott für Berteke Bornemanns Seele) und »biddet got vor hinrik bornemanns sele eren soene deggs« (bittet Gott für Hinrik Bornemanns, ihres Sohnes, Seele, daß ihm Gott gnädig sei) steht auf Spruchbändern bei den knienden Figuren. Sie sind die ersten beiden Malerinnen- und Malerporträts in Hamburg.

Wenn der Schrein geschlossen ist, erscheint auf dem linken Flügel eine Madonna, auf dem rechten Lukas, der Schutzpatron der Maler, vor der Staffelei. Der Maler, mit dem knienden Bornemann zu Füßen, arbeitet mit Palette, Malstock und Pinseln an einem Tafelbild der Stadtpatronin Maria, zu deren Füßen Bornemanns Mutter kniet. Wenn der Schrein geöffnet ist, sind auf den Seitenflügeln Darstellungen aus der Lukas-Legende zu sehen; im Mittelschrein aber erscheint – nun als Schnitzwerk – wieder Lukas, die Madonna malend, daneben die Vermählung der Heiligen Katharina und im Hintergrund weitere Heilige. Diesmal sitzt Lukas mit Palette und Pinsel vor der Staffelei, und neben ihm ist ein Lehrling damit beschäftigt, Farben zu reiben.

Meister wie Werkstattmitarbeiter sollten sich mit diesem Gemeinschaftswerk auf dem Altar des Maleramtes im Dom identifizieren können. Der Schrein sollte aber auch der Hamburger Öffentlichkeit – über die beiden stadtbekannten Angehörigen der Malerfamilie Bornemann vermittelt – die Praxis hamburgischer Künstlerschaft vorführen, den Blick öffnen in ein Künstleratelier: Vom Lehrling bis zum Meister scheinen die Hamburger Künstler darin beschäftigt, zu Ehren von Maria, der Dom- und Stadtpatronin, und damit auch zu Ehren der Stadt Hamburg selbst ihr Werk zu verrichten.

Der Passionsaltar der St. Petri-Kirche in Buxtehude ist ein Selbstzeugnis des Bürgermeisters Langenbeck. Er zeigt den Ziehvater Langenbecks, Gerhard Halepagen, als Stifter und Langenbeck als Heiligen Hieronymus: Außenflügel des Altars, vermutlich von Wilm Dedeke, um 1510.

Der Passionsaltar der St. Petri-Kirche in Buxtehude

Der Passionsaltar in Buxtehude ist nicht nur deshalb für die hamburgische Kunstgeschichte von Bedeutung, weil er von einem Hamburger Maler stammt, sondern auch, weil er das Selbstzeugnis eines bedeutenden Hamburger Bürgermeisters ist: Hermann Langenbecks. Langenbeck stammte aus Buxtehude, war dort als Zwölfjähriger verwaist und danach von seinem Onkel und Vormund, dem Magister Gerhard Halepagen aufgezogen worden. Dieser hatte ihn in eine wissenschaftliche Karriere geführt, bevor er 1482 Hamburger Bürgermeister wurde. Lange nach Halepagens Tod, 1485, hat Langenbeck in seinem Namen einen Altar bei einem Hamburger Meister in Auftrag gegeben, der für seine Heimatstadt Buxtehude bestimmt war und etwa um 1510 entstanden sein muß. Es ist anzunehmen, daß der gelehrte Bürgermeister selbst das eindrucksvoll einfache Bildprogramm bestimmt hat. Die große Mitteltafel zeigt eine dramatische Kreuztragung, der rechte Flügel Geißelung und Dornenkrönung übereinander, der linke Kreuzigung und Grablegung. Bei Schließung der Flügel erscheinen über die ganze Höhe Paulus links mit dem Stifter Halepagen und Hieronymus rechts.

Die Konstellation der beiden Heiligen mit Magister Halepagen beansprucht besonderes Interesse. Hieronymus trägt die Gesichtszüge Langenbecks. Dieser ließ sich also als der gelehrte Bibelübersetzer Hieronymus darstellen und wählte sich den Apostel Paulus als sein Gegenüber. Vor ihm kniet in halber Größe sein Ziehvater, den er an Rang weit übertroffen hat. Der Hamburger Bürgermeister hat sich offenbar gegen Ende seines Lebens an seine Herkunft aus Buxtehude und an seinen Vormund erinnert. Einerseits wollte er für dessen Seelenheil einen Altar errichten, andererseits nutzte er diesen, um sich selbst in seiner Heimatstadt ein anspruchsvolles Denkmal zu setzen.

Gmelin hat den Halepagen-Altar sicher zu Recht als »Hauptwerk spätgotischer Tafelmalerei« an der Unterelbe gewürdigt, »auf dem Übergang zu renaissancehafter Gesinnung«.[59] Zwar meint er mit dieser Formulierung eher Stilistisches, trifft damit aber auch die neue individuelle Anspruchshaltung des Hamburger Bürgermeisters.

Ein Langenbeck-Porträt

Ein weiteres erhaltenes Porträt Bürgermeister Langenbecks gewinnt in diesem Zusammenhang an Interesse.[60] Vermutlich ist es Teil eines Diptychons gewesen, das links eine religiöse Darstellung — die Madonna als Stadtpatronin — und rechts das Brustbild Langenbecks in andächtiger Haltung zeigte, das Altersporträt einer ungewöhnlichen, aber doch für die hamburgische Geschichte jener Zeit sehr typischen Persönlichkeit: als Zwölfjähriger verwaist, Doktor der Theologie der Rostocker Universität, 1475 Rektor der Greifswalder Universität, 1477 nach der Laifizierung durch den Papst Doktor der Jurisprudenz, 1479 Hamburger Bürger, 1482 Wahl zum Bürgermeister, Führer des Rates während der Bürgerunruhen von 1483, über die er einen Bericht abgefaßt hat, erfolgreich im Rentengeschäft und während der Dürrejahre 1481 bis 1483 im Getreidehandel, Schöpfer des Hamburger Bürgereides und Reformator des Hamburger Stadtrechtes. Das Porträt — ähnlich denen der frühen Niederländer und denen der Dürerzeit — lebt schon ganz vom Ausdruck des Gesichtes und der Hände, die sich aus der flächenhaften Komposition von reicher Bekleidung und Hintergrund hervorheben. Es charakterisiert einen gelehrten, weltgewandten, auch kunstversierten, wohlhabenden und willensstarken Mann, dem man zutraut, die zweitmächtigste Hansestadt in langer und schwieriger Zeit geführt zu haben. Sein Blick, auf das verlorene Bild der Stadtpatronin gerichtet, soll andeuten, daß er das Wohl der Stadt im Auge hatte. Das Bild, wohl in seinem Auftrag entstandenes Selbstzeugnis eines Bürgermeisters, ist ebenfalls dem Halepagenmeister zugeschrieben worden und wird nach dem Alter des Dargestellten auf etwa 1515 datiert.

Die »Beweinung Christi« für Bürgermeister Büring in der St. Katharinen-Kirche

Daß am Vorabend der Reformation mittelalterliche Frömmigkeit keineswegs abgetan wurde, demonstriert eines der letzten vorreformatorischen Kunstwerke der Stadt, in dem zugleich ein neuer Individualismus, nun der einer Frau, spürbar wird.[61] Anna Sandruw, die Frau des 1499 verstorbenen Bürgermeisters Büring, hat vor ihrem Tod 1537, um 1520, eine bedeutende Tafel für die St. Katharinen-Kirche in Auftrag gegeben, in deren Kirchspiel die Bürgermeisterfamilie offenbar wohnte.

Das Porträt Bürgermeister Langenbecks, um 1515, gehörte zu einem Diptychon, das links die Stadtpatronin Maria zeigte; Hamburger Kunsthalle.

Anna Sandruw, die Frau des 1499 verstorbenen Bürgermeisters Büring, setzte um 1520 ihrer Trauer ein Denkmal: Beweinung Christi *aus der St. Katharinen-Kirche; Hamburger Kunsthalle.*

Anna Sandruw hat das Motiv ihrer Tafel im Bereich des Marienkultes jener Zeit gesucht: die Beweinung des Leichnams Christi am Fuße des Kreuzes, gehalten vom Jünger Johannes, durch Maria und Magdalena, dazu Darstellungen der sieben Schmerzen Marias.

Der Künstler hat die Gruppe der vier und das Kreuz in eine begrünte Landschaft verlegt, die von einem Fluß durchlaufen wird. In den Himmel hat er Rundbilder eingeblendet, in denen sieben Szenen aus dem Leben Mariens und Christi geschildert werden, die Maria mit Schmerzen erlebt hat: die Beschneidung Christi, die Flucht nach Ägypten, Christus im Tempel, die Gefangennahme, die Kreuztragung, die Kreuzigung und die Grablegung. In den unteren Ecken erscheinen Porträts des Bürgermeisters Büring und seiner Frau mit ihren Wappen.

Die Schmerzen Mariens stehen im Vordergrund, aber es ist unverkennbar, daß hier die Trauer der Frau um einen wesentlich früher verstorbenen Mann das Motiv für die Wahl dieser Darstellung ist. Dem Betrachter ist es im übrigen überlassen, ob er nur die Beweinung durch Maria oder auch durch die besonders sorgfältig ausgeführte Sünderin Maria Magdalena als Motiv für die Stiftung dieses Bildes erkennen will.

Bei welchem Meister Anna Sandruw die Tafel in Auftrag gegeben hat, ist nicht bekannt; auch mit dieser verwandte Werke kennen wir nicht. Wir können nur feststellen, daß in der Landschaftsdarstellung und in der meisterlichen Schöpfung der Maria Magdalena Verwandtschaften mit niederländischen Manieristen wie Quentin Massys unverkennbar sind.

Von Meister Francke bis zu diesem vorreformatorischen Hamburger Werk bereitet sich die Einheit des Kunstmarkt-Gebietes der niederländischen und hansischen Kunst vor, die in den folgenden Jahrhunderten noch ausgeprägter werden sollte.

Wissenschaft, Kunst und Vergnügen

Wissenschaft und Kunst im mittelalterlichen Hamburg haben sich auch in geistlichen Bibliotheken, in der Ratsbibliothek und in privatem Bücherbesitz niedergeschlagen.

Die Anfänge der Dombibliothek gingen auf die Missionsschule Ansgars und eine Stiftung Ludwigs des Frommen für die 834 gegründete Domschule zurück. Auch die illuminierte Vulgata des Berthold von 1255 gehörte in die Dombibliothek.[62]

Seit dem 14. Jahrhundert sind bürgerliche Bücherschenkungen wie die des Johann von Campe von 1353 bekannt. Sie zeugen von bürgerlichem Bücherbewußtsein. Kataloge von 1337 und 1342 belegen bereits beachtlichen Bücherbesitz. Daneben hatten die Hauptkirchen eigene Bibliotheken; die erhaltenen Handschriften aus St. Petri und St. Jacobi sind in kunstvoll mit Stempeln verzierte Lederbände gebunden, die mit ihren Beschlägen und in Messing gefaßten Titeln ein »eindrucksvolles Beispiel gotischer Buchbinderkunst darstellen«[63].

Die 1479 gegründete Stadtbibliothek, heute Staats- und Universitätsbibliothek Carl von Ossietzky, besitzt vor allem im »Scrinium« noch mittelalterliche Bücher, die zum Teil aus eigenem historischen Besitz stammen, wie die niederdeutschen Hamburger Stadtrechtsschriften.[64]

Die spätmittelalterlichen Werke hamburgischer Verfasser und Drucker, die einer kleinen Gruppe von Gelehrten, Lateinkundigen oder zumindest des Lesens der niederdeutschen Sprache mächtigen Hamburger Bürgern zugänglich werden konnten, reichen von den Werken des Albert Krantz (1448-1517) bis zur damals neuen gedruckten Unterhaltungsliteratur.

Krantz, Theologieprofessor in Rostock, Dekan des hamburgischen Domkapitels vor der Reformation und Syndikus der Städte Lübeck und Hamburg, also Theologe und Politiker zugleich, ist heute vor allem als Geschichtsschreiber des europäischen Nordens bekannt. Seine historischen Werke sind erst posthum gedruckt worden. 1506 erschien aber ein Extrakt seiner theologischen Vorlesungen. Und 1509 kam in Straßburg sein *Ordo missalis secundum ritum Hamburgensis ecclesiae* heraus, das Meßbuch des Hamburger Domkapitels, mit kolorierten Initialen und Holzschnittillustrationen.[65]

Der erste – nämlich seit 1491 – in Hamburg tätige Buchdrukker, Hans Borchard, verlegte 1510 die niederdeutsche, einer Novelle aus Boccaccios *Decamerone* (II,9) nahestehende Erzählung *Eyne schoene Hystorie van veer koepluden unde eyner thuchtigen vramen vrouwen* (Eine schöne Historie von vier Kaufleuten und einer tüchtigen, frommen Frau), die mit Holzschnitten illustriert war. Sie machte das Kaufleute-Milieu zur Szene und gehörte zu der neuen Unterhaltungsliteratur, die in den norddeutschen Hansestädten offenbar weit verbreitet war.[66]

Seit 1350 gab es in Hamburg Auftritte fahrender Spielleute, die auf den Jahrmärkten zur Unterhaltung der Kaufleute auftraten;

die Stadtkasse kam sogar für die Kosten auf. Zur Zeit des vorweihnachtlichen »Dom-Jahrmarktes« beim Hamburger Dom erhielten die Gasthäuser Konzessionen zum Auftritt von Schaustellern und Puppenspielern. Seit dem 15. Jahrhundert fanden außerdem geistliche Spiele statt, die unter Anleitung der Geistlichen von Laien in den Kirchen aufgeführt wurden. Und es gab volkstümliche Fastnachtspiele von Handwerkern, die satirisch die Arbeitsverhältnisse aufs Korn nehmen konnten.[67]

So lückenhaft die hamburgische architektur-, kultur- und kunstgeschichtliche Überlieferung auch ist, es läßt sich für das Spätmittelalter ein immer schärferes Bild zeichnen von der Stadt, vom Umriß ihres Gebietes am Unterlauf der Elbe, von der Gestalt der Mauern und Tore, von Sakral- und Profanbauten, von religiösen wie profanen Kunst- und Schmuckwerken, von einer Bürgerkultur und auch von einer Volkskultur, die sich wie alles in dieser Stadt nach den Gesetzen des Marktes entwickelte. Künstlerische Kräfte und Einflüsse aus vielen verschiedenen Regionen kamen in Hamburg zusammen. Sowohl unter den Künstlern wie unter den Auftraggebern hoben sich aus einer breiteren Bürgerkultur bedeutende Einzelpersonen mit überregionalen Kontakten heraus, die frührenaissancistisches Profil entwickelt haben.

Umgebung und künstlerisches Einflußgebiet Hamburgs im Mittelalter

Die Folgen der fränkischen Eroberung und der Missionierung waren fränkische Befestigungen der neuen Reichsgrenze – wie die Hammaburg – und hölzerne Kirchbauten gewesen, deren Reste allenfalls ergraben werden konnten. Ihnen waren einfache kleine Steinbauten von Saalkirchen gefolgt, wie die, die Ansgar in Bremen errichten ließ, oder die wenigen nordelbischen Steinkirchen karolingischer Zeit, die archäologisch nachgewiesen worden sind. Hamburgische Eigenheiten hat es zu dieser Zeit noch nicht gegeben.

Erst mit dem Dom von 1035 war ein Hamburger Bau gemeinsam mit dem Bremer Dom Bezelins von 1041 weithin zum Vorbild geworden: Für den Schleswiger Dom im 11. Jahrhundert, für den Lübecker Dom von 1173 und noch für den Dom von Riga, um 1300, wurden die Grundrißverhältnisse des Hamburger und des Bremer Domes übernommen, die ihrerseits formal – für den Bremer Dom nachgewiesen – auf den Kölner Dom jener Zeit reagiert hatten. Auch die Marienkirche in Bad Segeberg, nach 1156, und der Dom in Ratzeburg, um 1160, erhielten die gleichen Grundrißverhältnisse, um ein Quadrat des Langhausmittelschiffs verkürzt. Der Einfluß der Missionsmetropole der Hamburg-Bremer Erzbischöfe spiegelt sich in diesen Abhängigkeiten der Kirchengrundrisse wider.

Beim Schleswiger Dom ist ein ähnliches Operationalitätsprinzip erkennbar: Wie für den Bezelin-Bau in Hamburg zu vermuten und für den in Bremen bezeugt, wurden auch in Schleswig fremde Bautrupps eingesetzt, die die dort vorhandenen Findlinge wie in Hamburg zu Haustein verarbeiteten und für Bauskulpturen sogar Tuffstein verwendeten, der aus dem Rheinland eingeführt worden war. Sie setzten die Anfänge für die Handwerke des Steinhauens, Steinsetzens und Mauerns in Norddeutschland.

Seit dem 12. Jahrhundert manifestierten sich künstlerische Unterschiede dann deutlich in der Materialwahl: Nachdem das Fundament aus Findlingen gesetzt worden war, wurden für die Marienkirche in Bad Segeberg, für den Ratzeburger und für den Lübecker Dom erstmals Backsteine eingesetzt und daraus neue Bauformen der Backstein-Romanik entwickelt. Die drei gewölbten Backstein-Basiliken im gebundenen System sind eigenständige Entwicklungen; unter ihrem Einfluß wurde auch der Schleswiger Dom in Backstein fortgeführt.

Die Bauten in Bremen, in das sich seit dem 13. Jahrhundert die Erzbischöfe zurückzogen, blieben bei dem heimischen Sandsteinmaterial.

Seit dem 13. Jahrhundert war der Hamburger Dom nicht mehr Metropolitankirche und konnte so nicht mehr als solche Einfluß haben. Als größte Kirche der zweitgrößten Hansestadt gewann er jedoch neue Vorbildhaftigkeit. Sein Langhaus wurde seit 1248 neu als gotische Backstein-Basilika konzipiert; in dieser Form hat er einzelne norddeutsche Bauten beeinflußt, so etwa erneut den Schleswiger Dom, die Johannis-Kirche in Meldorf oder die Zisterzienser-Kirche in Lügumkloster. Seit 1284 erhielt das vierjochige Langhaus dann die Form der Stufenhalle, zuerst dreischiffig, dann im 14. Jahrhundert fünfschiffig. Die gewaltige mehrschiffige Stufenhalle von vier Jochen wurde für die Familie der Hamburger Hallenkirchen des 13., 14. und 15. Jahrhunderts wie für zahlreiche Städte der näheren Umgebung und für einzelne Kirchen, wie die ebenfalls vierjochige St. Johannis-Kirche in Lüneburg, das Vorbild. Die niederdeutschen Backsteinstufenhallen folgten also dem Hamburger Typus mit dem Hamburger Dom in der Mitte.[68]

Im nördlichen Holstein um Lübeck und dann rund um die Ostsee herum verbreitete sich dagegen bald der weit größere Einfluß der Basilikabauten, die mit den bürgerlichen Lübecker Kirchen, voran St. Marien, im 13. und 14. Jahrhundert entstanden waren.

Hamburg war in sächsischer Zeit südlich und nördlich der Elbe von bäuerlichen Siedlungen umgeben gewesen. In der Völkerwanderungszeit, in den Zeiten der fränkischen Eroberungen und der abotritischen Einfälle sowie in den Jahrhunderten der frühmittelalterlichen Missionierung und ihrer Rückschläge war die Umgebung gelegentlich entvölkert oder nur reduziert besiedelt gewesen. Seit der Neubesiedlung Wagriens im 12. Jahrhundert aber verdichtete sich die Siedlungsstruktur, und eine Kontinuität von Dörfern konnte sich entwickeln. Damit einher ging der Bau von kleineren dörflichen Steinkirchen – zum Teil an Stelle vorhergehender Holzbauten –, die heute die einzigen bauhistorischen Relikte der mittelalterlichen Geschichte dieser Dörfer sind.

Ein Teil der Dörfer mit solchen Kirchenbauten ist später in das Gebiet der Stadt einbezogen worden. Sie zählen zur eingemeindeten Baugeschichte der Stadt.

Einen anderen Teil dieser Dörfer hat die Stadt aber auch schon im Mittelalter erworben und für fortifikatorische Zwecke, im Interesse der Kontrolle der Schiffahrt auf der Elbe oder auch nur aus land- oder forstwirtschaftlichen Gründen genutzt. Die Kirchen, auch die archäologischen Funde auf den Kirchhöfen sowie mittelalterliche Einrichtung und Geräte der Kirchen in diesen Dörfern sind also durchaus legitimer Teil hamburgischer Bau- und Kunstgeschichte.

Die Kirche in Sinstorf, südlich von Harburg, hinter der fränkischen Frontlinie an der Elbe gelegen, hatte bereits einen hölzernen, aus karolingischer Zeit stammenden Vorgänger gehabt, als sie vermutlich im 12. oder 13. Jahrhundert aus behauenem Findlingsmaterial neu aufgebaut wurde. Sie war die einzige bekannte mehrschiffige Anlage unter den Dorfkirchen der Hamburger Umgebung: eine dreischiffige flachgedeckte Basilika, deren drei vermauerte Arkadenbögen an der Nordwand noch erkennbar sind. Nach dem Abriß des Nordschiffes 1416 ist sie zu einem Saal vereinfacht worden. Die übrigen frühmittelalterlichen Kirchen in der Hamburger Umgebung waren Saalkirchen. In Nienstedten, Eppendorf, Bergstedt, Rahlstedt und Altengamme lagen weitere frühmittelalterliche Mittelpunkte von Kirchspielen. Der mittelalterliche Bau von Nienstedten, der näher an der Elbe lag, ist nicht mehr erhalten. Von der Johanniskirche in Eppendorf steht noch ein Feldstein-Rundturm – später mit Backstein ummantelt – aus dem 12. oder 13. Jahrhundert. Aus der gleichen Zeit stammen der flachgedeckte Saal eines Feldsteinbaus in Bergstedt und ein ebenfalls flachgedeckter Feldsteinsaal in Rahlstedt. Dort, in Rahlstedt, ist auch ein in Feldsteinmauerwerk errichteter fünfseitig geschlossener Chor des 13. Jahrhunderts erhalten. Auch die Kirche in Altengamme zeigt Spuren eines einfachen Saales aus Feldstein, um 1200. In allen erhaltenen Kirchen sind Feldstein-Mauerwerk und flache Balkendecken verwendet worden, die auch in den Hamburger Kirchen eingesetzt wurden, bevor sich im späten 12. Jahrhundert in Holstein und dann im 13. Jahrhundert in Hamburg der Backstein durchsetzte. Vermutlich läßt sich von den Dorfkirchen – vor allem von der Kirche in Sinstorf – rückschließen auf das Material und die Anlage der frühen, im 12. und 13. Jahrhundert entstandenen ersten Bauten der Hauptkirchen in Hamburg, die von den späteren größeren Backsteinbauten ersetzt wurden.

Wie die beiden Hamburger Burgen aus Findlingsgestein, der Bischofsturm und der Herzogsturm, hatten die dörflichen Findlingskirchen in jener Zeit auch fortifikatorische Funktion. In Rahlstedt, dem am weitesten nach Osten vorgerückten Bau, zeugt unter anderem die den Kirchenhügel wie ein Wehrgraben umfließende Wandse noch davon; und auch die Anlage des Dorfes Neu-Rahlstedt im 12. Jahrhundert als Rundling weist darauf hin.

Zur Sicherung der Schiffahrt auf der Niederelbe erwarb Hamburg seit dem 13. Jahrhundert Stützpunkte auf Neuwerk in Ritzebüttel sowie in Moorburg und errichtete überall rechteckige Burgtürme, von denen die auf Neuwerk und in Ritzebüttel eindrucksvoll erhalten sind. Nach der Zerstörung aller anderen Stadtbefestigungen in Hamburg selbst sind sie die letzten Zeugen der hamburgischen Backsteinfortifikation des Mittelalters.

Kleinere Handelsorte wie Buxtehude, Harburg, Winsen oder auch Stade und Lüneburg südlich und Krempe, Bergedorf oder

Oldesloe nördlich der Elbe – zum Teil heute zu Hamburg gehörig – standen außerdem in so engem personellen wie Warenaustausch mit Hamburg, daß sie auch in enger Beziehung zu der hamburgischen Bau- und Kunstgeschichte zu sehen sind. Besonders deutlich wird dies im späteren Mittelalter für Bauten und Bildwerke in Buxtehude; der Buxtehuder Altar des Hamburger Meisters Bertram ist ein sprechendes Beispiel, aber auch der Passionsaltar, auf dem der Hamburger, aus Buxtehude stammende Bürgermeister Langenbeck abgebildet ist, rührt von einem Hamburger Künstler her.

Interessant ist auch der künstlerische Einfluß in den Kirchen der Dörfer um Ritzebüttel, die in Hamburger Besitz waren. In der Kirche von Lüdingworth findet sich ein mehrschiffiger Backsteinchor und ein Marienaltar des 15. Jahrhunderts, die erkennbar von Hamburger Künstlern stammen.

Kunstwerke waren im Mittelalter durchaus auch Handelsgut, das über größere Entfernungen transportiert worden ist. Seit der Zeit Meister Bertrams sind Altäre und Tafelbilder aus Hamburg in zahlreiche Orte der niederdeutschen Umgebung gehandelt worden. Auch die Meister waren mobil, wie die Malereien Bornemanns und Funhofs in Lüneburg zeigen.

Weiter in den Ostseeraum wurden dagegen weniger häufig Kunstwerke hamburgischen Ursprungs geliefert. Exemplarisch sind die Nachricht von einer Bestellung aus Reval bei Meister Francke und sein Barbara-Schrein im finnischen Nykyrka. Hamburgs künstlerischer Einfluß war im Mittelalter – abgesehen von seiner kurzen Zeit als Missionsmetropole – regional begrenzt auf den ökonomischen Einflußbereich an der Niederelbe und am Landweg nach Lübeck und Lüneburg. Im Ostseegebiet war er deutlich geringer als der Lübecks.

5. Nach der Reformation die Stadt des protestantischen Barock

Im 16. Jahrhundert veränderten der Übergang zur Reformation sowie Einflüsse des Humanismus und der Renaissance die geistlichen, geistigen, kulturellen und sozialen Verhältnisse in Hamburg. Stadtpolitik und Stadtorganisation wurden im Langen Rezeß von 1529 neu bestimmt. Wirtschaftliche Entwicklungen – auch die Öffnung nach Übersee – bewirkten trotz des allgemeinen Niederganges der Hanse eine Verbesserung der ökonomischen Verhältnisse. Glaubensflüchtlinge brachten neue kulturelle Einflüsse in die Stadt. Die Einwohnerzahl verdoppelte sich im 16. Jahrhundert, die Stadt wurde größer und bedeutender und war im 17. Jahrhundert schließlich die größte in Deutschland.[1]

Im 17. Jahrhundert hatten sich die Befestigung der Stadt und die Bündnis- und Außenpolitik im Kampf um die städtische Unabhängigkeit zu bewähren. Für die formale Position haben das Urteil des Reichskammergerichtes von 1618, das Hamburg Reichsunmittelbarkeit zuerkannte, und der Gottorfer Vergleich von 1768, der endlich deren Anerkennung durch das Haus Holstein erbrachte, eine Rolle gespielt. Im Inneren bestimmten Verfassungskämpfe das öffentliche Leben, die schließlich den Hauptrezeß von 1712 zur Folge hatten, der Hamburg erneut eine neue Verfassung brachte.[2] Währenddessen entfaltete sich im »Florentissimum emporium totius Germaniae«[3] (blühendsten Handelsplatz ganz Deutschlands) eine barocke Stadtkultur, die sich immer mehr von der protestantischen Orthodoxie befreite.

Im Zeitalter des Absolutismus sind in Hamburg – als einem der wenigen Orte in Europa – die in der neuen Verfassung festgehaltenen wirtschaftlichen und politischen Grundlagen einer freiheitlichen Stadtkultur erhalten geblieben. Sie haben es ermöglicht, daß »ein politisch selbstverantwortliches, ökonomisch selbstbewußtes und kulturell selbständiges Bürgertum«[4] die vorhandenen Freiräume nutzte, um den geistigen Aufbruch zu einer neuen Gesellschaft und Kultur der Moderne vorzubereiten.

Die Reformation

Die Reformation nahm in Hamburg einen maßvollen Verlauf. Melanchthon bescheinigte 1537: »his turbulentis temporibus nulla urbs in isto littore tranquillior fuit, quod singularis est civium modestia.«[5] (In dieser turbulenten Zeit war keine Stadt an jener Küste ruhiger, weil die Besonnenheit der Bürger einzigartig ist.) Der Rat setzte der volkstümlichen Bewegung in den ersten Jahren gemeinsam mit dem Domkapitel und den Dominikanermönchen von St. Johannis Widerstand entgegen. Aber schon 1526 wurden an den Hauptkirchen St. Nikolai, St. Jacobi und St. Katharinen evangelische Pfarrer von den Kirchgeschworenen eingesetzt. Die öffentliche Disputation 1528 fiel so offenkundig zugunsten der evangelischen Seite aus, daß der Rat für die Reformation Partei ergriff und Johannes Bugenhagen zur Durchführung von Reformen berief. Seine Hamburger Kirchenordnung – der die Braunschweiger von 1529 vorangegangen war und die Lübecker 1531 folgte – wurde im Mai 1529 von Rat und Bürgerschaft angenommen. Sie regelte die geistlichen Dinge, die kirchliche Organisation, die Sozialfürsorge, das Schulwesen und kulturelle Fragen.

Das Domkapitel, dem seit 1526 das Kirchenregiment faktisch entzogen war, suchte Unterstützung bei Erzbischof und Kaiser und strengte einen Prozeß beim Reichskammergericht an. Dieses verurteilte die Stadt, die damit der Ächtung und Bannung durch Kaiser und Papst ausgesetzt war. 1536 trat sie dem Schmalkaldischen Bund bei, in dem sich die protestantischen Fürstentümer zusammengeschlossen hatten, und hatte schließlich Anteil am Sieg über die kaiserlichen Truppen 1547 bei Drakenburg, nachdem diese sich aus Norddeutschland hatten zurückziehen müssen. Nach umfänglichen Zahlungen, dem Kniefall von drei Ratsherrn vor dem Kaiser und nach dem Augsburgischen Religionsfrieden war die gefürchtete Rekatholisierung abgewendet. 1561 kam es aber zum »Bremer Vergleich«, in dem die neuen kirchlichen Regelungen zwar anerkannt wurden, das Domkapitel jedoch weltlichen Besitz und weltliche Rechte zurückerhielt. Bis zum Reichsdeputationshauptschluß führte es fortan mit seinem Dombesitz das Leben eines Staates im Staate.

Für die kulturelle Entwicklung und die Bau- und Kunstgeschichte hatte die Neuorientierung weitreichende Folgen.

Die neue Konzentration auf das Wort der Bibel hat Luther in seiner Bibelübersetzung – »Am Anfang war das Wort, und das

Wort war bei Gott, und Gott war das Wort«[6] – treffend propagiert, indem er den griechischen Begriff »logos« und den lateinischen Begriff »sermo« mit »Wort« übersetzte. Fortan wurde dem Wort, der verbalen Vermittlung, damit auch der Wortkunst der höchste Rang vor allen anderen Formen der Kommunikation und der Kunst eingeräumt.

In den Mittelpunkt des Gottesdienstes rückte die Auslegung des Wortes durch die Predigt. Die Predigt selbst wurde eine herausgehobene literarische Gattung. Auch die Prediger haben daraus einen neuen Rang abgeleitet und ihren Einfluß in Hamburg eingesetzt. Der Vorrang des Wortes veränderte aber auch die Kirchen: Gottesdienstteilnehmer waren von jetzt an Predigtzuhörer und -zuschauer. Die Kirchen wurden zu Predigthörsälen und -theatersälen uminterpretiert. Neue Gestühle unter der Kanzel, bei zunehmenden Zahlen der Gottesdienstteilnehmer auf Emporen, wurden eingebaut. Neue Kirchen erhielten von vornherein den Charakter von Auditorien und Theatern. Die erhöhte Kanzel als Auftrittsort des Predigers wurde das wichtigste neue Kirchenmöbel, später vielfach mit dem einzigen Altar und der Orgel kombiniert.

Die lateinische Messe war zwar abgeschafft worden, aber erhalten blieb der Lobgesang. Damit wurde der Musik nicht nur eine Rolle im Gottesdienst belassen. Die Bugenhagensche Kirchenordnung schrieb auch für die Schule vor, »daß die Kinder in musica lustig und wohl geübt werden«[7]. Neben der Wortkunst erhielt die Musik Bedeutung und wurde immer stärker für den Gottesdienst eingesetzt. Das förderte den Reichtum der Kirchenmusik und des Orgelbaus.

Zwar verschwand das geistliche Theaterspiel 1529 aus den Kirchen, aber Bugenhagens Kirchenordnung sah Schultheater vor – »so ist es auch eine gute Übung, daß man sie Komödien spielen läßt«[8]. Dies war später die theoretische Grundlage für die orthodoxen Protestanten, Oper und Theater in den Streitigkeiten im 17. und 18. Jahrhundert gegen die Pietisten zu verteidigen.[9]

Gespalten war dagegen das Verhältnis der Reformatoren zum Bild.[10] Luther hatte sich früh gegen Bilderverehrung ausgesprochen. Dies sollte späteren Formen von Bilderablehnung und Bildersturm Vorschub leisten. Eine erste protestantische Ästhetik mit bilderfeindlicher Tendenz ist ganz in Luthers Nähe entstanden: Andreas Bodenstein, genannt Karlstadt, veröffentlichte 1522 den Traktat *Von abtuhung der Bylder*, mit dem der erste Bildersturm in Wittenberg gerechtfertigt wurde. Kernargument war die antithetische Parallele von Geist und Fleisch, Wort und Bild.[11] Karlstadt formulierte das erste Mal die Sentenz, nach der statt für Bilder Geld eher für mildtätige Zwecke ausgegeben werden sollte.[12] Er prägte und formulierte mit seiner Schrift fast alle heute in profanisierter Form geläufigen Klischees der Bilderfeindlichkeit, Kunstfeindlichkeit, auch Medienfeindlichkeit und Künstlerfeindlichkeit. Luther nahm deutlich gegen Karlstadts Schrift Stellung; er verließ 1522 sogar das Wartburg-Exil und stellte sich dem Bildersturm in acht Predigten entgegen. Karlstadt aber ging 1530 nach Zürich und gab die Ablehnung der Bilder an Zwingli und Calvin weiter.[13]

In der reformatorischen Welt ist durch diese Vorgänge eine nachhaltige Unsicherheit gegenüber dem Bild, aber auch eine Geringschätzung von Bild, Bildkunst und Bildkünstlern ausgelöst worden. Ausgesprochene Bilderfeindschaft hat auf die norddeutschen Städte allerdings zunächst nur vereinzelt Einfluß gehabt. Die Bilderstürme 1525 in Stralsund und dann 1527 in Goslar haben sowohl die norddeutschen Stadtregierungen wie die lokalen Reformatoren zu vorbeugenden Maßnahmen und besonnener Aktion bewegt. Johannes Bugenhagen reagierte – als der Goslarer Bildersturm auf Braunschweig überzugreifen drohte – mit einer differenziert bilderfreundlichen Passage in seiner Braunschweiger Kirchenordnung, die er für die Hamburger zum Vorbild nahm. Darin hieß es 1529: »Über die Bilder sind gute Bücher geschrieben worden, nach denen es nicht unrecht oder unchristlich sei, Bilder zu haben, besonders solche, auf denen Geschichten und Ereignisse zu sehen sind. Wir geben freilich zu, daß wir in unseren Kirchen viele Lügenbilder und viele unnütze Klötze haben. Damit wir aber nicht zu Bilderstürmern werden [...], wollen wir – mit ordentlicher Gewalt und Befugnis – nur die Bilder entfernen, bei und vor denen besondere Anbetung und Abgötterei, besondere Verehrung durch Kerzen und Leuchter stattfinden. Alle übrigen, die in der Kirche nicht stören, lassen wir, wo sie sind.«[14] Hamburg hielt sich in der Theorie fest an diese Position.

Der Dom und die Hauptkirchen in Hamburg wurden weiter erhalten. Auch die reiche sakrale Ausstattung wurde im allgemeinen nicht bewußt zerstört. Einzelfälle aber sind charakteristisch: In der Hl.-Geist-Spitalkirche wurden Nebenaltäre beseitigt, damit Platz für Krankenbetten geschaffen wurde. In der Nikolaikirche wurden Nebenaltäre abgeräumt, damit Platz für

Typisch für protestantische Uminterpretation: die Wiederverwendung von Teilen eines Altares der Schiffbauer, 1460, in einer Altartafel der Schiffbauerbruderschaft, um 1600; Museum für Hamburgische Geschichte.

Kirchengestühl entstand.[15] Die nicht mehr benutzten Altäre, Altartafeln und Ausstattungsgegenstände verloren an Interesse und wurden allein wegen des Mangels an Pflege dezimiert. Typisch für Uminterpretationen ist die Wiederverwendung plastischer und malerischer Bestandteile eines Altares der Schiffbauer von 1460 um 1600 in einem Schiffbauerepitaph und einer Altartafel der Schiffbauerbruderschaft.[16] Typisch für Veränderungen in protestantischem Sinne und schließlich für die Aussonderung ist die Geschichte des Petri-Altares von Meister Bertram. 1595 wurden die Außenflügel von Gillis Coignet (um 1535-1599) programmatisch mit Darstellungen der Auferstehung Christi und der Ausgießung des Heiligen Geistes übermalt. 1596 erhielt der Mittelschrein eine von Jost Rogge (1553-1616) neu arrangierte Kreuzigung. 1731 schließlich wurde er an die mecklenburgische Dorfkirche in Grabow abgegeben, allerdings ohne die übermalten Flügel, die Alfred Lichtwark in St. Petri und St. Jacobi wiederfand.[17]

Konsequenzen gab es in Hamburg allerdings für die Klöster. Zwar blieben Kirchen- und Klostergebäude von St. Maria-Magdalenen und St. Johannis bis ins 19. Jahrhundert erhalten. Aber im Dominikanerkloster St. Johannis, das deutlich gegen die Reformation Partei ergriffen hatte, wurde am Tage nach dem Beschluß der Bugenhagenschen Kirchenordnung 1529 die neue protestantische Schule, das Johanneum, eingerichtet. Das Nonnenkloster Harvestehude, das sich den Neuerungen widersetzte, wurde sogar von einer Gruppe von Bürgern 1530 abgerissen; sein Besitz fiel an die Stadt.[18]

Zerstörungen erfuhren Gold- und Silberschmiedearbeiten der Kirchenschätze. In Lübeck wurde der gesamte Kirchenschatz beschlagnahmt. Er wurde benutzt, um den unglücklichen Krieg Lübecks gegen Dänemark zu finanzieren. »Als Jürgen Wullenwever den Lübecker Kirchenschatz einschmelzen ließ, beraubte er nicht nur die Nachwelt um einen der reichsten Kirchenschätze Deutschlands, er besiegelte zugleich damit Lübecks Niedergang, denn ohne das Silber des Kirchenschatzes hätte er nicht jenen Krieg gegen Dänemark führen können, der so überraschend die Ohnmacht Lübecks aller Welt offenbaren sollte.«[19] Auch in Hamburg wurde von 1530 bis 1561 der größte Teil der Silberschätze der Kirchen eingezogen und verkauft oder eingeschmolzen. Hamburg war aber so klug, sich nicht in den Konflikt Lübecks mit Dänemark hineinziehen zu lassen und profitierte so schließlich selbst vom Niedergang der Nachbarstadt.

Der Hauptaltar von St. Petri erhielt 1596 von Jost Rogge einen neuen Mittelschrein mit der Kreuzigungsszene, in dem alte Figuren neu verwandt wurden; Hamburger Kunsthalle.

Nach der Reformation war der Kirchenbau nicht mehr die nach Rang, Kunstfertigkeit und Volumen bedeutendste Bauaufgabe. Auch neue Kirchenbauten protestantischer Konzeption entstanden zunächst nicht und hatten später nicht mehr den dominierenden Charakter. Für die Baukünstler und Bauhandwerker hatte diese Entwicklung die Folge, daß Bauhütten sich auflösten und Meister sich nach Beschäftigung bei anderen Bauaufgaben umsehen mußten.

Der sakralen Bildkunst widerfuhr Ernsteres. Der Auftragsmarkt für sakrales Schnitz- und Bildwerk brach eine Zeitlang gänzlich zusammen. Nirgends wirkte sich das für die betroffenen Künstler, Meister und Gesellen so gravierend aus wie im niederdeutschen Raum und in den Kunstwerke exportierenden Hansestädten. »Selbst die hervorragendsten Meister mußten fürderhin mit gleichgültiger Handwerksarbeit ihr Dasein fristen. Für uns bricht ihr Lebenswerk Ende der zwanziger Jahre ab.«[20] Einige Künstler, wie der Lübecker Claus Berg, der 1530 für den Dom zu Güstrow Apostel fertigte, versuchten noch Auftragsfelder zu finden, in die die Reformation nicht vorgedrungen war. Anderen, wie dem gotischen Holzschnitzer Lewin Storch in Braunschweig, der später als renaissancistischer Steinmetz am Celler Schloßbau nachweisbar ist, gelang es, als städtische Handwerker in landesherrliche Dienste zu treten.[21] Dritte schließlich, wie der Meister von Osnabrück, verstummten ganz.[22] Auch die Legende von den im Schraubstock der Folter 1525 zerbrochenen Händen Tilman Riemenschneiders (um 1460-1531) beleuchtet das Schicksal der Bildschnitzer. Manche, wie der Lübecker Benedikt Dreyer, der 1555 starb[23], haben von rein handwerklichen Aufträgen weitergelebt. Von Hans Brüggemann (um 1480 - um 1540) wird sogar überliefert, er sei im Armenhaus gestorben.[24] Die am Hamburger Lukas-Altar tätigen Meister lebten zu diesem Zeitpunkt allerdings alle nicht mehr.

Ein Flugblatt des Hans Sebald Beham (1500-1550) mit dem Titel *Ein neuwer Spruch wie die Geystlichkeit und etliche Handwerker über den Luther clagen* von 1524 verhöhnt zwar Maler, Bildschnitzer, Glockengießer, Organisten, Steinmetzen, Paternostermacher und Paramentensticker in gleichem Atemzuge wie »Pfaffen Weyber«, die Einbußen durch Luthers Lehre hätten, zeigt aber, daß sich die Zeit dieses Problems infolge der Reformation bewußt war.[25] Eine Künstlergruppe, die durchaus mit Luther sympathisierte, befürchtete durch den Auftragsrückgang einen Qualitätsverfall der Künste; zu ihr gehörte auch Albrecht

Dürer (1471-1528). Eine andere Gruppe allerdings, die sich auch künstlerisch an der Durchsetzung der Reformation beteiligte, befürwortete die Bilderstürmerei und erwartete davon eine Erneuerung der Kunst.[26]

Neuorientierung der Kunst

Zum Niedergang des Auftragsmarktes für sakrale Kunst und zur inhaltlichen Umorientierung der Künstler gehört auch, daß die Einhaltung alter zünftischer Beschränkungen der Meisterstellen in Hamburg offenbar nicht mehr überwacht wurde.[27] Zahlreiche Meister blieben ganz unzünftisch, unter ihnen Franz Timmermann (1. Hälfte 16. Jahrhundert). Hier wird ein Auseinanderfallen der zünftisch organisierten handwerklich tätigen Malermeister und der als Künstler Arbeitenden deutlich. Ein Urteil des Rates von 1578 scheint dieses zu bestätigen: »Jedoch scholen de Mahlere hier keinen gewissen Tall under sick hebben, sondern schall eine freye Kunst sien und bliven und jeder Tiedt in Eines Ehrbarn Raths Gefallen stahn.«[28] (Jedoch sollen die Maler hier keine bestimmte Zahl unter sich haben, sondern es soll eine freie Kunst sein und bleiben und jederzeit in eines ehrbaren Rates Gefallen stehen.) Freiheiten der künstlerischen Betätigung, die auch der mittelalterliche Auftragsmarkt immer schon zugelassen hatte, werden hier ausdrücklich für die »Kunst« bestätigt.

Obwohl Hamburg schon 1522 bis 1523 mit den Schriften der Druckerei des Niederländers Simon Korver Mittelpunkt der reformatorischen Propaganda in Niederdeutschland war[29], gibt es Belege für eine bewußte Neuorientierung der bildenden Kunst in Hamburg erst in den dreißiger Jahren des 16. Jahrhunderts: Johann Aepinus, Hauptpastor an St. Petri und seit 1532 erster Superintendent von Hamburg, verurteilte 1545 den Mißbrauch der alten »bilder und gemelte« in den Kirchen, sprach sich aber für Kunstwerke aus, die »wahrhaftiger historia und bestendiger wahrhaftiger lere« dienen.[30] Für St. Petri ist 1539 das erste von mehreren – nicht erhaltenen – Wandgemälden mit Bibelhistorien belegt. Außerdem war schon 1538 Franz Timmermann vom Rat zur Ausbildung nach Wittenberg in die Werkstatt Lukas Cranachs d.Ä. (1472-1553) geschickt worden, der zu den Künstlern gehörte, die sich an der Propaganda zur Durchsetzung der Reformation beteiligten. Timmermann erhielt mehrfach Zahlungen nach Wittenberg, bis er 1543 als Ratsmaler

Franz Timmermann, 1538 vom Rat zu Lucas Cranach d. Ä. geschickt, stellte mit dem Gemälde Gesetz und Gnade, *1540, eine Summa reformatorischer Doktrin dar; Hamburger Kunsthalle.*

nach Hamburg zurückkehrte. Schon vor seiner Entsendung nach Wittenberg hatte er sich an Cranach und reformatorischen Themen orientiert: 1534 entstand ein *Johannes der Täufer*, 1536 eine deutlich von Cranach abhängige *Lukretia*.[31]

Lukas Cranach d.Ä. begann – im engen Kontakt zu Luther – damit, neue Inhalte und Formen reformatorischer Kunst zu erfinden. Als erster formulierte er das Bildthema »Altes und Neues Testament«, das auch »Gesetz und Gnade« genannt wird, das direkt auf Vorstellungen Luthers zurückgeht und eine Art Summa reformatorischer Doktrin darstellt. 1529 vollendete er in zwei Gemälden (Gotha und Prag) zwei unterschiedliche Fassungen. Sie wurden durch zahlreiche Variationen verbreitet, insbesondere durch Erhard Altdorfers (nachweisbar 1512-1561) Titelblatt zur in Lübeck gedruckten niederdeutschen Luther-Bibel von 1533 und durch Lukas Cranachs d.J. (1515-1586) Titelbild für die Luther-Bibel von 1541 sowie in England durch ein Gemälde Hans Holbeins d.J. (1498-1543).[32]

Franz Timmermann sind allein fünf Gemälde zu diesem Thema zugeschrieben worden. Ein in Hamburg erhaltenes und auf 1540 datiertes Gemälde[33] lehnt sich im Bildaufbau an das Gothaer Bild von Cranach an: in der linken Bildhälfte der Sündenfall, Moses mit den Gesetzestafeln, der Weltenrichter und der Höllenrachen, in der rechten Hälfte Kreuzigung und Überwindung des Gesetzes, im Vordergrund unter dem Lebensbaum der Vertreter der Menschheit, wie er sich, beraten von einem Propheten und von Johannes dem Täufer, nach rechts wendet. Ein weiteres in Hamburg erhaltenes Bild[34] von einem unbekannten Künstler folgt mit niederdeutscher Beschriftung Cranachs Prager Version. Offensichtlich haben der inzwischen in Lübeck wirkende Bugenhagen mit dem Lübecker Künstler Erhard Altdorfer und der Hamburger Superintendent Aepinus mit dem Hamburger Timmermann großen Wert auf diese Darstellung und ihre Verbreitung gelegt. In Hamburg ist sie als erstes bildliches Konzentrat protestantischer Lehre besonders zahlreich in Erscheinung getreten.

Die Wendung der Inhalte durch die Reformation ließ sich in besonderer Weise am wichtigsten neuen Kirchenmöbel darstellen: der Kanzel. Die Kanzel von St. Marien in Lübeck, bereits 1533 wohl unter dem Einfluß von Bugenhagen geschaffen, bildete dafür nach Programm und Qualität das anregende Hauptwerk. Nicht der Meister Benedikt Dreyer, sondern sein Schüler Jakob Reyge (nachweisbar 1534-1560) erhielt den Auftrag für eine neue protestantische Kanzel. Die Schnitzreliefs sind in der ehemaligen Klosterkirche im mecklenburgischen Zarrentin erhalten, wohin sie 1699 abgegeben worden waren. Sie werden von niederdeutschen Inschriften erläutert: Moses, Johannes der Täufer, Christus als guter Hirte, Christus und die Apostel, Christus und die falschen Propheten, in denen deutlich die Pfaffen und Mönche dargestellt sind, gegen die die Reformation angetreten war.[35] In Hamburg entstanden die Kanzeln der Hauptkirchen allerdings erst später.[36]

Die anderen neuen Gattungen der Kirchenausstattung, Orgeln, Emporen, Gestühle, häufig im Verbund errichtet, und Epitaphe, wurden im Laufe des 16. Jahrhunderts jedoch Träger neuer protestantischer Bildprogramme.

Neues sakrales Thema wurde auch das Porträt. An die Stelle von fiktiven Heiligenporträts trat das reale Konterfei von Reformatoren, Förderern der Reformation und Predigern als den neuen Autoritäten. In der Petrikirche erscheinen in typischer Weise um 1600 Bildnisse Luthers, des Kurfürsten Johann Friedrich von Sachsen, Johannes Bugenhagens und der Prediger Johann Aepinus, Johann von Utrecht und Johann Schellhammer, deren Reihe weiter fortgesetzt wurde.[37]

An die Stelle von Heiligen trat im 16. Jahrhundert das Porträt von Reformatoren, Förderern der Reformation und Predigern: Porträt des Johann Aepinus, Hauptpastor und seit 1532 Superintendent in Hamburg, 1553; St. Petri.

Eine Besonderheit ist in diesem Zusammenhang ein fingierter Grabstein des 1517 gestorbenen Albert Krantz, der diesem von einem seiner Nachfolger 1569 im Dom gesetzt worden ist. Er präsentiert den Geehrten in Relief, wie er im Habit des Geistlichen aus einem Rundbogen herausblickt und auf ein Stundenglas in seiner Hand weist. Krantz war keineswegs Reformator, sondern als Domdekan nach Erzbischof und Probst der oberste Geistliche des Domkapitels vor der Reformation. Dieses hatte 1561 zu seinen Gunsten den »Bremer Vergleich« durchgesetzt. Offensichtlich sollte er hier von den Mitgliedern des Domkapitels als einer der Ihren glorifiziert und in ein anderes Licht gesetzt werden. In der Tat war Krantz einer der wenigen untadeligen Geistlichen auf seiten der offiziellen Kirche am Vorabend der Reformation. Auch waren inzwischen posthum seine Werke erschienen, auf die die Inschrift des Steins verweist.[38]

Entsprechend den Äußerungen von Luther, Bugenhagen und Aepinus wandte sich die bildende Kunst in sakralem Auftrag allgemein der Schilderung von Historien zu. Themen des Alten und Neuen Testaments, aber auch antike Stoffe sollten wie reale Ereignisse erscheinen. Der Begriff der Historienmalerei – aus Albertis Theorie stammend – verbreitete sich in dieser Zeit:

Fingierter Grabstein, 1569 für den 1517 verstorbenen Domdekan Albert Krantz gesetzt; Museum für Hamburgische Geschichte.

1576 wurde der Maler David Oleffes (gestorben 1597) für »Historien« auf dem neuen Orgelprospekt von St. Jacobi bezahlt.[39]

Dadurch, daß der Protestantismus die Schilderung der Realität für sakrale Aufgaben einsetzte – Porträt, Historienbild, aber als Detail auch Landschaft oder Stilleben –, trug er zur Ausbildung der Künstler und zur Freisetzung der Kunst für neue profane Möglichkeiten bei und wies auf neue Funktionen von Kunstwerken in privater Nutzung hin. Er stieß zugleich die Ausbildung eines neuen, von künstlerischem Angebot und privater Nachfrage bestimmten Kunstmarktes an. Über die Aufträge der Kirchengemeinden, des Rates und auch über den privaten Auftragsmarkt hinaus entstand nun ein Kunst- oder Bildermarkt, für den Künstler Kunstwerke produzierten, ohne die Abnehmer zu kennen, auf dem Nutzer und Sammler Kunstwerke kauften und in dem Bilderhändler als Zwischeninstanz fungierten.

Die Stadt als Thema der Kunst

Zum neuen Realismus in der sakralen Kunst gehörte es auch, daß die Stadt selbst zum Thema der bildenden Kunst wurde. Von 1522 stammt die früheste Stadtansicht auf einem nicht mehr erhaltenen Gemälde der Nikolaikirche.[40] 1539 bzw. 1554 erschienen auf einer Darstellung des Barmherzigen Samariters in St. Petri und auf einem Bild des Tempelraubes des Heliodor im Hintergrund ebenfalls Ansichten der Stadt.[41]

Für eine Auseinandersetzung mit dem Herzog Otto von Harburg vor dem Reichskammergericht 1567 ließ der Rat die Stadt und den Niederelbestrom von dem Maler Melchior Lorichs (um 1527-um 1583) aufnehmen und auf einer über zwölf Meter langen Bildkarte zeichnerisch darstellen: eine »sonderliche herliche Mappa des Augenscheins«.[42] Bemerkenswert daran ist das empirische Verfahren, die exakte Darstellung, aber auch deren Einsatz zur Beweisführung vor Gericht und die Benennung ihres Urhebers, eines Künstlers, als Zeugen. Mit dem Prozeß war der Höhepunkt eines Streites erreicht, in dem die Herzöge von Braunschweig-Lüneburg und – nach Entstehung einer Nebenlinie – die Herzöge von Harburg Zölle der Kornschiffahrt elbabwärts für sich beanspruchten. Sie hatten in einer ungelenk übertreibenden Karte dargestellt, daß die Süderelbe ein anderer Fluß sei als die Norderelbe bei Hamburg, mindestens aber der Hauptfluß. Dem konnten die Hamburger mit einer ungleich genaueren, künstlerisch anspruchsvolleren, außerdem vor Gericht vom Künstler beschworenen Karte widersprechen und erhielten recht: Von Geesthacht bis zur Elbmündung waren jede Stadt, jedes Dorf, jede Windmühle und sämtliche von der Stadt ausgelegten Flußmarkierungen, vor allem aber auch der Hafen und die Stadt Hamburg selbst wiedergegeben, wie es im Hamburger Schriftsatz heißt. Melchior Lorichs war vorher mit Hilfe eines Stipendiums des dänischen Königs in Rom gewesen. Von 1556 bis 1559 hatte er eine kaiserliche Delegation nach Konstantinopel begleitet und dort einen Stadtprospekt geschaffen. Auf seiner Elbkarte hat er sich als »Studiosissimus antiquitatis« (in Fragen des Altertums höchst gelehrt) bezeichnet, und auf einem Porträtmedaillon von 1575 erscheint er in antikischer Tracht. Nach dem Cranach nachstrebenden Reformationskünstler Timmermann führte Lorichs den Hamburgern den gelehrten, weitgereisten, humanistisch gebildeten, vom Hofe unterstützten »pictor doctus«, den »gelehrten Maler« der Renaissance vor. Der Rat entlohnte ihn für seine Karte mit dem Jahresgehalt eines Ratssyndikus. Aber trotz zahlreicher Aufträge vom Bau eines Stadttores bis zu weiteren Kartenzeichnungen 1567 bis 1575 hat Melchior Lorichs eine ständige Anstellung nicht erreichen können. Am Ende seines Lebens ist er als Hofkünstler an den dänischen Hof zurückgekehrt.

Das deutlichste Dokument für die Stadt als Thema der Kunst wurde der *Orbis Pictus* (die gemalte Welt) von Georg Braun und Franz Hogenberg. Er ist eine Parallele zu den architekturtheoretischen Traktaten, die sich seit dem 15. Jahrhundert mit der Planung von utopischen Städten und ihrer Fortifikation befaßten. Im Gegensatz zu diesen stellten Braun und Hogenberg die existierenden Städte dar; bei ihnen sind sie in ihren spätmittelalterlichen Befestigungen dargestellt, bei Matthäus Merian, ihrem Nachfolger im 17. Jahrhundert, in ihren neuzeitlichen Bastionskränzen. Beide Bücher sind ebenso Dokumente einer neuen theoretischen Beschäftigung mit dem Phänomen Stadt wie die Architekturtraktate. Die Druckerkunst verhalf ihnen zu großer Verbreitung.[43]

Hamburg, »Florentissimum inferioris Saxoni«, erschien in der ersten Ausgabe des Buches von Braun und Hogenberg von 1574 mit einer auf 1572 datierten Ansicht von Süden, die in vielem der Hamburg-Ansicht in Lorichs' Elbkarte entspricht. Dieser Ansicht folgten in den weiteren Ausgaben die Vogelschaubilder, fiktive Kombinationen von Grundriß und Aufsicht.

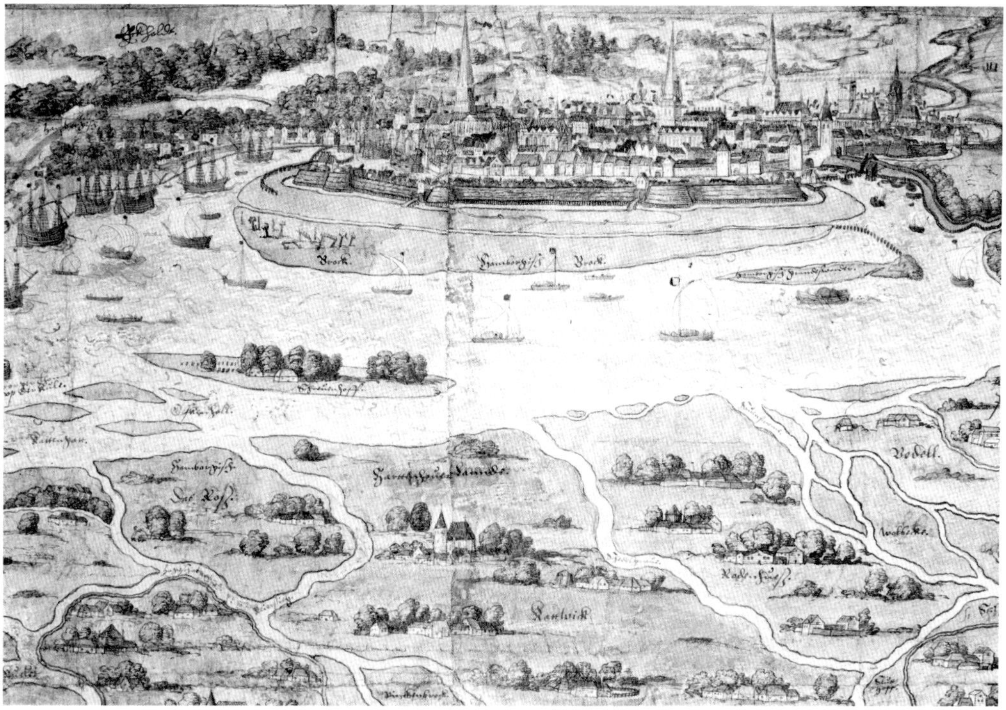

Der Maler Melchior Lorichs trat mit seiner Elbkarte, 1567, als Zeuge für Hamburg in einem Prozeß vor dem Reichskammergericht auf: Ausschnitt; Staatsarchiv.

Hamburg ist von nun an in vielen malerischen und druckgraphischen Ansichten und Vogelschauen aus verschiedenen Richtungen festgehalten und vorgestellt worden. Sie haben offenbar ein solches Interesse geweckt, daß sie bis zu den modernen Luftaufnahmen weitverbreitete Nachfolge fanden. Daneben nahmen die Abbildungen von Stadtdetails an Zahl immer weiter zu und wurden im 19. und 20. Jahrhundert von der Fotografie ohne Bruch übernommen und zahlenmäßig noch gesteigert: Hamburgensien.

Die Stadtbefestigung

Die äußere Gestalt der Stadt war vom 16. bis ins 19. Jahrhundert von ihren gewaltigen Fortifikationen bestimmt. Die Stiche von Wenzel Hollar, 1643, Arnold Pitersen, 1644, und Matthäus Merian, 1653, verbreiteten im 17. Jahrhundert deren abschreckenden Ausdruck von rationaler Ordnung und militärischer Stärke.

Schon im Spätmittelalter waren die hohen, schmalen Stadtmauern das erste Mal durch Wälle verstärkt worden. Sie hätten den neuen Feuergeschützen nicht mehr standgehalten. Deshalb wurden auswärtige Wallmeister eingestellt, nach deren Anweisungen die zum Schanzen verpflichteten Bürger Gräben aushoben und Wälle vor den Mauern aufwarfen. Nur die südliche Mauer blieb ohne Verstärkung, weil man Angriffe zu Schiff nicht fürchten mußte. Die Bedrohung durch die kaiserlichen Truppen nach der Reformation machte erneute Verstärkungen der Wälle – darunter den Neuen Wall – notwendig. Ein einheitliches Aussehen erhielten sie aber erst 1550. Die Ansichten von Braun und Hogenberg zeigen diese Situation.

1608 schlossen sich die sechs protestantischen Städte Hamburg, Lübeck, Bremen, Braunschweig, Lüneburg und Magdeburg zusammen und bestellten mit dem Grafen Friedrich von Solms-Lich-Laubach einen gemeinsamen Feldhauptmann. Er wurde verpflichtet, einen Ingenieur zum Ausbau der Befestigungen einzubeziehen und gewann dafür den Niederländer Johan van Valckenburgh (gestorben 1525).[44]

Von den sechs Städten haben nur drei, Hamburg, Bremen und Lübeck, ihre Selbständigkeit über das 17. Jahrhundert hinaus erhalten können. Magdeburg wurde schon 1631 von Tilly belagert und fast vollständig zerstört, nachdem dieser 1623 bis 1624 bereits die Rekatholisierung von Halberstadt, Hildesheim, Minden und Osnabrück erzwungen hatte. In Lüneburg fiel der Kalkberg 1637 in die Hände des neuen Landesherrn Herzog Georg von Calenberg; die Stadt verlor ihre Rechte und wurde herzogliche Garnison. Braunschweig überstand zwar den Dreißigjährigen Krieg, mußte 1671 aber den vereinigten Truppen der welfischen Herzöge die Tore öffnen und verlor Selbständigkeit und Vermögen an den zukünftigen Landesherrn. Lübeck, wo man sich mit wenigen älteren Bastionen an der Ostseite und einem neuen Bastionenkranz im Süden, Westen und Norden begnügte, mußte sich erst 1806 den Einmarsch der Preußen und darauf die Plünderungen dreier französischer Armeekorps gefallen lassen. Die starken Befestigungen Hamburgs und Bremens dagegen wurden kaum angegriffen und blieben bis zu ihrer Umwandlung in malerische Wallanlagen uneingenommen. Die Festungsanlagen schützten den mittelalterlichen Stadtkörper, legten daneben aber eine zukunftsfähige Idealstadt, Neustadt genannt, und umgürteten das Ganze mit einem neuen, idealen Bastionswerk.

Johan van Valckenburgh war – nach dem Reformationskünstler Timmermann und dem humanistischen Hofkünstler Lorichs – ein weiterer Künstlertypus der Neuzeit, der sich in Hamburg präsentierte: der theoretisch geschulte und kriegserfahrene Ingenieursoffizier. Er hatte bei dem General der Fortifikation Johan van Rijswijck gearbeitet, wurde 1606 von den niederländischen Generalstaaten zum Ingenieur ernannt, nach dem Friedensschluß zwischen Niederländern und Spaniern 1609 aber beurlaubt. Schon 1609 besuchte er Hamburg und lieferte einen Bericht über die Lage der vorhandenen Befestigungen und die vorzunehmenden Maßnahmen. Von 1615 stammt sein Gesamtplan für die neue Befestigung. 1620 nahm er ganz seinen Wohnsitz in Hamburg. Ein Jahr vor der Vollendung der Festungswälle, 1625, starb er.

Die Verteidigungstheorien von Antike, Mittelalter und Neuzeit gipfelten in den Traktaten des 16. und 17. Jahrhunderts. »Der Grundgedanke war überall, daß jeder militärischen Ordnung eine geometrische Ordnung entsprechen müsse, bei der die ästhetische Klarheit der Wirksamkeit der Festungsanlage diene. Dieser Gedanke bewährte sich, wo reine Garnisonsstädte geplant waren [...] ebenso dort, wo eine blühende und freie Handelsstadt – Beispiele sind Bremen, Hamburg und Lübeck – noch im 17. und 18. Jahrhundert das Vermögen besaß, diese lebenden Organismen durch einen Kranz von Bastionen und Gräben zu schützen.«[45]

Die europäischen Fortifikationstheorien des 16. Jahrhunderts fanden in dem hamburgischen Bastionenkranz von Johan van Valckenburgh ihren großartigsten Ausdruck, 1609-1626: Stich von Wenzel Hollar, 1643.

In den Niederlanden waren zu van Valckenburghs Zeit theoretische Kenntnisse und praktische Umsetzung zusammengeführt worden. Bereits für die frühen italienischen Theoretiker Alberti, Filarete und Francesco di Giorgio war Festungsbau Bestandteil von Stadtarchitektur. Aber deren Schriften hatten eher theoretischen Charakter. Erst als Festungsarchitektur zunehmend auf den jeweiligen Stand der Ballistik antworten mußte, wurden die Schriften auch auf die praktische Anwendung im Festungsbau bezogen. Das gilt für den Militärarchitekten des Cosimo dé Medici, Giovanni Battista Belucci mit seinem 1598 erschienenen Traktat, für den für Papst Paul III. und die Niederlande tätigen Francesco de Marchi mit seiner *Architettura militare* von 1599 ebenso wie für den Straßburger Stadtbaumeister Daniel Speckle mit seiner *architectura von vestungen* von 1589, für Claude Flamand mit *Le Guide des Fortifications* von 1597, für Jean Errard mit *La Fortification* von 1600 und für Jacques Perret mit *De Fortifications* von 1601.[46] Ihre Schriften erschienen alle innerhalb eines Jahrzehnts zu Lebzeiten Johan van Valckenburghs und bildeten eine greifbare Fachbibliothek für dessen Hamburger Planungen. Es ist anzunehmen, daß er sie besser kannte als die wenigen weithin berühmten, wirklich realisierten Festungsbeispiele wie die Johanniterfestung Fort St. Elmo in La Valetta in Malta oder die venezianische Festungsstadt Palmanova. Die Lehren der Traktate finden in der hamburgischen Befestigung ihren großartigsten Ausdruck.

Hier ließen sich im Anblick der Gefahren, die drohten, doppeltes und vierfaches Grabengeld und verstärkte Handdienstpflichten für die Befestigung durchsetzen: Ein reisender Engländer berichtet von der »unglaublichen Anzahl von Menschen und Pferden, so alle Tage daran arbeiten«[47].

Johan van Valckenburgh wählte als fiktiven Mittelpunkt der Befestigung den Turm der Nikolaikirche und schlug um diesen einen fast vollendeten Kreis, der an der Südseite zur Elbe hin abgeflacht war. Auf dieser Linie ließ er einen Wall von dreißig Fuß Höhe aufschütten. Vor den Wall wurden die Bastionen gelegt, die nach den Vornamen der amtierenden Ratsmitglieder benannt wurden. Die unregelmäßigen Bastionen auf dem Grasbrook zur Elbe hin (Nicolaus, Gerhardus, Ditmarus, Hermannus und Georgius) gingen auf ältere Planungen zurück. Alle anderen entsprachen einer kreisförmigen Idealplanung: neun Bastionen zwischen Elbe und Alster (Albertus, Casparus, Henricus, Eberhardus, Joachimus, Ulricus, Rudolphus, Petrus und

Das Neue Werk und die Sternschanze sollten die Artillerie auf Abstand halten: Stadtplan von Hamburg und seiner Nachbarstadt Altona, 1791.

Didericus), jeweils eine in der Elbe und in der Alster (Johannes und David), vier von der Alster bis zum Oberhafen (Vincentius, Hieronymus, Sebastian und Bartholdus) und eine auf der anderen Seite des Oberhafens (Ericus).[48]

Wesentliche Ergänzungen waren später das Neue Werk und die Sternschanze. Das Neue Werk folgte dem Plan des Capitains der hamburgischen Artillerie Bertrand de la Coste von 1672. Es erstreckte sich von der Außenalster bis zum Hammerbrook, sollte die Vorstadt St. Georg schützen und feindliche Artillerie auf Abstand halten. Die Sternschanze wurde nach einem Plan des schwedischen Ingenieuroffiziers Jacob von Kemphe von 1681 im Nordosten zwischen Alster und Elbe erbaut und sollte feindliche Artillerie aus dieser Richtung am Beschuß der Stadt hindern.[49]

Die Befestigung bestimmte auch die innere Struktur der Stadt: Sie bereicherte sie um die Binnenalster, den Binnenhafen und die Neustadt, steckte die Vorstadt St. Georg im Osten hinter dem Neuen Werk ab und ermöglichte lose Vorstadtbesiedelungen im Westen.

Auch die mittelalterliche Befestigung in Ritzebüttel wurde in dieser Zeit modernisiert: Die Burg erhielt einen Bastionenstern, dessen Wall- und Grabendimensionen noch heute deutlich erkennbar sind.

Die Nachbarorte Bergedorf, Harburg, Altona und Wandsbek

In nachmittelalterlicher Zeit gewannen einige der Orte in der Umgebung Hamburgs eine neue Bedeutung: Bergedorf, eine Station auf dem Wege zwischen Hamburg und Lübeck, von der aus beide Städte diesen Landweg sichern wollten; Harburg und Altona, Besitzungen benachbarter Territorialfürsten, mit denen diese vom Handel der großen Stadt profitieren wollten, wenn sie ihr selbst schon nichts anhaben konnten; und schließlich Wandsbek als zunächst weniger bedeutendes Landgut eines adeligen Herrn.

Bergedorf gehörte zu den frühmittelalterlichen Kirchdörfern in der Umgebung Hamburgs; 1162 ist es als solches das erste Mal erwähnt. Im 12. Jahrhundert wurde das Marschengebiet eingedeicht und besiedelt. 1275 erhielt der Ort an der Landverbindung zwischen den beiden großen Hansestädten lübisches Stadtrecht. Im 13. Jahrhundert bemächtigte sich seiner jedoch eine Nebenlinie des Hauses Sachsen-Lauenburg, die hier nach der Aufstauung der Bille eine Wasserburg errichtete. 1420 aber nahmen Hamburg und Lübeck die Befestigung Herzog Erich V. wieder ab, führten Stadt- und Marschengebiet zum Amt Bergedorf zusammen und verwalteten es von einem 1422 angelegten, später mehrfach erweiterten Schloß aus als beiderstädtischen Besitz, bis Hamburg 1868 die Rechte der Stadt Lübeck mit Geld ablöste.

Die Lage von Kirche und Schloß sowie die umgebenden Straßen lassen noch heute erkennen, wie sich das Städtchen vom 15. bis 18. Jahrhundert entwickelt hat. Die Kirche – 1500 als flachgedeckter Fachwerksaal mit fünfseitigem Chorschluß erbaut, 1589 bis 1591 und 1608 bis 1609 nach Westen erweitert und im 16. bis 18. Jahrhundert im Inneren ausgestattet – unterscheidet sich nur wenig von den mittelalterlichen, protestantisch uminterpretierten Dorfkirchen der Vierlande. Eine Bergedorfer Organistenfamilie brachte aber immerhin den seinerzeit bekanntesten Opernkomponisten Johann Adolf Hasse hervor, dessen Geburtshaus aus dem 17. Jahrhundert noch erhalten ist. Das Schloß läßt unter einer Überformung aus der Zeit von 1889 bis 1902 noch seine mittelalterliche Anlage von 1422 und die einfachen Renaissance-Bauten von 1589 bis 1590 (Ostflügel), von 1610 (Westflügel) und 1661 (Südflügel) für den beiderstädtischen Amtmann erkennen.

Harburg, ehemals Horeburg (Hore = Sumpf), war im frühen Mittelalter eine Burg, die südlich der Elbarme an einem Flußübergang nach Hamburg lag und zwischen 1133 und 1137 erstmals urkundlich erwähnt wurde. Wie die frühe Bergedorfer gehörte sie zu jenen Burgen, deren Errichtung die Stadt Hamburg im um 1225 gefälschten Barbarossa-Privileg im Umkreis von zwei Meilen untersagt wünschte. Nach Streitigkeiten unter den Erzbischöfen von Bremen und den Welfenherzögen geriet die Harburg 1236 in den Besitz der Herzöge von Braunschweig-Lüneburg. Im 13. Jahrhundert bildete sich an der südlichen Zufahrtsstraße eine Siedlung, die 1297 lüneburgisches Stadtrecht erhalten haben soll. In der Zeit zwischen 1397 und 1512 wurden Stadt und Festung zeitweise unter das Pfandrecht der Städte Hamburg, Bremen und Lüneburg genommen. Anders als in Bergedorf konnte sich danach aber ein neues Territorial-

Fürstentum einer welfischen Nebenlinie der kleinen Stadt bemächtigen und sie von 1527 bis 1642 zu seiner Residenz erheben. Die Wasserburg bauten die neuen Herren zu einem dreiflügeligen Renaissanceschloß aus, das unter den Celler Herzögen, die zwischen 1642 und 1705 die Herrschaft über Harburg innehatten, noch von einer großangelegten sternförmigen Zitadelle inmitten der Süderelbeniederung umgeben wurde. Im Schutz dieser Zitadelle erweiterte sich die Siedlung um eine Neustadt nach Süden.

Nach Schleifung, Wiederaufbau, Zerstörung und Einbeziehung in Hafenanlagen sind heute allenfalls noch strukturelle Andeutungen der Zitadelle, geringe bauliche Reste des Schlosses, einige Bauten an der Schloßstraße und einige Neustadtzusammenhänge erkennbar. Die Kirche aus der Zeit zwischen 1650 und 1662 ist zerstört worden. Erhalten ist aber der barocke Fachwerkbau des Harburger Amtshauses in der Neuen Straße 59.

Am wenigsten ließ sich Hamburg damals getrennt von seiner unbefestigten Nachbarstadt Altona betrachten. Auch aus der Wirtschafts-, Sozial- und Kulturgeschichte Hamburgs ist Altona nicht wegzudenken.[50]

Der Ort lebte erst im 16. Jahrhundert als vorstadtähnliche Ansiedlung westlich der Hamburger Stadtbefestigung auf und hat das 16., 17. und 18. Jahrhundert in wechselvoller Symbiose mit Hamburg zugebracht. Unter den Schaumburgischen Grafen von Pinneberg sollte die Stadt bis 1640 steuerpolitisch, unter den dänischen Königen seit 1640 dann vor dem Hintergrund der dänischen Großmachtpolitik eine Konkurrentin Hamburgs werden. Privates Hamburger Kapital war aber von vorneherein am Ausbau Altonas beteiligt. Die Bevölkerungen beider Städte lebten in ständigem Kontakt, nur durch eine Torsperre voneinander getrennt. In Altona konnten sich Handwerker ansiedeln, die von den Zünften in Hamburg nicht zugelassen wurden. Vor allem aber wurde Altona »zu einer religiösen und gewerblichen Freistadt, der ersten ihrer Art in Nordeuropa«[51], für Glaubensflüchtlinge aus den Niederlanden, Spanien, Portugal und später aus Osteuropa. Hamburg bot ihnen die besseren Handels- und Beschäftigungsmöglichkeiten und den Schutz der Befestigung, im unbefestigten Altona konnten sie ihre Religion ausüben. Die Straßennamen Große Freiheit und Kleine Freiheit erinnern noch an die Religionsfreiheit. Auf Grundstücken zwischen beiden

Straßen lagen die reformierte Kirche, die Mennonitenkirche und liegt heute noch die katholische Kirche.

Die protestantische Hauptkirche St. Trinitatis, das Rathaus und die beide umgebende Altstadt bildeten eine Art barocken Vorstadtkern von Hamburg. Ein von den dänischen Königen geplantes barockes Schloß in Altona ist niemals zustande gekommen.

Die unbefestigte Stadt ist im Dreißigjährigen Krieg und nach Besetzung durch die Schweden 1713 zweimal gebrandschatzt worden. Gänzlich zerstört wurde die Altstadt Altonas allerdings erst 1943.

In Wandsbek, 1296 erstmals als Dorf erwähnt, entstand im 15. Jahrhundert ein Landgut, das längere Zeit im Besitz Hamburger Bürger war. Heinrich Rantzau erbaute hier 1568 ein dreiflügeliges Wasserschloß, das sich in seinen Bauformen mit den anderen kleinen Schlössern dieser Zeit in der Umgebung Hamburgs, in Bergedorf und Harburg vergleichen läßt. Ein späterer Besitzer, der dänische Schatzmeister Heinrich Carl von Schimmelmann, ließ 1772 bis 1778 über den Grundmauern des Vorgängerbaus ein schloßartiges Herrenhaus errichten. Seit dieser Zeit entwickelte sich der Flecken, der auch Wohnort von Matthias Claudius war, zum Treffpunkt von Kulturzirkeln, aber auch zum Standort von Manufakturen.

Nachdem das Schloß 1861 abgerissen worden ist, lassen sich nur noch Reste der alten Ortsstrukturen und des Schloßparkes erkennen. Erhalten blieb das Mausoleum Schimmelmanns, erbaut zwischen 1772 und 1791, vom Architekten des Schlosses, Carl Gottlieb Horn.

Altona wuchs im Laufe des 18. Jahrhunderts immer näher an die Vorstadt Hamburger Berg (heute St. Pauli) heran und war lediglich durch die Bastionen von Hamburg getrennt; Wandsbek konnte nach Passieren des Neuen Werks auf der Wandsbeker Chaussee nach kurzer Fahrt erreicht werden. Beide entwickelten sich kulturell bereits seit dem 17. Jahrhundert in enger Verbindung zu Hamburg. In den Städtchen Bergedorf und Harburg dagegen, das eine von Hamburg nur durch eine kleine Reise, das andere vor der Anlage der Elbbrücken im 19. Jahrhundert am besten zu Schiff zu erreichen, prägte sich vom 16. bis 18. Jahrhundert ein eigenständiges Kulturleben aus, dessen Profil durch das 19. Jahrhundert hindurch bis heute fortlebt.

Die Juden in Altona und Hamburg

Seit der Schreckensherrschaft Albas in den Niederlanden, 1567, und den Ketzerverfolgungen Philipps II. in Spanien und Portugal kamen auch sephardische Juden in die Elbstädte.

Die frühen Synagogen entstanden in Altona. Bereits 1610 ist den Aschkenasim, die etwa zur gleichen Zeit wie die Sephardim nach Hamburg, nach Altona und kurz darauf auch nach Wandsbek kamen, der Bau einer Synagoge erlaubt worden. In der Zeit zwischen 1680 und 1684 entstand eine große Synagoge in einem Hinterhof der Papagoyenstraße: eine Synagoge »von lauter Quaderstück mit schönen Pfeilern«, »welche wohl, nach der Amsterdamer, die größte und beste in Teutschland seyn mag«, schrieb Johann Jakob Schudt im *Compendium Historiae Judaicae, Francofurti 1700.*[52] 1711 brannte sie bis auf die Grundmauern nieder, wurde 1716 aber wieder aufgebaut und später mehrfach verändert, bis sie 1938 geschändet, 1940 ausgeräumt und 1943 durch Bomben zerstört wurde.[53]

Das älteste Kultgerät aus dieser Synagoge, ein Chanukka-Leuchter, ist in seinem Fuß – mit Inschrift versehen und auf 1662 datiert – erhalten. Einer der Stifter des Leuchters war der Mann der Glückel von Hameln, die nach seinem Tod ihre *Denkwürdigkeiten*, das wichtigste sozialhistorische Dokument jüdischen Lebens in Hamburg und Altona, verfaßt hat. Der Leuchter hat zuerst in einem Vorgängerbau, dann in der Synagoge von 1684 gestanden. 1711 ist er offenbar an Säule und Armen beschädigt und danach in diesen Teilen ergänzt worden. 1938 wurde er im Altonaer Museum verborgen und dort erst 1991 entdeckt und restauriert. Heute steht er wieder in der Hamburger Synagoge.[54]

Das erste erhaltene jüdische Kultgerät: Chanukka-Leuchter von 1662, teilweise rekonstruiert; Synagoge der jüdischen Gemeinde Hamburg.

Die sephardischen Juden haben 1713 einen Betraum eingerichtet und erst 1771 einen »kleinen, aber zierlichen« Synagogenbau in Altona eingeweiht, der 1940 abgebrochen wurde.[55]

Verloren ist auch der jüdische Friedhof in Ottensen. Er war 1663 von den aschkenasischen Juden zu Hamburg erworben worden. Die Hamburger Gemeinde benutzte ihn bis 1934. Danach wurde er zerstört und 1939 sowie 1941 mit Bunkern überbaut. Eine Auswahl von Grabsteinen, die erhalten werden konnten, kam 1942 und 1953 auf den jüdischen Friedhof in Ohlsdorf. 1994 wurden große Teile des Friedhofsgeländes überbaut.[56]

Erhalten geblieben ist das älteste und »bedeutendste Gesamtdenkmal zur Geschichte der Juden«[57], der Friedhof an der Königstraße. 1611 erwarben die sephardischen Juden aus Hamburg ein Stück Land auf dem damaligen Heuberg in Altona. 1612 kauften die aschkenasischen Juden aus Altona ein weiteres, danebengelegenes Stück. Die Friedhofsteile wurden mehrfach erweitert. Seit 1933 ist die Zahl der Steine dezimiert worden. Da Grabstein- und Bauplastik des 17. und 18. Jahrhunderts in Hamburg insgesamt kaum erhalten ist, sind die jüdischen Steine dieses Friedhofes nicht nur die wichtigsten Dokumente zur Geschichte der Hamburger Juden, sondern auch bedeutende Zeugen der hamburgischen Grabsteinskulptur jener Zeit.[58] Auch in Wandsbek ist ein Friedhof erhalten, dessen älteste Steine aus dem 17. Jahrhundert stammen.

Wichtigstes Monument für die Geschichte der Juden in Hamburg wie für die Grabsteinskulptur des 17. und 18. Jahrhunderts: der Friedhof an der Königstraße in Altona.

Stadtgrundriß, Stadtansicht und Einzeldarstellungen von Lemkus, 1671, und Ladomin, 1690, geben eine Gesamtansicht der barocken Stadt.

Die barocke Stadt Hamburg

Die eindrucksvollste, zugleich die offiziell vom Senat in Auftrag gegebene Gesamtdarstellung der Stadt im 17. Jahrhundert ist das Gemälde von Joachim Luhn (um 1640-1717), 1681, das bis 1788 in der Ratsstube, dem Sitzungssaal des Senates im Alten Rathaus gehangen hat; seit 1819 ist es Ausstattungsstück der Jacobikirche und dort öffentlich zugänglich. Es führt uns die Stadt in leichter Vogelschau von Süden vor Augen: Im Vordergrund fahren seegehende Schiffe in den Hafen ein und passieren Binnenschiffe auf der Norderelbe die Viehweiden des Grasbrookes, die vor den Bastionen des Festungswerkes liegen. Hinter diesen erheben sich die Bauten der Stadt, überragt von den Kirchenschiffen und Kirchtürmen, die sich von Westen nach Osten identifizieren lassen.

Den Eindruck, den die barocke Stadt Hamburg auf die Zeitgenossen im 17. Jahrhundert machte, gibt noch deutlicher eine Kombination mehrerer Stiche wieder. Sie besteht aus Stadtansicht und -grundriß von Lemkus, 1671, und Einzelabbildungen besonderer Zentren und Einzelbauten von Ladomin, 1690. Der Rathauskomplex und die Börse mit Waage und Kran wurden besonders herausgestellt, und elf kirchliche Bauten erhielten eine eigene Darstellung. Daneben aber werden zwölf im Laufe des 16. und des 17. Jahrhunderts fertiggestellte Gebäude oder in Altbauten untergebrachte Einrichtungen von öffentlichem Inter-

A. Streve.
Grimm 22.

Mit dem Bau der Börse, 1577-1583, von Jan Andresen erreichten niederländische Formen des Palladianismus die Stadt; Ansicht von Ladomin, 1690.

esse vorgestellt: das Zeughaus, der Bauhof, das »Herrn-Logiment«, das Eimbecksche Haus, das Gymnasium, das Baumhaus, das Kornhaus, das Waisenhaus, das Gast- und Krankenhaus, das Pockenhaus, das Zuchthaus und schließlich das Spinnhaus.

Bild links:
St. Katharinen erhielt 1657 bis 1658 die charakteristische Turmhaube von Peter Marquard, die damals auch die Türme von St. Nikolai und der ersten Michaelis-Kirche trugen; Foto um 1890.

Die Erscheinung der Stadt wurde auch in dieser Zeit von den mittelalterlichen Kirchenbauten dominiert: Ihre Türme und ihre Langhäuser erhoben sich über den Bastionenkranz. Sie hatten ihren äußeren Eindruck durch neuzeitliche Ergänzungen – Turmaufsätze, Fassadengliederungen, Portale – verändert. Nur die beiden spitzen Turmdächer des Domes und der Petrikirche waren in ihrer mittelalterlichen Form stehengeblieben. Der St. Jacobi-Turm war 1588 nach dem Vorbild der Gertrudenkirche vollendet worden.[59] St. Nikolai hatte 1654-1656, St. Katharinen 1657-1658 eine neue barocke Turmhaube von Peter Marquard (2. Hälfte 17. Jahrhundert) erhalten.[60] Neben diesen uminterpretierten alten Kirchenbauten erhoben sich jetzt aber außerdem in der Neustadt, dem neuen St. Michaelis-Kirchspiel, eine kleine Michaelis-Kapelle und die erste große Michaelis-Kirche.[61]

Bezeichnenderweise war die Börse die erste neue Bauaufgabe in nachmittelalterlicher Zeit, die in Angriff genommen wurde. 1558 wurde ein Börsenplatz am Nikolai-Fleet eingerichtet; Pflaster und Umfriedung mit Wappen haltenden Löwen waren anfangs der einzige Luxus. Von 1577 bis 1583 erbaute dann der Amsterdamer Architekt Jan Andresen (2. Hälfte 17. Jahrhundert) im Nikolai-Fleet auf Pfählen das Börsengebäude, ein zwei-

Die erste Michaelis-Kirche, 1649, von Christoph Corbinus war die größte deutsche Kirche des 17. Jahrhunderts und protestantisches Gegenstück zur Michaelskirche in München; Stich von Fr. Schünemann, 1734.

geschossiges Haus mit einer offenen Loggia, der Börsenhalle und dem Börsensaal darüber.[62] Es hatte nur eine Grundfläche von 650 Quadratmetern, präsentierte sich aber als ein besonders reich verzierter Renaissancebau, der sich von aller bisherigen profanen Backsteinarchitektur abhob: Vorne stützten gedoppelte Säulen, hinten eine von Arkaden und Oculi durchbrochene Wand ein reiches Gurtgesims; dieser trug das Obergeschoß in Goldschmiedearchitektur, das kupfergedeckte Dach und zierliche Türmchen. Das erste Mal erreichte der Palladianismus, erreichten Züge von Palladios Loggia in Vicenza, Einflüsse aus Serlios Schriften, niederländisch überformt, die Freie und Hansestadt Hamburg.

Das Rathaus blieb dagegen auch in nachmittelalterlicher Zeit ein anspruchsloses Gebäude. 1516 hatte der kleine Bau aus dem 13. Jahrhundert einen Erker zum Fleet erhalten. 1559 wurde nach links das Niedergericht angebaut. 1599 kam nach rechts ein dreigeschossiger Anbau hinzu, der 1649 um mehrere Achsen verlängert und mit einheitlicher Fassade, einem Bildprogramm von Kaiserstatuen und einem Dachreiter ausgestattet wurde. Bis ins 19. Jahrhundert blieb das Ganze ein Konglomerat aus drei Baukörpern unterschiedlicher Höhe.

Ähnlich anspruchslos war die erste protestantische Kirche, 1602 bis 1605 vom Kirchspiel St. Nikolai für die Vorstadtbewohner als kleine Kapelle erbaut; seit 1612 hieß sie St. Michaelis: eine schmucklose einschiffige Saalkirche mit einem Dachreiter über der Westfront. Nach der Einbeziehung dieses Stadtgebietes in die Befestigung und der Gründung des Michaelis-Kirchspiels 1647 war sie zunächst dessen Mittelpunkt. Schon zwei Jahre später wurde allerdings die neue Hauptkirche gebaut. Wie von der Kapelle ist auch von ihr – nach Blitzschlag und Brand 1750 – nichts erhalten. Christoph Corbinus (2. Hälfte 17. Jahrhundert) legte sie 1649 als dreischiffige Stufenhalle mit Dreiachtel-Chorschluß und Westturm an – also entsprechend dem mittelalterlichen Schema hamburgischer Hauptkirchen. Zwischen 1665 und 1668 entstand die charakteristische Turmhaube von Peter Marquard.[63] Der Bau – wohl die in den Ausdehnungen größte deutsche Kirche des 17. Jahrhunderts – war das protestantische Pendant zur gegenreformatorischen Michaelskirche in München.

Neben einer Reihe von Fachwerkbauten, die alle anderen Profanbauten der Stadt überragten, verkörperte vor allem der Bauhof, von dem aus die öffentlichen Bauten geplant und aus-

Neue Zeug Hauß

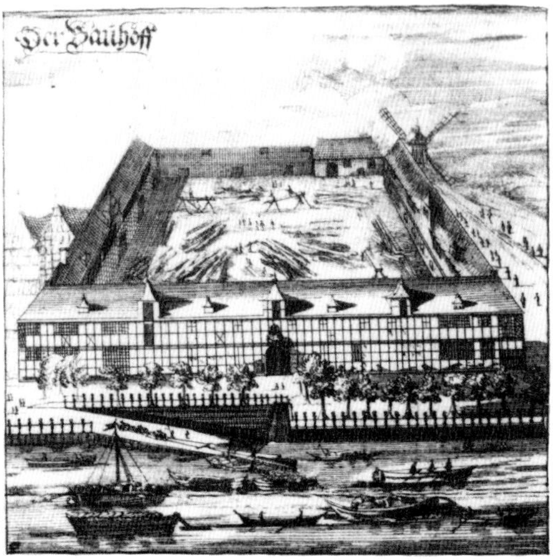
Der Bauhoff

Das Herrn Logiment

Das Embeck'sche Haus Bandt Haus und Müntz

Das Gymnasium

Das Baumhaus

Die im Laufe des 17. Jahrhunderts entstehenden Fachwerkanlagen waren größer als die alten Giebelhäuser und entsprachen immer mehr den Vorstellungen des Palladianismus; Ansichten von Ladomin, 1690.

geführt wurden, den Typ des nachmittelalterlichen Zweckbaus. Hans Hamelau (gestorben 1671) entwickelte ihn als einen unregelmäßigen Vierflügelbau um einen Werkplatz herum. Die Anlage – von der der Ingenieurmajor Cornelius Gottfried Treu (Bauinspektor 1739-1741) nach einer Inspektionsreise bemerkte, er habe »an keinem Ohrt einen so schönen und completten Bauhoff angetroffen wie der hiesige ist«[64] – war einerseits das Monument für einen neuen Umfang öffentlicher Bautätigkeit in Hamburg und andererseits ein typisches Beispiel für die neuen Zweckbauten aus Fachwerk, bevor auch dafür die neuen ästhetischen Maßstäbe des Palladianismus gültig wurden.

Die Darstellungen, die Ladomin von Spinnhaus, 1666 von Hans Hamelau entworfen[65], vom Zucht-, Werk- und Armenhaus, 1670 ebenfalls von Hamelau errichtet[66], und vom Zeughaus, 1680 bis 1681 von Lorenz Dohmsen (Bauinspektor seit 1670) gebaut[67], gibt, zeigen, daß es sich um Vierflügel-Anlagen mit symmetrischer Fassade handelte, die Mittelrisalite ausbildeten und nach antikischen Prinzipien gegliedert waren.

Auch die Stadttore stellten sich als öffentliche Bauten dar, an denen – wie am neuen Millerntor, 1659 bis 1663 von Hans Hamelau erbaut – die Errungenschaften des Palladianismus eingesetzt wurden.[68]

Organisation des Bauwesens

Daß das barocke Hamburg sich im Stadtinnern nicht nach einheitlichen Planungen entwickelte, daß bei den staatlichen und auch bei kirchlichen Bauten lange das Interesse an handwerklicher Solidität das an gestalterischer Einheit überwog, hat seine Begründung in den republikanischen Strukturen. Kirchliche Bauten wurden von den Kirchspielherren verantwortet, die dafür Bau- und Handwerksmeister hinzuzogen und nur gelegentlich Kirchenbaumeister beschäftigten. Auch der private Baubetrieb in den Kirchspielen, der ohne die in Residenzen praktizierten vereinheitlichenden Regelungen auskommen mußte[69], wurde von ihnen beaufsichtigt.

Die öffentlichen Bauten besorgte der Bauhof.[70] Er wurde nach mittelalterlicher Tradition vom 17. bis ins 19. Jahrhundert von Zimmermeistern mit dem Titel des Bauhofszimmermeisters oder später des Bauhofsinspektors geleitet; das einmalige Experiment mit der Ernennung eines Ingenieuroffiziers, dem Ingenieurmajor Cornelius Gottfried Treu als Bauhofsinspektor, das von 1739 bis 1741 währte, wurde nach drei Jahren zu Fall gebracht. Von hohem Einfluß war der Bauhofschreiber, der die Finanzen verwaltete. Die politische Kontrolle des Bauhofes nahmen jährlich gewählte sogenannte Baubürger wahr. Die Bediensteten, Meister, Gesellen und Lehrlinge verschiedener Bauhandwerke sowie ihnen zuarbeitende Tagelöhner, kamen aus dem Hamburger Handwerk. Ihre Zahl schwankte im 18. Jahrhundert je nach Arbeitsanfall zwischen drei- und vierhundert. Bis 1635 war der Bauhof auch für die Ausführung und Reparatur der Befestigungen zuständig. Im übrigen oblagen ihm Instandhaltungen, Reparaturen und Neubauten im öffentlichen Wasser- und Deichbau sowie im Tief- und Hochbau. Kämmerei, Baubürger und Bauhofschreiber hatten vor allem das Ziel sparsamen Wirtschaftens. Leitung und Personal des Bauhofes strebten vornehmlich nach handwerklich solider Ausführung; nur gelegentlich hatten sie öffentliche Gebäude neu zu entwerfen und auszuführen. Nur in solchen Fällen wurde die Hinzuziehung anderer Kräfte erwogen.

Herausragende Bauten und Baumeister

Dennoch hatte das im 16. bis 18. Jahrhundert insgesamt neu erbaute barocke Hamburg eine zwar heterogene, aber – dank privatem Ehrgeiz – äußerst vielfältige und qualitätvolle Bausubstanz.[71] Hermann Heckmann hat ihm mit *Barock und Rokoko in Hamburg – Baukunst des Bürgertums* eine Monographie mit dem Fazit gewidmet: »In keiner anderen großen deutschen Stadt manifestiert das Bürgertum so umfangreich und überzeugend das eigene kulturelle Niveau.« Bauhofszimmermeistern wie unterschiedlichen Kirchenbaumeistern und Architekten privater Stadt- und Landhäuser sind eine Reihe bedeutsamer Bauwerke gelungen.

An der »Großen Freiheit« in Altona konnte die katholische Kirche St. Joseph, 1718-1723, von dem Österreicher Melchior Tatz errichtet werden; sie wirkt wie ein »Import aus der Heimat des Architekten«; Foto vor 1943.

Herausragende Sakralbauten waren die Westfassade des St. Katharinen-Turmes von Johann Nikolaus Kuhn (gestorben 1744), die Dreieinigkeitskirche St. Georg von Johann Leonhard Prey (gestorben 1757), St. Michaelis von Prey und Ernst Georg Sonnin (1713-1794) sowie – für Altona – die St. Joseph-Fassade von Melchior Tatz und die Hauptkirche St. Trinitatis von Cay Dose. Sie sind im Original oder als Replik teilweise erhalten.

Mit den Namen der Architekten sind – nach Hans Hamelau und Peter Marquard im 17. Jahrhundert und vor Johannes Kopp

Die Hauptkirche St. Trinitatis in Altona, 1742-1743, von Cay Dose wurde mit ihrem Grundriß in Form eines griechischen Kreuzes Vorbild für die Dreieinigkeitskirche in St. Georg und für St. Michaelis; Foto vor 1943.

Die Dreieinigkeitskirche in St. Georg, 1743-1747, von Johann Leonard Prey; Foto um 1890.

Bild rechts:
Nach Größe, konstruktivem Wagemut, Reichtum des Steinmetzwerkes und Eindruck des Innenraumes ist St. Michaelis, 1751-1762, von Johann Leonhard Prey und Ernst Georg Sonnin das bedeutendste Werk des nordeuropäischen protestantischen Barock; Foto vor dem Brand 1906.

Die Neugliederung der Turmfassade von St. Katharinen, 1732-1738, von Johann Nikolaus Kuhn gehört zu den wenigen bedeutenden Barockarchitekturen in Hamburg, die original erhalten sind; Foto von 1965.

im 18. Jahrhundert – die bedeutendsten Vertreter des Hamburger Barock genannt. Typisch ist wiederum, daß die meisten aus anderen Regionen zugewandert sind: Hamelau aus Holstein, Marquard aus dem Vogtland, Kuhn aus Unterfranken, Prey aus Thüringen, Sonnin aus Mecklenburg und Kopp aus Hessen.

Im Schutze der Großen Freiheit in Altona durfte nahe dem protestantischen Hamburg eine katholische Kirche – St. Joseph gewidmet – errichtet werden. Wie die Konfession, so sind auch der aus Österreich stammende Baumeister Melchior Tatz und die Ausformung der von 1718 bis 1723 errichteten kleinen Kirche, von der nur noch die Fassade steht, eine Seltenheit inmitten des protestantischen norddeutschen Barock.[72] Backsteinmauerwerk und Sandsteingliederung sind zwar das übliche Material. Der konkave Schwung des Mittelrisalits, der Umriß und die Voluten des Blendgiebels sowie die Ausstattung mit Engeln und Heiligen wirken jedoch wie ein »Import aus der Heimat des Architekten«.[73]

Ganz anders die Hauptkirche St. Trinitatis in Altona, die so stark kriegszerstört war, daß heute nur noch ein rekonstruiertes Gehäuse an sie erinnert: Nachdem Cay Dose sie 1742 bis 1743 über dem Grundriß eines griechischen Kreuzes errichtet hatte, wurde sie mit diesem Grundriß Vorbild für die Dreieinigkeitskirche in St. Georg und später für St. Michaelis.[74]

Unter der Last der 1657 bis 1658 aufgesetzten Haube platzten im 18. Jahrhundert Teile der Dekoration des Turmschaftes von St. Katharinen aus dem 16. Jahrhundert ab. Der aus Unterfranken stammende Kuhn, »der bedeutendste Vertreter des Hochbarocks« in Hamburg[75], war einer der Gutachter, die eine gründliche Reparatur oder »alß eine Zierde der Stadt etwas gutes Neu zu machen« vorschlugen.[76] Er selbst erhielt 1732 den Auftrag. Johann Leonhard Prey hat 1737 als Steinmetzgeselle an der Ausführung mitgewirkt. Das daraus entstandene großartigste Stück Barockarchitektur in Hamburg hat sich original erhalten. Kuhn hat den Turmschaft in zwei Geschosse gegliedert. Je zwei flankierende Backsteinkolossalpilaster tragen verkröpfte Sandsteingesimse, das untere mit Triglyphen verziert. In diese Gliederung ist eine reich instrumentierte Portalarchitektur aus Sandstein eingefügt, die unten Tor, Rundbogenfenster und Ovalöffnung, oben zwei Fenster rahmt. Selbst der kritische Sonnin lobte später das Werk: »Es macht seinem Meister Ehre; nicht allein in Betracht des schönen Aussehens, welches er dem Turm gegeben, sondern auch in Absicht auf den Verband des alten und neuen Mauerwerks [...].«[77]

St. Georg wurde die Kirche für den östlichen, hinter dem Neuen Werk geschützten Vorstadtbereich. Der Turm »sollte gerade auf die Mitte des vom Stein-Tohre nach St. Jürgen führenden großen Weges gerichtet werden«[78]. 1743 bis 1747 stellte Johann Leonhard Prey den Bau fertig. Die Pläne waren 1744 zur Begutachtung nach Dresden zu Andreas Adam geschickt worden. Adam, der bei Matthäus Daniel Pöppelmann (1662-1736) gelernt hatte und unter Johann Christoph Knöffel (1686-1752) arbeitete, schickte eine Überarbeitung des Preyschen Entwurfes, in dem er den Kirchenraum im Sinne der 1743 fertiggestellten Dresdner Frauenkirche von George Bähr (1666-1738) stärker zentralisierte, nach Hamburg zurück, aber die Kirchenpatrone blieben bei dem Entwurf von Prey. Seine Ausführung übertraf an Qualität den protestantischen Kirchenbau der Region. Prey entwickelte aus der Grundrißdisposition der St.-Trinitatis-Kirche in Altona außen wie innen einen anderen Aufbau: Ein oben freigestellter Westturm, deutlich als Mittelrisalite vortretende Querschiffsfassaden und ein hohes vereinheitlichendes Mansarddach waren die äußeren Kennzeichen. Als Material überwog Backstein mit Schieferdeckung, nur die Gliederungen der Westfassade und der Mittelrisalite waren aus Sandstein; den Turm zeichneten Kupferdächer aus. Er ist rekonstruiert noch erhalten.

Nachdem die große Michaelis-Kirche 1750 abgebrannt war, versuchten sich auswärtige und einheimische Architekten mit Entwürfen zu empfehlen. Prey mußte nach dem Tode von Kuhn als der qualifizierteste einheimische Architekt erscheinen. Aber noch ein anderer machte durch gelungene Vorrichtungen beim Abriß der Brandruinen von sich reden: der Mechaniker Ernst Georg Sonnin aus Mecklenburg, der bis dahin »nie ein Gebäude, selbst nicht einen Schweinestall gebauet«[79]. Prey und Sonnin als technischer Berater wurden vom Kirchenkollegium gemeinsam beauftragt, legten 1751 auch gemeinsam Neubaupläne vor, lieferten sich aber bis zum Tode Preys 1757 kurz vor dem Richtfest quälende Auseinandersetzungen. 1753 waren bereits die Außenmauern der bedeutendsten Hamburger Kirche hochgeführt worden, als es wegen einer Kontroverse über die Wölbungs- und Dachstuhltechnik zu einem mehrjährigen Stillstand des Baus kam. Schließlich wurde der hannoversche Oberbaumeister Johann Paul Heumann mit der Planung des Dachstuhls beauftragt, der 1757 endlich gerichtet werden konnte.

Sonnin führte den Bau nach dem Tode Preys bis zur Einweihung 1762 weiter. Der Fayencemaler Cord Michael Möller (1706-1775), mit dem Sonnin schon vorher zusammengearbeitet hatte, gewann im Laufe der Entwicklung des Baus Einfluß auf die Entwürfe der dekorativen Details.

St. Michaelis hat den Grundriß eines griechischen Kreuzes mit polygonalem Chor, ist aber stärker zentralisiert als St. Georg und St. Trinitatis. In das Langhaus von ungeheurer Breite sind vier kolossale Pfeiler eingestellt, die den Eindruck von Mehrschiffigkeit schaffen. Nach außen wirkt die Kirche wie ein Zentralbau. Über einem hohen Sockelgeschoß stützen ionische Kolossalpilaster Gebälk und flaches Mansarddach. Die Kombination von Backstein, Sandstein und kupfergedeckten Dächern beherrscht den Eindruck. Die Querschiffsarme sind als Mittelrisalite ausgebildet, unter deren Rundbogen reiche Sandsteinportale und -fenster eingestellt sind, mit denen das Steinmetzwerk Kuhns von St. Katharinen überboten werden sollte.

Alle Wahrscheinlichkeit spricht dafür, daß Gesamtentwurf und das bis 1753 ausgeführte Mauerwerk auf den erfahrenen Baumeister und Steinmetz Prey zurückgehen und nicht auf seinen technischen Ratgeber Sonnin, der im Bauen unerfahren war. Der Mann, der gerade eine Kirche über griechischem Kreuz vollendet und schon an der Fassade der St. Katharinen-Kirche von Kuhn mitgearbeitet hatte, hat auch die Gesamtanlage und das Steinmetzwerk von St. Michaelis geschaffen; Heckmann hat dies im Detail begründet.[80] Wölbung und Dachform stammen dagegen von Heumann. Sonnin schließlich hat die Gesamtanlage des Innenraumes, aber auch die zum Teil unglücklichen Dekorationen seines Freundes Möller zu verantworten. Ihm verdankt der Bau vor allem aber den einmaligen Turm, den Michel.

Die Größe, der konstruktive Wagemut, der Reichtum des Steinmetzwerks am Außenbau sowie der Eindruck des Innenraumes definieren die große Michaelis-Kirche als bedeutendstes Projekt des nordeuropäischen protestantischen Barock. Die Anteile von Prey, Heumann und Sonnin an der Konstruktion und die dekorativen Details sind jedoch nicht zu der wünschenswerten letzten Harmonie zusammengeführt worden. Auch der später ausgeführte bedeutende Turm, dessen Obergeschoß bereits in eine andere Epoche hineinragt, führt nicht zu Unrecht den Namen eines Solitärs.

Die Kirche ist 1906 ausgebrannt, dann aber rekonstruiert worden. 1943 wurde sie zerbombt, zwischen 1949 und 1958

Das Görtz-Palais, 1710, von Johann Nikolaus Kuhn, 1776 in seinen Backsteinteilen verputzt, wurde in seinem ästhetischen Rang zu allen Zeiten gewürdigt; Foto vor 1943.

aber erneut wieder hergestellt. Vor allem im Inneren ist sie also eine Barock-Kirche aus zweiter und dritter Hand.

Unter den barocken Profanbauten zeichnen sich aus: das von Johann Jacob Erasmus (Bürgerrecht 1692) hergestellte Modell des Tempels Salomons, das Görtzpalais von Kuhn und dessen schleswig-holsteinisches Herrenhaus Steinhorst, das Meisterstück des Poliers der Michaelis-Kirche, Johann Georg Tiltzig, und das Waisenhaus von Johann Kopp (1734-1796).

Das Modell des zwischen 1680 und 1692 von Erasmus ausgeführten Tempels von Jerusalem hatte der Operndirektor Dr. Gerhard Schott aus Anlaß der Opernpremiere *Jerusalem* in Auftrag gegeben. Erasmus' Tätigkeit in Hamburg ist sonst nur noch im Zusammenhang mit einem Haus am Wandrahm Nr. 5, das in einem Stich von 1702 überliefert ist, nachweisbar; die Bezeichnung »Architect. et Machinar. Hydrandicar. Director« auf einem Kupferstich läßt vermuten, daß er Theateringenieur an der Oper war. Sein Modell aber wurde 1713 von Peter dem Großen bewundert, in London gezeigt, 1732 vom Dresdener Hof erworben und gilt als das berühmteste seiner Art.[81] Nach einer Darstellung von Melchior Küsell (1626-1683) 1679 bis 1680 aufgebaut, zeigt es einen symmetrischen Komplex mit neun Höfen, in dessen Mitte als Höhepunkt der Tempel liegt: das Bauwerk, das in den Architekturtheorien der Zeit als das vollkommenste dargestellt wird. Das Werk verkörpert eine von Amsterdam beeinflußte architektonische Haltung, die die reichen Bürgerhausfassaden der zweiten Hälfte des 19. Jahrhunderts in Hamburg auszeichnete. So einzigartig es als Tempel Salomons erschien, so typisch ist es für eine untergegangene Architektur seiner Zeit.

Das Waisenhaus, 1779, von Johannes Kopp war ein letztes Meisterwerk spätbarocker Architektur; nach dem Brand von 1842 diente es zeitweise als Rathaus der Stadt; Stich von Th. A. Pingeling.

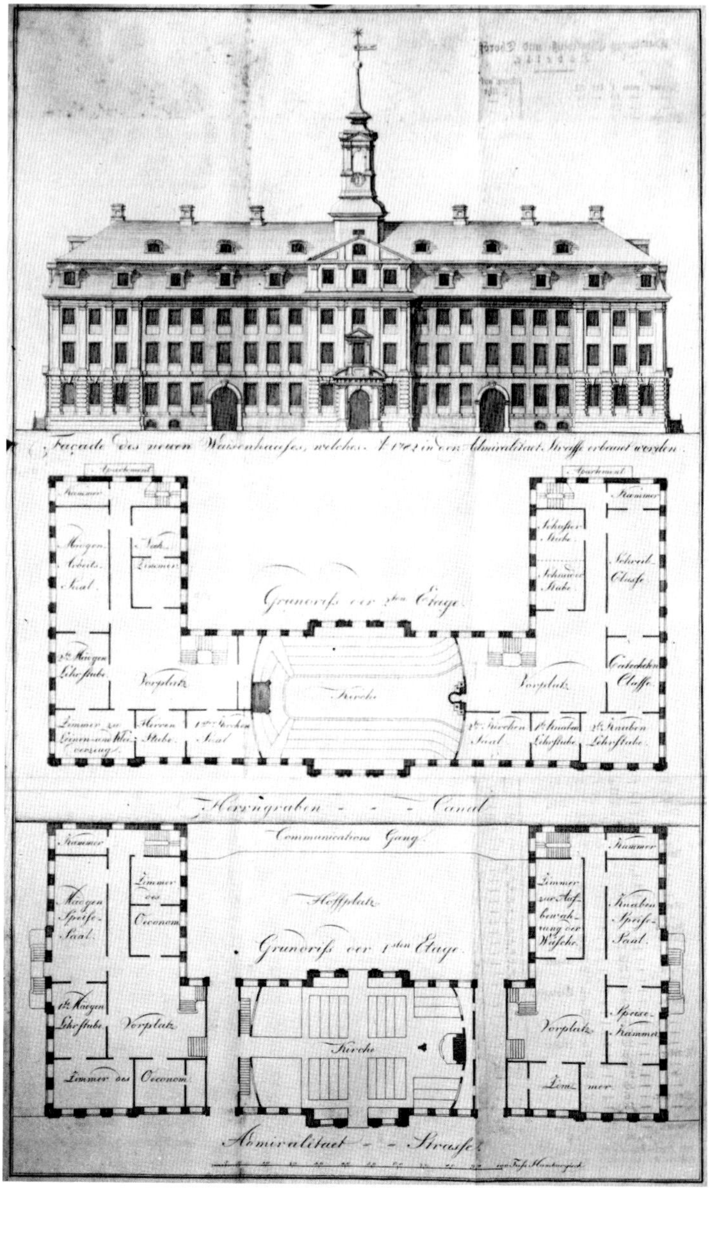

Das Görtz-Palais, das Frühwerk Johann Nikolaus Kuhns, entstand eine Generation später, 1710, und ist in seinem ästhetischen Rang – »unter den ältern Wohngebäuden der Stadt, hinsichtlich der Architectur, unstrittig das schönste«[82] – zu allen Zeiten anerkannt worden. Bauherr war Oberhofmarschall Georg Heinrich Görtz, ein Holstein-Gottorfer Spitzenbeamter, der 1709 vier Grundstücke an der neuangelegten Straße Neuer Wall mit einem Stadtpalais überbauen ließ: ein dreigeschossiges Gebäude mit mittlerer Durchfahrt, von der zwei geräumige Treppenhäuser den Aufgang zu einem großen Mittelsaal boten. Zur Straße wandte es ursprünglich eine unverputzte Backsteinfassade mit Gliederungen aus Sandstein. Heute steht von dem 1776 verputzten Bau nur noch die rekonstruierte Fassade. Erhalten ist dagegen das 1721 ebenfalls nach Entwürfen Kuhns entstandene Herrenhaus in Steinhorst, das mit dem Stadtpalais verwandt ist und einen Eindruck von dessen ursprünglichem Charakter geben kann.

Im 18. Jahrhundert wuchsen die Ansprüche an die Fähigkeiten der Maurermeister. Immer weniger Bauherren ließen sich Fachwerkhäuser von Zimmermeistern, immer mehr Bauten von Maurermeistern errichten. Von 1767 an verlangte das Maureramt deswegen als Mauermeisterstück eine Entwurfszeichnung. Ein Jahr zuvor, 1766, hatte die *Schule von Künstlern und Handwerkern* der Patriotischen Gesellschaft eröffnet, in der Handwerker Zeichenunterricht nehmen konnten. Johann Georg Tiltzig, der unter Sonnin Polier beim Bau der Michaelis-Kirche gewesen war, wurde der erste Lehrer dieser Schule. Als er sich 1766 auf eine Stelle als Bauhofsmauermeister bewarb, wurde von ihm verlangt, die Meisterprüfung nachzuholen. 1771 lieferte er als Meisterstück den Entwurf für ein freistehendes Stadtpalais, das den Rang der Baumeisterausbildung in Hamburg deutlich macht. Tiltzig stellte damit unter Beweis, daß der handwerkliche Leiter des Baus der Michaelis-Kirche nicht nur organisatorisch, technisch und handwerklich sein Metier beherrschte, sondern auch künstlerisch und zeichnerisch. Er hat ein elfachsiges Palais dargestellt, das vertikal von Mittel- und Seitenrisaliten und horizontal in zwei Hauptgeschosse mit Kolossalpilastern gegliedert ist, die ein verkröpftes Gesims mit Mansarddach tragen. »Mehr als ein Meisterwerk«, hat Heckmann es zu Recht uberschrieben.[83]

Johannes Kopp schließlich, von 1767 bis 1796 »Bauhofsinspektor von Format«[84] war der letzte der bedeutenderen Barockarchitekten Hamburgs, die größere Bauvorhaben ausgeführt haben: Die Pesthofkirche vom Typ der protestantischen Zentralkirche wie in Niendorf, 1778, das Eimbecksche Haus in Form eines Stadtpalais, 1769 bis 1771, die neue Fassade des Alten Rathauses, 1779, das Waisenhaus, ebenfalls 1779, und schließlich Sakristei und Kirchensaal von St. Katharinen, 1790-1792, zählen zu seinen bedeutendsten Bauten. Allein nur von den beiden letztgenannten ist allerdings eine Rekonstruktion erhalten. Mit seiner Waisenhausanlage gelang ihm ein letztes Meisterwerk spätbarocker Architektur, während in der Nähe schon Sonnins frühklassizistischer Michaelis-Turm begonnen wurde. Die Ausführung machte ausgerechnet das Waisenhaus zum architektonisch anspruchsvollsten Gebäude der Stadt; nicht ohne Grund ist es nach dem Brand des Alten Rathauses 1842 zeitweise als Rathaus genutzt worden: eine Dreiflügelanlage, in deren Hauptflügel hinter dem Mittelrisalit und unter dem Mitteltürmchen die Waisenhauskirche – von zwei Durchfahrten flankiert – angelegt war, während je ein Seitenflügel den Mädchen und den Jungen zugedacht wurde. Der dreigeschossige Bau mit Mansarddach wandte der Admiralitätsstraße eine dreiundzwanzigachsige Hauptfassade mit dreiachsigen Eck- und Mittelrisaliten zu. Kolossale Backsteinpilaster über dem rustiken Sockelgeschoß gliederten die Risalite. Insgesamt ein Gebäude, das den Eindruck einer imposanten und gefälligen Schloß- oder Klosteranlage des späten 18. Jahrhunderts machte; 1942 ist es zerstört worden.

Das Gesamtbild der Stadt

Die genannten Beispiele der Sakral- und Profanbaukunst des 18. Jahrhunderts dürfen nicht darüber hinwegtäuschen, daß das Gesamtbild der barocken Stadt von einer Summe vielfältiger Giebelhäuser bestimmt war. Die Giebelfassade des Kaiserhofes, eines 1619 am Neß errichteten reichen Bürgerhauses, seit 1726 als Gästehaus im Besitz der Stadt, ist nach dem Abbruch 1873 im Hof des Museums für Kunst und Gewerbe wieder aufgerichtet worden und gibt einen beispielhaften Eindruck vom bürgerlichen Wohnbau des 17. Jahrhunderts. Ein bürgerliches Wohnhaus des 18. Jahrhunderts ist am Schopenstehl 32/33 erhalten, ursprünglich direkt am Hamburger Dom gelegen: Die Fassade wurde zwar 1885-1888 verputzt und überformt, läßt aber noch Gliederung und Ornament eines Rokokohauses aus der Zeit um 1750 erkennen.

Für das 17. Jahrhundert ist außerdem eine Reihe von Fachwerkgiebeln typisch, die von den Häusern der Deichstraße zum Nikolai-Fleet ausgebildet wurden. Aus dem wenigen, was von den Wohnbauten der Unterschichten erhalten ist, heben sich die Krameramtswohnungen, Krayenkamp 10, heraus; durch den Toreingang eines Fachwerkvorderhauses von 1625 erreicht man einen typischen Wohnhof der Neustadt, an dem das Krameramt, die Zunft der Kleinhändler 1677 zwei Zeilen von Fachwerkbauten errichtet hat, in dem die Witwen des Amtes wohnen konnten. Im 18. Jahrhundert gab es bereits Mietshäuser, von denen eines am Alten Steinweg 49-51 erhalten und neuerdings in der Fassade restauriert worden ist. Typisch für die Unterkünfte der städtischen Arbeiterschaft im 18. und 19. Jahrhundert sind die restaurierten Gebäude am Bäckerbreitergang 51-58 mit Buden- und darüber mit Sahlwohnungen.

Alleen, wie die 1652 angelegte Große Allee oder der 1665 bepflanzte Reesendamm, später Jungfernstieg, gepflasterte Verkehrsstraßen, schmale Gänge und durch Torwege erreichbare Hinterhöfe bildeten den öffentlichen Straßenraum. Seit 1673 gab es dafür eine auf öffentliche Kosten unterhaltene Straßenbeleuchtung.

Die Fleete waren auch im 16. bis 18. Jahrhundert noch Trinkwasserquelle und Abwassersystem zugleich, vor allem aber Verkehrsweg für alle schwereren Lasten. Dort, wo sie die Straßen kreuzten, mußte eine Vielzahl von Brücken unterhalten werden, wie die aus dem 17. Jahrhundert stammende Ellerntorsbrücke über das Herrengrabenfleet.

Inmitten dieses Stadtbildes konnte man auf Zweckbauten von hoher architektonischer Qualität stoßen: 1704 errichtete der Bauhofzimmermeister Lorenz Dohmsen gemeinsam mit dem Steinhauer Jacob Torner ein »wundervolles Brunnengebäude mit vier Rundbögen zwischen kapitellgeschmückten Eckpfosten und mit einem barock geschweiften Kuppeldach«[85].

Von allen Brunnen der Barockzeit ist ein einziger in Teilen erhalten und seit einigen Jahren wieder am originalen Ort aufgestellt worden, allerdings nicht aus der Hamburger Altstadt stammend, sondern vom Altonaer Fischmarkt. Er gehört neben der Rekonstruktion der Trinitatis-Kirche zu den wenigen Resten des barocken Altona, das sich hier jenseits des ursprünglichen Baches Pepermölenbek an die Vorstadt Hamburger Berg drängte. Der Minerva-Brunnen von 1742 versorgte die Anwohner und Fischmarktnutzer mit Wasser. Erhalten sind die relie-

Nach außen waren die Theater Unarchitekturen: das erste Hamburger Opernhaus, 1677, von Girolamo Sartorio; Ausschnitt aus dem Stadtprospekt von Heinecken, 1750.

Das Opern- und Schauspielhaus am Gänsemarkt, 1764-1765, von Johann David Fischer, Lessings Theater; Ansicht um 1827.

fierten Sandsteinplatten eines Brunnenkastens, in den das Wasser aus den Röhren eines mittleren Aufbaus fällt. Blumengebinde und zwei Darstellungen von Amor und Psyche zieren ihn. Die moderne realistisch-erotische Brunnenfigur einer barbusigen Dame interpretiert den Brunnen eher in einen Venus-Brunnen um.

Theaterbauten

»Unarchitekturen« nach außen hin waren dagegen die privat und kommerziell betriebenen Kultureinrichtungen. Ein architektonischer Typus, der mit den Mitteln der »architecture parlante« hätte seinen Zweck kundtun können, war dafür noch nicht geschaffen worden. Das erste große Hamburger Opernhaus von 1677 – das bemerkenswerterweise nicht auf dem Stich von Lemkus und Ladomin zu finden ist – war äußerlich ein großes schmuckloses Gebäude, obwohl sein Bauherr der architektursinnige Gerhard Schott war.[86] Vom Schauspielhaus des Operndirektors Mingotti am Dragonerstall haben wir heute keine Vorstellung mehr. Der unausgeführte Entwurf eines Theaters am Gänsemarkt, den Joachim Hinrich Nicolassen (nachweisbar Mitte 18. Jahrhundert) 1755 für den Schauspieldirektor Locatelli gemacht hat, sah ein rechteckiges Gebäude ohne äußere Zier vor, und schmucklos war auch das Konzerthaus von Nicolassen an der Großen Drehbahn – es lag in einem Hinterhof.[87] Wenig attraktiv war zudem das 1764 bis 1765 von Johann David Fischer (nachweisbar 2. Hälfte 18. Jahrhundert) ausgeführte Opern- und Schauspielhaus am Gänsemarkt – immerhin Lessings Theater: ein Kasten mit Walmdach, allerdings mit der Karikatur eines zweisäuligen Portikus vor dem Eingang.

Und doch waren die Hamburger Theater und Konzerthäuser in ihrer Funktion – Aufbau der Ränge, Akustik, Bühnentechnik und -ausstattung – weltberühmt und eröffneten ihren Besuchern neue künstlerische Welten.[88] Nicht der Außenbau war das bildkünstlerische Ereignis, sondern die Bühne.

Gärten und Gartenhäuser

Neue künstlerische Welten erschlossen sich den reichen Bürgern aber auch in ihren Gärten und Gartenhäusern. Seit dem 16. Jahrhundert legten sie sich Landhäuser innerhalb und außerhalb der Befestigungen an und entfalteten darin neue Formen von som-

Seit dem 16. und 17. Jahrhundert gab es innerhalb und außerhalb der Wälle Gärten und Gartenarchitekturen: barockes Gartenhaus in der Ludolfstraße.

merlicher Villenkultur. »Ich weiß mich nicht zu besinnen, daß ich eine Stadt in Deutschland gesehen habe, welche soviele schöne Lustgärten hat, als Hamburg«, schrieb 1663 Johann Balthasar Schuppius [89], und 1772 hieß es, ein »großer Theil der Gartenhäuser sind Paläste: sie übertreffen oft an Schönheit und Anordnung die Häuser der Eigenthümer in Hamburg« [90]. Der Ratsherr und Dichter Barthold Hinrich Brockes (1680-1747) hat – besser als andere – auch die Worte gefunden, seinen Garten – ehemals am heutigen Besenbinderhof – und die Gewächse und Blumen darin zu besingen.

Brockes war mehrere Jahre als Ratsherr für die Sicherung der Elbmündung verantwortlich und dazu in der Burg von Ritzebüttel stationiert. In seiner Zeit wurde der wohlerhaltene barocke Backsteinvorbau errichtet. Seine fünfachsige Fassade ist in Sokkel, zwei Hauptgeschosse und Walmdach gegliedert und durch

Sandsteinportal und Freitreppe ausgezeichnet. Die Räume, in denen Brockes residierte und sich Zeit für seine literarischen Arbeiten nahm, sind ebenfalls erhalten.

In der Ludolfstraße 19 ist noch ein typisches Landhausgebäude des 17. Jahrhunderts erhalten, dessen Garten sich zum Alsterfluß öffnete: ein von korinthischen Kolossalpilastern gegliederter Backsteinbau mit angelehntem Fachwerkflügel.[91]

Barocke Amtshäuser

Die bescheidene barocke Amtsarchitektur, die um das alte Hamburg herum erhalten ist, unterscheidet sich nur wenig von der privaten Gartenarchitektur. Zu ihr gehören der barocke Vorbau des Wehrturms, Sitz des Hamburger Ratsherrn in Ritzebüttel, ein reiner Backsteinbau, die verschiedenen Fachwerkflügel des Bergedorfer Schlosses, Sitz des beiderstädtischen Amtsträgers in Bergedorf, sowie das Amtshaus des Hamburger Ratsherrn der Walddörfer in Wohldorf, ein einfacher, von einem Graben umgebener Fachwerkbau. Auch das Haus des Hannoverschen Amtmannes für das Amt Harburg in der Neuen Straße 59, ein Fachwerkbau von 1710, und das Wilhelmsburger Amtshaus, Kirchdorfer Straße 163, ein Backsteinbau von 1724, sind solche einfachen Amtsarchitekturen, die sich allenfalls durch klare Proportionen und solide handwerkliche Ausführung auszeichnen.

Schiffbaukunst

Der Schiffbau entwickelte im 17. Jahrhundert Formen künstlerischer Repräsentation für Schiffskörper und Schiffsräume. Auch die Darstellung der Paradeschiffe wurde künstlerisch überhöht.

Nachdem Versuche zur Gründung einer Reichsadmiralität am Desinteresse der seeabgewandten deutschen Staaten gescheitert waren, gründete die Hamburger Kaufmannschaft 1623 eine eigene Admiralität, deren Aufgabe der Schutz seegehender Schiffe sein sollte. 1668 und 1669 wurden erstmals dafür gebaute Fregatten in Dienst gestellt, die »Leopoldus Primus« und »Wapen von Hamburg«. Ein Stich Joachim Wichmanns (gestorben 1686) von 1688 stellt beide Schiffe mit ihren ausdrucksvollen Hecks dar, das eine die überlebensgroße Figur des Kaisers, das andere das Hamburger Wappen präsentierend. Die Bild-

Die Admiralitäts-Fregatten Leopoldus Primus und Wapen von Hamburg, 1668-1669, sind wie die anderen barocken Schiffsbauten nicht erhalten; die Schnitzarbeiten von Christian Precht im Museum für Hamburgische Geschichte; Stich von 1688.

schnitzerarbeiten des Hamburgers Christian Precht (2. Hälfte 17. Jahrhundert) sind im Museum für Hamburgische Geschichte erhalten.[92]

Auch Johann Leonhard Prey ist für den Schiffbau herangezogen worden. 1748 lieferte er auf Bestellung des Bürgermeisters Konrad Widow den Entwurf für die Kajütendekoration einer Admiralitätsjacht, die in Amsterdam gebaut wurde.[93]

Solche Kriegs- und Repräsentationsschiffe setzten die Maßstäbe für die Ausstattung von Handelsschiffen. Nichts aber war so vergänglich wie die Kunst des Holzschiffbaus. Nur wenige Modelle der Zeit geben einen schwachen Abglanz.

Skulptur und Inneneinrichtung

Nach dem durch die Reformation ausgelösten Kollaps der religiösen bildenden Kunst und deren protestantischer Neuorientierung eröffneten sich im 16. Jahrhundert neue Auftragsfelder für bildende Künstler in den sakralen und profanen Bauten. Im Laufe des 17. und 18. Jahrhunderts steigerte sich das Auftragsvolumen. Trotz aller gleichzeitig zu beobachtenden Differenzierung der Künste und Separierung einzelner Objekt- und Bildgattungen wuchsen die Aufgaben von Steinmetzen, Schnitzern, Stukkateuren, Malern, Tischlern, aber auch von Orgelbauern bei der Ausstattung bestimmter profaner und sakraler Bauprojekte zu einer neuen Gemeinsamkeit zusammen.

Steinmetzen und Bildschnitzer

Nach einigen Jahrzehnten der reformatorischen Verunsicherung entwickelte sich im 16. Jahrhundert wieder eine Kultur des skulpturalen Schmucks. Die Ausstattung der Westfassade von St. Katharinen mit monumentalen Steinskulpturen, 1566-1568, wurde den Toten der Pest zwischen 1564 und 1565 gewidmet. Ihre Urheber waren die ersten namentlich genannten Bildhauer nachreformatorischer Zeit. Ein Meister namens Wenzel und Marcus Sprenger führten die Skulpturen aus, von Daniel Frese erhielten sie eine farbige Fassung.[94] Sie hatten das zukünftige Grundprogramm der Epitaphien des protestantischen Barock: Kreuzigung und Auferstehung im unteren Geschoß, die Verkörperungen von vier Kardinaltugenden darüber.

Niederländische Glaubensflüchtlinge haben das neue Bedürf-

Das Epitaph des Hamburger Bildschnitzers Jost Rogge (gestorben 1616) ist das erste Künstlerepitaph in Hamburg. Das gemalte Porträt Rogges und seiner Frau erscheint unter dem linken Schächerkreuz; St. Jacobi-Kirche.

nis nach Steinmetzarbeit in der Kirchenausstattung, nach bürgerlichen Epitaphien, aber auch nach Schmuck in den Bürgerhäusern im 16. Jahrhundert befriedigt. Sie führten Elemente der niederländischen Renaissance, auch den sogenannten Floris-Stil in Hamburg ein. Ein frühes Beispiel ist das Epitaph, das Bürgermeister Hermann Wetken 1566 zwei früh verstorbenen Kindern gesetzt hat, heute in St. Katharinen.[95] In klarem Renaissance-Aufbau wird ein leicht entschlüsselbares protestantisches Bildprogramm dargeboten: im Sockel die beiden verstorbenen Kleinkinder, darüber die Eltern und Geschwister vor dem Kruzifix kniend und in der Ädikula darüber die Auferstehung Christi.

Unter den Bildschnitzern spielte der Hamburger Meister Jost Rogge (1553-1616) eine bedeutende Rolle; sein eigenes Epitaph ist in der Jacobi-Kirche erhalten[96]: das erste Künstlerepitaph in Hamburg, eine Art protestantisches Gegenstück zum spätgotischen Gemeinschaftswerk der Lukasgilde. Außer mit dem Doppelporträt Rogges und seiner Frau im Kreuzigungsgemälde nimmt das Werk aber zum Thema Künstlerepitaph nicht Stellung. Es stellt eine kunstreich ausgeführte Variante des protestantischen Tod-und-Auferstehungs-Programms dar. Rogge hat offenbar das Kreuzigungsgemälde des Lübecker Malers Johann Willinges (gestorben 1625) erworben, um es in sein Epitaph einzufügen; dabei hat er es auch leicht beschnitten. Jedenfalls hat Willinges das Porträt des Stifterehepaares Jost und Martha Rogge unter dem linken Schächerkreuz nachträglich in das Bild hineingemalt.

Eine vielbeschäftigte Steinmetzwerkstatt war die des Georg Baumann (tätig 1599-1621), von dem zwei bedeutendere Werke erhalten sind: das südliche Sandsteinportal von St. Petri, 1604-1605[97], und die Kanzel von St. Jacobi.[98]

Das Petriportal, heute in reduzierter Form im Hof des Museums für Hamburgische Geschichte zu sehen, ist in der architektonischen Gliederung ein Musterbeispiel für Triumphportale des nordeuropäischen Serlianismus: ein Rundbogenportal, flankiert von zwei Blendnischen zwischen ionischen Halbsäulen, darüber ein Giebelaufsatz mit korinthischen Säulen und seitlichen Voluten. Die original erhaltenen Sandsteinplastiken stellen in den Nischen die Evangelisten, in den Zwickelreliefs weibliche Allegorien von Gerechtigkeit und Glauben sowie in den Reliefs des Giebelaufsatzes die Auferstehung Christi und die Ausgießung des Heiligen Geistes dar; die einst bekrönende Petrusfigur ist zerstört. Wie schon an der Westfassade von

Das Petriportal, 1604-1605, von Georg Baumann ist ein Musterbeispiel für das protestantische Triumphportal des nordeuropäischen Serlianismus; nach einer Restaurierung steht es heute im Innenhof des Museums für Hamburgische Geschichte; Foto vor 1943.

St. Katharinen erscheint hier ein protestantisches Programm im antikischen Gewand – die architektonischen Lehrbücher des Andrea Palladio und des Sebastiano Serlio hatten dafür gesorgt, daß die Kenntnis antikischer Architektur in ganz Europa verbreitet war. Die Skulpturen verraten außerdem die nähere Kenntnis italienischer, wenn nicht gar antikischer Bau- und Freiplastik.

Ein Meisterwerk Georg Baumanns ist die einzige erhaltene der großen Kanzeln der Hauptkirchen, die Jacobi-Kanzel, 1609-1610; Kanzeltür und der erneuerte Kanzeldeckel sind von »Bildschnieder« Johann Moltzan (1. Hälfte 17. Jahrhundert) in den Jahren 1610 bis 1614 geschaffen worden. Die Bedeutung, die dem neuen Kirchenmöbel zugemessen wurde, wird auch im Reichtum der Materialien deutlich: Der Treppenaufgang, der sechseckige Kanzelkorb und die ihn gliedernden Säulchen sind aus farbigem Marmor, Reliefs und Ornamente aus weißem Alabaster mit Vergoldungen. Das Bildprogramm ist ein typisches protestantisches Kanzelprogramm jener Zeit: In der Kanzeltür erscheint, bekrönt von Petrus, Paulus und Jacobus Major, mit dem Relief des Pfingstwunders eine weibliche Allegorie des Glaubens; an der Treppenbrüstung gibt es darüber hinaus Reliefs der vier Evangelisten und am Kanzelkorb Reliefs mit Darstellungen der Verkündigung, der Anbetung der Hirten, der Kreuzigung, der Auferstehung und der Himmelfahrt.

Der Hamburger Bildschnitzer Hein Baxmann (um 1580-1647) hat den umfangreichsten Teil seines Werkes in den Vierlanden hinterlassen: einen Flügelaltar in Allermöhe, 1612, Kanzel und Gestühl in Moorfleet, 1621, sowie einen Flügelaltar und eine Kanzel in Ochsenwerder, beide 1633.[99] Die Kleinteiligkeit der reichen Ornamentik und der vollplastischen oder reliefierten Figuren seiner protestantischen Bildprogramme, die Farbigkeit seiner Fassungen, die Nähe seiner Arbeiten zum Kunsthandwerk von Silber- und Goldschmieden und die Aufstellung seiner Arbeiten in Dorfkirchen verführen dazu, von ihm als einem Kleinmeister zu sprechen. Diese Art von kunstreichem Handwerk ist aber eine typische Erscheinung der Zeit.

Eine Generation jünger als Baumann und Baxmann sind der aus Brabant stammende Maximilian Steffens (gestorben 1639), von dem das Epitaph des Georg von der Fechte in St. Katharinen und die Kanzel von St. Katharinen, 1632, stammen[100], und Henning Heidtrider (um 1580-um 1650), der das Figurenwerk des Hauptaltars von St. Katharinen, 1638, geschnitzt hat.[101] Nur weniges von ihren Werken ist in den Kirchen noch erhalten: Von Steffens sind es die Evangelisten des Taufsteins in der Petrikirche, von Heidtrider die Evangelisten des Altars in St. Katharinen.[102] Der Hauptaltar von St. Jacobi, 1720, ist beim Brand von 1842 zerstört worden; der von St. Petri, 1724, wurde beschädigt. Vom St.-Petri-Altar ist noch die Kreuzigungsgruppe des Johann Christoffer von der Heide (Bürgerrecht 1703) übriggeblieben, die nur eine vage Vorstellung von der bildhauerischen Qualität dieser Zeit gibt.[103]

Hochoffizielle Skulpturen waren die Kaiserstandbilder am Rathaus. Nach der Anerkennung der Reichsunmittelbarkeit Hamburgs durch das Reichskammergericht 1618 wurden in Nischen an der Fassade des Anbaus von 1600 zwischen 1619 und 1637 fünfzehn solcher Skulpturen aufgestellt, und auch der 1649 ausgeführte weitere Anbau erhielt in seinen neuen Nischen weitere Figuren. Reste von ihnen befinden sich noch im Museum für Hamburgische Geschichte.[104]

Einheitliche Kircheninterieurs

Für Kirchenbauten des 17. und 18. Jahrhunderts wurde typisch, Architektur, Skulptur, Malerei und Dekoration zusammenzuführen. Aber auch solche Gesamtausstattungen lassen sich nur noch in alten Darstellungen oder in Rekonstruktionen erleben.

Der Kanzelaltar im Osten, die Orgel im Westen, die protestantische Anordnung des Gestühls unten und auf den Emporen sowie die Kolossalordnung und das Deckenrocailleswerk bestimmten den Eindruck des Innenraumes der Dreieinigkeitskirche in St. Georg; Foto vor 1943.

Im Innenraum von St. Michaelis, 1751-1762, betonen Orgel und Altar die Längsrichtung, während Kanzel und ausschwingend umlaufende Empore den Charakter des Zentralbaus hervorheben; Foto vor 1906.

Den Eindruck des Inneren der zwischen 1743 und 1747 erbauten, nicht erhaltenen Dreieinigkeitskirche St. Georg gibt ein Längsschnitt aus der Zeit wieder. Der Kanzelaltar im Osten und die Orgel im Westen standen einander gegenüber. Vergittertes Kirchengestühl an den Seiten, offenes Gestühl in der Mitte und auf den Emporen bestimmten den Gesamteindruck des Auditoriums. Eine umlaufende kolossale Pilasterordnung stützte das Gesims, über dem die flache Wölbung mit Rocailles der Mailänder Joseph und Donato Martini ornamentiert war.

Die Ausstattung der Michaelis-Kirche, 1751 bis 1762 erbaut, ist immerhin in der zweiten Rekonstruktion erhalten. »Die Wirkung des Inneren wird vom Spannungsverhältnis zwischen Langhaus und Zentralraum bestimmt.« [105] Orgel und Altar betonen die Längsrichtung; die vor den Pfeilern ausschwingend umlaufende Empore hebt den Charakter des auf die Predigt konzentrierten Auditoriums hervor, die Kanzel allerdings ist aus der Achse nach rechts gerückt. Die ungewöhnliche Höhe der Kolossalpfeiler und der Wölbungen sowie die Weite von Haupt- und Querschiffsarmen sind von besonderer Wirkung. Die Ornamentik des Stucks wirkt in der zweifach rekonstruierten Form allerdings seltsam unhistorisch und ist kaum in die Stilgeschichte der Stuckdekoration einzuordnen.

Einige Barockkirchen der hamburgischen Landgebiete und der Umgebung bieten einen besseren Eindruck von barocker Ausstattung. Im Westen sind es die Christianskirche in Ottensen [106] und die Kirche in Nienstedten [107], im Norden die Kirchen in Niendorf und Rellingen, im Osten die Kirchen in Bergedorf [108], in Altengamme [109], in Curslack [110], in Kirchwerder [111], in Neuengamme [112], in Allermöhe [113], in Moorfleet [114] und in Ochsenwerder [115]. Sie haben meist schlichte Raumformen – mit Ausnahme der beiden anspruchsvolleren Zentralbauten in Niendorf und Rellingen –, prunken aber mit einer meist hölzernen, oft bemalten Einrichtung von Emporen und Gestühl, aus der sich Altar, Kanzel, gelegentlich auch ein Kanzelaltar, und Orgel vor anderen Ausstattungsgegenständen hervorheben.

Orgeln

Nahezu alle mittelalterlichen Kirchen in Hamburg werden seit dem 14. Jahrhundert mit kleineren Orgeln ausgestattet gewesen sein. Ausdrückliche Nachrichten sind von Orgelneubauten im 15. und frühen 16. Jahrhundert erhalten. [116]

Die Orgelbauprospekte stellten den wirkungsvollsten Beitrag der bildenden Kunst zur Kirchenraumgestaltung des protestantischen Barock dar: der restaurierte »Hamburger Prospekt« der Arp-Schnitger-Orgel, 1689-1693, in der Jacobikirche; Foto von 1994.

Die nachreformatorische Orgelkunst baute also auf einer vorhandenen Orgelbau- und Orgelspielkunst auf. Der orgelbegleitete einstimmige Gemeindegesang wurde jedoch erst jetzt zum regelmäßigen Bestandteil des Gottesdienstes. Das *Hamburger Melodeyengesangbuch* von 1604 legte erstmalig die Lieder für den Gemeindegesang und eine mehrstimmige homophone Orgelbegleitung fest.[117] Außerdem wurde es im 17. Jahrhundert in den vier Hauptkirchen üblich, den Gottesdienst mit anspruchsvollerem musikalischen Programm auszuschmücken. Die dabei auftretenden einzelnen Organisten der Hauptkirchen waren so bedeutende Musiker wie Hieronymus Praetorius d.Ä. (1560-1629), Jacob Praetorius (1586-1651) und Heinrich Scheidemann (um 1596-1663). Sie waren die Begründer der »norddeutschen Orgelschule«, deren Tradition von Johann Adam Reinken (1623-1722) und Vincent Lübeck (1654-1740) fortgesetzt wurde. Bei den reihum stattfindenden Kirchenmusiken trat außerdem der Chor des Johanneums unter der Leitung des Kantors des Johanneums und Musikdirektors der Stadt hervor; noch als Georg Philipp Telemann (1681-1767) und Carl Philipp Emanuel Bach (1714-1788) Musikdirektoren waren, führte diese Regelung zu großartigen Kirchenmusiken.

Die Orgel rückte in dieser Zeit sowohl in ihrer Funktion im Gottesdienst und bei den Kirchenmusiken wie als Kirchenmöbel nach Hauptaltar und Kanzel zum wichtigsten, den Eindruck des Kircheninneren bestimmenden Ausstattungsstück auf. In den mittelalterlichen Kirchenräumen erhielt sie ihren Platz auf der Empore an der Westwand. Besonders deutlich wird die neue dominierende Rolle der Orgel aber in der Innengestaltung der barocken Bauten wie in der Michaeliskirche.

Die Orgelbauer der Zeit entwickelten vor allem die Technik des Orgelwerkes weiter. Häufiger als Neubauten waren deshalb anfangs Orgelumbauten. Die wichtigsten barocken Orgelbauer waren die Familien Scherer, Fritzsche und Reichborn, die aus verschiedenen deutschen Regionen nach Hamburg gekommen waren. Die Orgel in St. Katharinen, einer der vollkommensten Orgelneubauten der Zeit, an dessen vier Manualen Johann Adam Reinken musizierte, wurde 1670 von dem Kopenhagener Johann Friedrich Besser geschaffen. Berühmtester Hamburger Orgelbauer seiner Zeit wurde jedoch Arp Schnitger (1648-1719), der auch Aufträge für England, Spanien, Portugal und Rußland ausführte. In Hamburg hat er 1687 für St. Nikolai die damals größte, heute zerstörte, deutsche Orgel fertiggestellt. Erhalten ist die von 1689 bis 1693 von Schnitger erbaute Orgel der Jacobikirche.[118]

Die von Schnitger entwickelte Form des Orgelprospektes, der sogenannte Hamburger Prospekt, gliederte die Orgelfront in einen Rundturm in der Mitte, zwei Pedalrundtürme an den Flanken sowie in Spitztürme und Flachfelder. Neben der technischen und klanglichen war die Weiterentwicklung und Neugestaltung der Orgelprospekte die beeindruckendste Leistung der barocken Orgelbauer. Sie stellte den wirkungsvollsten Beitrag der bildenden Kunst zur Kirchenraumgestaltung des protestantischen Barock dar.

Städtische Interieurs

Anders als die Palais fürstlicher Dynastien in Residenzstädten waren städtische Bauten und Kaufmannshäuser dem Wandel unterworfen und in Hamburg dazu den vielen Stadtzerstörungen ausgesetzt. Wie repräsentative öffentliche Innenräume in der Zeit des Barock ausgesehen haben, läßt eine Abbildung von 1719 erkennen, die den Festsaal des Drillhauses, 1671 von Lorenz Dohmsen erbaut, bei einem Festessen der Bürgerkapitäne zeigt. Dieser Raum war im 17. und noch im 18. Jahrhundert zusätzlich Hamburgs größter Konzertsaal. Wie im Äußeren, so ha-

Repräsentativer Innenraum und größter Konzertsaal Hamburgs war der Festsaal des Drillhauses, 1671, von Lorenz Dohmsen: Festessen der Bürgerkapitäne; Stich von 1719.

ben auch im Inneren antikische Gliederungssysteme und Dekorationsformen die alte Fachwerkausstattung verdrängt.[119]

Erhalten geblieben ist die barocke Ausstattung des Herrensaals der Jacobikirche, der 1543 über der 1434 erbauten Sakristei eingerichtet und nach verschiedenen älteren Ausmalungen 1710 neu dekoriert wurde. Der unregelmäßige, von zwei Seiten durch fünf Fenster belichtete Raum hat einen Holzfußboden und eine mit Stuckleisten profilierte Decke, in deren Mitte ein achteckiges Mittelbild die Justitia zeigt und in deren Ecken vier runde Bilder die Kardinaltugenden darstellen. An den Wänden überrascht eine – abgesehen von großflächigen Wappentafeln und Kamin – über alle Flächen reichende Landschaftsmalerei, die von einer buntfarbigen Blumenbordüre gerahmt wird. Die Abhängigkeit von der zeitgenössischen Theatermalerei ist mehr als deutlich.

Einen Eindruck von privaten Innenräumen reich ausgestatteter Bürgerhäuser geben nur noch Museumsrekonstruktionen:

Der einzige erhaltene Raum dieser Zeit, der Herrensaal von St. Jacobi, 1543 über der Sakristei von 1434 eingerichtet, wurde 1710 mit einer neuen Ausmalung dekoriert; Foto nach der Restaurierung 1994.

Eine nachgebaute Kaufmannsdiele, den Hauptraum des traditionellen Dielenhauses, zeigt das Museum für Hamburgische Geschichte. Der Raum ist aus Teilen mehrerer Häuser zusammengesetzt und zusätzlich ausgestattet, stammt in seiner Grundform aber aus dem 17. Jahrhundert: eine zweistöckige Diele mit dekorativ bemalter Holzdecke, deren Hauptschmuck die Balustraden der seitlichen Treppe und Emporen sind.

Das Museum für Hamburgische Geschichte hat außerdem einige originale Raumausstattungen zusammengeführt. Eine davon, aus dem Hause Deichstraße 53, bietet den einzigen authentischen Gesamteindruck eines Privatraums der Barockzeit: Der Fußboden ist mit weißen und schwarzen Marmorplatten gepflastert; auf den Wandflächen erscheinen gemalte gedrehte Säulen, die die Deckenbalken zu stützen scheinen, und eine gemalte phantastische Landschaft. Eine weitere Wand öffnet sich mit Butzenfenstern zum Fleet. Auf die Wände gemalte lebensgroße Herren und eine Dame im Festgewand lassen erkennen, daß dies ein Festsaal war. Auch hier haben die Künstler wie Theatermaler gearbeitet.

Wie sehr die Außenbeziehungen der Kaufmannschaft deren Geschmack und deren Ambiente bestimmten, zeigt ein anderes

Bäuerliche Interieurs dieser Zeit, Abglanz städtischer Inneneinrichtungen, sind häufiger erhalten. 1901 wurden bäuerliche Einrichtungsformen für die Amtsräume der Hamburger Landherren im Bergedorfer Schloß eingesetzt; Foto um 1902.

Beispiel aus dem Museum für Kunst und Gewerbe: das Louis-XVI-Interieur von 1775, das sich der Kaufmann und Ratsherr Nikolaus Gottlieb Lütkens aus Bordeaux hatte kommen lassen[120], um damit sein Haus in der Katharinenstraße 17 auszustatten.

Bauernstuben

Der Reichtum der Stadt teilte sich auch der für sie produzierenden bäuerlichen Umgebung mit. Die dort entstandenen bäuerlichen Barockinterieurs haben sich länger vor Ort erhalten und konnten im 19. Jahrhundert deshalb zusammenhängend gesammelt und museal aufbereitet werden. Sie geben nur einen Abglanz der bürgerlichen Einrichtungen, aber einen umfassender erhaltenen als die Reste ihrer Vorbilder.

Siebzehn zwischen 1700 und 1812 entstandene »Bauernstuben«, im Altonaer Museum, teilweise verändert, rekonstruiert, zeigen dort die Variationsbreite von großbäuerlicher Raumausstattung des Barock: Deckenmalereien, Wandgliederungen durch plastische oder gemalte Säulen, Wandmalereien, kassettierte und intarsierte Wandvertäfelungen mit Wandbetten und

Wandschränken, Kachelwände und -öfen sowie eiserne Öfen, dazu das bewegliche Mobiliar wie Schränke, Truhen, Tische, Bänke und Stühle in kunstvoller Schreinerarbeit.

Im Bergedorfer Schloß, lange gemeinsames Amtshaus Hamburgs und Lübecks, wurden solche Einrichtungsformen noch 1901 für die Ausstattung der Amtsräume des Hamburger Landherren eingesetzt.

Das Hamburger Schapp

Unter den Einzelmöbeln des 17. und 18. Jahrhunderts nahm in Hamburg ein großer Prunkschrank, das »Hamburger Schapp«, den wichtigsten Platz ein. Die Zahl in Museen und Privatsammlungen erhaltener Exemplare macht deutlich, wie groß die Nachfrage nach diesem repräsentativen Möbel war und wie groß das Auftragsfeld für Tischler und Schnitzer in Hamburg gewesen ist. Denn viele der Schränke zeigen nicht nur kunstreiches Tischlerhandwerk, sondern auch kunstvolle Bildschnitzerprogramme.

Unter den profanen Möbeln nahm das »Hamburger Schapp«, häufig mit reichem, auf Frauentugenden bezogenem Bildprogramm, den wichtigsten Platz ein; Schapp von 1700 im Museum für Kunst und Gewerbe.

Das Schapp des Museums für Kunst und Gewerbe ist – wie üblich – in eine Sockelzone mit zwei kartuschenverzierten Schubfächern und ein Hauptgeschoß gegliedert, das von drei Pilastern in die beiden mit zwei großen Kartuschen geschmückten Türfronten unterteilt und von einem schweren Gesims mit Mittelkartusche abgeschlossen wird. Die Tugendallegorien Glaube, Liebe und Hoffnung in den drei Kapitellen schlagen das Thema des Bildprogramms an, das in der Mittelkartusche im Gesims exemplifiziert wird: das salomonische Urteil. Die übrigen Schnitzereien bilden alle berühmten Frauen des Alten Testaments von Eva über Lots Weib bis zu Esther und der Königin von Saba ab und stellen ihnen Elisabeth und Martha aus dem Neuen Testament gegenüber. Das sehr protestantische, deutlich auf Frauen und ihre Tugenden bezogene Bildprogramm macht klar, daß solche Schränke weiblicher Besitz waren, mit dem die Frauen Aussteuer und Mitgift in die Ehe einbrachten.[121]

Malerei

Die Veränderungen in der neuzeitlichen Malerei gingen auf die protestantische Umorientierung der Inhalte und des Einsatzes von Malerei im kirchlichen Rahmen zurück, auf die Begegnung

Bis ins 17. Jahrhundert hinein waren die Kirchen der zentrale Ort bildkünstlerischer Rezeption: Golgatha-Darstellung von Johannes Willinges im Epitaph von Jost Rogge, um 1616; St. Jacobi-Kirche.

der Künstler mit der Antike oder vermittelter Antike in Italien und den Niederlanden, aber auch auf Veränderungen in der Rezeption von Malerei und in der Nutzung von Malerei in der bürgerlichen Sphäre sowie schließlich auf die neuen Kunstmarktverhältnisse.

Kirchliche Malerei

Einige Zeit noch waren es nach der Reformation die Kirchen, in denen Malerei mit sakralen Inhalten öffentlich wahrgenommen werden konnte. Neben den nicht mehr erhaltenen Fresken und den nur noch vereinzelt vorhandenen Malereien auf Orgelprospekten und Emporenbrüstungen wurden Gemälde in Epitaphien einbezogen oder einfach nur als gerahmte Bilder an den Kirchenwänden angebracht.

Nach dem frühen Einfluß Cranachs spielte der niederländische Manierismus in der Hamburger Malerei eine Rolle: Seit der zweiten Hälfte des 16. Jahrhunderts waren neben niederländischen Architekten und Bildhauern auch niederländische Maler in Hamburg tätig. Zwei kirchliche Gemälde, Joachim Bueckelaers (um 1533-1573) *Kreuztragung*, 1563, aus St. Petri [122] und Cornelis Crommenys (2. Hälfte 16. Jahrhundert) *Auferweckung des Lazarus*, 1574, vom Epitaph Galbius in der Petri-Kirche [123] sind deutliche Beispiele dafür. Auch an der figurenreichen Golgatha-Darstellung von Johannes Willinges im Epitaph von Jost Rogge, 1616, läßt sich die Rezeption des niederländischen Manierismus in Norddeutschland demonstrieren. [124]

Aus Hamburg stammende Maler wie David Oleffes (gestorben 1597), Jakob Jacobs (gestorben 1618), David Kindt (1580-1652) oder Otto Wagenfeldt (1610-1671) haben diese Einflüsse in ihren für Hamburger Kirchen ausgeführten Gemälden verarbeitet.

Theatermalerei

Neben den Kirchen waren später Oper und Theater die öffentlich zugänglichen Orte, an denen Malerei und angewandte Kunst auf eine neue weltliche Weise ihre Wirkung taten.

»Die große zentralperspektivische Kulissenbühne [...] war viele Jahre die große Attraktion am Gänsemarkt. Die Hebe- und Versenkungsmaschinerie zur Darstellung von Himmels- und Höllenaktionen, die Zugseile und Fahrwerke für den Flug der Engelscharen, Teufel und Hexen, die Licht- und Schattenspiele

Neuer Ort bildkünstlerischer Rezeption wurde das Theater: Theaterdekoration im Hamburger Opernhaus von Thomas Lediard; Stich von C. Fritzsch, 1727.

zur Vortäuschung von Bränden, Unwettern, Zauber und Feuerwerk sowie der schnelle Austausch der Zwischenprospekte ermöglichten ein überwältigendes Spektakel, das die Zuschauer immer wieder in Staunen, Schrecken und Begeisterung versetzte.«[125]

Charakteristisch für das barocke Bühnenbild war neben seiner strengen, stilisierten Ordnung und seinem Prunk die naturalistische Malweise der Prospekte. Die Gesetzlichkeiten für die Bühnenausstattung waren einst in Italien geschaffen worden. Die Bühnenmalerei wurde inzwischen aber von den Niederländern bestimmt. Darstellungen von Landschaften, von denen in Hamburg Häfen oder Seestürme beliebt waren, von Architekturen, von Interieurs entsprachen denen der zeitgenössischen Malerei.

Zehn der frühesten Dekorationsmaler an der Hamburger Bühne sind immerhin namentlich bekannt, aber originale Bühnenmalerei ist leider nicht mehr erhalten. Besondere Bedeutung als Bühnenbildner und als Maler hatte der Hamburger Johann Oswald Harms (1643-1708), der im Anschluß an Reisen nach Italien, einen Aufenthalt in den Niederlanden und Bühnenarbeit bei Hofe in Braunschweig, Dresden und Hannover von 1695 bis 1705 für das Bühnenbild der Hamburger Oper verantwortlich war. Er gehört ebenso zu den wenigen für Hamburg in Anspruch genommenen barocken Landschaftsmalern.

Malerkarrieren, Kunstmarkt und Bildersammlungen

Natürlich gab es in Hamburg keine Kunstsammlungen eines Fürsten. Im 17. und 18. Jahrhundert wurden aber Bildersammlungen in bürgerlichen Häusern üblich und immer zahlreicher. »Es finden sich hier auserlesene Gemälde- und Kupfer- und [...] Handzeichnungssammlungen. Sie alle anzuzeigen wäre zu weitläufig«, bemerkte Daniel Chodowiecki (1726-1801) 1781 zurückblickend über sie.[126]

Wie von den Sammlungen, so gibt es auch vom Kunst- und Bildermarkt der Zeit, der bürgerliche Interieurs mit einzelnen Bildern versorgte, keine zusammenhängenden Vorstellungen. Lediglich aus den erhaltenen Werken Hamburger und auswärtiger Maler und Zeichner läßt sich schließen, daß dieser Markt nicht anders abgewickelt wurde als in den niederländischen Städten: Die Künstler mußten mobil sein. In den Städten gab es keine fürstlichen Akademien; die angehenden Maler machten vielmehr eine Art Lehre bei erfolgreichen Künstlern durch, das heißt, Hamburger reisten zum Beispiel in die Niederlande oder nach Italien, um dort zu lernen, und kamen anschließend zeitweise oder für immer zurück. Niederländer reisten umher, kamen nach Hamburg und blieben gelegentlich hier. Viele der fertigen Künstler versuchten sich in mehreren Kunstgattungen, nahmen kirchliche Aufträge an und stellten Bilder für den Markt her. Viele spezialisierten sich auch auf Historienbilder religiösen oder weltlichen Inhaltes, auf Genrebilder, auf Landschaften, auf Porträts oder auf Stilleben. Von dem Hamburger Maler Dominikus Gottfried Waerdigh (1700-1789), von dem ein Selbstbildnis mit Gattin erhalten ist[127], weiß man immerhin, daß er hauptsächlich als Bilderhändler tätig gewesen ist.

Die Malerkarriere Matthias Scheits' (um 1630-um 1700), dem Lichtwark eine eigene Monographie gewidmet hat[128], zeigt die Verbindung der Hamburger Künstler mit den Niederlanden besonders deutlich. Der Holländer Arnold Houbraken zitiert in seiner 1718 bis 1721 erschienenen Künstlerbiographie *Schoubourgh* den Maler Johannes Voorhout. Dieser habe Scheits während seines Hamburger Aufenthaltes um 1672 kennengelernt. Scheits stamme aus Hamburg, habe bei Philips Wouverman in Haarlem gelernt, habe unter dem Einfluß von David Teniers Bauernstücke gemalt und sei dann zur Historienmalerei übergegangen. Er muß tatsächlich um 1630 in Hamburg geboren sein, war wohl Ende der vierziger Jahre bei Wouverman, hat

Der Hamburger Matthias Scheits (ca. 1630-1700) durchlebte die typische holländisch-niederdeutsche Malerkarriere des 17. Jahrhunderts: Spaziergang, *um 1675; Hamburger Kunsthalle.*

Biblische Historienbilder wurden im 17. Jahrhundert auch im privaten Interieur üblich: Jacob Weyer, Kreuztragung, *um 1750; Hamburger Kunsthalle.*

dann aber 1664 ein Porträt in Hamburg gemalt. 1672 erschien in Lüneburg eine nach seinen Vorlagen illustrierte Bibelausgabe. Signierte Handzeichnungen stammen aus den Jahren 1672 bis 1683. Seine wichtigsten Schaffensperioden müssen die siebziger und achtziger Jahre gewesen sein. Um 1700 ist er gestorben.

Historienbilder

Historienbilder nach Bibelgeschichten oder antiken Stoffen hatten seit der Reformation zunehmend die Kirchen gefüllt. Aber sie waren dort – auch wenn sie mit den Kirchenwänden oder -möbeln fest verbunden waren – gerahmt und aus ihrem Zusammenhang herauslösbar: in sich abgeschlossene Kunstobjekte, die auch auf dem freien Markt zu handeln, für das bürgerliche Interieur zu nutzen und später in den Museen auszustellen waren.

Biblische Historienbilder – wie die *Kreuztragung* von Joachim Bueckelaer, 1563, aus der Petri-Kirche [129] – wurden im 17. Jahrhundert auch im privaten Interieur üblich: Die *Kreuztragung* von Jacob Weyer (gestorben 1670), seit 1648 Amtsmeister in Hamburg [130], gab sich wie ein holländisches Genrebild für die private Nutzung als Wandbild und rückte den eigentlichen religiösen Gegenstand in den Hintergrund.

Die nach akademischer Theorie hochrangigen Bilder mit Darstellungen antiker Historien dagegen setzten sich in Hamburg weniger durch, weil sie einen bekannten höfischen Typus repräsentierten, weil sie größere Formate beanspruchten und auch weil sie mehr Gelehrsamkeit voraussetzten als biblische Darstellungen. Historienmalereien wie das in der Hamburger Kunsthalle gezeigte *Gastmahl der Cleopatra* von Ottmar Elliger d.J. (1666-1735) [131], der in Amsterdam bei Gerard de Lairesse (1641-1711) gelernt und gearbeitet hatte, sind deshalb Seltenheiten.

Genrebilder

Genre- und Sittenbilder ohne biblische und antikische Vorbilder haben in Hamburg dagegen im 17. Jahrhundert problemlos einen Markt gefunden. Scheinbar sozialkritische, wohl aber eher als volkstümlich-realistisch verstandene Darstellungen des Volkslebens scheinen beliebt gewesen zu sein. Das schließt auch Darstellungen der Ärmsten wie Matthias Scheits' *Kesselflicker mit Familie*[132] oder aber Schilderungen hamburgischen Jahrmarkts- und Theaterlebens wie Jacob Weyers Bild von der Aufführung einer Wanderbühne[133] mit ein.

Landschaftsbilder

Von den Genrebildern war der Weg zum Landschaftsbild oder auch zum Porträt in der Landschaft nicht mehr weit. Vergleichbar den Bühnenbildern mit darin agierenden Personen, sind Landschaften des 17. Jahrhunderts kaum anders als mit Staffagefiguren ausgeführt: Juriaen Jacobsz (um 1625-1685) leitet den Blick des Betrachters in seinen *Rastenden Jägern*, 1652[134], über die Figuren der beiden Jäger mit ihren Hunden in die Tiefe der baumbestandenen Landschaft.

Matthias Scheits' *Spaziergang*, 1678[135], ist eine Landschaft, die als Hintergrund für das Porträt eines reich gekleideten jungen Paares dient.

Von der Bühnenmalerei der Zeit inspirierte Tafelbilder nutzen Landschaftsmalerei als Hintergrund für weltliche Historien. Die *Ruinenlandschaft* des Hamburger Bühnenbildners Johann Oswald Harms von 1673[136] zeigt eine typische Vanitasdarstellung der Zeit: von der Natur überwachsene, verfallene römische Ruinen, in denen Schatzgräber nach den vergänglichen Reichtümern heidnischer Zeit suchen.

Am deutlichsten wird der Einfluß der Bühnenmalerei auf die Landschaftsmalerei dieser Zeit in der Ausmalung des Herrensaals von St. Jacobi. Johann Moritz Riesenberger d.J. (um 1675-1740) stattete den Sitzungssaal der Kirchengeschworenen 1710 mit vom Boden bis zur Decke reichenden Landschaften aus, die nicht nur antikische Vordergrundarchitektur, Bäume und Ausblicke auf baumreiche Landschaften mit Wiesen, Flußläufen und Gebäuden, sondern auch die barbusige Statue einer heidnischen Göttin darstellen.

Reine Landschaftszeichnungen gibt dagegen Anthonie Waterloo (1610-1690) in seinen Reiseskizzen wieder, die er um 1660 bei einem Aufenthalt in Norddeutschland gezeichnet hat. Sie enthalten zahlreiche Darstellungen, die den Zustand Hamburgs, seiner Mauern und seiner Umgebung getreu wiedergeben.[137]

Beliebt wurden Bilder, die Ansichten der Stadt oder Szenen in ihr wiedergeben. Werke von Johann Hinrich Stuhr (gestorben 1693) oder Johann Georg Stuhr (um 1640-1721), zeigen Dar-

Die Hamburger Bühnenbildner malten nicht nur Landschaftsprospekte für die Oper, sondern auch Landschaftsbilder für das Interieur: Ruinenlandschaft *des Bühnenbildners Johann Oswald Harms, 1673; Hamburger Kunsthalle.*

»Hamburgische Landschaften« gewannen eine neue Beliebtheit: Kran, Waage und Börse *von Johann Georg Stuhr, 1680; Museum für Hamburgische Geschichte.*

In Hamburg tätige Holländer befriedigten die Nachfrage nach Marinebildern: Ruhige See *von Jakob Adriaensz Bellevois, um 1660; Hamburger Kunsthalle.*

stellungen von *Kran, Waage und Börse*, dem Geschäftszentrum der Stadt, 1680[138], oder vom Baumhaus, einem beliebten Ort zahlreicher Festlichkeiten, mit Nieder- und Binnenhafen, 1690.[139] Die eigene Stadt, das eigene Aktionsfeld und Personen, die man kannte, waren darauf zu erleben.

Marinebilder

Früh erschienen in Hamburg Marinedarstellungen und Seelandschaften. Darauf spezialisierte Niederländer boten ihre Bilder an. Der in Hamburg tätige Jakob Adriaensz Bellevois (1621-1675), Maler der *Bewegten See* oder der *Ruhigen See* von etwa 1660, ist einer von ihnen.[140] Aber auch Hamburger Künstler bedienten die Nachfrage. Matthias Scheits malte einen *Italienischen Seehafen*[141], in dem eine ideale italienische Landschaft mit Renaissancepalästen und antiken Skulpturen wie bei Claude Lorrain erscheint. Johann Georg Stuhr stellte die *Hamburger Flotte im Mittelmeer* dar und reagierte dabei wohl direkt auf die Wünsche von Interessenten, die an der hamburgischen Levanteschiffahrt beteiligt waren.

Porträtmalerei

Eine besondere Rolle in der künstlerischen Produktion des 16. bis 18. Jahrhunderts hat das Thema des Bildnisses in Hamburg gespielt.[142]

Die Darstellung *Adolf IV. von Schauenburg im Sarg*, um 1450, die Stifterporträts der Malerin Berteke Bornemann und des Malers Hinrik Bornemann auf den Flügeln des Lukasaltars sowie das Porträt des Bürgermeisters Langenbeck in einem Diptychon hatten frühe Typen spätmittelalterlicher Porträtkunst verkörpert. Nach der Reformation wurde das Bildnis dann eine besonders propagierte und alsbald auch für den bürgerlichen Gebrauch in Dienst genommene Bildgattung, deren sich auch die Künstler gern bedienten, wie David Kindt (1580-1652) mit seinem Selbstporträt von 1610.

Eine besondere Geschichte hat das bürgerliche Auftragsporträt, das für viele Maler vom 16. bis 18. Jahrhundert ein wichtiges Arbeitsfeld eröffnete. Nach den Reformatoren- und Pastorengalerien in den Kirchen entwickelten sich die Galerien von Männerporträts am Ort der Berufsausübung wie der Ratsherren im Rathaus oder der Professoren am Gymnasium. Sie waren

Eine neue Rolle spielte das Porträt: Mit den Bildnissen von Rudolph und Isabeau Amsinck von David Kindt, 1604, begann die Reihe der Amsinck-Porträts; Museum für Hamburgische Geschichte.

Parallelen zu den aristokratischen Ahnengalerien und ähnlichen Porträtreihen in reichen Bürgerhäusern der Zeit. Nach den Männern wurde aber nun auch die bürgerliche Familie künstlerisch darstellungswürdig: Neben den Porträts von Bürgermeistern, Ratsherren, Kaufleuten, Wissenschaftlern oder Künstlern erschienen in der privaten bürgerlichen Bildniskunst auch die ihrer Frauen. Später wurde dann auch die Familiengemeinschaft kunstwürdig — ebenso wie die Einzeldarstellung von Frauen und Kindern.

Mit den Porträts des siebenundzwanzigjährigen Rudolph und der einundzwanzigjährigen Isabeau Amsinck von David Kindt (1580-1652), 1604, heute im Museum für Hamburgische Geschichte, beginnt die Ahnengalerie einer aus den Niederlanden eingewanderten reichen Kaufmannsfamilie.[143] Es sind an Gesten arme Individual- und Standesporträts zugleich, die wie Herrscherporträts einen Ausgleich zwischen »imitatio«, Nachahmung der Natur, und »decorum«, standesgemäßer Ausstattung, versuchten. Auch dem heutigen Betrachter wird erkennbar, wie wichtig die Präsentation des sozialen Status in der Wiedergabe von Kleidung und Schmuck genommen wurde.[144]

Daß die Künstler den Ausdruck solcher Porträts nicht nur auftragsgemäß ausführten, machte David Kindt deutlich, der 1604 seine Mutter in ähnlicher Weise wie die junge Frau Amsinck dargestellt hat.[145] Auch er präsentiert sich in seinem Selbstporträt, das ihn als etwa Dreißigjährigen, also um 1610, darstellt, in ähnlicher Manier wie den reichen jungen Herrn Amsinck mit modischem Bart, Halskrause und geöffneter Taschenuhr.[146] Das hamburgische Künstlertum strebte offenbar, zumindest in der Attitüde, dem ersten Stand der Stadt nach.

Umgekehrt bemühten sich die Vertreter des Bürgertums um künstlerische Leistungen und Ehren: Der Ratsherr Barthold Hinrich Brockes (1680-1747) oder der Jurist und Sekretär am English Court Friedrich von Hagedorn (1708-1754) haben beide als Dichter auf ihre Weise der deutschen Literatur wichtige Anstöße gegeben, aber zugleich auch Weltzugewandtheit in der hamburgischen Kultur ausgedrückt. Von beiden existieren Bildnisse des berühmtesten Hamburger Barockporträtisten Balthasar Denner (1685-1749).[147]

Sprechender wurden Bildnisse, wenn sie auch Tätigkeit und Funktion der Dargestellten auszudrücken hatten wie im Porträt des Mathematikprofessors Johann Adolph Tassius von Juriaen Jacobsz (um 1625-1685)[148], 1652, das jenen mit Büchern und

Das Gruppenporträt stellt die Hamburger Musiker Johann Adam Reinken, Johann Theile und Dietrich Buxtehude mit großbürgerlicher Attitüde in einer Atmosphäre der Lebenslust dar: Johannes Voorhout, 1674; Museum für Hamburgische Geschichte

mathematischem Gerät zeigt, oder im Porträt des Clemens Samuel Lipstorp von Antoine Pesne (1683-1757), 1736, das als offizielles Amtsporträt einen Bürgermeister im vollen Ornat vorführt.[149] Letzteres belegt zugleich, daß im 18. Jahrhundert zunehmend auch französische Maler Porträtaufträge ausführten.

Unter den Gruppenporträts ist eines besonders auffällig: In der *Musizierenden Gesellschaft* mit Porträts der Komponisten Dietrich Buxtehude, Johann Adam Reinken und Johann Theile von Johannes Voorhout (1647-1723) kommt eine neue Form des Künstler- und Musikerlebens zum Ausdruck, die die Konventionen der Porträtkunst sprengte.[150] Reinken, der junge, für seine Extravaganzen bekannte Organist von St. Katharinen, zugleich Mitfinanzier der Oper, war der Auftraggeber des Bildes. Er sitzt in einem auffallenden roten Seidenrock am Cembalo und blickt als einziger den Betrachter an. Der Lübecker Kirchenmusiker Buxtehude spielt links von ihm die Viola da Gamba. Der Hamburger Opernkomponist Theile sitzt rechts, über einem Notenblatt, dessen Text die Brüderschaft unter den Musikern besingt; alle wenden sich der Dame mit der Laute rechts von ihnen zu, offenbar der »Musik«. Das Ganze spielt vor einer allegorischen Parklandschaft, die mit aristokratischen Attributen und Hinweisen auf die Zuneigung der Geschlechter ausstaffiert ist. Die Hamburger Musiker ließen sich also von ihrem holländischen Malerkollegen mit großbürgerlicher Attitüde und in einer Atmosphäre der Lebenslust darstellen, wie sie ihnen Künstler wie Rubens und Rembrandt vorgelebt und vorgemalt hatten.

Solchen Gruppenbildern entsprach auch die bürgerliche Familiendarstellung. Weniger kunstreich und lebensvoll war noch das um 1640 entstandene Familienbildnis, vielleicht der Familie des Hieronymus Snitger, von einem unbekannten Maler.[151] Aber auch Künstler selbst stellten ihre Familie dar: Jacob Denner (um 1720-1750), der Sohn des Balthasar Denner, malte 1740 die Eltern am Kaffeetisch sitzend und drei von ihren Kindern stehend.[152] Johann Anton Tischbein (1720-1784), Zeichenlehrer am Johanneum, porträtierte 1779 sich selbst, seine Frau und sechs Kinder um einen Tisch herum sitzend vor mit Bildern behängten Wänden.[153]

Ottmar Elliger d.Ä. (1633-1679), der von 1666 bis 1670 in Hamburg lebte, hat auf einem Damenbildnis dieser Zeit eine reich gekleidete Bürgersfrau auf noch recht ungeschickte Weise in die Umgebung eines großbürgerlichen Gartens gestellt; es scheint, als wären weder die Dargestellte noch der Maler in der

Neben Gruppenporträts wurde auch die Familiendarstellung üblich: Johann Anton Tischbein malte sich und seine Familie 1779 am Kaffeetisch; Museum für Hamburgische Geschichte.

Das Porträt der Kinder Barthold Hinrich Brockes ist der Prototyp für spätere Kinderbildnisse geworden; Balthasar Denner, 1724; Hamburger Kunsthalle.

Bild links: Das Porträt der Dichterin Engel Christine Westphalen zeigt die gleichberechtigte Frau der Aufklärung, im Hintergrund das einzige Hamburger Frauendenkmal dieser Zeit; Jean Laurent Mosnier, 1800; Hamburger Kunsthalle.

Lage gewesen, die neue Rolle, die der Frau zugebilligt wurde, auszufüllen.[154] Das Dichterinnenporträt der Engel Christine Westphalen von dem in Hamburg damals besonders beliebten Jean Laurent Mosnier (1743/44-1808)[155], 1800, stellt am Ende des 18. Jahrhunderts dagegen den Höhepunkt solcher Frauenbildnisse dar, wenngleich es mit seiner Auffassung bereits weit in die Zeit der Aufklärung hineinragt: Die Dichterin steht in schwarzem Kleid an die Säule des Landsitzes ihres Bruders, des Senators von Axen, gelehnt. Sie weist mit der Hand trauernd auf einen Obelisken im Park, der an ihre verstorbene Nichte erinnert. Die Frau wird nicht bloß als Gattin dargestellt, sondern als durch die eigene Fähigkeit ausgezeichnete Persönlichkeit.

Den Höhepunkt der Kinderdarstellungen stellen Balthasar Denners Kinderbildnisse dar. Auf seinem frühesten Porträt der drei Kinder des Barthold Hinrich Brockes, um 1724, sind diese in einer Parklandschaft mit großer Prunkvase im Hintergrund um einen Korb mit Blumen und Früchten herum komponiert;

berühmt ist die Inschrift: »B.H. Brockes hat die Originalia gemacht, Denner die Porträts, van Schuppen die Figuren, van Tham die Bluhmen, Ferg die Landschaft.«[156] Brockes hat seine Kinder darauf noch zwei weitere Male porträtieren lassen. Mit solchen Porträts wurde ein Bildtyp vorgeprägt, der die Barockzeit überdauert hat.

Stilleben

Weiter verbreitet noch als Porträts waren in Hamburg aber die Stilleben. Die Nachfrage muß so groß gewesen sein, daß es Maler gegeben hat, die sich allein auf diese Gattung spezialisiert haben. Die in der aristokratischen Rangordnung der Kunsttheorien der Zeit niedrigste Bildgattung war in Hamburg die beliebteste.

Die aus verschiedenen Gegenständen komponierten Stilleben hatten sich in der italienischen und niederländischen Kunst des 15. und 16. Jahrhunderts aus größeren Zusammenhängen gelöst. Sie waren gewiß ein Hinweis auf die Vergänglichkeit der Dinge, deren Vanitas-Ikonographie viele verschlüsselte Anspielungen kannte. Aber es ist zweifelhaft, ob das holländische wie das hamburgische Bürgertum solche Anspielungen immer auch enträtseln wollte oder konnte. Vieles spricht dafür, daß die Hamburger, die diese Bilder kauften, eher gerade den Reiz der gemalten Dinge schätzten. Die Verbreitung der Tafelstilleben entspricht jedenfalls den zeitgenössischen Nachrichten über die Tafelfreuden des Hamburger Bürgertums.

Küchen- und Tafelstilleben, Blumen-, Tier- und Jagdbilder, Prunkstilleben und andere Kompositionen lassen sich nicht deutlich voneinander trennen. Im Werk des bedeutendsten Hamburger Spezialisten Johann Georg Hinz (gestorben 1700) sind mehrere dieser Arrangements beispielhaft vertreten: deftige Speisen, Schwarzbrot, Brezel, Butter, Käse, Salzhering und irdener Bierkrug auf weißem Leinen[157], Krug, Prunkglas, Bierglas, Kuchenschale und Teller auf rotem Samt[158] oder Prunkschrank mit kostbaren Gegenständen[159]. Die Bilder führen uns eine Steigerung des Luxus in der Ausstattung der gezeigten Gegenstände vor: kostbares malerisches Kunsthandwerk für dem »irdischen Vergnügen« zugewandte Bürger.

Die in der aristokratisch-akademischen Rangordnung niedrigste Bildgattung, das Stilleben, war im bürgerlichen Hamburg die beliebteste: Johann Georg Hinz, um 1675; Hamburger Kunsthalle.

Kunsthandwerk

So wie in den Künsten der Architektur, Skulptur und Malerei sakrale Aufträge immer seltener wurden, öffentliche Aufträge nur einen kleinen Anteil ausmachten, eine höfische Nachfrage nicht existierte, die private Nachfrage des Bürgertums aber immer mehr anwuchs und anspruchsvoller wurde, so entwickelte sich in der reichen, vom Dreißigjährigen Krieg nicht betroffenen Stadt im 16. bis 18. Jahrhundert ein differenziertes Kunsthandwerk, dessen Erzeugnisse immer häufiger für den bürgerlichen Privatgebrauch bestimmt waren. Darüber hinaus wurde Kunsthandwerk wie italienische Majolika, chinesisches Porzellan, venezianisches oder böhmisches Glas, Augsburger Silber oder flämische Wirkerei auch von außerhalb eingeführt. Die Sammlung des Museums für Kunst und Gewerbe, die sich nicht nur an Hamburger Provenienz orientiert hat, sondern Spitzenstücke aus aller Welt vereinigt, gibt einen Eindruck von kunsthandwerklichen Gegenständen, wie sie schon in jener Zeit in Hamburg vorhanden gewesen sein könnten, selbst wenn diese Sammlung erst später zusammengetragen worden ist.

»Hamburger Fayence« ist vermutlich mit jüdischer Vermittlung für die Hamburger Nachfrage in Portugal hergestellt worden: Kübel, 1668; Museum für Kunst und Gewerbe.

Etwas spezifisch Hamburgisches sind die sogenannten Hamburger Fayencen, Repräsentationsgefäße, die auf hellem Grund vorwiegend blau bemalt waren. Aus der Dekoration scheinen Damen und Herren des Hamburger Bürgertums hervorzutreten. Häufig erscheint das Hamburger Wappen. In zeitgenössischen Inventaren wurden diese Gefäße »spanische Kröse« (Krüge) und »spanische Vatte« (Schüssel) genannt, obwohl es verwandte nicht in Spanien, wohl aber in Portugal gibt. Als frühestes Herstellungsjahr erscheint 1624, als spätestes 1668 auf den Gefäßen. Es handelt sich vermutlich um aus Hamburg bestelltes, in Portugal gearbeitetes und von portugiesischen Juden nach Hamburg importiertes Kunstgewerbe.[160]

Auf anderem Gebiet erreichten vor allem die Gold- und Silberschmiede in Hamburg im 16. bis 18. Jahrhundert solche Kunstfertigkeit, daß ihre Erzeugnisse auf dem nordeuropäischen Markt mit den süddeutschen konkurrieren konnten, zumal deren Transport in der Zeit des Dreißigjährigen Krieges eingeschränkt war. Das 17. Jahrhundert wurde zur Blütezeit dieser Technik. Innerhalb von wenigen Jahrzehnten vermehrten sich die Meisterstellen von zwölf auf 48. Die Gold- und Silberschmiede produzierten nicht nur für das Hamburger Bürgertum, den Rat und die Ämter, sondern auch für auswärtige Herrscherhäuser. Dazu gehörten die Silberausstattung von Schloß Frederiksborg bei Kopenhagen sowie Altar und Kanzel der Schloßkirche. Große Teile der für Christian IV. (1577-1648) gefertigten Gold- und Silberarbeiten gerieten später in den Besitz des russischen Zarenhofes, wo sie den Bestand der Moskauer Rüstkammer an Hamburger Silber bereicherten[161] und später die Grundlage für die neuere Erforschung von dessen Geschichte bildeten. Hier sind auch Diplomatengeschenke, die andere Fürstenhäuser bei Hamburger Goldschmieden bestellt hatten, erhalten. Der Hamburger Rat selbst praktizierte diese Form von Diplomatie, denn »kein anderes Mittel schien so geeignet, mächtige Landesherren gnädig zu stimmen, wie die ›Verehrung‹ aufwendiger und gewichtiger Geschirre und Trinkgefäße«[162]. Diese Geschenke sind außer in Moskau kaum erhalten. Auch das Ratssilber und die Silberhorte der Ämter sind bis auf wenige Ausnahmen verlorengegangen: »Von zahlreichen ehemals bedeutenden Meistern ist heute kein einziges Werk mehr erhalten.«[163]

Einige Goldschmiedefamilien brachten in mehreren Generationen bedeutende Meister hervor. Zu ihnen gehörten Jacob Mores und seine Söhne, die vor allem für Christian IV. gearbeitet haben, sowie Hans Lamprecht I., Hans Lamprecht II. und Hans Lamprecht III. Einen schlanken Buckelpokal mit Bacchus

Hamburger Goldschmiedemeister stellten Staatsgeschenke für ausländische Monarchen her: Prunkschüssel von Hans Lamprecht III. mit einer Allegorie auf das Wasser, ein Geschenk der Stadt Lübeck an den englischen König Karl II., 1660; Museum für Kunst und Gewerbe.

als Schaftfigur, den sogenannten Akeleipokal von Hans Lamprecht II., 1631-1633, ließ Zar Peter der Große um 1711 mit dem russischen Doppeladler bekrönen.[164] Eine Prunkschüssel von Hans Lamprecht III., 1660, deren Mittelrelief in figurenreicher Allegorie das Element Wasser darstellt, ist vermutlich von der Stadt Lübeck dem englischen König Karl II. verehrt worden.[165]

Eine Vorstellung von der Fülle des Gold- und Silberpokalbesitzes in Hamburg gibt eine Rekonstruktion des Museums für Hamburgische Geschichte. Dort sind die auf einer Darstellung des Festmahls der Bürgerkapitäne im Drillhaus von 1712 erscheinenden Pokale, soweit sie erhalten sind und wiederentdeckt werden konnten, zusammengestellt: eine Demonstration von Reichtum und Kunstfertigkeit des Bürgertums.

»Hamburgs Rang als Stadt mit bedeutender Silberschmiedekunst bestand nicht darin, stilbildend zu wirken oder für einen großen Einflußbereich neue Formtypen und Dekorationssysteme zu entwickeln. Hamburgs Bedeutung war von anderer Art: Der Mangel an führenden Künstlerpersönlichkeiten wurde dadurch überwunden, daß die Meister hier auf das glücklichste von außen kommende Einflüsse zu eigenem umsetzten und in Auswahl und Ausführung der von ihnen gefertigten Werktypen etwas spezifisch Hamburgisches schufen.«[166]

Der Hamburger Markt entwickelte für Angebot und Nachfrage des Kunsthandwerkes eine Situation, die der modernen sehr nahekommt: Mobilität des Künstlertums, Mobilität der Auftraggeber- und Abnehmerschaft sowie Mobilität der Produkte ließen einheitliche regionale Stilbildung als eine bereits überwundene Kategorie erscheinen.

Neue Formen der Kunstrezeption

Die offizielle, öffentliche Kunstrezeption des späten Mittelalters war von der Kirche vorgegeben gewesen: Sie bestand in der Wahrnehmung der Kirchengebäude und -räume, der sakralen Kunst und ihrer Inhalte sowie der sakralen Kulthandlungen. Geistliche und Laienkünstler dachten und arbeiteten in ihrem Interesse. Andere Formen von Kunstrezeption oder eigener kultureller Praxis, etwa im Zusammenhang mit der Repräsentation des Rates, mit halböffentlichen Festlichkeiten des reichen Bürgertums, mit privatem Luxus und privater Bildung der reichen Bürger, mit Festen, Jahrmärkten und Gasthausbesuch der übrigen Bürger und Besucher der Stadt waren dagegen noch wenig ausgeprägt. Künstler, Musiker und Gaukler, die diese Interessen befriedigten, waren auf Vagantentum angewiesen.

Das änderte sich seit dem 16. Jahrhundert. Zwar versuchte zunächst die lutherische Kirche mit ihrem verordneten Predigtbesuch die Gottesdienstteilnehmer und auch die Künstler in ähnlicher Weise wie die katholische Kirche in die Pflicht zu nehmen: Im 17. Jahrhundert boten die Hamburger Kirchen 16 000 Kirchenbesuchern Platz, die von den Predigern des »geistlichen Ministeriums« erreicht werden konnten [167], und die Prediger haben diese Möglichkeiten der Ausübung von Einfluß zu nutzen versucht. Aber die innere und auch die öffentlich geäußerte Emanzipation und Opposition nahmen immer mehr zu. Spätestens in der Auseinandersetzung zwischen Gotthold Ephraim Lessing (1729-1781) und dem Hauptpastor Johann Melchior Goeze war der Vertreter der ehemals mächtigen Geistlichkeit der Unterlegene. Daran hatte auch die Distanz andersgläubiger Einwohner der Stadt ihren Anteil. Dennoch bot die Teilnahme am Gottesdienst auch im Protestantismus zugleich die Teilnahme an der öffentlichen Architektur- sowie an der Kunst-, Musik- und Wortrezeption.

Schon im 16. Jahrhundert begann das reiche Bürgertum, immer häufiger in der politischen Öffentlichkeit, bei halböffentlichen Festlichkeiten und in einem nun entstehenden Privatleben neue kulturelle Möglichkeiten auszukosten. Eine neuartige Kunstauftrags- und Musikförderungspolitik des Rates unterstützte dieses Bestreben. Ein wachsender Markt für Luxusgüter, Bücher, Kunstgegenstände, ein sich erweiterndes Betätigungsfeld für Musiker, Rezitatoren, Schauspieltruppen boten so Kunsthandwerkern, Künstlern, Musikern und Schauspielern neue Entfaltungsmöglichkeiten.

Jenseits der offiziellen sakralen Kunstrezeption, der Kunstförderung des Rates und des Kunstmarktes des reichen Bürgertums entwickelte sich außerdem ein über die Kommunikation der Straße hinausgehendes neues Vergnügungsbedürfnis auf Jahrmärkten und in Gastwirtschaften, aus dem Schausteller- und Schauspielerkultur entstanden sind: Für die Jahrmärkte und in den Gastwirtschaften mit Saal entfalteten sich neue Veranstaltungsformen. Die umherziehenden Schauspiel- und Operntruppen befriedigten eine immer breitere Nachfrage. Die festen Opern- und Theatereinrichtungen des 17. und 18. Jahrhunderts schließlich schufen eine neue Dimension für öffentliche Kunstrezeption, und zwar für Schauspiel- und Musikrezeption ebenso wie für Wort- und Bildkunstrezeption. Sie hatten sich ganz von sakraler Kunst gelöst, obwohl Dichter, Komponisten, Musiker und Bildkünstler durchaus für Kirche und Oper tätig waren.

Nicht von ungefähr fällt dies im 17. Jahrhundert zusammen mit einer Reihe von neuen Erscheinungen geistiger und kultureller Emanzipation. Dazu gehört die Entstehung des akademischen Gymnasiums und neuer wissenschaftlicher Zirkel, die Entwicklung von privater Bildung, auch derjenigen der Frauen, die neue Landhauskultur der reichen Bürger, die Bildung von Hausmusikkreisen und Lesegesellschaften, die Einführung der Zeitungslektüre ebenso wie die Einrichtung von Kaffeehäusern mit neuen Kommunikationsformen oder die Installation der Straßenbeleuchtung, die auch die nächtliche Kommunikation möglich machte. Künstlertum erhielt neuen Rang, und künstlerische Individualität konnte sich Raum schaffen. In Voorhouts Gruppenporträt werden die Musiker wie Landhausbesitzer dargestellt. Mit Brockes und Hagedorn wurden die Landhausbesitzer selbst zu Künstlern.

Ohne fürstliches und höfisches Vorbild entwickelten reiche und gebildete Bürger, Kleinbürger und – bei aller Abhängigkeit – auch Dienstboten, Arbeiterschaft und Seeleute im Zeitalter des Barock die Freiheit zu selbstbestimmten Formen von Kultur und Vergnügen.

6. Von der Aufklärung in die Moderne

Im 18. Jahrhundert wurde in Hamburg der Übergang in die Gesellschaft der Moderne eingeleitet. Neue Handelswege und neue Produktionsformen eröffneten die ökonomischen Voraussetzungen für weiteren Reichtum. Die »Aufklärung«, die Besinnung vernünftiger und mündiger Menschen auf die individuelle Entfaltung in der diesseitigen Welt und auf die moralische Pflicht zum gemeinnützigen Handeln, schuf die geistigen Grundlagen.

Nach dem Hauptrezeß, der neuen Verfassung von 1712, nach dem Wiederaufbau Altonas nach 1713 und der Anerkennung der Unabhängigkeit Hamburgs durch den dänischen König 1768 rückten die Gemeinwesen auf dem späteren hamburgischen Territorium näher zusammen; auch das hannoversche Harburg und das dänische Wandsbek waren dabei schon einbezogen. Rund um Hamburg, Altona, Wandsbek und Harburg entfaltete sich eine neue Landhauskultur.

Innerhalb der Stadt und in den Vorstädten begannen sich die Menschen zu drängen. Die Einwohnerzahl stieg auf 130 000. Mit der Vergrößerung des Reichtums der einen ging die Vergrößerung des Elends der anderen einher. Zur Aufklärung gehörte deshalb auch die Hinwendung zu neuen Formen der Sozialpolitik.

Reiche wie Arme neigten sich in Hamburg mit Sympathie der Französischen Revolution zu. Am Sievekingschen Freiheitsfest zur Erstürmung der Bastille 1792 nahmen auch Klopstock und Adolph Freiherr von Knigge teil. Die spätere Unabhängigkeit der Stadt als einer souveränen Republik — nach dem Reichsdeputationshauptschluß von 1803 und der Niederlegung der Kaiserkrone durch Franz II. 1806 — entsprach den Vorstellungen vieler. Die ersten Versuche der Niederlegung des Bastionenkranzes und der Einbeziehung der Vorstädte, 1804, wirken demzufolge wie ein Ausdruck des Bedürfnisses nach Befreiung von den alten Verhältnissen.

Aber noch im selben Jahr wurde die Stadt von französischen Truppen besetzt und so in den Handelskrieg zwischen England und Frankreich hineingezogen, daß der Zusammenbruch von Handel und Gewerbe und das Elend Tausender die Folgen waren. 1813 mußte sich die Stadt ein letztes Mal in eine

Festung verwandeln lassen. Mit dem Wiener Kongreß erhielt sie dann die Souveränität des Freistaates zurück. 1815 trat sie als Mitbegründer des Deutschen Bundes auf und nahm 1819 den Staatstitel *Freie und Hansestadt Hamburg* an. Erst jetzt konnte die Entfestigung realisiert werden.

Der – nach langem Zögern – akzeptierte Eintritt in den Norddeutschen Bund beendete 1866 jedoch erneut die hamburgische Souveränität. Hamburg wurde Teil des Bundesstaates und 1871 des Kaiserreiches. Wesentlich für die Entwicklung der größten deutschen Hafen- und Handelsstadt waren die anschließenden Verhandlungen um den Zollanschluß und das Freihafengebiet.

Die Stadt nahm jetzt die Entwicklung einer modernen deutschen Großstadt, wenngleich mit dem historisch geprägten Profil einer alten Stadtrepublik und Handelsmetropole. Auch wenn es noch zu keiner verwaltungsmäßigen Zusammenführung von Hamburg, Altona, Wandsbek, Harburg und Bergedorf mit ihrer jeweiligen Umgebung kam, bildete diese Region doch auch in der Kaiserzeit schon ein zusammenwirkendes großstädtisches Areal des Handels und der Industrie, des Kapitals und der Arbeit, dessen vielseitige Produktivität alle anderen im Reiche übertraf.[1]

Landhauskultur der Aufklärung

Barthold Hinrich Brockes' Naturbetrachtungen und Friedrich von Hagedorns Anakreontik waren aus der individuellen Reflexion der Natur und der Lustbarkeiten in den Landhäusern, Gärten und der ländlichen Umgebung Hamburgs entstanden. Sie förderten einen gebildeten Leserkreis, der an den gleichen Naturerlebnissen und Gartenfesten teilnahm und Muße hatte, sich der Lektüre und dem Gedankenaustausch darüber zu widmen.

Aus solcher Landhauskultur hoben sich in der ersten Hälfte des 18. Jahrhunderts die frühen Diskussionszirkel der Aufklärung heraus – 1715 die sogenannte »Teutsch-übende Gesellschaft«, 1723 die Patriotische Gesellschaft.[2]

So sehr Aufklärung sich aber in den Zirkeln, Gesellschaften und Logen, vor allem in der 1765 gegründeten »Gesellschaft zur Beförderung der Künste und nützlichen Gewerbe«[3], die sich in den Mauern der Stadt traf, entfaltet hat, so sehr hat sie sich in den Formen der Landhauskultur außerhalb der Mauern bildnerischen Ausdruck verschafft[4]: Inmitten von neuen »bürgerlichen« Landschaftsgärten entstand eine neue bürgerliche Architektur, die sich mit republikanischer Attitüde – wie im republikanischen England, im republikanischen Nordamerika und bald darauf im revolutionären Frankreich – einer neuen Rezeption der »republikanischen« Antike, einem »republikanischen« Stadium des Palladianismus, zuwandte. Inmitten der Gärten wurden »republikanische« antikische Monumente für Männer und nun auch für Frauen errichtet, die sich um die Kultur der Republik verdient gemacht hatten.[5] »[...] aber in unseren Gartenrevieren ist Raum und Macht, uns selbst zu ehren, indem wir zur Ehre unserer verdientesten Männer Denkmäler setzen«, schrieb 1780 der Gartentheoretiker Christian Cajus Laurenz Hirschfeld (1742-1792).[6] Er lieferte den Hamburgern 1779 bis 1785 eine fünfbändige *Theorie der Gartenkunst* für ihre Landhauskultur, deren theoretische Vorformulierungen ebenso bei Rousseau und den englischen Naturphilosophen wie bei den Hamburger Naturliteraten selbst zu suchen sind.[7] In seinem seit 1782 erschienenen *Taschenbuch für Gartenfreunde* gab er Hinweise auf englische Vorbilder der Gartengestaltung und praktische Anweisungen für Hamburger Projekte. Die Stadt umkränzte sich nach allen Richtungen mit Landhäusern und Gärten.

Der in Hamburg lebende Freiherr Grote setzte noch im Todesjahr 1781 »dem unsterblichen Gotthold Ephraim Lessing« ein aufklärerisches Urnenmonument inmitten seines südlich der Elbe gelegenen Parks. In seinem östlich von Hamburg gelegenen Garten schuf der Etatsrat Richardi gleich vier Monumente für hamburgische Vertreter der Künste: für den Dichter von Hagedorn, den Maler Denner, den Architekten Sonnin und den Musiker Telemann. Ein Monument für eine Frau initiierte die Dichterin Christine Westphalen für ihre Nichte Catharina Margarete von Axen; unter den genannten ist es als einziges noch erhalten.

Als der Dichter Friedrich Gottlieb Klopstock (1724-1803), der über dreißig Jahre in Hamburg, Altona und Umgebung gelebt und zu den geistigen Mittelpunkten hamburgischer Landhauskultur gehört hatte, 1803 starb, frage Domherr F.J.L. Meyer in seiner Schrift über *Klopstocks Gedächtnisfeier*: »Wird Hamburg vereint mit dem benachbarten Staat, dessen Bürger er war und in dessen Boden seine Asche ruhet, seinem Klopstock ein Denkmal errichten?« Doch Grab und Grabmal auf dem Ottensener Friedhof – inmitten der Landhäuser an der Elbe – wurden sehr schnell selbst zum Wallfahrtsort mit Denkmalcharak-

Klopstocks Grab auf dem Ottensener Friedhof – inmitten der Landhauskultur im Westen Hamburgs – wurde zum Wallfahrtsort mit Denkmalcharakter; Darstellung um 1815.

ter; »Deutsche nahet mit Ehrfurcht und Liebe der Hülle Eures größten Dichters«, gebot die Inschrift.

Mit Lessing und Klopstock hat die hamburgische Landhauskultur die beiden wichtigsten literarischen Aufklärer Hamburgs geehrt. Das Monument für Sonnin, »in der Art eines römischen Meilenzeigers« [8], gab auf der Vorderseite nicht ohne Grund den 1781 vollendeten Turm von St. Michaelis wieder. Sonnin hatte 1776 zum Entwurf der Turmspitze geschrieben: »Sie hat nicht soviel Gekünsteltes [...], sondern ist nach dem reineren Geschmacke der Alten eingerichtet und daher schmeichele [ich] mir, daß sie Kennern, die noch immer das Einfache des Alterthums verehren, nicht mißfallen dürfte.« [9] Sonnin wurde geehrt, weil dem alternden Barockbaumeister mit dieser Turmspitze die erste bedeutende Architektur des Klassizismus in Hamburg gelungen war, in deren Sichtweite nun die klassizistischen Landhäuser entstanden.

Ernst Georg Sonnin schrieb zu seinem Entwurf für die Spitze des St. Michaelis-Turmes: »Sie hat nicht so viel Gekünsteltes [...], sondern ist nach dem reineren Geschmacke der Alten eingerichtet«; Zeichnung, 1776; Staatsarchiv.

Anders als die einheitlichen Gartenanlagen in den Residenzen – von Wörlitz bis zum Englischen Garten in München – wuchs die Hamburger Gartenlandschaft der Aufklärung in mehreren Jahrzehnten ungeplant zusammen: Auf die Stadt bezogen wurde sie durch die 1804 begonnene, 1819 vollzogene Umwandlung der Befestigungen in eine um die Stadt gelegte, leicht hügelige Kunstlandschaft, in der das Wasser eine wichtige Rolle spielte. Die Elbe, ihre die Inseln umgebenden Arme und Nebenflüsse sowie die aufgestaute Alster setzten diese Landschaft fort. An den Ufern und an den nach außen führenden Alleen und Chausseen entstanden viele verschieden große Landschaftsgärten als Teil einer Kunstlandschaft, einer bürgerlichen Neuinterpretation von Natur außerhalb der Stadt. Die von der Elbchaussee durchzogene Elbuferlandschaft von Altona bis Blankenese zeugt noch heute davon.

Die »ornamented farm« von Caspar Voght (1725-1839) ist in Entstehung und Veränderung ein sprechendes Beispiel für viele andere Einzelanlagen. Voght, Übersee-Kaufmann und als Initiator der Hamburger Allgemeinen Armenordnung von 1788 sowie der Hamburger Armenanstalt eine der wichtigsten Personen der Hamburger Aufklärungsgesellschaft, kaufte 1785 drei Bauernhöfe als Grundstock seines Landbesitzes am Elbhang. Der »Parc du Midi« dieser Anlage ist umgestaltet als Jenisch-Park erhalten. Voght selbst wohnte zunächst in einem der Bauernhäuser, lebte aber seit 1793 in einem nach seinen Vorstellungen aus Holz mit Reetdach errichteten Tempelgebäude mit Elbblick.

Caspar Voghts Landhaus, 1794-1797, von Johann August Arens orientierte sich an amerikanischen Vorbildern; Foto von 1949.

1794 bis 1797 entstand ebenfalls nach seinen Vorstellungen das erhaltene Landhaus von Johann August Arens (1757-1806), dem man amerikanische Vorbilder ansieht. Für die Landarbeiter ließ Voght die ebenfalls erhaltenen reetgedeckten Instenhäuser bauen und stiftete ihnen eine eigene Schule.[10]

Der Umbau vorhandener bäuerlicher Architektur oder die Errichtung von Gebäuden namenloser Architekten waren anfangs durchaus üblich. Dann aber setzte sich bei den Bauherren die von der »Gesellschaft zur Beförderung der Künste und nützlichen Gewerbe« verbreitete architektonische Bildung durch. Der von der Gesellschaft unterstützte Johann August Arens und vor allem der 1783 bis 1804 in Altona amtierende dänische Landbaumeister Christian Frederick Hansen (1756-1845), beide Schüler der Kopenhagener Akademie, realisierten zeitgleich mit der französischen Revolutionsarchitektur Meisterwerke klassizistischer Baukunst.

Der dreiundzwanzigjährige Hansen hatte 1779 die goldene Medaille der Kopenhagener Akademie und ein königliches Stipendium für einen Auslandsaufenthalt erhalten, den er in Wien und Italien verbracht hat. »Mit Hansen traf ich in Rom zusammen und fand ihn dort in der Künstlerrepublik als den Ersten unter den Architekten geachtet, die damals in Rom studierten«, schrieb später der Domherr Meyer über ein Zusammentreffen.[11] Hansens erste Hamburger Bauten waren das von 1789 bis 1791 erbaute Landhaus für Johann Cesar Godeffroy (heute Hirschparkhaus genannt) und das 1790 bis 1792 geschaffene Weiße

Axel Bundsen, einer der Nachfolger Hansens, spielte 1818 mit dem Landhaus Brandt auf Formen des »Weißen Hauses« in Washington an; Aquarell von Fr. Stange, um 1825; Museum für Hamburgische Geschichte.

Haus für dessen Bruder Peter Godeffroy. Die beiden im Jahre der Erbauung des Weißen Hauses des amerikanischen Präsidenten, 1790, entstandenen Gebäude[12] sind klassische palladianische Villen in den einfachen geometrischen Formen der französischen Revolutionsarchitektur.[13] Auch Hansens Landhäuser Thornton, 1795-1796, Abbéma, 1795, Lawaetz und Böhl, 1796-1797, waren phantasiereiche Abwandlungen dieses neuen Villentyps. Besonders originelle, antikisch-palladianische Inventionen sind Hansen gelungen mit dem Landhaus Blacker, 1794, einem tempelartigen Bau, dem Landhaus J. H. Baur, genannt Elbschlößchen, 1804, einem quadratischen Bau mit Rotunde, und dem Landhaus Gebauer, 1806, über kreisförmigem Grundriß.

Hansen hat mit diesen Landhausbauten den Typ der klassizistischen Villa an der Elbchaussee geschaffen und damit dem hamburgischen Bürgertum die architektonische Form für die Landhauskultur der Aufklärung gegeben. Die Antike, Palladio, die französische Revolutionsarchitektur und amerikanisch-republikanische Parallelen haben ihm dafür Anregungen geliefert. Nach seiner Rückkehr nach Kopenhagen haben Nachfolger diesen von ihm propagierten Bautyp weiterentwickelt und variiert. So versuchte sich das 1817 entstandene Landhaus Brandt des Architekten Axel Bundsen (1768-1832) an einer formalen Anspielung auf die amerikanische Präsidentenvilla.

Zu Zeiten der Landschaftsgärten und klassizistischen Villen Hansens wurde mit dem neuen Lokal Rainville auch das Ziel

Christian Frederick Hansens »weiße Häuser« waren klassische palladianische Villen. Das Landhaus Abbéma, 1795, wurde 1798 zum Ausflugsrestaurant Rainville umgewandelt; Stich von Jeß Bundsen, nach 1810.

für den Ausflug in die Elbuferlandschaft sowie ein Sinn für das Elbpanorama und die Elbuferpromenade geschaffen. Rainville, ein französischer Emigrant, erwarb 1798 das Landhaus Abbéma, richtete darin ein Speiselokal mit französischer Küche und offenen Plätzen auf den Terrassen ein und schuf damit etwas in Nordeuropa bisher noch nicht Gekanntes, das bis heute Vorbild für vergleichbare Lokale mit Blick auf die Elbe ist.[14]

Eine andere Form von bürgerlichem Wohnbau der Aufklärung hat Hansen während seiner Hamburger Zeit für die Palmaille geschaffen, eine Allee, die aus dem unbefestigten Altona hinausführte und an der Südseite große, zur Elbe abfallende Gärten bot. Mit dem Haus G. F. Baur, Palmaille 49, realisierte er zwischen 1801 und 1805 eine palladianische Villa mit Straßenfront und Park am Elbhang. In anderen Fällen kombinierte er Stadtpalais und Villa zu einer Form der Reihenvilla mit Hintergarten. Sein Neffe und Nachfolger Johann Matthias Hansen (1781-1850) fügte dem Haus Baur in den Jahren 1824 und 1825 weitere Reihenvillen an, so daß eine fast geschlossene zeitgenössische Bebauung dieses Teils der Palmaille entstand.

Hansen und auch sein Zeitgenosse Arens haben sich Häuser gebaut – Arens 1793 bis 1794 in der Neustädter Fuhlentwiete[15], Hansen 1803 bis 1804 in der Palmaille 116[16]; das Architektenhaus Hansens ist sogar erhalten und von Cäsar Pinnau (1906-1988) – als dessen eigenes Architektenbüro – sorgsam restauriert worden. Beide geben eine Vorstellung von der Wertschätzung und dem Verdienst, die Architekten nun erreichen

Das Haus G. F. Baur an der Palmaille 49 von Hansen, 1801-1805, ist ein Stadtpalais mit Straßenfront und zugleich eine Villa mit Park am Elbhang; Präsentationszeichnungen von Hansen; Kunstakademie Kopenhagen.

konnten, und natürlich von der Qualität, mit der diese beiden ihre eigenen Häuser ausführten.

Hansen hat mit seinen Landhäusern und seinen Stadtvillen an der Palmaille über die klassizistische Villa hinaus die später gültigen Bautypen städtischen und stadtnahen bürgerlichen Wohnens in Hamburg definiert: das Landhaus, das neben dem Stadthaus als Sommerwohnung gehalten wurde, und das Stadthaus als Reihenvilla. Später wurden beide in der Stadtvilla mit Garten variiert und kombiniert. Sie haben nicht nur die Vorstellung von bürgerlichem Wohnen bis ins 20. Jahrhundert bestimmt, sondern beherrschen sie noch heute.

Entstehung der modernen Großstadt im 19. Jahrhundert

Das Bewußtsein der Aufklärung, die Ideen der Französischen Revolution sowie die Begegnungen mit der französischen Verwaltung in der Franzosenzeit förderten das Bewußtsein von einer Neuorientierung der städtischen Verwaltung. Im Verlauf des 19. Jahrhunderts wurden einige dieser Vorstellungen Schritt für Schritt verwirklicht. Aus der Neuorganisation der Verwaltung erwuchs so die Befähigung, nach der Entfestigung, dem Abriß historischer Bauten in der Innenstadt und der Brandzerstörungen von 1842, die Stadt neu anzulegen. Im Laufe des 19. Jahrhunderts machten die fortschreitende Arbeitsteilung, die Industrialisierung, die Steigerung der Einwohnerzahl sowie die Erhöhung der Wirtschaftskraft einen weiteren Umbau und die Erweiterung der Stadt notwendig, die sich in diesem Prozeß zur Großstadt des 20. Jahrhunderts entwikkelte.

Neuorganisation der Bauverwaltung

In Altona hatten die Hamburger Erfahrungen mit einer neuen Form der Bauverwaltung machen können: Nachdem 1782 das Amt des königlichen Landbaumeisters geschaffen worden war, hatte Christian Frederick Hansen an der Palmaille vorgeführt, wie ein akademisch geschulter Architekt durch geschicktes Aneinanderfügen von Einzelbauten ganze Straßenbilder neu gestalten konnte. Die »Gesellschaft zur Beförderung der Künste und nützlichen Gewerbe« setzte sich daraufhin für die Verbesserung der architektonischen Bildung der Handwerker ein und förderte junge Architekten. Johann Georg Büsch (1728-1800) hielt in seiner Handelsakademie den Kaufleuten Vorlesungen über das Bauwesen, die er 1793 als *Praktische Darstellung der Bauwissenschaft* veröffentlichte. In Hamburg regte sich ein neues Bewußtsein für die Notwendigkeit von Bauwissenschaft, Baukunst und akademischer Qualifizierung von Baumeistern.

Nach den Erfahrungen mit dem neuen, rationellen französischen Verwaltungswesen wurden zu Anfang des 19. Jahrhunderts überall in den deutschen Flächenstaaten auch die Bauverwaltungen reorganisiert und akademisch ausgebildete Fachleute in die Verwaltungen eingestellt. Sie alle hatten im Anschluß an handwerkliche Erfahrungen theoretische Studien absolviert und in der Regel die obligate mehrjährige Italienreise zum Studium antiker Architektur hinter sich gebracht. Viele waren in Paris gewesen, vor allem aber hatten alle die Schriften der französischen Architekturtheoretiker in ihrem Bücherbesitz und gründlich verarbeitet.

Im Stadtstaat Hamburg beschäftigte sich eine Reorganisationsdeputation mit der Neubildung eines Staatsbauwesens. Hoch- und Tiefbau wurden der politischen Gesamtverantwortung einer Baudeputation anvertraut. Ihr wurde ein kleiner Apparat von Fachbeamten, bestehend aus dem Stadtbaumeister und dem Stadtingenieur mit Adjunkten und einigen Hilfskräften, zur Seite gestellt.

In der Zeit der Erprobung des neuen Verwaltungs- und Planungsapparates wurde 1815 der spätere erste Hamburger Baudirektor Carl Ludwig Wimmel (1786-1845)[17] in hamburgische Dienste genommen. Er leitete gemeinsam mit dem Straßeningenieur Paridom Gottlob Heinrich (1789-1864) eine neue Phase der Stadtplanung ein. Wie alle neuen Baudirektoren seiner Zeit war er als Baukünstler ausgebildet worden und hatte auf der Grundlage eines handwerklich-technischen Wissens die Wirkung ungeplant entstandener Bauzusammenhänge, Plätze und Straßen mit ästhetischem Bewußtsein zu reflektieren geübt. Er hatte dieses Denken in Baugruppierungen aus der französischen Baukörpertheorie und dem Studium antiker und italienischer Bauensembles gewonnen. Wimmel ging bei seinen Planungen genauso vor wie schon Christian Frederick Hansen bei der Palmaille und wie seine Kollegen in den anderen Großstädten: Er und seine Adjunkten nahmen jeden staatlichen, kirchlichen und auch privaten Auftrag wahr, um die jeweilige Umgebung zu einem neuen Ensemble umzuformen. So konnte er zu einer allmählichen Umgestaltung der Stadt beitragen. [18]

Innerstädtische Zerstörungen

Schon vor dem Hamburger Brand von 1842 erwuchsen der Stadtplanung neue Möglichkeiten aus der bewußten Zerstörung historischer Anlagen und aus dem Abriß früherer, zum Teil bedeutender Bauwerke der Stadt. Auch in anderen deutschen Großstädten ging in dieser Zeit die Zerstörung der Neuentwicklung voraus. Diese Destruktionen sind jedoch kennzeichnend für ein hier besonders ausgeprägtes Zukunftsbewußtsein, das sich entschlossen von der Vergangenheit distanziert. Um es zu kennzeichnen, hat Alfred Lichtwark später rückblickend auf das gesamte 19. Jahrhundert von der »Freien und Abriß-Stadt Hamburg« gesprochen.

Die umfassendste der frühen destruktiven Maßnahmen war die Entfestigung, die Trennung vom gewaltigsten aller großstädtischen Bastionswerke, das jetzt wie eine den Stadtkörper einschnürende altmodische Rüstung entfernt werden sollte.

Stößt diese Maßnahme noch auf Verständnis, so setzt die kühle Zielstrebigkeit, mit der die Stadt sich von bedeutenden mittelalterlichen Bauten getrennt hat, in Erstaunen: Von 1804 bis 1807 wurde der Dom mit sämtlichen Klausurgebäuden abgerissen, 1807 die Klosterkirche von St. Maria-Magdalenen, 1829 die noch erhaltenen zugehörigen Klostergebäude, 1829 das St. Johannis-Kloster mit Kirche und 1832 schließlich die Heilig-Geist-Spitalkirche. Nachdem die meisten Profanbauten der Stadt schon im 17. und 18. Jahrhundert ersetzt worden waren, fielen die wenigen erhaltenen mittelalterlichen Gebäude nun ebenfalls dem Abriß zum Opfer. Das Englische Haus zum Beispiel wurde 1819 unter dem üblichen Vorwand der Baufälligkeit eingerissen.

Seit Goethes Hymnus *Von deutscher Baukunst* auf das Straßburger Münster, 1771-1773, und vollends seit Wackenroders *Herzensergießungen*, 1797, war man gerade in Deutschland auf das Mittelalter und die sakralen Bauwerke dieser Zeit aufmerksam geworden und hatte sie als »vaterländische Altertümer« einzuschätzen gelernt. [19] Die Vorstellungen von dem, was später als Denkmalpflege und Denkmalschutz verstanden und praktisch umgesetzt wurde, keimten in dieser Zeit. [20] Das Pathos, mit dem Goethe und die Romantiker mittelalterliche sakrale Baukunst für die nationale Idee in Dienst nahmen, war den ersten Bemühungen um Erhaltung solcher Bauten jedoch eher schädlich. Denn die seit 1806 selbständigen deutschen Staaten dachten in dieser Zeit nicht daran, die Interessen einer nationalen Vereinigung zu verfolgen. Als »vaterländische Altertümer« sollten allenfalls – so auch in Hamburg – die Altertümer des eigenen Territoriums verstanden werden.

Das Sammeln von historischen Relikten hatte dagegen bereits eine jahrhundertelange Tradition. Das revolutionäre Frankreich machte es dann 1791 den anderen Ländern vor: Die aus aristokratischem und kirchlichem Besitz freigesetzten Kunstwerke wurden von nun an im Museé des Monuments Françaises gesammelt. Monumente wurden also geschützt, indem sie in Museen aufbewahrt wurden.[21] Auch in Deutschland stellte sich nach dem Reichsdeputationshauptschluß zunächst nicht die Frage, ob die kirchlichen Gebäude erhalten, sondern wie die freigesetzten kirchlichen Kunstgegenstände gerettet werden könnten.

In Hamburg war zu entscheiden, wie die Stadt mit der ungeliebten und stets gefürchteten Enklave des Kirchenstaates umgehen sollte, die erst im Besitz des bremischen Erzbischofs, dann in schwedischem und schließlich in hannoversch-englischem Besitz gewesen war; in der »Kapitelstube« des Domes hing das Porträt des englischen Königs. Die neuen Rechte mußten rasch gesichert werden. Senat und Bürgerschaft beschlossen deswegen eine großzügige Entschädigung aller Beteiligten des Domkapitels, damit die Stadt frei von deren Ansprüchen war und alle Spuren des früheren Kirchenbesitzes tilgen konnte.[22] Darüber hinaus war für den Abriß von Bedeutung, daß die Aufklärung die Kirchen leergefegt hatte. Vor allem die Sakralgebäude, die neben den Hauptkirchen keine eigene Gemeinde hatten, also Dom und Klosterkirchen, waren ungenutzt.

Die in der späteren Gedenk- und Geschichtsliteratur üblichen chauvinistischen Hinweise darauf, daß es die Franzosen waren, die Kirchen in Pferdeställe und Magazine verwandelt und Soldaten in Klöstern untergebracht hätten, ändern nichts daran, daß die hamburgischen Gremien die Abrißmaßnahmen beschlossen haben. Vieles spricht dafür, daß dann die einzelnen Schritte der Zerstörung ohne historisches Bewußtsein von statten gegangen sind: Bereits die ignorante Zerstörung des Papstgrabes, 1782, geschah ohne Federlesens, und die leichtsinnige Versteigerung der bedeutenden Dombibliothek, 1784, – beides noch durch das alte Domkapitel – blieb undokumentiert, so daß heute weitgehend unbekannt ist, wohin der historische Bücherbesitz verstreut wurde.[23] Bei einer Grabung in den achtziger Jahren unseres Jahrhunderts konnte eine vollständige gotische Madonna unter dem Domschutt gefunden werden; sie war beim Abriß einfach in den Boden gedrückt worden. Ein Jahrhundert zuvor, 1884, stellte der Maler Martin Gensler (1811-1881) in seinem Text über St. Johannis ungeniert dar, daß sich historische Bauskulptur und Truhen aus dem Kloster in seinem bzw. des Architekten Hermann Peter Fersenfeld (1786-1853) Besitz befänden[24]; beide haben sie offenbar ohne weiteres in Besitz nehmen können. Und Lichtwark schließlich schilderte 1899, daß man nicht wisse, wann der Thomas-Altar von Meister Francke aus der St. Johannis-Kirche entfernt worden sei: »[...] ob das im Juli 1813 geschehen ist, als die Franzosen das Gotteshaus zu einem Magazin requiriert hatten und es in größter Eile geräumt werden mußte, oder erst im Jahre 1829 bei dem Abbruch der Kirche, hat sich trotz aller angestellten Nachforschungen bisher nicht aufklären lassen. Ebensowenig, auf welche Weise der Altarschrein in den Besitz des Hauptmanns von Kirchner, eines dänischen Offiziers, gelangt ist. Dieser hatte das Kunstwerk im Jahre 1862 nach Paris gebracht und es zum Verkauf gestellt.«[25]

Der Abriß des Domes war die gewichtigste Zerstörung: Nach dem Abrißbeschluß war eine »Domheimfallskommission« eingesetzt worden. Für sie stand die Verlagerung der Kirchhofsgräber im Vordergrund. Aber auch der Verkauf einer Reihe von Gegenständen und Materialien aus dem Dom, die gesonderte Interessenten fanden, gehörte zu ihren Aufgaben. Weitere Kunstwerke, »geistliche Bilder«, wurden anderen Kirchen zur Verfügung gestellt. Einige Objekte erhielt Friedrich Ludwig Waagen, der in Hamburg eine »Zeichen-Akademie« unterhielt, für die Zwecke seiner Institution. Einzelne Bauteile lagerte man auch im Bauhof. Der ausgeräumte Dom – keineswegs schon frei von Kunstwerken – wurde dann auf Abriß verkauft. Der Unternehmer war verpflichtet, den Abrißschutt nur in das Innere des Domes abzulassen. Von Turm und Dach herab wurde der Abriß bewerkstelligt. Da Gewölbe und Mauerwerk sich als außergewöhnlich standhaft erwiesen, verliefen die Arbeiten nicht ohne Schwierigkeiten. Aber mit ihrem Fortschreiten türmte sich der Schutt immer höher im Inneren der gewaltig aufragenden Mauer-, Gewölbe- und Pfeilerreste.

Der Maler Jeß Bundsen (1766-1829) hat die Szene aus allen

Richtungen festgehalten und mit seinen *Monatsbildern*, die Monat für Monat das Fortschreiten des Abbruchs festhielten, ein Memento geschaffen, das den Domabriß einer Zeit, die die Darstellung von Ruinen liebte, malerisch und schauerlich vor Augen führte.[26]

Politische Gründe waren für den Abriß des Domes entscheidend. Die Darstellungen von Jeß Bundsen, die den Abriß festhalten, gehoren zu den wenigen Parteinahmen für seine Erhaltung, 1806; Staatsarchiv.

Vor dem Abbruch hat der Domherr Meyer mit seiner 1804 erschienenen Schrift *Blick auf die Domkirche zu Hamburg* für die Erhaltung des Domes Partei genommen. Auch der Baurat Johann August Arens ist mehrfach für die Erhaltung des Domes und noch während des Abbruches für den Erhalt einzelner Teile eingetreten. Daneben gehören die Zeichnungen von Jeß Bundsen zu den wenigen Parteinahmen gegen den Abriß des Doms. Ihre Position fand jedoch weder im Senat noch in der Bevölkerung ein Echo.

Schon während der Organisation des Abrisses wurde daran gedacht, das Gelände neu zu verplanen. Arens wie Christian Frederick Hansen erhielten einen Auftrag und haben noch 1804 Pläne geliefert.

Auch für den Abtransport des Domschuttes, in dem zwischen Mauerschutt nicht nur Steinmetzarbeiten und dekorative Bauplastik, sondern auch die Trümmer zerschlagener Skulptur wie des gotischen Lettners enthalten waren, hatte die Domheimfallskommission Sorge getragen: Vom Domplatz aus wurde er auf kürzestem Wege in Schuten geschafft, die im nahen Fleet am alten Fischmarkt anlegten. Diese brachten ihn zu einem Zwischenlager am Elbufer bei Bodenwerder, so daß er von dort bei Bedarf für Wasser- und Deichbauarbeiten bis nach Ritzebüttel verschifft werden konnte. Der Domschutt ist also an nicht mehr nachweisbaren Stellen in der Elbe versunken.

Respektable politische und auch ideologische Gründe waren – vor dem Argument der Nutzlosigkeit und dem Vorwand der Baufälligkeit – für den Abriß des Domes entscheidend gewesen. Aber Hamburg hatte dabei zugleich erfahren, wie die Stadt wichtiges zentrales Baugelände gewinnen konnte. Für den Abriß der Klosterkirchen, der Klöster und der Heilig-Geist-Spitalkirche rückte deshalb schon deutlicher der Gedanke an die Verwendungsmöglichkeiten der gewonnenen Grundflächen in den Vordergrund. Tatsächlich haben die Abrisse auch die Flächen für das Johanneum und – was hätte in Hamburg näherliegen können – für eine neue Börse, schließlich sogar für das neue Rathaus, geschaffen.

Für die Geschichte der Kulturpolitik in Hamburg von größerer Bedeutung war aber, daß die historisch Gebildeten in Hamburg im Laufe dieser Abrisse sich noch vor dem großen Brand an den Gedanken gewöhnten, daß es weniger um die Erhaltung alter Gebäude als um die Aufbewahrung der aus diesen Bauten stammenden Gegenstände ging. [27]

In Hamburg ist immerhin die Einrichtung einer »Sammlung hamburgischer Altertümer« gelungen, die später der Grundstock des Museums für Hamburgische Geschichte geworden ist. Erster Baustein dazu war die Sammlung von Peter Friedrich Röding, die nach 1815 als »Museum für Natur und Kunst« in einem Nebenraum des Bauhofs gezeigt worden war; als Nummer eins enthielt sie das Kreuz von der Spitze des Domturmes. Sie wurde später vom Verein für Hamburgische Geschichte gekauft, der Stadt vermacht und im Gebäude des Johanneums auf dem Domplatz untergebracht. [28]

1852 stimmte der Senat einem Bericht des Senatssekretärs und Archivars Johann Martin Lappenberg zu, der zugleich Vorsitzender des Vereins für Hamburgische Geschichte war: »[...] das Wenige, was wir an Alterthümern und Kunstschätzen besaßen, ist verloren gegangen durch die Unkunde und Gleichgültigkeit des 18. Jahrhunderts [...]«; mit der Sammlung hamburgischer Altertümer »scheint [dagegen] das erforderliche für die Aufbewahrung der Alterthümer erreicht« [29].

Im Verlauf des 19. Jahrhunderts haben gerade die Historiker und Museumsleute diese Auffassung weiter aktiv vertreten. Justus Brinckmann, der sich seit 1885 als eine Art Denkmalschutz-Beauftragter fühlen konnte, hat Denkmalpflege in erster Linie als einen Auftrag an den Museumsdirektor verstanden; zum Beispiel ließ er die Fassade des abgerissenen Kaiserhofes, eines Hauses aus dem 17. Jahrhundert, in seinem Museumshof wiedererrichten. Noch bei der Erläuterung des ersten hamburgischen Denkmalschutz-Gesetzes 1919 hieß es: »Selbst ein Gesetz wird ja in Hamburg nur eine beschränkte Wirksamkeit haben können, wie in jeder stark lebendigen Stadt, da in ihr das Leben leichten Herzens über die geschichtliche Vergangenheit, wo sie ihr den Weg versperrt, hinwegschreitet.« [30]

Stadtplanung und Architektur vor dem Brand von 1842

Vor der letzten Verteidigung Hamburgs war durch die Franzosen 1813 das gesamte Umland bis nach Altona, die Dörfer Eimsbüttel und Eppendorf, Mühlenkamp, Hohenfelde, Horn und Moorfleet dem Erdboden gleichgemacht worden. Diese radikalen Maßnahmen eröffneten nach Ende der Franzosenzeit die Möglichkeit einer großzügigen Neuanlage.

Nach 1814 schüttete man zunächst den Wallgraben an den Torausfahrten der drei Haupttore Millerntor, Dammtor und Steintor zu, legte breite Ausfallstraßen an und ersetzte die engen Festungstore durch pfeilerbesetzte Durchfahrten mit seitlichen Torhäuschen. 1819 wurden die Bollwerke abgetragen sowie der Lauf der Gräben abgerundet. Es entstand ein Ring von Alleen um die Altstadt, dem die Bastionenreste wie begrünte Hügel und der ehemalige Graben wie ein gewundenes Wasserbecken vorgelagert waren.

Zunächst wurden in den Wallanlagen verschiedene Freizeiteinrichtungen, der Aussichtsplatz Elbhöhe über dem Hafen, das Ausflugslokal Elbpavillon zwischen Elbe und Millerntor, der Botanische Garten mit Baumschule, zeitweise ein Tierpark am Dammtor sowie ein Spielplatz und eine Reitbahn an der Bastion David, angelegt. Die Anlagen boten zugleich Platz für kleine Denkmäler verdienter Hamburger.

Die wichtigste städteplanerische Entscheidung war jedoch die Einbeziehung des Binnenalsterbeckens in die Hamburger

1814 wurden die engen Festungstore durch pfeilerbesetzte Durchfahrten mit Torhäuschen ersetzt: Millerntor; Lithographie von Wilhelm Hoyer, um 1840.

Mit der Aufschüttung des Neuen Jungfernstiegs begann die Einbeziehung des Binnenalsterbeckens in die Innenstadt; Lithographie von Peter Suhr, 1830.

Innenstadt. Die Bauverwaltung nutzte die bei der Abtragung der Wälle anfallenden Erdmassen, um an der Westseite der Binnenalster so viel Erde anzuschütten, daß ähnlich dem Jungfernstieg der Neue Jungfernstieg angelegt werden konnte. Am nördlichen Ende wurde eine Promenadenstraße an die neue, von Carl Ludwig Wimmel entworfene steinerne Lombardsbrücke herangeführt. Wimmel war es übrigens, der am Neuen Jungfernstieg die berühmte Alsterhalle, 1831, ebenso wie am alten Jungfernstieg den noch berühmteren Alsterpavillon, 1835, entworfen hat.

Entfestigung und Alleenzug haben aber noch weitere für die Innenstadtstruktur wichtige planerische Maßnahmen ermöglicht: Mit der Esplanade entstand – neben dem Jungfernstieg – eine neue klassizistische Prachtstraße Hamburgs und eines der am häufigsten dargestellten Motive der Stadt. Eine der frühesten Platzgestaltungen mit einheitlicher Randbebauung wurde am Zeughausmarkt versucht. Die Aufgabe des alten Kalkhofes bot die Möglichkeit, ein Grundstück für einen Neubau des zu klein gewordenen Stadttheaters am Gänsemarkt zur Verfügung zu stellen. Vor dem Steintor wurden am Schweinemarkt zwei Damenstifte, das Maria-Magdalenenkloster und das St. Johannis-Kloster angelegt. Für beide hatte der Staat Baugrund aus den Wallanlagen zur Verfügung gestellt, um den Platz der mittelalterlichen Klöster für wichtige Bauten im Stadtzentrum zu erhalten.

Nachdem die beiden Klöster abgebrochen waren, bestimmten Senat und Bürgerschaft 1836 deren alten Standort, den Adolphsplatz, zum Baugelände für die Börse. In der Zeit von 1837 bis 1841 wurde der Neubau nach zahlreichen Wettbewerben mit Plänen von Wimmel und seinem Adjunkten Franz Gustav Forsmann (1795-1878) errichtet. Gleichzeitig bauten Wimmel und Forsmann auf dem Domplatz das Johanneum.

Parallel zu solchen gestalterischen Baumaßnahmen mußten dispositorische Aufgaben außerhalb der Stadtbefestigung wahrgenommen werden. Die Vorstadt St. Georg wurde durch die Große Allee, durch den Steindamm und eine Promenade an der Außenalster neu strukturiert; der dominierende Bau der Zeit war jedoch das große Krankenhaus. St. Pauli wurde durch sternförmig auseinanderlaufende Straßen neu bestimmt. Auch vor dem Dammtor führten sternförmig angelegte Alleen auseinander. Hier entwickelte sich nach der Entfestigung ein stadtnaher Villenbereich.

Die Schiffslande- und Hafenplatzbedürfnisse schienen nach Beseitigung der alten Bollwerke zunächst noch mit den alten Anlagen befriedigt werden zu können. Doch bereits in den dreißiger Jahren benötigte man einen Anlegeplatz für Dampfschiffe elbabwärts. Er wurde vor dem ehemaligen Festungsring dort angelegt, wo heute noch die St. Pauli-Landungsbrücken liegen.

Auch Planungen für eine andere Verkehrseinrichtung, die für den Hamburger Handel wichtig werden sollte, wurden in der Phase vor dem Brand in Angriff genommen: die Eisenbahn von Hamburg nach Berlin, deren Hamburg-Bergedorfer Strecke 1842 eingeweiht wurde.

Die Stadtentwicklung zwischen 1814 und 1842 ist insgesamt dadurch gekennzeichnet, daß das erste Mal mit ästhetischem Bewußtsein planerisch in diese Entwicklung eingegriffen wurde. Das – im Gegensatz zu England – zunächst nur verhaltene Einsetzen der Industrieentwicklung und des Bevölkerungswachstums bewirkte jedoch zugleich, daß zukünftige Probleme wie Gewerbeansiedlung, Wohnungsnot, Verkehr oder Ver- und Entsorgung nur ungenügend wahrgenommen wurden. [31]

Nach der Ausführung der ersten planerischen Maßnahmen ragte aus der neu entstandenen »weißen Stadt« des Klassizismus ihre erste Ausstattung mit öffentlichen Bauten heraus: die Börse am Adolphsplatz, 1839-1841, das Stadttheater an der Dammtorstraße, 1826-1827, das Wissenschaftszentrum des Johanneums auf dem Domplatz, 1837-1840, und das Krankenhaus in St. Georg, 1821-1823.

Die Börse hat den Brand von 1842 ebenso wie den Zweiten Weltkrieg überstanden. Sie war ursprünglich ein zweigeschossiger, von einer Balustrade gekrönter Bau, über dem sich in der Mitte die zentrale Halle erhob. Das zarte Relief des Putzbaues ist heute nur noch im Inneren dieser Mittelhalle erlebbar. Nach außen erscheinen im Mittelteil der Fassade jedoch noch die alten Proportionen. Der Bau ist 1845, zwischen 1882 und 1884, 1892 sowie zwischen 1909 und 1912 links und rechts um Anbauten ergänzt worden. Vor allem aber hat er 1892 zum Rathaushof und zum Adolphsplatz hin eine neue Sandsteinfassade erhalten, die die ursprünglich flache Pilastergliederung in eine plastische Säulengliederung umwandelte. [32] Der 1842 errichtete Bau bildet den Kern eines Komplexes, der als einziger in der Stadt den hamburgischen Staatsklassizismus erkennen läßt, den Wimmel und Forsmann geprägt haben: ein palladianischer Klassizismus, der Rundbogen in einen Rahmen von Stütze und Gebälk stellt –

Aus der »weißen Stadt« des Klassizismus ragte deren erste geplante Ausstattung mit öffentlichen Bauten heraus; Ansichtenblatt, um 1850.

Die Börse, die auf dem Platz des Maria-Magdalenenklosters entstand, läßt noch den Staatsklassizismus erkennen, den die Baubeamten Wimmel und Forsmann geschaffen haben; Lithographie von F. Meyer, um 1840.

ein Vorläufer des sogenannten hamburgischen Rundbogenstils nach dem Brand.

Die Kirchenbauten jener Zeit fügten sich in ihren Proportionen in die »weiße Stadt« ein. Ole Jürgen Schmidts (1793-1848) Englische Kirche, 1836-1838, ist ein einfacher Putzbau mit ionischer Tempelfront, der den traditionellen Klassizismus Hansens beibehielt. Wimmels St. Pauli-Kirche in der Vorstadt am Hamburger Berg paßte sich mit ihrem unverputzten Backsteinmauerwerk programmatisch der einfachen Umgebung an. Beide sind Saalbauten mit Emporen.

Die Bau- und Wohnkultur des Großbürgertums in der ersten Hälfte des 19. Jahrhunderts läßt sich am Stadtpalais Neuer Jungfernstieg 19 und am Landhaus im Jenischpark nachvollziehen. Das Stadthaus, 1831-1834, hat sich der Bankier Gottlieb Jenisch nach Aufschüttung des Neuen Jungfernstieges von Franz Gustav Forsmann erbauen lassen. Das zur selben Zeit entstandene Landhaus war im Besitz seines Bruders Martin Johann Jenisch, der seit 1827 und bis über den Brand hinaus als Bausenator die Stadtplanung politisch verantwortete. Er hatte einen Entwurf Forsmanns Karl Friedrich Schinkel (1781-1841) vorgelegt. Dessen Vorschläge haben Einfluß auf Forsmanns Bau gehabt. Sowohl das Stadtpalais als auch das Landhaus präsentieren sich mit ihren dreiteilig gegliederten Fassaden in dem traditionellen Klassizismus hamburgischer Privatbauten, der auf Hansens »weiße Häuser« zurückgeht.

Stadtplanung nach dem Brand

Vom 5. bis 8. Mai 1842 wurde die Stadt Hamburg von der bis dahin größten Brandkatastrophe ihrer Geschichte heimgesucht. 310 Hektar Bausubstanz wurden vernichtet, darunter fast alle öffentlichen Gebäude und zwei Hauptkirchen. Etwa ein Viertel der Bevölkerung wurde durch dieses Feuer obdachlos.

Die Bauverwaltung hatte als erstes Räumungsarbeiten und die Wiederherstellung des Wasserflusses in den zugeschütteten Fleeten zu organisieren. Darauf wurden in aller Eile Notunterkünfte in noch bestehenden öffentlichen Gebäuden und Zeltlager errichtet. Schließlich baute man im Innern der Stadt, auf dem Johannisplatz, am Jungfernstieg, am Glockengießerwall und an der Esplanade, Budenreihen für eine Dauer von drei Jahren sowie vor dem Dammtor, vor dem Steintor und im Hammer Brook ganze Budenstädte mit Notwohnungen, die 25 Jahre bestehen bleiben sollten. Die Bevölkerung Hamburgs, die bis dahin zum allergrößten Teil noch in der Stadt gewohnt hatte, wurde das erste Mal auf Unterbringungsmöglichkeiten außerhalb der Altstadt verwiesen.

Die Hauptaufmerksamkeit von Rat und Bauverwaltung galt dem Wiederaufbau des abgebrannten Bereiches der Stadt.[33] Gleich nach dem Brand wurde der damals vierunddreißigjährige englische Ingenieur William Lindley (1808-1900) beauftragt, einen neuen Bebauungsplan aufzustellen. Er war bereits während seines Studiums in Hamburg gewesen, hatte sich in England an Eisenbahn- und Flußkorrekturprojekten beteiligt und war seit 1838 für den Bau der Hamburg-Bergedorfer Bahn verantwortlich gewesen. Vier Tage nach dem Brand legte er die erste Skizze vor und arbeitete sie gemeinsam mit Paridom Gottlob Heinrich und Carl Ludwig Wimmel zu einem ersten Plan aus. Zur Beratung dieses Planes wurden am 17. Mai noch der Wasserbaudirektor Hübbe sowie die Privatarchitekten Alexis de Chateauneuf (1799-1853), Jacob Heinrich Ludolf (1793-1873) und Johann Hinrich Klees-Wülbern (1800-1845) hinzugezogen. Sie bildeten gemeinsam die Technische Kommission, die am 18. Mai ihre erste von insgesamt 121 Sitzungen abhielt. Vom 21. bis 27. Mai nahm auch der in Altona geborene Gottfried Semper (1803-1879), damals Professor in Dresden, an den Beratungen teil.

Großzügig und kühn setzte sich der erste Lindleysche Plan über die bisherige Struktur des abgebrannten Gebietes hinweg.

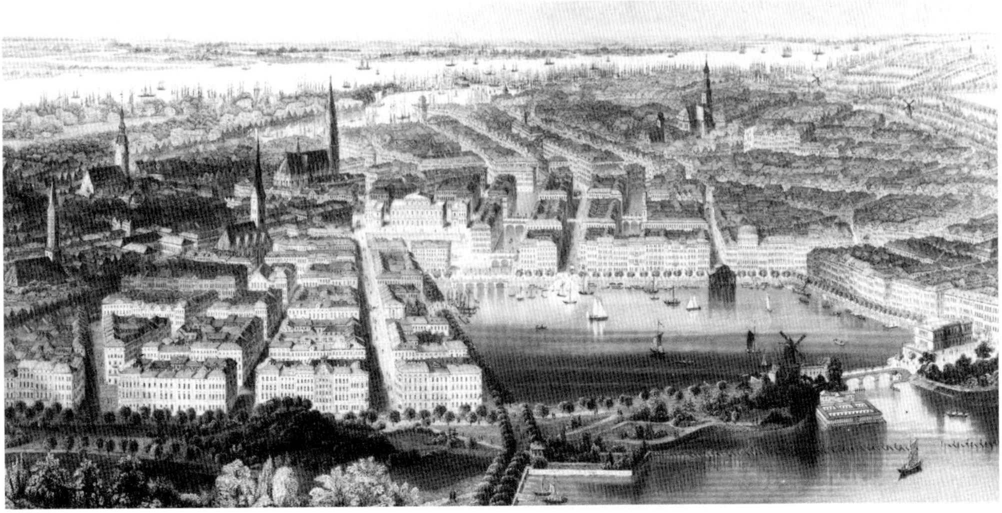

Der Wiederaufbau nach dem Brand von 1842 legte ein freies System geradliniger Straßen über die unregelmäßige Struktur von Grundstücksgrenzen und Gassenverläufen; Ansicht um 1850.

Er unterstellte von vornherein, daß ein neuer Plan nicht ohne eine umfassende Grundstücksenteignung und -umlegung zu realisieren sei. Über die unregelmäßige Struktur von Grundstücksgrenzen und Gassenverläufen legte er ein freies System geradliniger Straßen und geometrisch umgrenzter Baublöcke. Wie selbstverständlich vollendete er die begonnene Rahmung der Binnenalster durch aufgeschüttete Promenaden an deren vierter Seite. Der Standort der Börse wurde zum sogenannten Staatsbauten-Platz bestimmt, in dessen Nähe sich die Bauten der Regierung, der Verwaltung, des Gerichtswesens, der Post konzentrieren sollten.

Auf der Grundlage dieses Entwurfes konnte der Senat bereits wenige Tage nach dem Brand klare Programmpunkte für die weitere Planung formulieren.

Nach Gegenentwürfen von Chateauneuf und Semper, die von Julius Faulwasser, Fritz Schumacher, Hans Speckter und Evi Jung-Köhler ausführlich analysiert worden sind, kam es am 27. Mai zu einer ersten gemeinsam veröffentlichten Variante des Lindleyschen Planes, aus dem sich bis zum 15. August der endgültige Entwurf entwickelte. Mit Ausnahme der Situierung von St. Nikolai und Hopfenmarkt ist er im wesentlichen wie darin vorgesehen ausgeführt worden: Die Binnenalster erhielt nur noch einen Ausfluß zur Kleinen Alster hin. Diese — das Prunkstück der Architekten — war als größeres Wasserbecken am Staatsbauten-Platz geplant, denn um die Verbindung von Staats-

Die nach 1842 angelegte Kombination von Staatsbauten-Platz mit Börse und Rathaus, Kleiner Alster mit Alsterarkaden und Binnenalster hat Fritz Schumacher zu der Bezeichnung »Kunstwerk Hamburg« veranlaßt; Luftbild vor 1943.

bauten-Platz, Kleiner Alster und Binnenalster kreiste die Phantasie der Architekten seit den Semperschen Idealskizzen, die zwischen dem 21. und dem 27. Mai 1842 entstanden waren. Diese Kombination, nach den Vorstellungen Sempers und Chateauneufs von der venezianischen Piazza San Marco inspiriert und durch Johann Hermann Maacks (1809-1868) Treppe an der Kleinen Alster, Chateauneufs Alsterarkaden und den späteren Rathausbau ergänzt, war es vor allem, die später Alfred Lichtwarks Stolz erregt und Fritz Schumachers Bezeichnung »Kunstwerk Hamburg« ausgelöst hat.

Für die Zukunft der Stadt von größerer Bedeutung als die gestalterischen Maßnahmen waren jedoch die juristischen Voraussetzungen, die für sie geschaffen werden mußten, und die technischen und dispositorischen Bedingungen, die auch die anderen Altstadtbereiche und die nähere und weitere Umgebung betrafen. Besonders wichtig waren Lösungen für die Probleme der Ver- und Entsorgung. Hamburg entschied sich lange vor allen anderen deutschen Städten für ein Schwemm-Kanalisationssystem. Zum ersten Mal entstand ein zentrales städtisches Pumpwerk, die »Wasserkunst« in Rothenburgsort, die das ganze Stadtgebiet und die Vororte mit Wasser versorgen konnte. Außerdem wurde für die Beleuchtung der Straßen und öffentlichen Gebäude ebenso wie für die Versorgung der Privathäuser mit Gas eine Gasanstalt auf dem Grasbrook angelegt.

Nach dem Brand von 1842 wurden eine städtische Wasserversorgung und ein Schwemmkanalisationssystem angelegt; »Stadtwasserkunst«; Lithographie von 1860.

Eine Mühlenneuplanung ermöglichte die Senkung des Alster-Wasserstandes um etwa einen Meter; dadurch wurde der gesamte an die Alster angrenzende Bereich zu trockenem Baugelände, so daß die Bebauung und mit ihr die Bauspekulation möglich wurde. Auch in der Billeniederung wurden größere Landflächen durch Aufschüttung und Kanalisierung trockengelegt; dadurch wurde eine bebaubare Fläche im inneren Hammerbrook geschaffen, die wegen der Nähe zur Bahn und zum Fluß Industrieansiedlungen begünstigte.

Das von Walker, Lindley und Hübbe gemeinsam geplante Projekt eines ausgedehnten Dockhafens auf dem Grasbrook mit Deichschutz für die niedriggelegenen Stadtteile wurde zwar nicht ausgeführt, legte aber den Grund für alle späteren Überlegungen zur Ausdehnung des Hafens.

Die Dispositionen der Kommission wurden im einzelnen durch private Aktivitäten ausgefüllt: Die alsternahen Gebiete wurden teure Wohngegenden. Die weiter zurückgelegenen, aber durch das Alsterkanalnetz erschlossenen Stadtteile erlaubten

Kleinindustrie und Arbeiteransiedlung. Der Hammer- und der Grasbrook entwickelten sich zu Industriebereichen; im ersten gab es darüber hinaus Arbeiterwohnbereiche, der zweite war zugleich Erweiterungsgelände für den Hafen.

Ende 1845 löste sich die Technische Kommission auf. Mit ihr hatten sich Rat und Baudeputation unter dem Druck der Notwendigkeiten und in klarer Erkenntnis der Erfordernisse ein Planungsinstrument geschaffen, das zu dieser Zeit keine andere Stadt hatte. Um so bedauerlicher war es, daß dieser Kommission zunächst nichts Gleichgewichtiges nachfolgte. Nach den politischen Bewegungen von 1848 kamen erst 1860 wieder verfassungsmäßige Gremien zustande, die die liegengebliebenen Probleme aufgreifen konnten.

Im Mittelpunkt der Aktivitäten nach 1860 standen die Lösungen der drei planerischen Grundprobleme: systematische Vergrößerung des Hafens und des Zubringerverkehrs sowie Ausweisung der dafür reservierten Flächen, Schutz des immer größer werdenden besiedelten Marschengebietes der Stadt gegen Sturmfluten und Lenkung des anwachsenden, bisher unkontrollierten privaten Bauwesens durch gesetzliche Regelungen.

1862 entschied die Bürgerschaft zunächst über die Zukunft des Hafens nach dem Plan des neuen Wasserbaudirektors Johannes Dalmann. Die Grundzüge dieses Planes waren Freihaltung der Elbe von Überbrückungen im Bereich des Seeschiffsverkehrs, Nutzung des Grasbrooks und der gegenüberliegenden Elbinseln für die Hafenanlage, offene Tidehäfen mit unmittelbarem Verkehr zwischen Schiff, Kai, Straße und Bahn, Erschließung des Uferrandes der Stadt für den Verkehr mit dem Hafen, umfangreiche Bahnanlagen und schließlich breite Straßendurchbrüche bis in die Mitte der Stadt.

Für die Ausbildung der City waren systematische Planungseingriffe wesentlich, zum Schaden der verbliebenen Wohnbevölkerung. Ein erster solcher Eingriff waren die Maßnahmen zur Realisierung des Zollanschlusses der Stadt nach 1880. Dafür gab man den ehemals umfestigten, im 17. und 18. Jahrhundert bebauten und dicht bewohnten Bereich des Brooks auf.

Weitere tiefgreifende Veränderungen entstanden mit den Sanierungsmaßnahmen nach der Cholera-Epidemie von 1892. In Teilen der Neu- und der Altstadt mit Bauten aus dem 17. und 18. Jahrhundert, an denen die Bevölkerung als Wohnbereiche zäh festhielt, waren die Wohnverhältnisse wegen des Zustandes der

Bauten und der starken Überbelegung elendig. Im tiefgelegenen und ständig überfluteten Hafengebiet sollte mit einem Musterprojekt begonnen werden. Grundsatz war, die dort ansässige Bevölkerung in einem komplizierten Verfahren während der Abriß-, Aufschüttungs- und Neubauarbeiten zwar umzusiedeln, aber nicht zu vertreiben. Diese Absicht, hier das erste Mal überhaupt planmäßig verfolgt, scheiterte jedoch. Die etwa 20 000 ehemaligen Bewohner siedelten zum Großteil in die neuen Arbeiterviertel über. Statt ihrer zogen etwa 14 000 einer anderen Gruppe angehörigen Bewohner ein. Die staatlichen Investitionen für die Umsiedlung in Höhe von etwa zwanzig Millionen Mark damaliger Währung waren umsonst eingesetzt worden. Vielleicht ging deshalb die Sanierungskommission bei dem nächsten Projekt im Steinstraßenviertel um so rücksichtsloser vor.[34]

Die Folgen der ersten großen Zerstörung eines Wohngebietes für den Zollanschluß haben offenbar den Anlaß für die in den achtziger Jahren eingeführte Baupolizeigesetzgebung gegeben. Wesentlich daran waren Vorschriften für Wohngebäude und Wohnräume, Bestimmungen über Luft und Licht, über die Breite von Gängen sowie Maßregeln für die Anlage von Kellerwohnungen. Dennoch konnte es 1892 zur Cholera-Katastrophe in den Gängevierteln der Altstadt kommen. Die Epidemie löste eine Reihe von weiteren gesetzlichen Maßnahmen zur Regulierung der Bauspekulation aus.

Für die Gesamtausdehnung der Stadt wurde das Bebauungsplangesetz von 1892 von zentraler Bedeutung, ein General- und Stadterweiterungsplan für die damaligen Vororte am rechten Elbufer, »der den Zusammenhang der einzelnen Teile sichern sollte, die das ganze Gebiet berührenden Anlagen, Eisenbahnen, Kanäle und die wichtigsten Grundgedanken festlegen sollte«[35]. Er wurde die Grundlage für Hamburgs weitere Entwicklung in allen Vororten.

Die Hauptausfallstraßen verband der Plan durch drei Ringstraßen: einen inneren Ring entlang der Wallanlagen, einen mittleren Ring um die Binnen- und Außenalster sowie einen äußeren Ring entlang des Hafenbereiches und durch alle Vororte um die Stadt herum. Vorausschauend gelöst war auch die Einplanung von Bahnlinien, die die wachsenden Stadtteile miteinander verbinden sollten.

Bestimmend für das Gesicht der Architektur in den neuen Stadtteilen wurde die Klassifizierung dieser Gebiete in drei Arten gewerblicher Bezirke. Dazu kam die Einteilung der Stadt in Bauklassen, die etwa dem zeitgenössischen, auf die Besitzverhältnisse zurückgehenden Mehrklassenwahlrecht entsprach. Sie ist noch heute erkennbar und für die Stadtstruktur ebenso wie für die Sozialtopographie außerhalb der Innenstadt bestimmend geblieben.

Architektur nach dem Brand

Zu dem planerischen Innovationsschub, den die Vorschläge der Technischen Kommission nach dem Brand auslösten, kam auch eine architektonische Erneuerung. Eine Reihe von Architekten von außerhalb bemühte sich um die zahlreichen neuen Aufträge. Aber es entstand nicht die erwartete Vielfalt unterschiedlicher Architektenhandschriften. Unter den Bauherren bildete sich vielmehr ein Konsens, nach dem der Charakter der »weißen Stadt« in Putzbauweise aufgenommen und die von Wimmel und Forsmann mit Börse und Johanneum angegebene Richtung eines Rundbogenstils behutsam weiterentwickelt werden sollte. Die neuen, höher gewordenen Straßenfassaden – etwa an den drei »Jungfernstiegen« um die Binnenalster – wirkten danach eher gleichförmig. Am besten ist der Charakter des architektonisch erneuerten Hamburg an den Alsterarkaden erhalten. Einer Reihe von verschiedenen und doch einander sehr ähnlichen Putzfassaden ist hier eine einheitliche Arkadenreihe vorgelegt, die das Becken der Kleinen Alster an dieser Steite einfaßt und zur Logenreihe für den Blick auf den Staatsbautenplatz wurde.

Nur wenige Bauten hoben sich aus der »weißen Stadt« mit neuer Backsteinbauweise heraus. Nachdem Alexis de Chateauneuf schon 1841 beim Bau des Berliner Bahnhofs Backstein eingesetzt hatte, baute er nach 1845 die »Stadtwasserkunst« und – in der Mitte der Stadt – von 1845 bis 1847 die alte Post in unverputztem Backstein. Die Patriotische Gesellschaft ließ sich um 1850 ihr Gebäude von dem Architekten Theodor Bühlau (1800-1861) sogar ausdrücklich in Backstein errichten. Im Kirchenbau realisierte Chateauneuf, nachdem Wimmel die St. Pauli-Kirche als Backsteinrohbau belassen hatte, nach 1842 die Restaurierung der Petrikirche ebenfalls als Backsteinbau. Und auch die Nikolaikirche wurde zwischen 1846 und 1874 unter Verwendung von Haustein und Backstein wiedererrichtet. Backstein für neuartige Funktionsbauten, Backstein als programmatisch eingesetztes neues Material, das sich von der Putzbauweise abhe-

Die Patriotische Gesellschaft ließ sich ihr Gebäude um 1850 von Theodor Bühlau programmatisch in Backstein errichten: Wandgemälde im Rathaus, um 1890.

ben sollte, und Backstein als Signal für Frömmigkeit blieb jedoch zunächst noch die Ausnahme. Später wurde Backstein dann aber ein für Fabrikbauten, für die Speicherstadt, für Kirchen und den Wohnungsbau der zwanziger und dreißiger Jahre unseres Jahrhunderts gleichermaßen charakteristisches Material in Hamburg.[36]

Die Architekten der Generation nach dem großen Brand hatten auf den technischen Hochschulen kunsthistorischen Anschauungsunterricht gehabt, historisch zu reflektieren gelernt und folgten mit ihren Bauten der von Heinrich Hübsch mit der Frage »In welchem Style sollen wir bauen?« ausgelösten Architekturdebatte. Es ging ihnen nicht nur um die Materialfrage: Putz- oder Backsteinbau. Für die republikanischen Implikationen der klassizistischen Architekten des »Weißen Hauses« und der »weißen Stadt« waren sie noch vor den Bauherren unempfänglich geworden. Statt dessen spielten jetzt auch in Hamburg immer mehr formale Anregungen aus der italienischen, später der niederländischen und deutschen Renaissance eine Rolle. Auch sie sollten die sozialhistorische Aufwertung des Bürgertums in den europäischen Städten reflektieren. Mit der Architektur der Bildungsbauten des Johanneums und der späteren Museen wurde auf die Wiedergeburt von Wissenschaft und Kunst in der Renaissance angespielt. Was hier bewußt eingesetzt wurde, erstarrte in der übrigen hamburgischen Architektur allerdings zu einer neorenaissancistischen Mode, von der – außer den Kirchen – alle übrigen Bautypen der Stadt, auch der frühe Kontorhaus- und vor allem der Bankenbau erfaßt wurden. Prominentester hamburgischer Architekt für diese neorenaissancistische Architektur der zweiten Hälfte des 19. Jahrhunderts wurde der Bürgermeistersohn Martin Haller (1835-1925). Sein Spätwerk ist das noch 1912 bis 1913 entstandene Bankhaus Warburg, das seine renaissancistische Palazzo-Fassade auf die Ecke von Alstertor und Ferdinandstraße und auf Alstersicht ausrichtet – dies sicherlich nicht ohne den Segen des 1902 von seinem Italienaufenthalt zurückgekehrten Kunsthistorikers der Warburg-Familie, Aby Warburg.

Das Rathaus

Der veränderte Stadtplan von Hamburg hatte schon 1842 einem neuen Rathaus den Platz angewiesen: auf dem ehemaligen Gelände des Johannis-Klosters, in der Mitte der Stadt, nahe der

Bild rechts:
Kaum ein Bauwerk ist aus einem so langen republikanischen Abstimmungsprozeß hervorgegangen wie das Hamburger Rathaus; Entwurfszeichnung der Rathausbaumeister, 1896.

Börse, hingewandt zu den Alsterbecken. Mit der Kleinen Alster waren der architektonisch gefaßte Anlegeplatz, die Viertelkreistreppe sowie die Logenreihe für das Rathaus geschaffen worden. Bevor das Gebäude, eines der bedeutendsten Werke des Historismus, jedoch in Erscheinung treten konnte, wurden 1854 bis 1855 und 1876 Entwurfswettbewerbe abgehalten. Seit 1880 arbeitete der von Martin Haller zusammengeführte »Rathausbaumeisterbund« und berieten sich die Rathausbaukommission, Ausschüsse der Bürgerschaft, Deputationen mit Fachbeamten unter Anteilnahme der Öffentlichkeit; die Ausführungsarbeiten zogen sich dann über Jahre hin. Nicht nur der erste akzeptierte Entwurf war eine Gemeinschaftsarbeit, auch zur Ausformung haben zahllose einzelne in Diskussionen und Gremienentscheidungen beigetragen. Es gibt in der Geschichte der Baukunst kaum ein Bauwerk, das in solchem Maße republikanischen Charakters ist wie das aus diesem Prozeß hervorgegangene Hamburger Rathaus, das bei seiner Fertigstellung dann auch keine Kritik – weder unter den Fachleuten noch in der Öffentlichkeit – mehr fand: »Alle Urteile der Zeit stimmten überein in der neidlosen Wahrnehmung von Reichtum, Größe und Traditionsbewußtsein des hanseatischen Gemeinwesens Hamburg, der größten Handelsstadt des damaligen Reiches, verkörpert im Rathaus.«[37] Es wurde zwischen 1886 und 1897 ausgeführt und erst 1909 mit der Ausmalung des Festsaales vollendet. Die für Hamburg in dieser Zeit bezeichnende Verbindung mit der Börse durch zwei hintere Flügel und einen gemeinsamen Hof war von vornherein geplant. Ungewöhnliche Materialien – Granit, Sandstein und Kupfer – bestimmten die äußere Erscheinung des Rathauses. Im Zusammenhang mit der Höhe des Turmes, der Ausdehnung der symmetrischen Fassade, dem Reichtum der Architekturformen und dem bildnerischen Schmuck vermitteln sie zum Rathausmarkt hin den »Eindruck prächtiger Staatsrepräsentation«[38].

Der äußeren Symmetrie entspricht die Raumzuordnung im Inneren: der Flügel der Bürgerschaft, links, und der des Senates, rechts. Die Rathausdiele im Erdgeschoß und der Festsaal im Obergeschoß vermitteln zwischen beiden Flügeln. Jeder von ihnen wird durch ein eigenes prunkvolles Treppenhaus erschlossen. Möglich war diese Klarheit der Raumdisposition nur durch die Konzentration auf die wichtigsten Funktionen – Parlament, Senatssitzungssaal sowie eine Reihe von Repräsentationsräumen – und den Verzicht auf die Unterbringung von Verwaltung.

Das Bildprogramm im Saal der Republiken verdeutlicht den

hohen Anspruch, den das Rathaus erfüllen sollte. Es stellt vier republikanische Vorläufer und deren Repräsentationsgebäude dar – Athen und den Areopag, Rom und das Kapitol, Venedig und den Dogenpalast, Amsterdam und sein Rathaus; sie alle wollte die Stadtrepublik Hamburg mit ihrem Rathaus überdauern.

Die Speicherstadt

Hamburg war seit Jahrhunderten ein Hafen mit zollfreiem Warenumschlag gewesen. Auch nach Gründung des Norddeutschen Bundes 1866 hatte die ganze Stadt außerhalb der deutschen Zollgrenzen gelegen; Stadtbauweise, Fleetstruktur und Kaufmannshäuser spiegelten die damit verbundene Handels- und Umschlagsorganisation wider. Nach der Reichsgründung aber sollte die Stadt in die Zollgrenzen des Reiches gezwungen werden. Das Ergebnis langer Verhandlungen zwischen Otto Fürst von Bismarck und Bürgermeister Johannes Versmann war das Zugeständnis des Freihafens, eines Gebiets außerhalb der Zollgrenzen von sechzehn Quadratkilometern. In ihm entstand die Speicherstadt, der größte Lagerhauskomplex der Welt. Siebzig Architekten und Ingenieure unter der Leitung von Oberingenieur Franz Andreas Meyer (1837-1901) errichteten Speichergebäude mit einer Lagerfläche von 300 000 Quadratmetern, die zum Teil auch die Bombenzerstörung des Hamburger Hafens im Zweiten Weltkrieg überstanden haben. Der Vertrag zwischen Hamburg und dem Reich wurde 1881 geschlossen. Bis 1884 wurde das Brooks- und Wandrahmviertel abgerissen. 1885 konstituierte sich die Hamburger Freihafen- und Lagerhausgesellschaft, die für den Bau und den Betrieb der Speicher verantwortlich wurde. 1888 weihte Kaiser Wilhelm II. die Speicherstadt ein. Aber noch bis ins 20. Jahrhundert hinein wurde weiter gebaut. Von 1902 bis 1903 entstand das »Rathaus« der Speicherstadt, das von den Architekten Bernhard Hanssen, Wilhelm Emil Meerwein (1844-1927) und Johannes Grotjan entworfene Verwaltungsgebäude der Lagerhausgesellschaft.[39]

Die Speicherstadt ergänzte den in den vorausgegangenen Jahrzehnten ständig vergrößerten Dalmannschen Tidehafen. Hochseeschiffe, Binnenschiffe, Hafenfahrzeuge, Straßen und Bahn waren dort zusammengeführt worden, damit alle Waren direkt umgeschlagen werden konnten. Die notwendigen technischen Hilfsmittel dafür standen bereit. Aber es wurden immer mehr Schuppen für kurzfristige und Speicher für längerfristige

Die Speicherstadt ist das sprechende Monument der Handelszentrale und Zeichen der Vereinigung der freien Stadt Hamburg mit dem Reich; Foto von 1891.

Der Höhepunkt des Bildprogrammes zur Einweihung der Speicherstadt waren die Allegorien auf der Brooksbrücke: Hammonia und Germania strecken einander die Hände entgegen; Foto 1888.

Lagerungen benötigt. Diese Speicher mußten von der Wasserseite wie von der Landseite erreicht werden können und mit den notwendigen Hebezeugen ausgestattet sein. Da die Flächen begrenzt waren, empfahl sich von vornherein die Lagerung in mehreren Stockwerken, die in flexiblen Größenordnungen bei der Lagerhausgesellschaft gemietet werden konnten: Mietshäuser für Waren.

Jahrhundertelange Traditionen der Kaufmannsspeicher, technische Rationalität und neue architektonische Intelligenz bestimmten Material und Konstruktion der Speicher. Der leitende Oberingenieur der Baudeputation, Franz Andreas Meyer, hat die Speicherstadt, »städtebaulich und architektonisch die eindrucksvollste Denkmallandschaft Hamburgs«[40], programmatisch der in Putzbauweise errichteten Altstadt zur Seite gestellt. »Einfache solide Backsteinarchitektur« wollte er errichten. Dem heutigen Betrachter fällt jedoch gerade der Material- und Kunstreichtum der Bauten auf. Besonders exakt gebrannte Backsteine sind verwandt worden, mehrfarbige Glasursteine, Schmuckverbände, keramische Ornamente; Inschriften bestehen aus goldenen Buchstaben. Die Architekturen sind von den verschiedenen Entwerfern streng durchkonstruiert. Zwar ist dahinter die Schulung Meyers an der von Conrad Wilhelm Hase (1818-1902) auf dem Polytechnikum Hannover gelehrten Backstein-Neugotik zu erkennen. Doch verfolgten die Architekten jedes einzelnen Speicherkomplexes ein eigenes Konzept, bei dem nur die vielen niedrigen Stockwerke und rhythmisch wieder holte Giebel mit Winden über Lukenachsen gleichbleibende Elemente bilden. Das Verwaltungsgebäude der Lagerhausgesellschaft hebt sich in schmuckreicher Backstein-Sandstein-Mischbauweise und mit Kupferdächern aus dieser monumentalen Gleichförmigkeit heraus.

Die Speicherstadt ist als geschlossenes architektonisches Ensemble nicht nur das sprechende Monument der Handelszentrale Hamburg und des Anschlusses der freien Stadt an das Reich, sie wurde von Stadt und Reich auch ausdrücklich als Zeichen der versöhnten Vereinigung betrachtet und mit einem beziehungsreichen Bildprogramm ausgestattet. Dessen Höhepunkt waren die aus vergänglichem Material errichteten monumentalen Allegorien auf dem Hauptzugang, der Brooksbrücke: Hammonia und Germania streckten einander die Hände entgegen.[41]

Kontor- und Warenhäuser

Als erstes reines Kontorhaus entstand der Dovenhof von Martin Haller, 1885-1886; Foto um 1890.

Mit der Isolierung der neuen, unbewohnten Industrielandschaft des Freihafens, der Zentralisierung der Speicher sowie der Trennung von Lager-, Kontor- und Wohnfunktion, die ursprünglich im Kaufmannshaus vereint waren, verwandelte sich die Innenstadt in eine Geschäftsstadt, für die die neuen Bautypen von Kontorhäusern, Verwaltungsgebäuden, Banken, Warenhäusern bestimmend wurden.

Als erstes reines Kontorhaus, zu dem es viele Vorformen gab, entstand von 1885 bis 1886 der Speicherstadt gegenüber der Dovenhof.[42] Äußerlich war er ein palastartiger Putzbau mit Neorenaissancefassade nach einem Entwurf von Martin Haller. Seine Innenräume wurden ausschließlich für Bürozwecke vermietet; seine Geschoßflächen waren dafür durch nichttragende Wände beliebig unterteilbar. Treppenhäuser und erstmalig Paternoster erschlossen das Haus; Heizung, Beleuchtung, Rohrpost sowie zentrale Sanitäranlagen dienten der Ver- und Entsorgung. Der Bautyp und das Organisationsprinzip des Mietshauses für Kontore entsprachen so sehr der Nachfrage und zeigten sich als so rentabel, daß immer mehr Kontorhäuser in der Hamburger Innenstadt entstanden und die ältere Bausubstanz verdrängten.

Konstruktion, Geschoßflächenaufteilung und sichtbar auch die Fassadengliederung folgten immer mehr der Funktion. Die tragenden Teile wurden auf die Gliederung der Außenwände verlegt und diese dazwischen in Fensterflächen geöffnet, so daß ein Rhythmus von Stütze und Fensterfläche entstand, der von der Breite eines Büroarbeitsplatzes bestimmt war. Die neuen Techniken des Eisenbetonbaus ermöglichten diese Entwicklung.

Die seit 1905 einheitlich neu konzipierte Mönckebergstraße an der Stelle des Abrißgebietes Altstadt Nord wurde eine Gesamtanlage von Kontorhäusern, Kontorhäusern mit Ladennutzung und reinen Warenhäusern von besonderer städtebaulicher Qualität. In Tagebauweise entstand ein Untergrundbahntunnel und darüber die dreißig Meter breite Straße mit einer Straßenbahntrasse. Die Architektenschaft hatte 1905 einen Ausschuß zur Verschönerung des Stadtbildes gegründet, die Baupflegekommission; diese Straße wurde zu ihrem Musterprojekt. Alle Entwürfe der verschiedenen Privatarchitekten wurden von ihr begutachtet. »Die großmaßstäblichen Kontor- und Kaufhäuser

Die seit 1905 konzipierte Mönckebergstraße wurde eine Gesamtanlage mit Kontorhäusern und Warenhäusern von besonderer Qualität; Foto um 1910.

erhielten tatsächlich großartige Fassaden, die subtil aufeinander abgestimmt waren. Zum Teil gehören sie zum besten, was im frühen 20. Jahrhundert in Hamburg gebaut wurde.« Die Hamburger Kulturzeitschrift *Der Kreis* beschrieb die Mönckebergstraße 1925 rückblickend als »historisches Kulturmonument«: »[...] eingespannt wie eine Starkstromleitung zwischen zwei Polen des öffentlichen Lebens, dem Rathaus und dem Hauptbahnhof, ist sie gefüllt von Energie und Kunstwillen«[43].

Wohnbauten

Die »Slomanburg« am Harvestehuder Weg 5-7, 1848, war die erste ständig bewohnte Villa außerhalb der alten Stadtgrenzen. Mit ihr begann die Reihe der Einzelwohnbauten in den Parks am Alsterufer, in die sich die großbürgerlichen Familien aus den traditionellen Kaufmannshäusern und Stadtpalais zurückzogen. Das Alsterufer in Harvestehude vermittelt heute noch das großbürgerliche Ambiente dieser Villen aus dem 19. Jahrhundert. Aber selbst die größte unter ihnen, das Budge-Palais, seit 1900 von Martin Haller erbaut, deren Spiegelsaal im Museum für Kunst und Gewerbe rekonstruiert ist, behielt bei allem Reichtum der Besitzer bürgerliches Maß.

Das gebräuchliche Einzelhaus der Zeit nach dem Brand von 1842 war das »Stadthaus«, eine Reihenvilla mit Vorder- und Hintergarten. In großer Zahl entstand dieser Bautyp in neu erschlossenen Stadterweiterungsgebieten zu beiden Seiten der Alster. Er folgte traditionellen Raumaufteilungen und war bis zur Jahrhundertwende mit Putzbaufassaden dekoriert. Häufig haben Bauunternehmer solche Stadthäuser in spekulativer Absicht für anonyme Nutzer errichtet. Jedenfalls trugen sie dazu bei, daß sich die Innenstadt schnell von bürgerlicher Wohnbevölkerung leerte.

Mietwohnungen hatten in Hamburg jahrhundertelange Tradition. Im 19. Jahrhundert entfaltete die Spekulation in den Stadterweiterungsgebieten eine differenzierte Sozialtopographie von den teuersten Etagenhäusern bis zu billigsten Mietshäusern mit sogenannten Kleinwohnungen für die Arbeiterschaft.

Für die Etagenhäuser wurden neben opulenten Wohnraumsuiten mit entsprechender technischer Ver- und Entsorgung den Moden folgende üppige Fassadendekorationen und reich ausgestattete Eingangsräume im Erdgeschoß entwickelt, die sich

Die »Slomanburg« von Jean David Jolaste, 1848, war die erste ständig bewohnte Stadtvilla; Lithographie von J. Gottheil, um 1850 (Ausschnitt).

Aus den Hinterhofbebauungen entwickelten sich im 19. Jahrhundert die »Terrassen« und »Passagen«: Bohmbachspassage in St. Georg; Foto um 1930.

in Eppendorf bis heute studieren lassen, weil die Gebiete, in denen die Etagenhäuser vorwiegend errichtet wurden, von den Bombenangriffen verschont blieben.[44]

Die Juden hatten ihre alten Wohngebiete in der umfestigten Neustadt gehabt. Nachdem ihnen aber in der auf den Brand von 1842 folgenden Zeit auch Grunderwerb gestattet wurde, aber auch infolge der jüdischen Emanzipation, die sich 1848 durchsetzte, zogen viele Juden in die Stadterweiterungsgebiete Harvestehude, Rotherbaum, Eppendorf und Eimsbüttel. Das jüdische Leben konzentrierte sich aber vor allem am Grindel. Dieses Gebiet umfaßte Reihenvillen ebenso wie teure und billige Mietshäuser, die baulich keinen spezifischen Charakter hatten. Hier standen um den Bornplatz die Talmud-Thora-Schule, die Neue Dammtor-Synagoge, 1894, die Große Synagoge, 1906, und daneben zahlreiche kleinere Synagogen und Bethäuser. Wenn auch die großen Synagogen zerstört wurden, so sind doch die Wohngebäude und auch einige Hinterhofsynagogen und Schulen erhalten. Sie gehören nach der Deportation der jüdischen Bevölkerung im Dritten Reich zu den wenigen Hamburger Zeugen einer vernichteten Kultur.[45]

Die Arbeiterschaft hatte bis zum Brand in den späteren Sanierungsgebieten der Alt- und Neustadt gewohnt. Für ihre Wohnquartiere waren eingeschossige Budenreihen oder zweigeschossige sogenannte Sahlwohnungsbauten in Hinterhöfen typisch: Im 19. Jahrhundert entstanden in den Hinterhöfen oder anstelle von diesen Arbeiterwohnbauten mit den euphemistischen Bezeichnungen »Terrassen« oder »Passagen«. Hinter den vorderen Mietshäusern wurden auf den traditionell tiefen Grundstücken schmale Reihen von Wohnungen in Putzbauweise errichtet. Die Kleinwohnungen darin hatten zwar zunehmend eigene Sanitäreinrichtungen, waren durch ihre Lage aber deutlich als Hinterhofbauten stigmatisiert. Die Wohnungsbaureform aus der Zeit nach 1919, die Kriegszerstörungen und die späteren Sanierungsprozesse haben sie stark dezimiert. Aber die in den Stadterweiterungsgebieten jener Zeit erhaltenen sind typische Zeugen für hamburgische Arbeiterwohnkultur.[46]

Kirchen, Friedhöfe und Grünanlagen

Trotz des Abrisses von Sakralbauten wurde schon vor dem Brand der Überschuß von Kirchenraum in der Innenstadt deutlich. Kleine Kirchenneubauten wie die Englische Kirche und die

St. Pauli-Kirche waren allenfalls in der dichtbevölkerten Neustadt und in der Vorstadt St. Pauli notwendig. Als der Brand weitere Kirchen vernichtete, wurden lediglich St. Katharinen und St. Jacobi wieder instand gesetzt und St. Petri über den Restmauern neu errichtet. Für die anderen zerstörten Kirchen bestand auch deshalb kein Bedarf mehr, weil die bürgerliche Wohnbevölkerung die Innenstadt verließ und die Arbeiterschaft die Abwendung des aufgeklärten Bürgertums von der Kirche nachvollzog.

Eine Gegenbewegung zum lutherischen Rationalismus, der die Emanzipation von der Kirche selbst befördert hatte, war jedoch die hamburgische »Erweckungsbewegung«, die wieder fromme Empfindung und Wortgläubigkeit praktizieren und dies mit einem neuen Sozialengagement verbinden wollte. Sie stand hinter einem nach dem Brand programmatisch betriebenen Kirchenbau, dem der neuen St. Nikolai-Kirche. Bezeichnend ist, daß dieser Bau erst 1874 fertig geworden ist. Aus einem Wettbewerb von 1844 war zuerst Gottfried Semper als Preisträger mit einem Entwurf im Rundbogenstil hervorgegangen, der sich in die wiedererstehende neue Stadt eingefügt hätte. Gegen ihn formierte sich die Erweckungsbewegung und beförderte einen Bau von George Gilbert Scott (1811-1878), der in Höhe des Turmes, Baumaterial und Ausführung gänzlich von hamburgischer Tradition abwich: Der Entwurf sah eine romantisch-mittelalterliche »gotische« Kathedrale vor, die in der künstlerischen Form eine neue mittelalterliche Frömmigkeit ausdrücken sollte.[47]

Mit dem Auszug der Bevölkerung in die neuen Stadtteile stellte sich aber die Frage nach der »kirchlichen Versorgung« in den Vororten, soweit dort nicht die alten Kirchen später eingemeindeter Dörfer genutzt wurden. »In fast mechanischer Routine entstanden mit den Wohnvierteln seit den 1860er Jahren auch neue Kirchen.«[48] Von Johannes Otzen (1839-1911) stammen die Altonaer Kirchen St. Johannis, 1868-1872, und St. Peter, 1880-1883, die Hamburger Christuskirche in Eimsbüttel, 1883-1884, und St. Gertrud in Hohenfelde, 1881-1885, von Wilhelm Hauers die St. Johannis-Kirche in Harvestehude, 1880-1882. Diese tonangebenden Bauten, hervorgegangen aus Wettbewerben, in denen Kirchenälteste, Geistliche und Architektenschaft sich miteinander abzustimmen hatten, folgten in der theologischen Ausrichtung St. Nikolai. Alle sind sie »mittelalterliche« Kirchen im Sinne der Neogotik Hases. Sie verwenden die traditionellen Kirchenbauformen von Turm, Langhaus und Chor, bestehen aus Backstein und bemühen sich um eindrucks-

Die Erweckungsbewegung stand hinter dem Neubau der neogotischen Kathedrale St. Nikolai: Richtfeier 1859; Xylographie nach J. Gottheil.

volle Wirkung nach außen in den Umraum der neuen Stadtteile hinein. Im Inneren bieten sie protestantisch ausgerichtete Predigträume. Dominanz haben sie jedoch ebensowenig erreichen können wie die Zentralbauten von Fernando Lorenzen, die der nächsten Generation von Kirchenbauten angehörten: die beiden Kreuzkirchen in Ottensen, 1897-1898, und in Wandsbek, 1909-1910, oder die Gnadenkirche in St. Pauli, 1906-1907.

Eine besondere Rolle unter den Kirchenneubauten nach dem großen Brand spielte die von Arnold Güldenpfennig entworfene erste katholische Kirche in Hamburg seit der Reformation, St. Marien in der Vorstadt St. Georg, 1890-1893. Sie nahm das Patrozinium des abgebrochenen Hamburger Domes und zugleich ausdrücklich die Fassadenformen des seit 1889 restaurierten, ehemals erzbischöflichen Domes in Bremen auf: eine Kirche mit romanischer Doppelturmfassade. Seit Einrichtung des neuen Erzbistums Hamburg 1994 ist sie neuer Dom der Stadt.

Die Konzentration der Bestattungsplätze in der Alt- und Neustadt wurde spätestens seit der Aufklärung als Problem empfunden. Bis ins 18. Jahrhundert hinein waren die Toten auf den Kirchhöfen um den Dom, die Hauptkirchen, die Klosterkirchen und um St. Gertrud bestattet worden. Seit 1713 gab es darüber hinaus Pestfriedhöfe vor den Wällen, und seit 1794 begannen auch die Kirchen ihre Friedhöfe aus hygienischen Gründen vor

Der seit 1854 geplante, 1876 eröffnete säkularisierte Hauptfriedhof Ohlsdorf war eine Fortentwicklung der Begräbnisplätze der Aufklärung und zugleich die erste große Grünerholungsanlage für die Lebenden; Plan um 1895.

die Wälle auf das Gelände zu verlegen, das heute »Planten un Blomen« heißt. Erhalten ist von diesen Friedhöfen vor der Stadt die Begräbniskapelle des Kirchspiels St. Petri an der Jungiusstraße, ein kleiner Rundbau von Johann August Arens, um 1800.[49]

Nach Vorplanungen, die bereits 1854 begonnen hatten, wurde 1876 der Hauptfriedhof Ohlsdorf eröffnet, eine neue, der Großstadt adäquate Fortentwicklung der Begräbnisplätze der Aufklärung.[50] Diesmal legte der Senat den neuen Friedhof an und säkularisierte damit auch diesen gesellschaftlichen Bereich: Alle Toten, ohne Rücksicht auf Glauben und Konfession, konnten hier Bestattung finden. Mit dem Ohlsdorfer Friedhof entstand zugleich eine der ausgedehntesten Friedhofslandschaften der Welt, die zur ersten großen Grünerholungsanlage für die Lebenden gestaltet wurde.

Die Stadtpläne der Gründerzeit entwickelten für die wachsende Großstadt den Gedanken der Wallanlagen zu einer neuen, sowohl »sozialhygienisch wie stadtgestalterisch«[51] gedachten Grünplanung weiter. Von den Wallanlagen aus sollte sich ein Gefüge von Grünräumen zwischen den neuen Stadtteilen hinziehen. Entstand der Elbwanderweg dabei noch ohne staatliche Planung, so ist der Alsterwanderweg auf solche Planung zurückzuführen. Wie der Ohlsdorfer Friedhof war auch der Stadtpark in dieser Konzeption vorgesehen, der wie die Stadtparks in Altona und Harburg seit der Jahrhundertwende verwirklicht wurde.

Kulturelle Einrichtungen und Vergnügungsarchitektur

In dieser Zeit entstanden zugleich die Kultureinrichtungen, die sich bürgerliche Initiativen mit Hilfe einzelner Stifter und zunehmend auch der Stadt selbst schufen oder die kommerziell finanziert wurden. Sie heben sich in ihrer Entstehung deutlich von fürstlichen oder höfischen Einrichtungen in Residenzen ab.

Museen waren in Hamburg eine neue Kategorie solcher Einrichtungen. Sie traten an die Stelle der vielen Privatsammlungen des 17. und 18. Jahrhunderts. Anfangs wurden vorhandene Räume genutzt. Dann folgten die ersten respektablen Neubauten, die Kunsthalle, 1863-1869, und das Museum für Kunst und Gewerbe, 1871-1876. Der Bau der Kunsthalle der Berliner Architekten Theodor Schirrmacher (1833-1864) und Hermann von der Hude (1830-1908) stellte sich in die Reihe der Hamburger Versuche, die Backsteinbauweise wiederzubeleben. An seinen Fassaden sind glasierter Backstein, roter Sandstein und Terrakotta zu einer ganz eigenen Wirkung kombiniert. Die Kunsthalle wurde zunächst 1883 bis 1884 durch Bauten von Carl Johann Christian Zimmermann (1831-1911) ergänzt. Nach Vorstellungen Alfred Lichtwarks konzipierte dann Albert Erbe in der Zeit von 1909 bis 1912 einen Erweiterungsbau mit Pantheonmotiv, der bis 1921 ausgeführt wurde. Das Gebäude für das Museum für Kunst und Gewerbe und die Gewerbeschule, von Carl Johann Christian Zimmermann errichtet, präsentiert noch einmal großflächige, mit Sandstein untergliederte Putzfassaden, zum Teil mit Rundbogenfenstern – ein renaissancistischer Ausläufer der Baukonventionen der »weißen Stadt«.

Beinahe zeitgleich wurden zwei weitere hamburgische Museen gebaut: das Museum für Völkerkunde von Albert Erbe, 1907-1911, und das Museum für Hamburgische Geschichte von Fritz Schumacher, 1914-1923.

Auch das zerstörte Naturhistorische Museum von Manfred Semper (1838-1913) und Carl Friedrich Philipp Krutisch, das Botanische Staatsinstitut von Albert Erbe, 1904-1906, und die Gebäudegruppe der Sternwarte in Bergedorf, ebenfalls von Albert Erbe, 1907-1912, gehören in diesen Zusammenhang. Im preußischen Altona war darüber hinaus von 1898 bis 1901 ein preußisches Regionalmuseum nach Entwurf der Berliner Architekten Heinrich Reinhardt und Georg Süßenguth entstanden.

Die Folge dieser Gebäude demonstriert, daß der Stadt zu Beginn des 20. Jahrhunderts ein umfangreiches Programm von Bauten für wissenschaftliche Sammlungen und für Kunstsammlungen erwachsen ist. Zwischen 1909 und 1911 wurde dazu das von Edmund Siemers für das »Allgemeine Vorlesungswesen« gestiftete Vorlesungsgebäude von Hermann Distel und August Grubitz errichtet, aber erst 1919 kam es zur Gründung der Universität.

Der Besuch von Theaterspektakeln zwischen Kunst und Vergnügen war in Hamburg weiter verbreitet als die Beschäftigung mit Sammlungen. Das große Stadttheater, das 1826 bis 1827 nach Entwürfen von Carl Ludwig Wimmel, zu denen es auch Schinkel-Varianten gegeben hatte, erbaut worden war, folgte zwei älteren Vorgängern. 1873 bis 1874 wurde es erneut umgebaut und nach den Vorstellungen der Neorenaissance von Martin Haller ausgestattet: das opulenteste und größte Theater der Stadt.

Der Altbau der Kunsthalle von Schirrmacher und von der Hude, 1863-1869, kombinierte Backstein, roten Sandstein und Terrakotta; Foto um 1870.

Das Gebäude für Gewerbeschule, Bauschule und Museum für Kunst und Gewerbe von Johann Christian Zimmermann, 1874-1876, war ein renaissancistischer Putzbau; Foto um 1900.

Das große Stadttheater wurde 1826 bis 1827 auf dem Platz der heutigen Oper erbaut und 1873 bis 1874 neorenaissancistisch ausgestattet; Ansicht von Peter Suhr, um 1830.

Seit 1843 hatte es auch ein kleineres Theater, das Thalia-Theater, gegeben; 1911 bis 1912 erhielt es einen Neubau von Werner Lundt und Georg Kallmorgen. Außerdem war 1899 bis 1900 in der Vorstadt St. Georg als »Volkstheater« – wie man sein Wiener Gegenstück nannte – das Deutsche Schauspielhaus entstanden, das von den Wiener Theaterbauspezialisten Ferdinand Fellner und Hermann Helmer errichtet worden war. Dieses Theater – erhalten und restauriert – vermittelt mit Fassade, Foyer und Zuschauerraum am ehesten einen Eindruck von Architektur, Bildprogramm und -ausstattung der Theaterbauten jener Zeit. Daneben ist das St. Pauli-Theater am Spielbudenplatz mit Theaterraum von 1840 bis 1841 und Fassade von Franz Jacobsen, 1898, zu nennen. Stadttheater, heute Staatsoper, Thalia-Theater, Schauspielhaus und St. Pauli-Theater deuten die Vielfalt von Theaterformen jener Zeit aber nur an, aus denen die Besucher auswählen konnten. [52]

Dieser Vielfalt entsprach eine Vielzahl von Einrichtungen, in denen Musik erklingen konnte – von Sälen mit Konzertbetrieb bis zu Restaurants, in denen aufgespielt wurde. Die erhaltene Musikhalle war ursprünglich neben dem größeren, kriegszerstörten Konventgarten nur die zweitgrößte ihres Genres. 1904 bis 1908 wurde sie von Martin Haller und Wilhelm Emil Meerwein als eine Stiftung des Ehepaares Carl Heinrich und Sophie Laeisz errichtet. Sie war bestimmt für die Pflege »ernster Musik«: ein Gebäude aus Backstein mit Sandsteingliederung, das einen großen und einen kleinen Konzertsaal hat. Seine Formen im Äußeren wie im Inneren spielten auf die

Das Deutsche Schauspielhaus von den Wiener Theaterarchitekten Fellner und Helmer, 1899-1900, vermittelt heute als einziges einen Eindruck vom Äußeren, vom Inneren und vom plastischen und malerischen Bildprogramm eines Theaterbaus jener Zeit; Foto nach der Restaurierung von 1984.

Die Musikhalle von Martin Haller und Emil Meerwein, 1904-1908, damals zweitgrößtes Konzerthaus der Stadt, wurde vom Reeder-Ehepaar Laeisz als Monument für Johannes Brahms gestiftet; Foto um 1970.

Michaeliskirche an, die nach dem Brand von 1906 in der gleichen Zeit wieder aufgebaut wurde.[53]

Die Gebiete der Neustadt um den Gänsemarkt und die beiden Vorstädte St. Georg und St. Pauli wurden im 19. Jahrhundert endgültig diejenigen Bereiche, in denen sich Theater, Konzert und Vergnügen konzentrierten. Der Name »Spielbudenplatz« – schon 1798 belegt – weist auf die neuen Formen von Vergnügungsarchitektur hin, die hier entstand: Konzertsäle, Musiktheater, Operettenhäuser, Varietés und allerlei Etablissements für gastronomische und erotische Vergnügungen. Mit »Schmidts Tivoli« ist eine jener Zentralbau-Architekturen des 19. Jahrhunderts wiederhergestellt worden, deren Verwandtschaft mit Mouseion-Rotunden des 16. bis 18. Jahrhunderts einerseits wie mit Zirkuszelten des 19. Jahrhunderts andererseits auf eine lange, aber heute vergessene Tradition der Vergnügungsarchitektur hinweist.

Reichsbauten in Hamburg

Außer Rathaus und Börse hatte es im Hamburg vorindustrieller Zeit – anders als in deutschen Residenzen – kaum staatliche Herrschafts- und Verwaltungsbauten gegeben. Lediglich das Görtzsche Palais war in der Franzosenzeit zunächst zur »Mairie« und dann zum »Stadthaus«, dem Sitz der Polizei, umfunktioniert worden. Erst als die Stadt nach 1871 dem Reich beitrat, entstanden daneben erste repräsentative Bauten für die hamburgische Verwaltung: 1888 bis 1892 wurde nach Plänen von Baudirektor Zimmermann der Erweiterungsbau des Stadthauses an der Stadthausbrücke errichtet; 1909 bis 1912 folgte ein Erweiterungsbau von Fritz Schumacher, die heutige Baubehörde, und 1906 bis 1908 die Landherrenschaft von Albert Erbe als Sitz der Verwaltung der hamburgischen Landgebiete.

Einer der ersten repräsentativen Verwaltungsbauten in Hamburg war das Stadthaus von Johann Christian Zimmermann, 1888-1892, an der Ecke Neuer Wall/ Stadthausbrücke; Foto um 1892.

Eine neue Erscheinung im stadtrepublikanischen Stadtbild waren auch Bauten von Organen der Reichsverwaltung, die nach 1871 entstanden und neue architektonische wie städtebauliche Akzente setzten: Bauten der Post, der Bahn, der Finanz- und Zollverwaltung, Bauten für Justiz und Strafvollzug sowie Gebäude für andere vom Reich finanzierte Institute.

Die 1881 von Kaiser Wilhelm für wissenschaftliche Forschung und praktische Nutzanwendung im Interesse deutscher Seefahrt eingeweihte Seewarte war einer der frühesten Reichsbauten in Hamburg; als markantes Einzelbauwerk über dem

Hafen setzte die Warte einen wichtigen Akzent im Stadtbild. Die eindrucksvolle Oberfinanzdirektion von Albert Erbe entstand zwischen 1907 und 1912 am Rödingsmarkt. Zollbauten wie das Hauptzollamt Poggenmühle, 1909-1911, fügten sich in die Gebäudegruppierung der Speicherstadt ein, die hamburgische und Reichsbauten vereinte. Das eindrucksvollste einzelne Postgebäude, das Bahnpostamt Hühnerposten, präsentierte sich am Hauptbahnhof den nach Hamburg einfahrenden Bahnpassagieren: Es wurde 1902 bis 1905 von Postbaurat Paul Schuppan in gotischen Bauformen errichtet und 1923 bis 1927 von Postbaurat Thieme expressionistisch überformt.

Die zwischen 1883 und 1887 errichtete Oberpostdirektion am Stephansplatz setzte den Anfang für eine Art hamburgischer Ringstraßenarchitektur am Gorch-Fock-Wall, die sich aus einer eindrucksvollen Reihe von Staatsbauten zusammenfügte. Der Bau nach Entwürfen von Julius Raschdorf (1823-1914) präsentiert sich mit seinem überkuppelten Eckrisalit am Stephansplatz und mit der vielachsigen Folge von Ostbau, Mittelbau und Westbau am Gorch-Fock-Wall in einem üppigen Renaissancismus. Auf ihn folgt längs des Walles die zwischen 1891 und 1893 errichtete, ebenfalls renaissancistische Generalzolldirektion von Baudirektor Zimmermann sowie das 1894 bis 1895 entstandene Dienstgebäude der Behörde für das Reichsversicherungswesen vom selben Architekten. Am Karl-Muck-Platz wird die Gruppe von der Musikhalle abgeschlossen.

Dort, wo am Karl-Muck-Platz der Holstenwall und die repräsentative Kaiser-Wilhelm-Straße, 1890-1892, zusammentreffen, öffnet sich darüber hinaus das beherrschende Justizforum um den Sievekingplatz mit den drei Hamburger Justizpalästen, die nach Inkrafttreten der Reichsjustizgesetze 1879 erforderlich wurden. Am Kopf des Forums erhebt sich, flankiert von den von Zimmermann entworfenen renaissancistischen Architekturen des Strafjustizgebäudes, 1879-1882, mit sich anschließendem Untersuchungsgefängnis und des Ziviljustizgebäudes, 1898-1903, das Hanseatische Oberlandesgericht. Es ist 1907 bis 1912 nach Entwürfen der Architekturfirma Lundt & Kallmorgen errichtet worden und bildet den architektonischen Höhepunkt des gesamten mit der Oberpostdirektion eröffneten Ensembles von Herrschaftsarchitekturen. Der monumentale Anspruch des höchsten Hamburger Gerichts äußert sich sowohl in der Instrumentierung des hellen Hausteinbaukörpers mit Säulenstellung und Mittelkuppel als auch in der respektheischenden, mit ge-

Die Oberpostdirektion von Julius Raschdorf am Stephansplatz, 1883-1887, bildete den Anfang einer Art hamburgischer Ringstraßenarchitektur; Foto um 1900.

Das Justizforum mit Strafjustizgebäude und Untersuchungsgefängnis, Ziviljustizgebäude und dem Oberlandesgericht ist das eindrucksvollste Ensemble einer Herrschaftsarchitektur, wie sie die Stadt bis dahin nicht kannte; Foto um 1925.

Der Hamburger Hauptbahnhof, 1903-1906, ist geprägt durch das breite Hauptschiff mit niedrigen Seitenschiffen. Die monumentale Eisen-Glas-Halle hat in der »Wandelhalle« ein Querschiff, vor das eine Sandsteinarchitektur mit Uhrtürmen gebaut ist; Foto um 1910.

kreuzten Tonnen überwölbten Halle des neoklassizistischen Gebäudes, das zugleich den Endpunkt der Entwicklung historistischer Architektur in Hamburg vor dem Ersten Weltkrieg markiert.

Verkehrsmittel und Verkehrsbauten

Die Hamburger Teilstädte schoben sich im Laufe des 19. Jahrhunderts zunehmend auseinander, so daß für die Beförderung der Menschen immer neue Verkehrsmittel, Straßenführungen und Schienenwege geschaffen werden mußten. Aus Pferdeomnibus, seit 1836, Pferdestraßenbahn, seit 1866, Dampfstraßenbahn, seit 1876, und elektrischer Straßenbahn, seit 1894, entwickelte sich das damals weitgespannteste Nahverkehrsnetz der Welt. Ergänzt wurde es 1865 um eine Bahn von Altona nach Blankenese, die 1907 nach Ohlsdorf verlängert wurde – die erste elektrifizierte Vorortbahn. Seit 1892 wurde außerdem eine elektrische Stadtbahn diskutiert, die ursprünglich als Schwebebahn vorgesehen war, dann aber zwischen 1906 und 1912 teils als Hoch- und teils als Untergrundbahn ausgeführt wurde.[54]

Schon vorher waren die Fernverbindungen der Eisenbahn mit ihren verschiedenen Endbahnhöfen und einer neuen Konzentration am Hauptbahnhof entstanden. Die Bauten der frühen Einzelbahnhöfe sind heute verschwunden, einzelne Putzbauten der Hamburg-Altonaer Verbindungsbahn, der Bahn in den Elbvororten und der Hamburg-Lübecker Bahn stehen aber noch.[55] Charakteristisch sind auch die Backsteinbauten des Harburger Bahnhofs aus preußischer Zeit. Bedeutende Hamburger Bahnhofskonstruktionen sind jedoch vor allem mit dem Dammtorbahnhof, 1901-1903, und dem Hauptbahnhof, 1903-1906, erhalten, die bis heute ihr Umfeld beherrschen. Der Dammtorbahnhof – Empfangsstation bei Kaiserbesuchen – ist von den Ingenieuren Rudolf Caesar und Schwartz nach dem Vorbild der Berliner Bahnhöfe Friedrichstraße und Alexanderplatz mit hochgelegten Bahnsträngen und überwölbender Eisen-Glas-Halle konzipiert worden; die feinen Jugendstilornamente und die helle Sandsteinfassade mit Triumphbogenmotiv und Emblemen von Handel, Bahn und Schiffahrt erheben den Bau jedoch über die Vorbilder. Der Hauptbahnhof des Ingenieurs Ernst Moeller und der Architekten Reinhardt & Süßenguth – anders als die Sackbahnhöfe anderer Großstädte ein Durchgangsbahnhof – imponiert vor allem durch seine schmucklos monumentale Eisen-Glas-Halle über den im Wallgraben durchlaufenden Gleisen: ein breites Hauptschiff mit niedrigen Seitenschiffen, das im Norden eine Art Querschiff für die »Wandelhalle« begrenzt. Vor diesem steht eine Sandsteinarchitektur mit Uhrtürmen, die den Charakter hamburgischer Reformarchitektur der Kontor- und Warenhäuser antizipiert.

Alle Bahnhöfe, Viadukte und Brücken der Hamburger Hochbahn vom Ende des vergangenen bzw. Anfang des 20. Jahrhunderts sind in ähnlichen Formen ausgebildet. Besonders reich ausgestattet war der heute reduziert wirkende Bahnhof Landungsbrücken. Die Gebäude der Landungsbrücken, 1906-1910, und des alten Elbtunnels, 1907-1911, von der Architekturfirma Raabe und Wöhlecke nehmen seine ursprünglichen Architekturformen auf. Für den Elbtunnel, der die unterelbische Verbindung zur Welt der Großwerften schuf, zögerten die Architekten nicht, ein modernes Pantheongebäude zu entwerfen.

Der alte Elbtunnel von Raabe und Wöhlecke, 1907-1911, verwendet das antike Pantheon-Motiv selbstbewußt für einen modernen Verkehrsbau; Foto 1983.

Schiffbau

Bis weit ins 19. Jahrhundert hinein wurden in Hamburg Holzschiffe gezimmert. 1820 gehörten dem Schiffbaueramt, das erst 1839 aufgehoben wurde, zwanzig zünftige Schiffbaumeister an. Die Schiffbauplätze mit Helgen, Wohnhaus und Schuppen lagen bis 1859, dem Baubeginn des ersten neuen Hafenbeckens, auf dem Grasbrook. Die neuen Werften entwickelten sich dann auf dem anderen Elbufer, Wencke seit 1839 und Stülcken seit 1849 auf Steinwerder, die »Reiherstieg Schiffswerfte und Maschinenfabrik« seit 1864 und »Blohm und Voss« seit 1877 ebenfalls auf Steinwerder. Sie vollzogen den Wechsel von den gezimmerten zu den geschmiedeten Schiffen mit Dampfmaschinen, die mit einem bisher nicht gekannten Kapitaleinsatz und mit Tausenden von Werftarbeitern industriell produziert wurden. Wie der Stettiner Vorgänger und der Bremer Nachfolger wurde die Hamburger »Maschinenbau AG Vulcan«, seit 1905, nach dem Gott der Schmiede benannt. Die neuen Hamburger Werften profitierten von der Verlagerung des deutschen Schiffbaus von der Ostsee an die Nordseehäfen und natürlich von der Flottenaufrüstung des Reiches. Schlachtkreuzer und Schlachtschiffe entstanden immer dann, wenn die Aufträge für die neuen Handels- und Passagierschiffe der Übersee-Schiffahrt stagnierten. Höhepunkte der Schiffbaukunst waren allerdings die berühmten Riesendampfer, die sich einer nach dem anderen mit Superlativen übertrumpf-

Die »Imperator«, auf einer Hamburger Werft für eine Hamburger Linie gebaut, war das Symbol für eine Schiffbaukunst mit imperialistischem Anspruch; Gemälde von Hans Bohrdt, 1913.

ten: die »Amerika« mit 22600 Bruttoregistertonnen (BRT) und die »Kaiserin Auguste Victoria« mit 24500 BRT, 1905-1906, oder die drei Schiffe der »Imperator-Klasse«, »Imperator« mit 52117 BRT, »Vaterland« mit 54282 BRT und »Bismarck« mit 56551 BRT, 1912-1914, die »größten Schiffe der Welt« für die »größte Reederei der Welt«, die Hamburg-Amerika-Linie. Die Schiffe beeindruckten mit der Zahl ihrer hochgereckten Schornsteine, und sie überboten einander mit prunkvollen und protzigen historistischen Einrichtungen in der Luxusklasse. Aber auch von ihnen ist, wie von ihren hölzernen Vorgängern und ihren stählernen Nachfolgern, nicht ein einziges mehr erhalten. Das Bild vom Hamburger Hafen an der Stirnwand des Festsaals im Rathaus hält in naiver Vereinfachung jene bedeutende Phase des Hamburger Schiffbaus fest.

Bauplastik, Denkmäler und Skulpturen

In der Zeit der Aufklärung und des Klassizismus spielten Skulpturen in Hamburg zunächst nur eine geringe Rolle; lediglich die Landhäuser waren vereinzelt mit antikischen Skulpturen dekoriert. In der Rotunde – einem Pantheon und Mouseion (Musentempel) – von Hansens Elbschlößchen, 1804, stehen noch heute die ursprünglichen Figuren einer Pallas und dreier Musen, die eine »Musenrepublik« andeuten. Aber der antikische Purismus der Putzbauten in der »weißen Stadt« konzentrierte sich auf die Architektur. Diese ließ den Steinmetzen, Stukkateuren und Eisengießern, die für den Schmuck der Häuser tätig waren, auch bei reicher ausgestatteten Villen und Stadtpalais und in den wenigen Kirchen fast nur noch ornamentale Aufgaben. Gelegentlich – wie für das Elbschlößchen – wurden Gipsfiguren aus Italien importiert.

Bezeichnend ist, daß auch die frühen Denkmäler programmatisch auf Skulpturen verzichteten und sich mit Architekturformen, wenigen Symbolen und Allegorien begnügten.[56]

Zu Lebzeiten Friedrich Gottfried Klopstocks war eine kleine Büste des Dichters aus Alabaster entstanden, die der Schwabe Landolin Ohmacht, der sich von 1794 bis 1797 in Hamburg aufhielt, gearbeitet hat (Museum für Kunst und Gewerbe); diese kleine Alabaster-Büste ließ sich Johann Gottfried Schadow später, während er an einer großen Klopstock-Büste für die Walhalla bei Regensburg arbeitete, eigens aus Hamburg schik-

Pallas Athene und drei Musen in der Rotunde des »Elbschlößchens« – von Christian Frederick Hansen als »Gypse« aus Italien eingeführt – standen für die »Musenrepublik«; Foto um 1950.

ken. Auch das erste öffentliche Denkmal, der Obelisk für Johann Georg Büsch, 1802, bietet in Relief neben Allegorien der Verdienste das einzige, was der Ehrung von bürgerlichen Personen in dieser Zeit angemessen schien: eine Porträtbüste. Plastische Porträtbüsten von Geehrten erschienen dann auch zunehmend in Innenräumen und auf weiteren Denkmälern wie dem Repsold-Denkmal, 1833, mit einer Porträtbüste von Otto Sigismund Runge. Büstenaufstellungen am Orte der Verdienste der so Geehrten entwickelten sich im Laufe des Jahrhunderts schließlich zur geläufigen Gepflogenheit.

Der Skulpturenreichtum des demokratischen Athen und des republikanischen Rom, die doch das Vorbild für den Klassizismus in der »weißen Stadt« waren, bildete für die Hamburger Bürger offenbar keinen Anreiz. Auch das Schaffen von Antonio Canova (1757-1822) und Bertel Thorvaldsen (1768-1844), den zeitgenössischen Großen in Rom, und der klassizistischen deutschen Bildhauer erreichte die Stadt offenbar kaum. Allenfalls gesellten einige Sammler zu ihren Gemäldesammlungen wenige Skulpturen; so hat Bausenator Martin Johann Jenisch von einem Italienaufenthalt Skulpturen für das Jenisch-Haus mitgebracht, die dort im Gartensaal noch heute aufgestellt sind.[57]

Das Schiller-Denkmal von Julius Lippelt und Carl Boerner, 1860-1866, wurde zum Zeugnis einer politischen Bewegung und eines neuen Strebens nach einer hamburgischen Bildhauerkunst; Foto um 1866.

Die große, von politischer, vaterländischer wie republikanischer, Begeisterung getragene Schiller-Denkmal-Bewegung von 1858 machte es offenbar: Es gab keinen erfahrenen Bildhauer in Hamburg. Der Gewinner des Künstlerwettbewerbes, der Hamburger Julius Lippelt (1829-1864), hatte nicht einmal ein ausreichendes Atelier, so daß ihm das alte Deichtor für die Ausführung des ersten größeren skulpturalen Denkmals in Hamburg zur Verfügung gestellt wurde; es blieb unvollendet, weil der Künstler über der Ausführung an Schwindsucht starb. Ein Studienfreund Lippelts von der Berliner Akademie, Carl Boerner (1828-1905), führte die Arbeit bis 1866 zu Ende. Das Schiller-Denkmal, heute am Dammtordamm, ist nicht nur das Zeugnis einer bemerkenswerten politischen Bewegung, sondern auch eines bewußten Strebens nach einer eigenen hamburgischen Skulptur.[58]

In der zweiten Hälfte des 19. Jahrhunderts wurden dann vor allem die Projekte für öffentliche Denkmäler, aber auch die skulpturalen Dekorationen an den reicher ausgestatteten öffentlichen und privaten Gebäuden des Historismus, die Kirchenausstattungen, die Grabmäler auf dem Ohlsdorfer Friedhof sowie Standbilder und Büsten so zahlreich, daß nicht nur Bildhauer in Hamburg ihre Karrieren darauf gründen konnten, sondern auch zahlreiche bedeutende auswärtige Künstler und Werkstätten hamburgische Aufträge erhielten.

Der ursprünglich aus Niederschlesien stammende Carl Boerner und der Rheinländer Engelbert Peiffer (1830-1896), Steinmetz aus der Kölner Dombauhütte, waren die ersten eingewanderten Künstler, die die neuen Aufgabenfelder wahrnahmen und fortan in Hamburg Denkmäler, Bauskulpturen, Kirchenschmuck oder Grabmäler in geläufiger Historienbildhauerkunst ausführten. Von Boerner sind neben seinem Anteil am Schiller-Denkmal die Figuren der Kersten-Miles-Brücke, 1895-1897, der Columbus auf der Kornhausbrücke, 1903, sowie zahlreiche Bauskulpturen erhalten.[59] Von Peiffer kennen wir große Historienbrunnen, den Hansabrunnen, 1878, den Messberg-Brunnen, ebenfalls 1878, den Kaiser-Karl-Brunnen, 1889, und die Trostbrückenfiguren von 1881 sowie das Bugenhagen-Denkmal, 1885.[60]

Der Tiroler Bildschnitzer Aloys Denoth (1851-1932), der Ende der siebziger Jahre nach Hamburg kam, wurde der meistbeschäftigte unter den zugewanderten Bildhauern.

Die Halbfiguren des Bildschnitzers Aloys Denoth am Hamburger Rathaus gehören zu den künstlerisch einfallsreichsten Skulpturen des 19. Jahrhunderts in Hamburg: Schiffbauer, 1895; Foto um 1895.

Eingeschränkt war der neue lokale künstlerische Aufgabenbereich einerseits durch die Konkurrenzen, die bei größeren Denkmalaufträgen ausgeschrieben und von renommierten auswärtigen Spezialisten gewonnen wurden, andererseits aber durch die Entstehung billigerer galvanoplastischer Serienprodukte, vor allem für die Friedhofsskulptur. Sowohl für die Ausführung der großen Denkmalprojekte in Bronze wie für die Galvanoplastik der Friedhöfe entwickelten sich in dieser Zeit — genau wie für die Entwürfe bestimmter Denkmaltypen — reichsweit operierende Spezialisten und Spezialfirmen.

Herausragendes Ausstattungsprojekt war das Hamburger Rathaus, für dessen künstlerische Dekoration sich Justus Brinckmann und Alfred Lichtwark in einer von letzterem 1889 verfaßten *Denkschrift über die innere Ausstattung des Hamburger Rathauses* aussprachen. Beiden kam es darauf an, die Bauaufgabe des Rathauses für eine Qualitätssteigerung der künstlerischen und kunsthandwerklichen Produktion in Hamburg zu nutzen.[61] Tatsächlich sind am Rathaus über Jahrzehnte Künstler und Kunsthandwerker aus ganz Deutschland beschäftigt worden. Mit Stolz stellte Martin Haller bei der Schlüsselübergabe 1897 fest, daß nur wenige Profanbauten der Zeit einen vergleichbaren Reichtum figürlichen Schmucks aufzuweisen hätten.[62]

Die zwanzig überlebensgroßen Bronzestatuen von Kaisern waren eine Art gesamtdeutsches Auftragsprogramm: Friedrich Barbarossa von August Vogel, 1896; Foto 1994.

Die Hauptelemente des Bildprogramms der Hauptfassade waren Figuren der Schutzheiligen der Hauptkirchen über den Giebeln der Eckrisalite, Kaiserstatuen zwischen den Fenstern der Hauptgeschosse, Allegorien der vier Bürgertugenden am Turm, Verkörperungen von bürgerlichen Berufen über den Fenstern des Hauptgeschosses sowie Wappen der Hansestädte und der hamburgischen Bürgerfamilien.

Um allein den Auftrag für den aufwendigsten Teil des Bildprogrammes, die zwanzig überlebensgroßen Bronzestatuen von Kaisern, an Bildhauer zu vergeben, schlugen die Rathausbaumeister und die Gutachter Brinckmann und Lichtwark drei Verfahren ein: eine erste engere Konkurrenz mit drei Hamburger und drei auswärtigen Professoren[63], einen weiteren Wettbewerb mit 26 Bildhauern, die sich selbst um einen Auftrag beworben hatten[64], sowie Direktaufträge an ausgewählte deutsche Bildhauer.[65] Das Rathausbildprogramm war damit zugleich ein gesamtdeutsches Auftragsprogramm. Hamburger wurden allerdings in besonderem Maße bedacht.

Aloys Denoth hatte das gesamte Programm von 28 Büsten über den Fenstern des Hauptgeschosses zu bewältigen, die Berufe des Bürgertums darstellen sollten: eine Vielfalt von Halbfiguren, denen man die Virtuosität des Tiroler Schnitzers ansieht und die zum künstlerisch Einfallsreichsten gehören, was hamburgische Bildhauerkunst im 19. Jahrhundert hervorgebracht hat.

Das aufwendige Bildprogramm des Rathauses sollte die hamburgische Unabhängigkeit und seine republikanische Tradition, wenngleich unter dem Schutz der Kaiser des alten Reiches, auch nach dem Anschluß Hamburgs an das Reich ausdrücken. Das spätere Kaiser-Wilhelm-Denkmal wurde so aufgestellt, daß es dem Rathaus gegenüberstand – ein kleiner Wilhelm aus Bronze ritt auf das große Rathaus und Monument republikanischer Tradition zu; 1929 wurde die Denkmalanlage – angeblich aus Gründen der Straßenverkehrsplanung – verlegt.

Auffällig ist, daß ausgerechnet in Hamburg, der vorher so skulpturenarmen Stadt, die Kunsthalle das umfangreichste Skulpturenprogramm mit Standbildern, Büsten und Porträtmedaillons von Künstlern erhielt, das je für einen Museumsbau ausgeführt worden ist.[66] Wie beim Rathaus sollte auch hiermit der Skulpturenarmut der Stadt entgegengewirkt werden.

Unter den größeren Denkmalprojekten, für die Künstlerwettbewerbe unter einheimischen und auswärtigen Bildhauern aus-

Das Lessing-Denkmal auf dem Gänsemarkt von Fritz Schaper, 1881, gehörte zu den überregional ausgeschriebenen Projekten; Foto um 1900.

geschrieben wurden, sind die folgenden hervorzuheben: das Kriegerdenkmal für die im Deutsch-Französischen Krieg 1870 bis 1871 Gefallenen von Johannes Schilling (1828-1910) aus Dresden, 1880, das Lessing-Denkmal von Fritz Schaper (1841-1919) aus Berlin, 1881, das Hygieia-Denkmal im Rathaushof von Joseph von Kramer (1841-1908) aus München, 1886, das Altonaer Kaiser-Wilhelm-Denkmal von dem Berliner Gustav Eberlein (1847-1926), 1898, und das Hamburger Kaiser-Wilhelm-Denkmal von dem Dresdener Johannes Schilling, 1903.[67]

Eine besondere Rolle für die Denkmalgeschichte in ganz Deutschland haben dann das Bismarck-Denkmal, das Brahms-Denkmal und die Heine-Denkmäler in Hamburg gespielt.

Bismarck-Denkmäler übertrafen im Deutschen Reich an Zahl und Verbreitung die Kaiser-Wilhelm-Denkmäler bei weitem.[68] Sie waren nicht wie die Kaiser-Denkmäler offiziös gesteuert, sondern waren ein vom Bürgertum genutztes Instrument der nationalen Selbstverständigung und Selbstbestätigung. Mit dem Projekt des Hamburger Bismarck-Denkmals stellte sich die Stadt in diese nationale Selbstverständigung. Hinter dem Anspruch der Hamburger, das größte Bismarck-Denkmal zu realisieren, stand der Ehrgeiz, die Wirtschaftskraft der Stadt nicht nur im Sinne von Größe und Aufwand, sondern auch im Sinne von künstlerischem Anspruch einzusetzen, und zwar deutlich mit dem Blick auf die kleinere und konventionellere Lösung in Berlin. Das Bismarck-Denkmal wurde zum ersten Ausdruck der für den deutschen Föderalismus von nun an charakteristischen kulturpolitischen Städtekonkurrenz, die Hamburg ganz bewußt auch gegenüber der wilhelminischen Hauptstadt aufnahm.

Bürgermeister Johann Georg Mönckeberg selbst übernahm den Vorsitz des Hamburger Komitees. 1901 wurde ein reichsweiter Künstlerwettbewerb ausgeschrieben, dessen Preisgericht – besetzt mit den bedeutendsten Architekten und Kunstexperten des Reiches – über 239 Einsendungen zu entscheiden hatte. Die Namen der Preisrichter – unter ihnen Paul Wallot und Camillo Sitte – und der Preisträger – zu ihnen gehörten Wilhelm Kreis und Bruno Schmitz – lesen sich wie ein Register der Großen des Reiches unter den Denkmäler entwerfenden Architekten und Künstlern. Der Bildhauer Hugo Lederer (1871-1840) und der Architekt Emil Schaudt (geboren 1871) aus Berlin erhielten den ersten Preis und den Auftrag zur Ausführung.

Im Hof des Rathauses entstand einer der aufwendigsten Brunnen der Stadt: die Hygieia von Joseph von Kramer, 1896; Foto um 1970.

Das Denkmal erhebt sich – wie gefordert – auf der Elbhöhe und überragt den Hafen weithin sichtbar. Vor den Achteckpfeilern des Denkmal-Unterbaus sind Reliefs mit Jünglingsfiguren angebracht, die acht deutsche Volksstämme verkörpern sollen. Bismarck erscheint darüber als »reckenhafter Roland« mit Rüstung und langem Umhang, beide Fäuste um den Knauf des gewaltigen, zwischen seinen Füßen stehenden Reichsschwertes gelegt. Metaphern und Formen sollten deutschnationale Emotionen ansprechen und zugleich Untertanenverhalten auslösen.[69] Albert Hofmann, dessen zweibändiges Werk über *Denkmäler* im Jahre der Einweihung des Hamburger Bismarck-Denkmals, 1906, erschien, sah in ihm – mit deutschnationalem Unterton – den »Höhepunkt der deutschen Denkmalgeschichte überhaupt«; und als »wahrhaft und stolz, als ein Wahrzeichen von Hamburg« bezeichnete Bürgermeister Dr. Johann Heinrich Burchard es in seiner Einweihungsrede.[70]

Mit dem Anspruch, das größte Bismarck-Denkmal des Reiches zu setzen, versuchte Hamburg, das kleinere und konventionellere Berliner Denkmal in den Schatten zu stellen; Foto um 1910.

Als Johannes Brahms 1897 in Wien starb, war dem Hamburger in seiner Heimatstadt schon in ungewöhnlicher Weise Ehrung zuteil geworden: Bereits 1889 hatte der Senat ihn zum Ehrenbürger ernannt – als ersten Künstler überhaupt. 1892 – also noch zu seinen Lebzeiten – war in der Kunsthalle eine Brahms-Büste von Victor Tilgner (1844-1896) aufgestellt worden, und als in Brahms' Todesjahr das Rathaus eingeweiht wurde, erschien sein Porträtmedaillon in der Ehrenhalle der Rathausdiele. Außerdem wurde an seinem Geburtshaus eine Tafel angebracht.[71]

Mit der Musikhalle und dem Brahms-Denkmal darin ist für ihn dann das bedeutendste Musikermonument der Zeit realisiert worden. Die Musikhalle wurde in dem Viertel gebaut, in dem Brahms aufwuchs, und war insgesamt auf die Ehrung von Brahms und seiner Musik angelegt. Alfred Lichtwark scheint sich im Kontakt mit der Stifterin Sophie Laeisz von vornherein darum bemüht zu haben, für das Innere ein Werk von Max Klinger durchzusetzen.

Klinger hatte seit 1880 in freundschaftlichem Kontakt zu Brahms gestanden und sich auf Titelblättern und in Graphikzyklen mit Brahmsscher Musik befaßt. Seit 1898 beschäftigte er sich mit dem Gedanken an ein Brahms-Denkmal, seit 1902 mit dem Hamburger Projekt. Die Kritik an öffentlichen Denkmälern war in dieser Zeit schon so verbreitet, daß Klinger und Lichtwark mit der Marmorskulptur im Foyer bereits bewußt

Die Hamburger Musikhalle mit dem Brahms-Denkmal von Max Klinger, 1905-1909, war das bedeutendste Musikermonument dieser Zeit; Foto um 1952.

eine Form wählten, die sich vom Denkmal auf öffentlichem Platz abwandte.

Der von 1905 bis 1909 ausgearbeitete Marmor läßt einen in sich gekehrt konzentrierten und doch unbeirrt vorwärtsblikkenden Brahms erkennen. Vier Nebenfiguren bleiben mehrdeutig interpretierbar: Genien oder Musen, die vier Symphonien, die begeistert zuhörende Menschheit, die hintere Figur vielleicht die bedeutende Pianistin und spätere Gattin Robert Schumanns, Clara Wieck. Brahms-Verehrung, das Thema der Marmorskulptur, bestimmt auch das übrige Skulpturenprogramm des Foyers.

Dem Verbannten Heinrich Heine ein Denkmal auf deutschem Boden zu setzen, erlaubte die Zensur nicht. Von Hamburg, dem Ort, an dem Heines Werke verlegt wurden, gingen dennoch drei Versuche aus, das Verbot zu unterlaufen.[72]

Den ersten machte der Sohn des Verlegers Julius Campe mit zwei Porträtmedaillons von Caesar Heinemann, die er für seinen erfolgreichsten Autoren und seinen Vater 1898 am eigenen Hause anbringen ließ.

Der zweite Versuch betraf ein bedeutenderes Monument: Kaiserin Elisabeth von Österreich hatte es 1883 nach einem Entwurf des Dänen Louis Hasselrijs (1844-1912) von 1879 ursprünglich für den Park ihres Sommersitzes Achilleion auf Korfu ausführen lassen. Es zeigte den älteren »sitzenden Heine« mit Feder und herabsinkendem Papier. Die eigenwillige Kaiserin hatte sich erlauben können, nicht nur den jugendlichen Dichter des *Buches der Lieder*, sondern auch den kritischen Dichter in der Verbannung, den aus dem Deutschen Reich verstoßenen Heine, noch dazu gleichsam thronend, darzustellen. Als aber Wilhelm II. Elisabeths Besitz auf Korfu erwarb, mußte diese Darstellung entfernt werden. Der Verleger Campe kaufte sie 1909 und stellte sie 1910 im Innenhof des neuen Kontorhauses Barkhof an der Mönckebergstraße auf, also auf privatem Grund, aber an öffentlichem Ort mitten in der Stadt.

Der dritte Versuch schließlich folgte auf den Aufruf Alfred Kerrs und der Literarischen Gesellschaft in Hamburg von 1906, Geld für ein Heine-Denkmal zu stiften und mit einer breiten Bewegung gegen die Zensur anzugehen. Wie die Heine-Denkmäler deutscher Emigranten in Amerika wurde auch diese Sammlung von Oppositionellen unterstützt, von »durchaus nicht vorwiegend literarischen Kreisen«, wie Kerr sich bei der Einweihungsrede später erinnerte. Künstler wie Max Klinger, Max Liebermann, Richard Dehmel, Gerhart Hauptmann und Engelbert Humperdinck gehörten dazu und sogar der Sohn des Fürsten Bismarck. Hugo Lederer erhielt den Auftrag zur Ausführung. Seine erst 1913 fertiggestellte konventionelle Figur war der stehende jugendliche Heinrich Heine des unanstößigen *Buches der Lieder.*[73] Die Aufstellung auf öffentlichem Grund wurde vor 1918 dennoch nicht gestattet. Lichtwark hat die Figur 1913 im Treppenhaus der Kunsthalle ausgestellt, obwohl er den Künstler Lederer nicht schätzte. Erst 1926 wurde sie als Denkmal im Stadtpark errichtet und vom ersten Bürgermeister eingeweiht.

Alle drei Heine-Projekte waren Denkmäler deutscher Opposition, die sich in Hamburg freier bewegen konnte als im übrigen Reich, was freilich weniger eine Wirkung der hamburgischen Künstlerschaft als eine Erscheinung größerer Unabhängigkeit der Kultur in Hamburg war. Wenige Jahre später jedoch – noch vor 1933 – wurde der »sitzende Heine« Ziel nationalsozialistischen Vandalismus. Der Bürgermeister von Altona, Max Brauer, rettete ihn daraufhin zunächst nach Altona; später wurde er von der Familie Campe zu Schiff nach Toulon gebracht und dort der Stadt geschenkt. Die Medaillons wurden von den Nationalsozialisten entfernt, das Lederer-Denkmal ließen sie einschmelzen.

Malerei im 19. Jahrhundert

Der Kunstmarkt wurde im 17. und 18. Jahrhundert immer differenzierter, und die Ansprüche der Kunstkäufer wurden immer höher und vielfältiger. Die Aufklärung trug zu einer neuen Hochschätzung künstlerischer Arbeit bei. Dem konnte die bloß handwerkliche Ausbildung nach der in Holland wie in Hamburg üblichen Praxis nicht mehr entsprechen.

Die Ausbildung auf Kunstakademien und Italienaufenthalte wurden daher nun auch von Künstlern in Hamburg erwartet und erstrebt. Auch literarische Bildung erschien dabei wünschenswert. In der Stadt ohne fürstliche Akademie versuchte dem die künstlerische Ausbildung in neuentstehenden privaten Künstlerschulen zu entsprechen. Aber auch Kunsterziehung für die späteren Kunstrezipienten wurde auf der Gelehrtenschule

Das Selbstbildnis von 1802 gehört zu den wenigen Porträts, die Philipp Otto Runge von sich und seiner unmittelbaren Umgebung geschaffen hat; Hamburger Kunsthalle.

des Johanneums nun üblich. Die Patriotische Gesellschaft begann, Künstlerstudien an auswärtigen Kunstakademien zu fördern und Italienstipendien zu vergeben. Bürgersöhne fingen an, sich für Künstlerkarrieren zu interessieren. Der Kunstverein wurde gegründet, um Begegnungen zwischen Bürgern und Künstlern zu ermöglichen. Schließlich schlossen sich die neuen Künstler in Hamburg selbstbewußt zu einem eigenen Künstlerverein zusammen. Sie gewannen ein neues Selbstgefühl und einen neuen gesellschaftlichen Status.

Die Kunst Philipp Otto Runges

»In die lauliche Umwelt eines provinzialen Kunstbetriebes trat mit Runge das Genie – wie immer unerwartet und zunächst verkannt. Auch seiner selbst pflegt Genie nur halb bewußt zu sein. Wohl fühlt es den eigenen Wert, den Vorrang, den die Natur ihm verliehen hat, allein es weiß nicht und kann nicht wissen, in welchem Maße sein persönliches Bestreben zugleich das Bestreben seiner Zeit ausdrückt und wie es auf die Nachwelt wirken möge.«[74] So hat es Gustav Pauli 1925 geschildert. Das aufgeklärte Hamburg erlebte in der Tat zu Anfang des Jahrhunderts für kurze Zeit das Genie – als neue künstlerische Erscheinung – in der Person des Malers Phillpp Otto Runge. 1795 kam er das erste Mal in die Stadt, aber schon 1810 starb er.

Runge war das neunte von elf Kindern eines Schiffbauers in der kleinen pommerschen Stadt Wolgast und trat als Lehrling in die Firma »Hülsenbeck, Runge und Co.« ein, die sein Bruder Daniel seit 1793 als Teilhaber in Hamburg betrieb. Er hätte damit eine jener typischen Einwandererkarrieren in einer scheinbar ebenso typischen Speditionsfirma antreten können. Einer der Teilhaber war jedoch Michael Speckter, Vater der Künstlerbrüder Erwin und Otto Speckter, der 1818 die erste norddeutsche lithographische Anstalt gründete und eine bedeutende Sammlung besaß, die später zum Grundstock des Hamburger Kupferstichkabinetts wurde. Friedrich August Hülsenbeck und Daniel Runge waren darüber hinaus mit ihrem Geld zugleich an der ersten deutschen Sortimentsbuchhandlung von Friedrich Christoph Perthes beteiligt, die Sulpiz Boisserée, damals ebenfalls Lehrling in Hamburg, als »Akademie und Nachrichtenbörse für in- und ausländische Literatur« beschrieben hat.[75] Daniel Runge verfolgte 1797 außerdem den Plan, eine

Kunsthandlung zu gründen, für die sein Bruder Philipp Otto der Einkäufer werden sollte.

Runge hat sich unter dem Einfluß dieses Kreises von »Kultur-Unternehmern« geistigen und künstlerischen Dingen zugewandt. Er las, was sich ihm bei Perthes bot, auch kunsttheoretische Literatur. 1797 begann er, täglich Zeichenunterricht zu nehmen, und Ende 1797 äußerte er den Wunsch, Maler zu werden. Unter dem Eindruck von Tiecks Künstlerroman *Franz Sternbalds Wanderungen* wandte er sich dann 1798 ganz der künstlerischen Ausbildung zu. Von 1799 bis 1801 studierte er an der Kopenhagener Akademie, von 1802 bis 1803 in Dresden. Nach seiner Heirat kehrte er 1803 wieder nach Hamburg zurück, wo ihm bis zu seinem Tod noch sieben Schaffensjahre blieben.

Über seine Situation als Hamburger Künstler war Runge sich im klaren: »[...] alle hiesigen Künstler müssen um's Brod arbeiten und noch dazu ist für's Bildermachen Hamburg ein schlechter Ort«[76], und er hat deutlich ausgesprochen, daß es »nicht angeht, mich auf's Portraitmahlen zu applicirn«[77]. Damit distanzierte er sich unwillkürlich von einer Künstlerschaft, die vom Auftrag oder Kunstmarkt lebte. Der Schiffbauer- und Reederssohn malte Porträts nur von Verwandten, Freunden oder Vertrauten. Die finanzielle Unabhängigkeit, die ihm sein Bruder Daniel sicherte, ermöglichte ihm für seine wenigen Lebensjahre die Distanz des Genies zum Künstlerhandwerk und zum Kunstmarkt.

Seiner selbst gewiß, hat Runge während seiner Studienzeit und danach den Kontakt zu Philosophen, Dichtern und Malern gesucht, deren Werke er im Perthes-Umkreis kennengelernt hatte. Der Neu-Hamburger aus Wolgast, der sich, über Hamburg hinaus, in Kopenhagen, Dresden, Berlin und Weimar bewegt hat, lernte nicht nur Friedrich Gottfried Klopstock und Matthias Claudius in Hamburg kennen, sondern auch Goethe, Görres, Friedrich Heinrich Jacobi, Fichte, Schelling und die Brüder Schlegel, Ludwig Tieck, Clemens Brentano, Achim von Arnim und den Bruder von Novalis, den Kunsttheoretiker Carl Friedrich von Rumohr, die Maler Anton Graff, Wilhelm Tischbein, Jens Juel, Caspar David Friedrich und Johann Friedrich Overbeck. Die Brüder Grimm haben zwei plattdeutsche Märchen von ihm in ihre Sammlung aufgenommen. Ludwig Tieck hatte Runge 1801 mit den Schriften von Jakob Böhme bekanntgemacht, die für Runges Vorstellungen von seinen *Zeiten* von

Bedeutung werden sollten. Aus dem Kontakt mit Tieck gingen 1803 Vignetten für dessen Minnelieder hervor. Sowohl mit Tieck wie mit Schlegel und Fichte besprach Runge darauf die Zeichnungen zu seinen *Zeiten*. Mit Tieck plante er auch einen Kommentar dazu. – In wenigen Jahren also suchte und fand Runge den Kontakt zu allen wichtigen Vertretern der deutschen Romantik und bezog sie in die Überlegungen zu seinem wichtigsten künstlerischen Werk ein. Mitnichten ist dies also das isoliert und unbemerkt entstandene Werk eines vorher und nachher unbekannten jungen Hamburgers. Vielmehr entwickelte sich Runge planvoll zum Prototyp des bildkünstlerischen »Genies« und seine *Zeiten* zum umfassendsten bildkünstlerischen Projekt der deutschen Romantik.

Runges Porträts und seine allegorischen Kompositionen gingen in den Besitz von Freunden über und blieben so der Öffentlichkeit verborgen. Nur ausnahmsweise wie beim *Triumph des Amor* und dem *Selbstbildnis im Blauen Rock* zeigte er Bilder in Ausstellungen.[78] Seine Porträtkunst fand deshalb nur in der Hamburger Malerei, etwa bei Julius Oldach und Victor Emil Janssen, eine Nachfolge. Die *Zeiten* aber wurden durch ihre graphische Vervielfältigung weit verbreitet: 1805 erschien bei Perthes eine kleine Auflage. Goethes freundliches Urteil in der *Jenaischen Allgemeinen Literaturzeitung* ermutigte Perthes dann 1807 zu einer zweiten, größeren Auflage, die Görres 1808 in den *Heidelberger Jahrbüchern* feierte; A.A.F. Milarch widmete ihnen 1821 eine Monographie. Sie fanden also anfangs den Beifall der Romantiker. Später machten Tieck, 1834, und Friedrich Schlegel allerdings auch skeptische Bemerkungen. Durch Daniel Runges Publikation der *Hinterlassenen Schriften* wurden schließlich auch Runges Gedanken zu den *Zeiten*, 1841, zugänglich.[79]

Seit 1802 beschäftigte sich Runge mit den *Zeiten*. Anfangs plante er einen Tageszeitenzyklus als Raumdekoration. Dann aber weitete sich das Projekt zu seinem Hauptwerk aus. Zahlreiche zeichnerische Fragmente, Stichreproduktionen aus den Jahren 1805 und 1807 und einige malerische Fragmente geben uns nur einen vagen Eindruck vom Umfang seiner Ideenwelt, von seiner zeichnerischen Präzision und Feinheit, von seiner großen malerischen Begabung und von seiner konsequenten Arbeitsweise.[80] Vier Blättern, dem *Morgen*, dem *Abend*, dem *Tag* und der *Nacht*, ist gemeinsam, daß die Darstellungen der Mittelbilder durch Rahmenkompositionen variiert und ergänzt werden. Nach Daniel Runges Deutung spiegeln sich in den Darstellungen fünf Sinnschichten: die Tageszeiten, die Jahreszeiten, die Lebenszeiten, die Weltzeiten sowie die Zeit an sich und die Ewigkeit.[81] Hinter dem Programm der *Zeiten* steht eine religiöse Gewißheit, die Runge aus der Philosophie Jakob Böhmes schöpfte. Danach ist die Natur Selbstentäußerung und Offenbarung Gottes, das sichtbare und darstellbare Symbol des Unsichtbaren. In das Bildprogramm sind darüber hinaus die Gedanken Runges zur Pflanzensymbolik und seine farbtheoretischen Überlegungen eingegangen.[82]

Runge hatte ursprünglich vor, die *Zeiten* in Malerei auf Goldgrund auszuführen; eine Ölstudie auf Goldgrund von 1803, die die Mittelgruppe des *Tages* darstellt, ist noch erhalten. Diese Überlegung und eine Rettungsaktion für Kunstwerke im Hamburger Dom, an der er sich beteiligte, weisen darauf hin, daß Runge sich wie Wackenroder, Tieck und Boisserée mit mittelalterlicher Malerei beschäftigt hat.

Den *Morgen* nennt Runge *Die gränzenlose Erleuchtung des Universums.* Mit dem *Kleinen Morgen* von 1808 und dem *Großen Morgen* von 1809, beide Öl auf Leinwand, hat er einzig von dieser der *Zeiten* einen Widerschein seiner farblichen Vorstellungen hinterlassen.[83] In diesen malerischen Fassungen sind die linearen Entwürfe zugleich verräumlicht: Statt über dem abstrakten Kugelabschnitt der Erde erscheint die Lichtwerdung nun in einer farbig erleuchteten Wiesenlandschaft, im *Kleinen Morgen* vor einer fernen Meeresküste. Anders als in der Zeichnung schwebt in beiden malerischen Fassungen die Gestalt gewordene Aurora, zugleich Venus und Maria, in der Mitte des Bildes, umgeben von kindlichen Gestalten. Der vollendete *Kleine Morgen* bietet überdies ein Rahmenwerk mit zusätzlichem malerischem Programm.

Deutlicher als aus den Zeichnungen spricht aus den malerischen Fassungen, daß Runge seine junge Frau Pauline und die inzwischen geborenen Kinder, die ihm offenbar in vielfältiger Weise Modell gewesen sind, in die Darstellungen einbezogen hat.

Das übrige Werk, das Runge in den wenigen Jahren nach seiner Rückkehr nach Hamburg gemalt hat, ist nicht umfangreich: Neben einigen allegorischen und einigen religiösen Bildern sind es vor allem Porträts. Gerade weil er sich dem Auftragsbildnis verweigerte, hat Runge Bildniskunst von einer Intensität geschaffen, wie sie im 19. Jahrhundert nicht mehr erreicht wurde.[84]

Mit dem Kleinen Morgen, *1808, hat Philipp Otto Runge einen Widerschein seiner farblichen Vorstellungen hinterlassen; Hamburger Kunsthalle.*

Landschaften und Porträts der Hamburger Realisten

In der Franzosenzeit gab es in Hamburg die »Panoramenindustrie der betriebsamen Gebrüder Suhr«, wie Gustav Pauli sie nannte.[85] Christoph Suhr (1771-1842), immerhin Professor der Berliner Akademie, und seine Brüder Cornelius (1781-1857) und Peter (1788-1857) hielten ähnlich wie der Altonaer Jeß Bundsen (1766-1829) in ihren Ansichten die Topographie und das Leben in der »weißen Stadt« fest und fanden für diese Darstellungen offenbar eine breite Abnehmerschaft. Sie verkörperten den anderen Typus des Künstlers als von der Gunst des Publikums abhängigen Unternehmers.

Zu diesem Typ gehörten auch zwei weitere Zeitgenossen Runges, Friedrich Carl Gröger (1766-1838) und Heinrich Jacob Aldenrath (1775-1844), die beide aus Schleswig-Holstein kamen, zusammen in Berlin studiert und gemeinsam Dresden und Paris bereist hatten. Beide widmeten sich dem Bildnis und lebten in der Zeit vor Erfindung der Fotografie – wie manche andere – von der Nachfrage nach Porträts.

Die Nachfrage nach künstlerischer Ausbildung neuer Art muß in dieser Zeit gewachsen sein. Drei Künstler kamen vor anderen dieser Nachfrage nach und beeinflußten als Lehrer die heranwachsende künstlerische Jugend in Hamburg: Friedrich Ludwig Heinrich Waagen (1750-1822), Vater des Kunstgelehrten und ersten Direktors der Berliner Gemäldesammlung Gustav Friedrich Waagen, betrieb von 1793 bis 1807 eine Zeichenschule. Für seine Sammlung hat sich Runge 1804 um Kunstwerke aus dem Dom bemüht. Gerdt Hardorff (1779-1864) war von 1802 bis 1849 mit Empfehlung Goethes Zeichenlehrer am Johanneum. Siegfried Bendixen (1786-1864) unterhielt von 1815 bis 1832 in Hamburg eine Malschule. Fast alle Hamburger Künstler dieser Zeit, darunter auch Philipp Otto Runge, haben bei diesen dreien ihre ersten künstlerischen Eindrücke empfangen.

In der Umgebung von Hülsenbeck, den Brüdern Runge, Speckter und Perthes entschlossen sich zahlreiche junge Hamburger der nachfolgenden Generation zu einer künstlerischen Karriere. Runges eigener Sohn, der Bildhauer Otto Sigismund, war einer von ihnen. Seine Freunde Erwin (1806-1835) und Otto (1807-1871), die Söhne Michael Speckters, zählten dazu. Auch Carl Julius Milde (1803-1875), Julius Oldach (1804-1830) und Louis Asher (1804-1878) entstammten diesem

Freundeskreis. Schließlich gehörten die Brüder Johann Günther (1803-1884), Johann Jacob (1808-1845) und Johann Martin Gensler (1811-1881), Christian Morgenstern (1805-1867), Friedrich Vollmer (1806-1875), Friedrich Wasmann (1805-1886), Victor Emil Janssen (1807-1845), Hermann Kaufmann (1808-1889) und Louis Gurlitt (1812-1897) zu dieser Generation. Sie mögen nicht zuletzt durch Runges Vorbild ermutigt worden sein. Der Kunsttheoretiker Carl Friedrich von Rumohr und die Kunsthändler Johann Mathias Commeter und Georg Ernst Harzen nahmen auf einige von ihnen Einfluß. Aber auch die Diskussionen, aus denen der Hamburger Kunstverein 1817 hervorgegangen ist, ebenso wie dessen Aktivitäten zur Förderung von zeitgenössischen Künstlern und zur Hebung des Interesses der Hamburger bürgerlichen Gesellschaft an bildender Kunst haben diesen jungen Männern aus bürgerlichen Verhältnissen die Wahl des Künstlerberufes erleichtert. Fast alle studierten nach anfänglichem Zeichenunterricht in Hamburg an auswärtigen Akademien, und viele von ihnen waren in Italien. Friedrich Wasmann gab mit seiner zu Lebzeiten nicht veröffentlichten, jedoch 1896 mit Buchschmuck von Thomas Theodor Heine (1867-1948) gedruckten Selbstbiographie einen Eindruck von der künstlerischen Entwicklung dieser Generation.[86] Manche dieser jungen Künstler verstarben früh, ohne sich entfaltet haben zu können, unter ihnen Julius Oldach, Erwin Speckter und Victor Emil Janssen. Einige, wie Friedrich Wasmann in Südtirol, haben Auftragsfelder andernorts gefunden. Andere haben sich in neuen künstlerischen Umgebungen weiterentwikkelt — unter ihnen Christian Morgenstern und Louis Gurlitt. Diejenigen, die in Hamburg wirksam geblieben sind, gründeten 1832 den Hamburger Künstlerverein.[87]

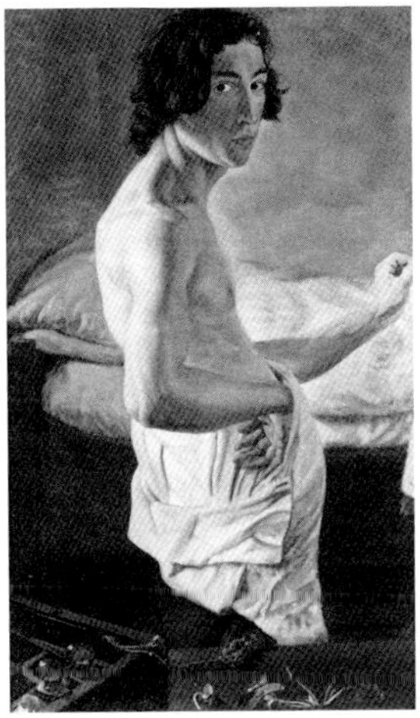

Die Porträtkunst Runges fand allenfalls bei Victor Emil Janssen eine Nachfolge: Selbstporträt, um 1830; Hamburger Kunsthalle.

Günther Gensler, der älteste der Genslerbrüder, hat in Hamburg besondere Wirksamkeit entfaltet. Er war nicht nur als Künstler, sondern auch als Zeichenlehrer der Gelehrtenschule und der Hamburger Gewerbeschule tätig und spielte eine bedeutende Rolle im Kunstverein. 1850 wurde er für die vom Kunstverein eröffnete Gemäldegalerie verantwortlich und verfaßte deren ersten Katalog. Er regte seinen jüngsten Bruder Martin an, zum Abbruch bestimmte Klöster zu untersuchen und zu zeichnen sowie sich bei den Rettungsarbeiten nach dem Brand um die Bau- und Kunstdenkmäler zu bemühen. Martin Gensler wurde daraufhin vom Senat mit der Aufsicht über die hamburgischen Altertümer beauftragt. Später besorgte er von 1868 bis 1869 die

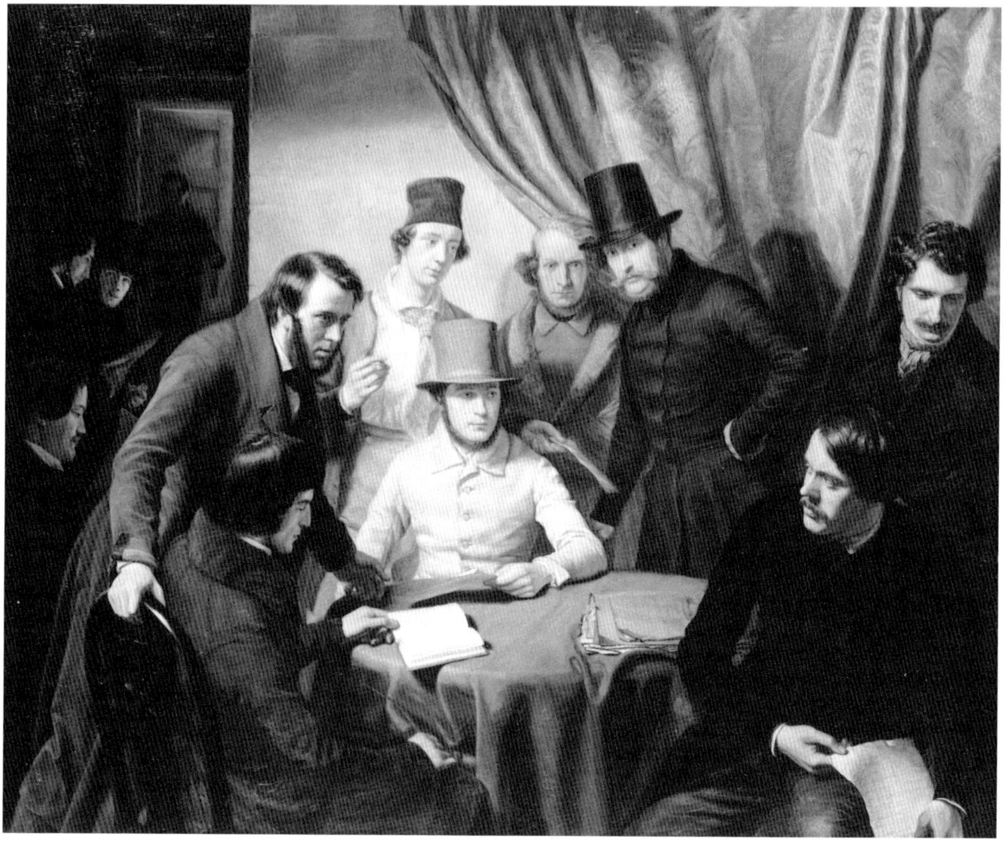

Von keinem anderen Künstlerverein der Zeit gibt es ein so sorgfältig ausgeführtes Gruppenporträt wie von den Mitgliedern des Hamburger Künstlervereins; Günther Gensler, 1840; Hamburger Kunsthalle.

Inneneinrichtung der Kunsthalle. Beide Brüder haben also nicht nur als Künstler, sondern auch als Vermittler, als frühe Museumsleute und Denkmalpfleger in der Stadt gewirkt.

Günther Gensler hat 1840 auch die in Hamburg anwesenden Mitglieder des Hamburger Künstlervereins in einem Gruppenbildnis festgehalten.[88] Die Brüder Gensler beherrschen darin die Szene: Günther, mit Backenbart, und Jakob, sitzend mit Hut, blicken auf Martin, den Jüngsten, der eine Liste mit den Namen der Dargestellten in der Hand hält. Von rechts nach links erscheinen um sie herum komponiert die Künstler Rudolf Hardorff (1816-1907), Hermann Kaufmann, Carl Julius Milde, Hermann Soltau (1812-1861), Franz Heesche (1806-1876), Johann Heinrich Sander (1810-1865), Georg Haeselich (1806-1894) und sitzend Otto Speckter. In dem sorgfältig komponierten Bild hat Gensler seine Rembrandt- und Frans-Hals-Studien verarbeitet, die er einige Jahre zuvor auf einer Reise nach Holland gemacht hatte. Im Habitus der Künstler zeigt sich, daß die einen ihre Integration in das Hamburger Bürgertum betonen, die anderen mit farbigen und extravaganten Kleidungsstücken ihre Künstlerrolle hervorheben wollen.

Die früh verstorbenen, die auswärts tätigen und die auf Genslers Gruppenporträt dargestellten Künstler dieser Generation bildeten den Kreis der Hamburger Realisten, deren Werke Alfred Lichtwark für die Kunsthalle gekauft hat. 1906 hatte der Künstlerkreis auf der sogenannten Jahrhundert-Ausstellung der Berliner Nationalgalerie, »Ein Jahrhundert deutscher Malerei 1785-1885«, Aufsehen erregt. Gustav Pauli hat sie in seinem Buch *Die Hamburger Meister der guten alten Zeit* als erster ausführlich gewürdigt. Sie haben in Hamburg wie andernorts vor allem Landschaften und Porträts geschaffen. Eindruck machten aber vor allem ihre Selbstporträts. Da sie keine Auftragskunst waren, auf die der Geschmack der Besteller Einfluß nahm, offenbarte sich in ihnen die wahre Begabung der Künstlerschaft dieses Kreises. Dessen Entdecker, Alfred Lichtwark und Gustav Pauli, haben aber auch ihre Zeichnungen und ihre Ölstudien herausgestellt. Die mit lockerem Pinsel entworfenen Ölstudien aus der Reisezeit im Gebirge und in Italien, aber auch von der Umgebung Hamburgs fanden ihre Würdigung vor allem als Vorläufer der Impressionisten.

Eine neue Nachfrage nach Porträts und Landschaften

Nachdem im 18. Jahrhundert Mann, Frau, Kinder und Familienkreis für das Bürgertum porträtwürdig geworden waren, steigerte sich nach Aufklärung und Revolution die Nachfrage zunächst vor allem nach Porträts offenbar weiter – Runge hatte wie selbstverständlich seinen gesamten Familien- und Freundeskreis porträtiert. Darauf spezialisierte Maler wie Gröger und Aldenrath produzierten fast nur Porträts und befriedigten damit die Wünsche eines immer breiteren Bürgertums. Aber es war nun nicht mehr nur ein immer zahlreicher werdendes Bürgertum, das danach verlangte. Die Hamburger Realisten hatten in ihrer Studien- und Italienzeit bereits Bauern und Bäuerinnen – zunächst noch bukolisch verklärt – als porträtwürdig empfunden. Friedrich Wasmann hat in Südtirol davon gelebt, daß er Porträts von Städtern und Bauern gemacht hat. Der junge Erwin Speckter hat 1824 unter dem Titel *Jungfernstieg Drei ehrliche Arbeiter erzählen sich ihre Tagesbegebenheiten d. 9ten Juli* sogar Hamburger Arbeitsleute gezeichnet (Hamburger Kunsthalle). Auch Vertreter anderer Stände wurden nun offenbar neugierig auf das eigene Porträt. In den Hamburger Vorstädten, vor allem in St. Pauli, wurden entsprechende Miniaturen wohlfeil, fast seriell und ohne eigentlichen Kunstwert hergestellt. Auf den Jahrmärkten begann der Scherenschnitt zu florieren. Die Miniaturenherstellung dieser Zeit war nicht mehr zünftig organisiert.

Einer dieser Miniaturmaler, Carl Ferdinand Stelzner (1805-1894), der in Paris studiert hatte, fuhr, als 1839 das fototechnische Verfahren der nach ihrem Erfinder J. Daguerre benannte Daguerreotypie bekannt wurde, erneut nach Paris, eignete sich dort die erforderlichen Kenntnisse an und kehrte noch im gleichen Jahr als erster Porträtfotograf nach Hamburg zurück. Fortan konnte die Fotografie das Bedürfnis nach Porträts immer häufiger befriedigen. 1860 berichtete ein Hamburg-Führer bereits von zahlreichen Fotografen auf St. Pauli, die von Aufträgen der Hamburger, der Seeleute und der Touristen lebten; in ganz Hamburg sollen es damals schon 170 gewesen sein.[89]

Hermann Biow (1804-1850), anfänglich Atelierpartner von Stelzner, schwebte eine Art fotografischer »Nationalgalerie« bedeutender Personen seiner Zeit vor; sogar Friedrich Wilhelm IV., der ihn nach Berlin einlud, konnte er dafür fotografieren. Während die vielen kleinen Fotografen die Zahl der Porträts

Die Fotografie wurde anfangs für das Massenporträt in Dienst genommen. Frühe Landschaftsfotos fanden dagegen zunächst keine Beachtung: Carl Ferdinand Stelzner, Ruinen nach dem Brand, *um 1842.*

vermehrten und viele bis dahin Namenlose ins Bild setzten, machte er die Porträtfotografie gesellschaftsfähig.

Sowohl die Zahl der Fotografen wie die Qualität und das Renommee einzelner Ateliers wurden in Hamburg größer als anderswo. Zu den weltberühmten Fotografen gehörte auch Emilie Bieber (1810-1884), die erste Frau, die sich in dieser neuen Branche außerhalb des Zunftwesens durchsetzen konnte. Kaiserin Friedrich fuhr bei ihr vor, »um sich endlich einmal von einer Frau fotografieren zu lassen« [90].

Mit der Fotografie ließen sich aber nicht nur Menschen konterfeien. Aus der Möglichkeit, auch die Umwelt aufzunehmen, entwickelten sich neue Sparten und Karrieren in der Fotografie, die von der Landschaftsfotografie bis zur Fotoreportage reichten. Nach ihrer technischen Vereinfachung und Banalisierung wurde Fotografie schließlich zur am weitesten verbreiteten bildnerischen Kulturpraxis. Für die Zeit des Hamburger Brandes um 1842 ist allerdings noch das Nebeneinander der malerischen Darstellung der Realisten wie der eindrucksvollen Ölskizzen von Jakob Gensler, der vielen populären Feuersbrunst-Stiche und der ersten Fotografien, die Stelzner und Biow von den Brandruinen gemacht haben, charakteristisch; die Fotos fanden zunächst kaum Beachtung.

Auf die Ausdehnung der Porträtnachfrage folgte offenbar die Ausdehnung des Bedürfnisses nach Wandschmuck. Vor allem das Stilleben war im Hamburg des 18. Jahrhunderts im bürgerlichen Interieur bereits weit verbreitet gewesen. Mit der Generation der Hamburger Realisten begann ein neues Motiv seinen Siegeszug: die Landschaft. Die neue, an den Akademien und in Italien geschulte Generation von Malern beschäftigte sich neben Akt und Porträt in erster Linie mit ihr. Sie wurde nun auch für die bürgerlichen Rezipienten immer mehr Gegenstand ihrer Vorstellungen von Wandschmuck. Die Nachfrage ging offenbar weit über den Kreis der künstlerisch Informierten hinaus; vielen kam es dabei auf den Gegenstand an, nicht auf dessen künstlerische Ausführung: Bevor das Foto und die Reproduktion solche Bedürfnisse befriedigen konnten, wurde die konventionelle malerische Ausführung verlangt. Es begann sich in der wachsenden Stadt offenbar zu lohnen, Bildermanufakturen einzurichten, in denen Landschaften in Öl auf Leinwand seriell hergestellt wurden. Ein Maler namens Gehrts unterhielt in der Vorstadt St. Pauli eine solche Bilderfabrik, in der seine Söhne Carl (1853-1898), Johannes und Franz früh in den Produktionsprozeß einbezogen wurden.[91] Später konnte Gehrts es sich leisten, seine Söhne auf die Akademie zu schicken. Carl gehörte wie seine Brüder zu der Generation von Hamburger Malern, die an die Düsseldorfer Akademie gingen. Er wurde dort später sogar Professor und hat sein Hauptwerk als Kunsthistorienmaler mit der heute zerstörten Ausmalung des Düsseldorfer Museums geleistet. Die Ausführung seiner Entwürfe für die Ausmalung des Festsaales im Hamburger Rathaus, die er 1897 als erster eingereicht hatte, verhinderte sein früher Tod 1898.

Nach anfänglichem Unverständnis gegenüber Landschaftsfotografie fanden im Laufe des Jahrhunderts auch die Ergebnisse gerade der Hamburger Landschaftsfotografen immer mehr Interesse.

Bildende Künstler begaben sich fortan entweder in den Produktionsprozeß der neuen Massenware oder versuchten anfänglich eine kunstvoll akademische Überhöhung der Landschaft.

Die in Hamburg aufwachsenden Maler gerieten in dieser Zeit unter den Einfluß der Düsseldorfer Akademie, die sich inzwischen etablieren konnte und schulbildend wirkte. Hier konnten sie neben der Genre- oder Landschaftsmalerei auch Historienmalerei lernen. Valentin Ruths (1825-1905), Hermann Steinfurth (1823-1880), Carl Oesterley (1839-1930) sowie Ascan Lutteroth (1842-1923) gehörten zu jener Generation, die zwischen den Realisten, den frühen Mitgliedern des Künstlervereins

Die Ausmalung des Treppenhauses im Altbau der Hamburger Kunsthalle, 1880 ff., kombinierte Jahreszeiten und Tageszeiten in Landschaftsbildern von Johann Georg Valentin Ruths (an den Langseiten) mit den vier Lebensaltern und den vier Elementen in Allegorien von Arthur Fitger (an den Schmalseiten); Foto um 1890.

von 1832, und den Avantgardisten, die später den Künstlerklub von 1897 gründeten, stand.[92] Die pathetische Landschaftsmalerei der Gebrüder Andreas (1815-1910) und Oswald (1827-1905) Achenbach beeinflußte ihre Landschaften; vor allem Andreas, das Haupt der Düsseldorfer Malerschule, beeindruckte die Hamburger als Meister des dramatisch inszenierten Seebildes. Die neue, inszenierte Landschaft, die diese Generation in Hamburg pflegte, wurde von Künstlern, Kunstvereinsmitgliedern und breiter Kunstabnehmerschaft gleichermaßen akzeptiert.

Den Höhepunkt der Akzeptanz solcher akademischer Landschaftskunst bildete die Ausmalung des Treppenhauses in der Kunsthalle: Der Hamburger Valentin Ruths erhielt unter allgemeinem Beifall um 1880 vom Kunstvereinsvorstand den Auftrag, das Treppenhaus von 1869 mit Landschaften auszumalen, die in ein überhöhendes Bildprogramm eingespannt werden sollten. Es knüpfte in grober Vereinfachung an Runges *Zeiten* an: Ruths stellte italienische Landschaften mit den vier Tageszeiten auf der einen Langseite des Treppenhauses deutschen Landschaften mit den vier Jahreszeiten auf der anderen Langseite gegenüber. Der Bremer Arthur Fitger (1840-1909) führte an den Querseiten allegorische Kompositionen aus, die die vier Lebensalter und die vier Elemente verkörpern sollten.

Es scheint, als hätten sich die Auffassungen aller über die Kunst für einige Zeit im Einklang befunden, bevor wie zuerst in Frankreich und dann auch in Hamburg die journalistisch hochgespielten Konflikte zwischen Konvention und Avantgarde aufbrachen, die bis heute die Kunstgeschichtsauffassung von jener Zeit bestimmen.

Marine- und Flottenmalerei

Wenn für die Kunst das Motiv so wichtig genommen wurde, dann nimmt es nicht Wunder, wenn es auch für die dekorative Funktion und für den propagandistischen Einsatz von Bildern eine große Rolle spielte.

Die Nachfrage etwa nach Marinemalerei wurde in der zweiten Hälfte des 19. Jahrhunderts in Hamburg alltäglich. Sie hatte in den Kapitänsbildern oder Schiffsporträts eine lange Vorläuferschaft. Der gefeierte dänische Marinemaler Anton Melbye (1818-1875) war regelmäßig in Hamburg und fand hier die Abnehmer für seine Seelandschaften mit Segelschiffen. Unter den

Hamburgern wandte sich besonders Hugo Schnars-Alquist (1855-1939) den Schiffsdarstellungen zu. Der Altonaer Friedrich Kallmorgen (1856-1924) wählte Hafenmotive auch mit Darstellungen der Arbeit im Hafen.

Es entfaltete sich eine hamburgische Tradition von Seefahrtsdarstellungen und Hafenlandschaften mit Segelschiffen und Dampfern, die noch heute die bildnerischen Konventionen der Kontordekoration prägt. Auch das protokollarisch ranghöchste Bild in Hamburg, das Wandgemälde über der Senatsestrade im Festsaal des Rathauses, das den Zyklus von Wandgemälden zur Geschichte Hamburgs von Hugo Vogel (1855-1934) abschließt, ist eine gigantische Marinemalerei, die den Hafen, seine Segelschiffe und seine Dampfer darstellt.

Die malerisch überhöhte Darstellung von Seelandschaften, Seefahrtsbildern, Dampfermotiven, Schiffsinterieurs spielte deshalb auch für die Propagierung der Seereise als Luxusbeschäftigung, die die Vorbedingung für die Luxusreisen der Hamburg-Amerika-Linie und für die gesamte Passagierschiffahrt war, eine große Rolle. Fast jede Passagierschiffahrtsreederei beschäftigte deshalb Marinemaler für ihre Plakate und Prospekte; zur Zeit der Werbung für die »Imperator« von 1912 hieß die entsprechende Abteilung der Hamburg-Amerika-Linie »Propaganda-Bureau«. Für die Passagierschiffahrtsplakate spielten sich bestimmte Typen ein, die auch bei großer Auflage nicht auf den Charakter elegant pastosen Farbauftrags der Malerei dieser Zeit verzichteten. Hans Bohrdt (1857-1945) war der ungekrönte König solcher Darstellungen.

Passagierschiffsplakate bedienten sich der Marinemalerei: Hans Bohrdt, Plakat der Hamburg-Amerika-Linie, 1900.

Originale der »Dampfermalerei« in Öl hingen sowohl in den großen Passagierhotels, wie noch heute im Atlantic Hotel gegenüber der Rezeption, als auch in den Luxusschiffen selbst; eine besonders eindrucksvolle Darstellung des Hamburger Hafens, ebenfalls von Hans Bohrdt, – heute im Museum für Hamburgische Geschichte – schmückte einst die MS »Deutschland«.

Eingesetzt wurde »Flottenmalerei« aber natürlich auch für die Flottenpolitik Kaiser Wilhelms II., zu dessen Lieblingsmaler Willy Stöwer (1864-1931) avancierte. Die Popularität Stöwers, die sich weit über Hamburg und die Küstenregion hinaus im ganzen Reich entfaltete, geht vor allem auf die Veröffentlichungen seiner Bilder und Skizzen in ungezählten Flottenpublikationen zurück. Die Bilder einiger anderer, von ihm abhängiger Marinemaler wie Claus Bergen (1885-1964) taten ihre Wirkung noch in der Seekriegspropaganda des Dritten Reiches.

Die Flottenpropaganda hatte Einfluß auf die Porträtkunst: Hans Olde, Kaiser Wilhelm II. im Hamburger Hafen, *1915; Museum für Hamburgische Geschichte.*

Auch auf die Porträtkunst hatte die Flottenmalerei Einfluß. In seinem Porträt von 1915 (Museum für Hamburgische Geschichte) stellte Hans Olde (1855-1917) den Kaiser beim Landgang im Hamburger Hafen so ausdrucksvoll in Admiralitätsuniform dar, daß der neben ihm emporkommende Hamburger Bürgermeister Predöhl in Zivil kaum bemerkbar ist.

Entstehung einer hamburgischen Kunstpolitik

Die bürgerliche Gesellschaft in Hamburg entwickelte im 19. Jahrhundert neue kunstpolitische Institutionen zur Förderung und Vermittlung von Kunst. Auf die Bemühungen der Patriotischen Gesellschaft, auf die Kunsterziehung am Johanneum, an der Gewerbeschule und an den freien Mal- und Zeichenschulen folgten die Aktivitäten des Kunstvereins, der sich um die Förderung von Künstlern, um deren Begegnung mit Bürgern und um ein neues Ausstellungswesen bemühte. Fortschrittliche Vertreter aus Groß- und Kleinbürgertum sowie Architekten und auch Künstler waren daran beteiligt; gebildete Aristokraten wie Carl Friedrich von Rumohr, schon 1824 Ehrenmitglied des Kunstvereins, sowie Kunstsammler und -händler wie Johann Mathias Commeter und Georg Ernst Harzen spielten dabei eine Rolle.

1826 fand die erste öffentliche Ausstellung des Kunstvereins statt, in der unter anderem das heute jedem in Hamburg vertraute *Eismeer* von Caspar David Friedrich ausgestellt war.[93] Seit 1836 sammelte der Verein historische Kunst. Zwölf Jahre später wurde die *Permanente*, eine Verkaufsausstellung mit zeitgenössischer Kunst, eingerichtet. 1850 schließlich wurde die erste öffentliche Gemäldegalerie in den Börsenarkaden eröffnet. Dieser Galerie wuchsen im Laufe der Jahre die Specktersche, die Commetersche ebenso wie die Harzensche Kunstsammlung zu, aber auch einzelne Bilder, wie Runges *Hülsenbeckschen Kinder*; dadurch wird der gleiche Kulturunternehmerkreis hinter dem Kunstverein erkennbar, der zu Anfang des Jahrhunderts Runges Künstlertum ermöglicht hatte.

Der Kunstverein initiierte schließlich auch den Bau der Kunsthalle, für den der Senat zunächst nur das Grundstück stellte. Er betrieb sie mit ehrenamtlichen Gremien und dem Inspektor Johann Christian Meyer, bis nach dessen Tod im Jahr 1886 Alfred Lichtwark als erster Direktor eingestellt wurde und der Staat die Kunsthalle übernahm.[94]

Vor Lichtwark war in Hamburg schon ein anderer Kunstgelehrter hamburgischer Herkunft kulturpolitisch aktiv geworden: Nach seiner Leipziger Promotion hatte sich Justus Brinckmann als Kunstberichterstatter des *Hamburgischen Correspondenten* in einer für Hamburg ungewohnten Weise in alle Kunstauftragsangelegenheiten eingemischt. Er entwickelte die Idee von der Einrichtung eines Museums mit einer »Vorbildersammlung«, wie es in London und Wien bereits entstanden war, das die Qualität der Hamburger »Kunstindustrie« heben sollte. 1869 konnte er mit der kunstgewerblichen Sektion der Patriotischen Gesellschaft eine solche Sammlung beginnen. Diese Sammlung wuchs im Laufe der Tätigkeit Brinckmanns weit über eine »Vorbildersammlung« hinaus und umfaßte schließlich Kunst und angewandte Kunst aller Hochkulturen. Bis 1877 entstand das Gebäude, in dem das Museum mit seinen Sammlungen, die Gewerbeschule und die Handwerkerschule gemeinsam untergebracht wurden, und Brinckmann wurde Direktor des Museums für Kunst und Gewerbe.[95]

Beide Männer, Brinckmann wie Lichtwark, haben in ihren Positionen die von den bürgerlichen Initiativen und von Künstlern wie Günther Gensler begonnene Kulturpolitik auf dem Gebiet der bildenden Kunst mit Vehemenz fortgesetzt und sie zur staatlichen Kulturpolitik entwickelt. Förderung der Künstler und der Kunsthandwerker, der Kunst und des Kunstgewerbes durch Museumsaktivitäten sowie durch staatliche und private Aufträge, Förderung des Kunstmarktes und der »Kunstindustrie«, darunter der Fotografie, aber auch Kunstvermittlung und Kunsterziehung und damit die Vermehrung und Bildung des Kunstpublikums waren die Anliegen beider. Beide bauten große Hamburger Kunstmuseen auf, und beide beteiligten sich am Ausbau der Kunstgewerbeschule. Beide griffen aber auch in einer in Hamburg vorher nicht üblichen Weise steuernd und beeinflussend in die Entwicklung der Kunst in der Stadt ein.

Lichtwark hat die mittelalterliche Kunst und die barocke Malerei Hamburgs entdeckt, gesammelt und kunstwissenschaftlich ergründet sowie die Werke Runges und der Hamburger Realisten zusammengetragen und aufgewertet. Beides diente unter anderem dazu, bei den Hamburgern ein Bewußtsein für die Geschichte der Kunst ihrer Stadt zu wecken. Vor allem aber hat Lichtwark die zeitgenössische Kunst in Hamburg in seinem Sinne zu beeinflussen und zu stärken versucht. Er kaufte für die Kunsthalle französische und deutsche Impressionisten, die seine

Bei Leopold von Kalckreuth schlug die Lichtwarksche Politik der Künstleransiedlung an: 1907 zog er in die Nähe von Hamburg, 1912 malte er eines der »Bildnisse aus Hamburg«; Porträt Alfred Lichtwarks; Hamburger Kunsthalle.

Max Liebermanns Porträtskizzen von Justus Brinckmann gehören in den Zusammenhang der »Bildnisse aus Hamburg«, die Alfred Lichtwark angeregt hatte, 1906; Museum für Kunst und Gewerbe.

Auch Max Liebermanns Abend am Uhlenhorster Fährhaus *entstand auf Lichtwarks Einladung, 1910; Hamburger Kunsthalle.*

Auffassung von Malerei bestimmten.[96] Außerdem begann er damit, ausgewählte auswärtige Künstler der Moderne nach Hamburg einzuladen, damit sie mit ihren fortschrittlichen Methoden und Techniken hamburgische Motive malten, die er dann dem heimischen Publikum vorführen konnte. Auf diese Weise entstand die »Sammlung von Bildern aus Hamburg«, deren Teile noch heute die Qualität der Sammlung der Kunsthalle ausmachen. Ein »Komitee von Kunstfreunden« sammelte Spenden zur Finanzierung des Programms. 1890 malten Hans von Bartels (1856-1913), Gustav Marx (1855-1928), Hans Hermann (1858-1942) und Gotthardt Kuehl (1850-1915) in Hamburg. Nachdem aber auch Max Liebermann (1847-1935) gekommen war, erhöhten sich die Ansprüche. Unter den eingeladenen deutschen Malern waren nun Wilhelm Trübner (1851-1917), Fritz von Uhde (1848-1911), Leopold von Kalckreuth (1855-1928), Lovis Corinth (1858-1925) und Max Slevogt (1868-1932). Mit dem Schweden Anders Zorn (1860-1920) wurde erstmals auch ein Ausländer eingeladen. Ihm folgten der Däne Laurits Tuxen (1853-1927) und der Norweger Frits Thaulow (1847-1907). 1912 war Albert Marquet (1875-1947) in Hamburg, und 1913 kamen Pierre Bonnard (1867-1947) und Edouard Vuillard (1868-1940). Insgesamt waren von 1889 bis 1914 etwa fünfzig Künstler an dem Programm »Bilder aus Hamburg« beteiligt, für das in der Kunsthalle ein Sonderraum eingerichtet war.[97]

Am stärksten muß sich Lichtwark von einem Bild wie Vuillards *Binnenalster* bestätigt gefühlt haben. Nicht nur, daß es ihm gelungen war, einen der großen Pariser Neoimpressionisten nach Hamburg zu holen; Vuillard wählte – nicht ohne leichte Ironie – sogar Farbtöne für seine Alsterlandschaft, die den Eindruck von Pastell aufkommen lassen, eine Technik, die Lichtwark gerne den Künstlern empfahl.

Didaktische Ziele verfolgte Lichtwark auch mit Aufträgen von Bildnissen herausragender Hamburger, deren erstes das 1891 geschaffene berühmte Porträt Bürgermeister Carl Friedrich Petersens von Max Liebermann war. Auch der *Einzug des Senats* zur Eröffnung des Rathauses 1897, heute im Bürgermeistersaal, gehört in diesen Zusammenhang. Es ist 1899 zum Gedenken jenes Einzuges von den beteiligten Senatoren gestiftet worden. Lichtwark hatte auf Anregung Kalckreuths den Berliner Akademiker Hugo Vogel (1855-1934) vorgeschlagen, der das Bild 1902 vollendete: eine Darstellung der Bürgermeister und Senatoren in Amtstracht, das sich an niederländische Gruppenporträts anlehnt.

In seiner Intention steht ein fotografisches Werk der »Sammlung von Bildern aus Hamburg« nahe: die sogenannte Fotografische Staatssammlung. Ernst Juhl, ein vermögende Ingenieur, war ihr Initiator. Als Kommissar für die »Internationale fotografische Ausstellung Dresden 1909« hatte er den hamburgischen Beitrag zusammenzustellen – eine Arbeit, die er nach der Ausstellung fortsetzte; leider ist die Sammlung nicht erhalten. »Es hat sich gezeigt, daß unser Land an künstlerischen Motiven unendlich viel reicher ist als die Künstler wußten«, begleitete Lichtwark, der das »künstlerische Motiv« im Vordergrund sah, die Arbeiten. 1912 gab Juhl das Mappenwerk *Hamburg – Land und Leute der Niederelbe, aufgenommen im Auftrage der Freien und Hansestadt Hamburg* heraus. Für den heutigen Betrachter der darin enthaltenen Bilder eröffnet sich eine Rückschau »auf die Welt von vorgestern als bezaubernde Atmosphäre von Wasser und Wolken, von Strohdach und Stimmung«[98].

Zur Förderung der Hamburger Malerei versuchte Lichtwark schließlich auch, junge Künstler zu überreden, sich an Hamburg zu binden und sich hier der Pleinairmalerei hamburgischer Motive zu widmen. Die dafür von ihm gewonnenen und beeinflußten Künstler schlossen sich 1897 zum Hamburgischen Künstlerclub zusammen. Zu ihm zählten der etwas ältere Thomas Herbst (1848-1915) und die etwa gleichaltrigen Julius von Ehren (1869-1944), Ernst Eitner (1867-1955), Arthur Illies (1870-1952), Jean Paul Kayser (1869-1942), Alfred Mohrbutter (1867-1916), Friedrich Schaper (1869-1956), Arthur Siebelist (1870-1945) und Julius Wohlers (1867-1953).[99] 1895 hatte sich der Kern der zukünftigen Clubmitglieder von den auf der großen Kunstausstellung des Kunstvereins präsentierten französischen Impressionisten beeindrucken lassen. Lichtwarks Parole »Meine Herren, malen Sie hamburgische Landschaft«[100] befolgend, zogen sie in kleinen Gruppen in die ländliche Umgebung – Eitner und Illies im Herbst 1894 ins Alstertal, Schaper, Siebelist und von Ehren 1895 nach Finkenwerder, Kayser, Herbst und Illies ins Alte Land – und versuchten sich in der neuen »Lichtmalerei«. 1896 stellte die Gruppe erstmals geschlossen in einer großen Kunstausstellung des Kunstvereins aus. Diese Ausstellung löste eine der seit der ersten Impressionistenausstellung 1874 in Paris obligaten Empörungen aus. In einer Kunstvereinsversammlung wurden die Verteidiger der jungen Künstler,

Hugo Vogels Gruppenporträt der Bürgermeister und Senatoren ist eine Ansammlung von »Bildnissen aus Hamburg«; Bürgermeistersaal des Rathauses, 1901.

Der Intention der »Sammlung von Bildern aus Hamburg« entsprach die Fotografische Staatssammlung von 1912: das Motiv stand im Vordergrund des Interesses; Foto von Anton Joachim Christian Bruhn, um 1910; Museum für Kunst und Gewerbe.

In kleinen Gruppen zogen die Mitglieder des Künstlerclubs von 1897 in die Umgebung, um »hamburgische Landschaft« zu malen: Jean Paul Kayser, Entwurf für das Wandbild Das Alstertal, *1900; Hamburger Kunsthalle.*

Brinckmann, Lichtwark und Gustav Schiefler, von einer Mehrheit niedergeschrieen; Ernst Juhl legte daraufhin den Vorsitz nieder, und Schiefler schrieb 1897 einen Aufsatz über *Die Bewegung gegen die »Neue Richtung« in der Kunst.* Dennoch gab es in Hamburg genügend Befürworter und Sammler der neuen Malerei. Der inzwischen umfangreiche Ausstellungsbetrieb auch kleinerer Galerien in Hamburg zeigte weiterhin neuere Malerei, die »Jungen Hamburger« fuhren in ihrer künstlerischen Arbeit fort und fanden ihre Käufer. Ihre neue Sehweise übernahm Methoden der Farbauflösung und Maltechniken der Neoimpressionisten, die jeder auf seine Weise für sich fruchtbar machte. Die Landschaften der Stadt und ihrer Umgebung haben sie neu gesehen und bekannt gemacht. Ihre Bilder sind seit jener Zeit begehrt und in vielfältigem Privatbesitz verstreut, auch wenn sich ihre Träume von einer Wiederholung des künstlerischen Erfolgs ihrer französischen Vorbilder nicht erfüllt haben.

Ein anderer von Lichtwark Angeworbener war Leopold Graf von Kalckreuth (1855-1928). Er bestimmte seine Entwicklung selbst und zog 1907, sobald es ihm seine Professur in Stuttgart erlaubte, in die Nähe von Hamburg, wo er sich in Eddelsen, einem Nachbarort von Hittfeld, eine Villa baute und seine freundschaftlichen Kontakte zu Lichtwark pflegte. Er wurde noch im Alter zum »hamburgischen« Maler[101], der sich mit der Elb- und Hafenlandschaft auseinandersetzte; auch ein Lichtwarkporträt stammt von ihm.

Hatte Lichtwarks Kulturpolitik in der Art, wie er Künstler zur Ansiedlung bewegte und sie beeinflußte, residenzielle Züge, so entsprachen Ankäufe und seine Einladungen wichtiger auswärtiger Maler der Kunstgeschichte einer Stadt, die keine eigene künstlerische Schule hervorgebracht hat, wohl aber auswärtige Künstler zu interessieren, zu beauftragen oder ihre Werke zu erwerben wußte. Gustav Schiefler berichtet anekdotenhaft pointiert, daß Liebermann 1905 auf dem Jungfernstieg in Begleitung von Kalckreuth, Trübner und dem Kunsthistoriker Adolph Goldschmidt ihn mit den Worten begrüßt habe: »Wissen Se, wenn Se die berühmtesten Maler Deutschlands treffen wollen, müssen Se heutzutage auf dem Jungfernstieg in Hamburg spazieren jehen.«[102]

Beflügelnd für die Künstlerschaft, den künstlerischen und den kunsthandwerklichen Nachwuchs sowie für die städtische Öffentlichkeit wurde um die Jahrhundertwende auch die Kunstgewerbeschule. Sie löste sich 1896 von der Gewerbeschule und erhielt 1905 mit Richard Meyer von der Elberfelder Handwerker- und Kunstgewerbeschule einen eigenen Direktor. Dieser berief ein Lehrerkollegium von auswärtigen Kräften: den Bildhauer Richard Luksch (1872-1936) und die Maler Carl Otto Czeschka (1878-1960), Anton Kling (geboren 1881) und Franz Delavilla (geboren 1884), aus Wien, den Kunstgewerbler Friedrich Adler (1878-1942, nach Auschwitz deportiert) und den Maler Willy von Beckerath (1868-1938) aus München sowie den Bildhauer Johann Michael Bossard (1874-1950) aus Berlin. Diese ergänzte er nur um wenige Hamburger, darunter Arthur Illies. Die Schule betrieb damit neben den beiden Kunstmuseen eine neue Künstlerpolitik. Die auswärtigen Lehrer brachten neue Impulse in die Stadt, die allerdings nicht immer den Vorstellungen Lichtwarks entsprachen. Vor allem die Vertreter des Wiener Jugendstils haben sich dennoch die Hamburger Kunst- und Künstlerszene erschließen können. Czeschka, Luksch und Delavilla fanden engen Kontakt zu den Dichtern Richard Dehmel und Detlev von Liliencron, dessen eindrucksvolles Grabmal auf dem Rahlstedter Friedhof Luksch ausführte.

Die Frauen und die Kunst

Noch ehe die Frauenbewegung in Hamburg in einer »Gegenwirkung gegen die Ausschaltung der Frauen aus allen öffentlichen Belangen«[103] in den neunziger Jahren Frauenvereinigungen gründen, 1901 ein Realgymnasium für Mädchen durchsetzen und schließlich eine gewisse bürgerliche Akzeptanz finden konnte, wurde für Mädchen und Frauen der Umgang mit Kunst, eine künstlerische und kunstgewerbliche Laientätigkeit und sogar ein Künstlerinnentum möglich. Valesca Röver (1849-1931), die in Paris studiert hatte, gründete 1891 eine offenbar gutbesuchte Mal- und Kunstgewerbeschule für Damen am Glockengießerwall, der Kunsthalle gegenüber, an der neben ihr Wilhelmine Niels, Ernst Eitner und Arthur Illies lehrten. Von 1904 an wurde die Schule von Valesca Rövers Schülerin Gerda Koppel (geboren 1875) fortgeführt.[104] Seit 1906 konnten Mädchen und Frauen dann auch an der Kunstgewerbeschule Unterricht nehmen.

Die Kunstfreundinnen gingen in den Frauenclub von 1906, dessen Vorsitzende die Kunstsammlerin Bertha Rohlsen war und zu dessen Mitgliedern die Kunsthistorikerin Dr. Rosa

Schapire zählte. Der Klub betrieb ein Kulturprogramm, zu dem auch Atelierbesuche und die Teilnahme an Veranstaltungen der Kunstgewerbeschule gehörten.

Rosa Schapire gründete 1916 ihren eigenen »Frauenbund zur Förderung deutscher bildender Kunst«.[105] Dieser Frauenbund hat sich große Verdienste um die Durchsetzung der deutschen Expressionisten erworben.

Mit ausgeprägtem Selbstbewußtsein strebten die Frauen dieser Generation, deren bekannteste Vertreterinnen die in Worpswede arbeitenden Paula Becker-Modersohn und Clara Westhoff-Rilke wurden, nun auch den Künstlerberuf an. In Hamburg gehörten zu ihnen Gerda Koppel (geboren 1875), Alma del Banco (1878-1943), Gretchen Wohlwill (1878-1962) und Anita Reé (1885-1933).[106] Sie hatten bei Valesca Röver und den dort lehrenden Künstlerclubmitgliedern studiert und sich — wie Paula Becker — in Paris und auf Auslandsreisen künstlerisch weitergebildet. Anders als bei ihren Zeitgenossinnen, die nach der Heirat mit Bürgern, Kunstprofessoren oder freien Künstlern nur gelegentlich weiter künstlerisch arbeiteten, füllte der gewählte Beruf der Künstlerin oder Kunsterzieherin ihr Leben aus. Die älteren unter ihnen folgten anfangs dem Pleinairismus des Hamburger Künstlerclubs und gehörten später mit ihren Landschaften, Porträts und Stilleben zu den gemäßigten Vertreterinnen der Hamburger Sezession.

Kunstwissenschaftler in Hamburg

Im 19. Jahrhundert setzte nicht nur die öffentliche Wirkung von kulturellen Initiativen, Vereinen, Einrichtungen und der neuen Arbeit von kulturpolitisch, kulturpädagogisch und kulturwissenschaftlich kompetenten Personen ein. Im kulturellen Leben und in der Künstlerschaft wirkten nun auch Vertreter und Vertreterinnen der Kunstwissenschaft, die in Hamburg aufwuchsen, als Gäste nach Hamburg kamen oder hier tätig wurden. Carl Friedrich von Rumohr (1785-1843) hatte von seinem Gut Rothenhausen in Holstein aus ständigen Kontakt zum kulturellen und künstlerischen Leben in Hamburg. In Hamburg aufgewachsen war der erste Berliner Museumsdirektor, Gustav Friedrich Waagen (1794-1868), der sich immer wieder — zum Beispiel in der Jury für den Kunsthallenentwurf — auch für Hamburg interessierte. Er war es allerdings auch, der die Tafeln des Hochaltars im Hamburger Dom, die seinem Vater geschenkt worden waren, in die Marienburg überführte. Gottfried Semper (1803-1879) aus Altona hat sowohl als Architekt wie als Theoretiker Spuren in Hamburg hinterlassen: Ein kleines Museum in Donners Park an der Elbchaussee war ein Frühwerk von ihm; er beteiligte sich an der Entwicklung der Kunsthalle als Preisrichter und steuerte nach 1842 wichtige Ideen zur Anlage von Rathausmarkt und Kleiner Alster bei. Seine kleine Schrift *Wissenschaft, Industrie und Kunst* von 1851 gab den Anstoß zur Konzeption von Kunstgewerbemuseen; das Hamburger Museum war das dritte dieser Art. Der Hamburger Kaufmannssohn Adolph Goldschmidt (1863-1944) wurde zuerst als Kaufmann ausgebildet, betätigte sich später aber auch künstlerisch und begann 1884 ein Kunstgeschichtsstudium, das ihm Lehrtätigkeiten in Halle, 1904, und Berlin, 1912, mit ständigem Kontakt nach Hamburg ermöglichte. Sein Zeitgenosse, der Bankierssohn Aby Warburg (1866-1929), kehrte nach seinen Studien, der Heirat mit der Bildhauerin Mary Hertz und einem zehnjährigen Italienaufenthalt 1902 ganz nach Hamburg zurück und konzentrierte sich im folgenden auf den Aufbau seiner kunstwissenschaftlichen Bibliothek in Hamburg.[107] Karl Scheffler (1869-1951), dem führenden deutschen Kunstpublizisten seiner Zeit, der sich in seinen autobiographischen Schriften deutlich auf seine Hamburger Herkunft bezogen hat, ist dagegen die Rückkehr nicht gelungen. Alle diese Kunstwissenschaftler hatten Kontakt zur Künstlerschaft ihrer Zeit und traten in der hamburgischen Öffentlichkeit für ein neues Verhältnis zur bildenden Kunst ein. Besondere Wirksamkeit aber entfaltete Rosa Schapire (1874-1954), die sich 1905 hier niederließ und für die Vermittlung der neuesten Kunst eintrat.[108] Zu den für Hamburg wichtigen Kunstwissenschaftlern muß darüber hinaus Gustav Schiefler gerechnet werden, der, Richter von Beruf, einer der großen und systematischen Sammler zeitgenössischer Grafik in Hamburg wurde. Die »Schieflerschen Abende« und seine Grafikverzeichnisse von Edvard Munch, 1907, Emil Nolde, 1910, und Ernst Ludwig Kirchner, 1924, machten in Hamburg die Moderne weit über Lichtwarks Vorstellungen hinaus geläufig.

Schiefler hat in seiner 1921 vollendeten Rückschau auf die *Hamburgische Kulturgeschichte 1890-1920*, die erst 1985 publiziert und damit zugänglich gemacht wurde, noch einmal den eindrucksvollen Versuch einer Gesamtschau von Politik, Architektur, Bildung, Wissenschaft und Künsten unternommen und dazu das kulturelle und geistige Leben in den staatlichen Einrichtungen, den Vereinen und Initiativen wie in den privaten Zirkeln, die ihm bekannt waren, beschrieben. Aber gerade sein Versuch macht deutlich, daß er die Großstadt in einer Zeit schildern wollte, in der sich das kulturelle Leben in einer Weise differenzierte, die es unmöglich machte, das Gesamtgeschehen vollständig zu überblicken und zugleich alle Einzelvorgänge zu erfassen.

7. Hamburg im 20. Jahrhundert

Das Hamburg des 20. Jahrhunderts ist von einer Reihe von deutlichen Zäsuren geprägt: von Revolution und Verfassungsänderung nach dem Ersten Weltkrieg, von der Machtergreifung der Nationalsozialisten, Gleichschaltung der Stadt und Zweitem Weltkrieg, von demokratischer Neuorientierung und Gründung des Bundeslandes Hamburg. Trotz Zäsuren aber wuchs das heutige Großstadtgebiet im 20. Jahrhundert zusammen. Es entstand der Stadtstaat in dem Umfang, den wir heute kennen.[1]

Leicht wird vom demokratisch verfaßten Stadtstaat auf die stadtrepublikanische Geschichte der Stadt rückgeschlossen. Tatsächlich liegen in ihr die Wurzeln der Verfassung, der bürgerlichen Traditionen und der bürgerlichen Kultur der Stadt; aber es darf nicht vergessen werden, daß die tradierten Reste der Stadtrepublik diejenigen einer Oligarchie waren, gegen die die starke Hamburger Arbeiterbewegung schließlich rebelliert hat.

Die neue Staatsform

Nach einem Sympathiestreik für die aufständischen Kieler Matrosen, die am 5. November 1918 gegen ein letztes, sinnloses Auslaufen der Flotte gemeutert hatten, übernahm ein Arbeiter- und Soldatenrat 1918 »den größten Teil der politischen Macht« in Hamburg.[2] Am 16. März 1919 wurde eine neue, verfassunggebende Bürgerschaft gewählt, in der die SPD mit 50,5 Prozent und die liberale DDP mit 20,5 Prozent dominierten. 1921 trat eine neue Hamburgische Landesverfassung in Kraft, mit der die Vorrechte bestimmter gesellschaftlicher Gruppen verschwanden. Der Senat büßte seine unabhängige Stellung gegenüber der Bürgerschaft ein. Hamburg verlor einen Großteil seiner politischen und finanziellen Selbständigkeit.

Die Reichsverfassung schrieb dem Land nun erstmals die Aufgabe staatlicher Kunstpflege vor, für die es jedoch in der Weimarer Zeit noch kein eigenständiges Senatsressort gab. Kulturpflegerische Aufgaben wurden deshalb in verschiedenen Behörden wahrgenommen: von der Senatskanzlei für das Staatsarchiv, von der Oberschulbehörde in der Betreuung der Hochschulen, künstlerischen Hochschulen, wissenschaftlichen

Einrichtungen, Museen und Bibliotheken, von der Baubehörde für Bauskulptur und Wandmalerei und von der Finanzbehörde in der Beteiligung an Theatergesellschaften.

1932 wurde die NSDAP in Hamburg zur stärksten Bürgerschaftsfraktion gewählt. Nachdem sie im März 1933 auch den Bürgermeister stellte, gingen die Nationalsozialisten an einen rigorosen Umbau der staatlichen Organisation, der die Stadt zu einer von Berlin aus regierten Einheit machte; der Ehrgeiz des Reichsstatthalters Karl Kaufmann sicherte ihr aber das Überleben als eines der Länder des Reiches. Zum ersten Mal wurden die kulturpolitischen Aufgaben nun bei einer Instanz zusammengefaßt: Als eigenes Senatsressort entstand die Kulturbehörde.

Nach der Bombenzerstörung der Stadt und ihrer kampflosen Übergabe an die Alliierten 1945 wurde die Verfassung von 1919 im wesentlichen restituiert. Typisch blieben das strikte Budgetrecht der Bürgerschaft, das Kollegialitätsprinzip des Senates, die Einheitsverwaltung von Land und Stadt, die Kontrolle der Behörden durch Deputationen aus Nichtparlamentariern sowie die Gliederung in sieben Bezirke, die zum Teil – wie Altona, Wandsbek, Harburg und Bergedorf – den alten Teilstädten mit eigener kultureller Tradition entsprechen. Die Arrondierung der kulturpolitischen Aufgaben in einer Kulturbehörde wurde jedoch beibehalten.

Groß-Hamburg

Straßen und Verkehrsmittel hatten bereits im 19. Jahrhundert dafür gesorgt, daß die Teilstädte um Hamburg immer enger zusammenwuchsen. Zwischen St. Pauli und Altona waren die Grenzen bald nicht mehr erkennbar. Der Hafen hatte eine Verbindung zwischen Hamburg, Altona und den Gemeinden südlich der Elbe geschaffen. Seit langem bildete das Gebiet als Wirtschaftsraum, als Arbeitsmarkt, als Kommunikationsnetz und als Kulturregion eine Einheit. Dennoch konnte es bis 1937 weder in größeren Teilen noch als Ganzes gemeinsam verwaltet werden. Die Diskussionen über den möglichen Zuschnitt von »Groß-Hamburg«, über den angemessenen Zuschnitt des Stadtstaates und des späteren Bundeslandes Hamburg sowie über verschiedene andere Formen von »Nordstaaten« haben fortan das ganze 20. Jahrhundert beschäftigt.

Fritz Schumacher erfand 1919 ein Kürzel für die Entwicklung entlang der Verkehrswege, lange bevor das nationalsozialistische Gesetz von 1937/1939 Groß-Hamburg zusammenfaßte.

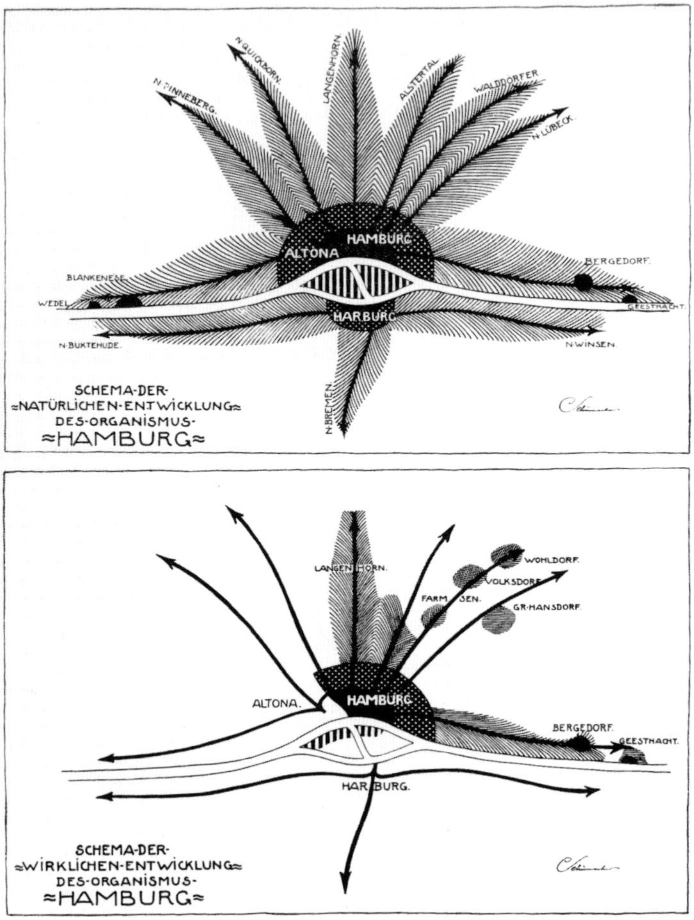

Der Zeit des Nationalsozialismus blieb es vorbehalten, den Forderungen nach Einigung zu entsprechen und Hamburg, Altona, Harburg-Wilhelmsburg, Wandsbek, Bergedorf und die umgebenden Landgebiete zwischen 1937 und 1939 zu dem neuen Groß-Hamburg zusammenzufassen, das im wesentlichen der heutigen Ausdehnung entspricht.

Für die Entwicklung der Großstadt an der Unterelbe hat Fritz Schumacher 1919 ein ausdrucksvolles Kürzel entworfen, das er in seinem Bemühen um die Vereinigung eingesetzt hat. Es fügt einen Großstadtkern aus Hamburg, Altona, dem Hafengebiet und Harburg zusammen, skizziert das Siedlungswachstum entlang der Verkehrswege und prognostiziert damit die Dynamik der Ausdehnung über den hamburgischen Stadtkern hinaus. Diesem Schema entsprach die Entwicklung der Großstadt tatsächlich bis zur Zerstörung 1943, und sie setzte sich nach dem Wiederaufbau über die Landesgrenzen hinaus fort.

Das gebaute und das nicht gebaute Hamburg vor dem Zweiten Weltkrieg

Planung und Baukunst der Stadt werden für die Zeit vor dem Zweiten Weltkrieg immer wieder einer einzelnen Person zugeschrieben: Fritz Schumacher, der sich mit seinen vielen Schriften eine so eigene Fama geschaffen hat, daß an die Stelle von Beschreibung und kritischer Würdigung seines Werkes und seiner organisatorischen Leistungen bisher, ganz unhamburgisch, Glorifizierung getreten ist.[3]

Schumachers Wirken konnte in Hamburg aufbauen auf einer Reformdiskussion, die seit Beginn des 20. Jahrhunderts verschiedene Bereiche, von der Gartenstadtbewegung bis zur Freikörperkultur, erfaßt und in der Architektur und Kunst die verschiedensten Ergebnisse erzielt hatte. Diese Hamburger Reformdiskussion ist nicht ohne Peter Behrens (1868-1940) denkbar. Zwar hat der in Hamburg Geborene die Stadt 1891 verlassen und dann nacheinander in München, Darmstadt, Düsseldorf und Berlin gewirkt, aber er war immer auch in Hamburg präsent. Die Einrichtung und Ausstattung des Richard-Dehmel-Hauses in Blankenese oder die Beamtensiedlung der Deutschen Werft in Othmarschen 1921 sind direkte Zeugen seines Einflusses. Seine Bemühungen um eine Rückkehr und dauernde Tätigkeit in Hamburg waren jedoch vergebens.

Justus Brinckmann und Alfred Lichtwark gehörten zu den Wortführern, die Hamburger Volksschullehrerschaft zu den Mittlern der Reformdiskussion. »Heimatstil« und »Reformarchitektur« wurden in Hamburg die Schlagworte für den Abschied von Haltung und Architektur des Historismus. Ihre Ergebnisse zeigten sich sowohl in der Architektur der Mönckebergstraße, den Staatsbauten von Albert Erbe (1868-1922) und den Stationen der Hochbahn wie in den »reformierten« bürgerlichen Landhäusern aus Backstein. Eine Ausprägung des Jugendstils im Sinne des Wiener »Sezessionsstils« hat es in Hamburg allerdings weniger gegeben, auch wenn Brinckmann mit seiner Jugendstilsammlung und die Professoren der Kunstgewerbeschule als Künstler des Jugendstils sich darum bemühten.

Schumacher war von 1909 bis 1920 Leiter des Hochbauamtes und beeinflußte in dieser Zeit die meisten der staatlich finanzierten Bauten oder bestimmte selbst deren Entwurf. Die Prosperität der Stadt ermöglichte ihm — wie Johann Christian Zimmermann (1831-1911), Franz Andreas Meyer (1837-1901) und Albert Erbe vor ihm — eine glückliche Zahl von Bauaufgaben, mit denen er architektonische Akzente in der Stadt setzen konnte. Er beschwor das Baumaterial Backstein und setzte es in seinen frühen Bauten in neuer Form ein. Die Oberschulbehörde, 1911-1912, die Kunstgewerbeschule, 1911-1913, der Neubau der Gelehrtenschule des Johanneums, 1912-1914, das Gewerbehaus, heute Handwerkskammer, 1912-1915, und das Museum für Hamburgische Geschichte, 1913-1922, waren anspruchsvolle Aufgaben, deren Nutzer Schumacher für seine neuen Architekturvorstellungen gewinnen konnte. Im Inneren aller genannten Gebäude nutzte er moderne Betonbauweise, dekorierte sie aber auch mit Kunst- und Haustein in vormodernen Formen. Nach außen kleidete er die wirkungsvoll gestaffelten Baukörper in kunstvolle Maurerarbeit und deckte sie mit hohen Dächern, unter denen ebenso kunstvolle Zimmererarbeit steckt. Obwohl 1907 Mitbegründer des Deutschen Werkbundes, setzte sich Schumacher also zunächst als ein Konservativer der Moderne in Szene. Seine Architektur war zu dieser Zeit so wenig anstößig, daß sie von der Moderne dann nie diskutiert wurde und erst von der Postmoderne wieder entdeckt worden ist.

Bis zu seinem Weggang nach Essen 1912 konnte Bauinspektor Albert Erbe noch mit zahlreichen von ihm betreuten Bauten Profil vor und neben Schumacher zeigen. Danach ließ dieser je-

Fritz Schumacher setzte sich mit seinen frühen Bauten als ein Konservativer der Moderne in Szene: Gelehrtenschule des Johanneums, 1912-1914; Foto um 1930.

doch keinen anderen staatlichen Architekten mehr neben sich zu. Andere Auffassungen konnten die übrigen Architekten nur mit privaten Bauten vertreten. Sie reichen von den expressionistischen Schöpfungen des deutschnationalen Fritz Höger (1877-1949), der sich nach 1933 von den Nationalsozialisten in Dienst nehmen ließ, bis zu den ersten Formen des Neuen Bauens in Hamburg bei Karl Schneider, der 1938 zur Emigration getrieben wurde. Private Bauaufträge für Bürohäuser, Industriebauten, Großwohnprojekte und Einzelhäuser waren so zahlreich, daß sich eine Reihe von großen Architektenbüros etablieren konnte, die ausschließlich von hamburgischen Aufträgen lebten: Felix Ascher (geboren 1883), Fritz Bloch (1889-1955) & Ernst Hochfeld (1879-1948), Erich Elingius (1877-1949) & Gotthard Schramm (1894-1982), Paul A.R. Frank, Hans (1881-1931) und Oskar Gerson (1886-1966), Fritz Höger, Hermann Höger, Rudolf Klophaus (1885-1957), Friedrich R. Ostermeyer (1884-1963), Puls & Richter sowie Karl Schneider (1892-1945). Diese Büros mit ihren durchaus unterschiedlichen »Stilen«, zum Teil im Kontorhausviertel oder in der Wohnstadt Barmbek-Nord direkt nebeneinander tätig, bestimmten den Charakter der Hamburger Architektur zu dieser Zeit.

Außerhalb Hamburgs zu wenig bekannt ist vor allem das Werk des herausragend modernen Architekten Karl Schneider.[4] Er hatte nach dem Studium seit 1912 zunächst bei Walter Gropius (1883-1969) und Adolf Meyer (1881-1929), von 1914 bis

1916 bei Peter Behrens und 1921 bei Fritz Höger gearbeitet, bis er sich 1921 auch selbständig machte. Danach entfaltete sich sein Werk zwischen einem Entwurf für das Landhaus Michaelsen 1923 und einem preisgekrönten städtebaulichen Entwurf für den Wettbewerb Jarrestadt 1926. Vor allem hat er Anteil an zahlreichen Klinkerbauten der Hamburger Großwohnsiedlungen, die entstanden, bevor er 1930 Professor an der Landeskunstschule wurde; 1933 wurde er aus »rassischen« Gründen entlassen.

Größer als Fritz Schumachers gestalterische Leistungen vor dem Ersten Weltkrieg ist seine Leistung als städtebaulicher Vordenker, als Organisator der städtischen Planung und – mit seinen Schulbauten – als Architekturpädagoge. In seiner Zeit als Architekturprofessor in Dresden hat er dafür zwar das theoretische Fundament gelegt, in Hamburg aber publizierte er weiter. Zwischen 1920 und 1923 entwarf er für Köln ein Stadtentwicklungskonzept. Seit 1923 hatte er in Hamburg in der neu geschaffenen Position des Oberbaudirektors alle Instrumente staatlicher Bauplanung und -verwaltung in seiner Hand und konnte sie bis zu seiner Amtsenthebung 1933 dank der Übereinstimmung mit der baupolitischen Führung umfassend einsetzen.

In den Nachbarstädten gab es ähnliche baupolitische und stadtplanerische Vorstellungen. Die verwandten Ergebnisse kamen nicht von ungefähr. In Altona verfolgte der Baudezernent Gustav Oelsner mit seinem preußischen Generalsiedlungsplan von 1923 bereits vor dem 1928 eingesetzten Landesplanungsausschuß ähnliche Ziele wie Schumacher, zeigt sich aber in den von ihm entworfenen Staatsbauten als der modernere Architekt.[5] Auch die Wandsbeker und die Harburg-Wilhelmsburger Bauverwaltung brachten Ergebnisse hervor, die heute wirken, als seien sie in hamburgischer Verantwortung entstanden.

Nach dem Ersten Weltkrieg setzten die Reichsregierung, der Hamburger Senat und auch die Stadtverwaltungen in Altona, Wandsbek und Harburg-Wihelmsburg der Baupolitik in erster Linie soziale Ziele. Der Wohnungsnot sollte Abhilfe geschaffen werden und dies vor allem mit Kleinwohnungen für die Arbeiterschaft. Fritz Schumacher hat sich dazu unermüdlich publizistisch geäußert. In Hamburg folgte man anfänglich sowohl den Vorschlägen der eher großstadtabgewandten Gartenstadtbewegung wie der Tradition der Kleinwohnungsmietshäuser. Schumacher realisierte zwischen 1919 und 1922 die später nach ihm benannte Siedlung in Langenhorn wie die gleichzeitig entstandenen mehrgeschossigen Wohnblocks der Dulsberg-Siedlung. Zumutbare Wege zu den Arbeitsplätzen und die notwendige Großstadtintegration brachte damals nur die zweite Form. Aber auch die Gartenstadtbauten wurden ideologisch tradiert und nach 1945 durch das Auto als neues Verkehrsmittel scheinbar noch begünstigt. In den Jahren 1924 bis 1929, zwischen Inflation und Weltwirtschaftskrise, wurde vor allem das Konzept der neuen Mietshausquartiere systematisch zu dem entwickelt, was Schumacher selbst 1932 als »Wohnstadt Hamburg« bezeichnet hat. Es sind die Wohnsiedlungen in den Gebieten rund um die alten Vororte Eimsbüttel, Eppendorf, Winterhude, Barmbek-Nord, Dulsberg, Hamm, Horn und Veddel. Ihre Entsprechungen in den anderen Teilstädten, etwa die Friedrich-Ebert-Höfe in Altona und Wandsbek oder der Adolf-von-Elm-Hof in Harburg, sind Äußerungen der gleichen Baupolitik.

Die von der Stadt seit 1919 gebaute heutige Fritz-Schumacher-Siedlung in Langenhorn ist zwar in vielen baulichen Details inzwischen umgewandelt; sie gibt aber auch heute noch einen Eindruck von der während des Ersten Weltkrieges aufkommenden Idee der »Kriegerdanksiedlung«, die man anstelle von Kriegerdenkmälern errichten wollte. Etwa achthundert niedrige Häuser sind in traditionalistischer Weise an symmetrischen Straßenanlagen gruppiert. Die zwischen 1928 und 1930 entstandene Schule liegt in der Mitte. Als Standort der »Griffelkunst«-Vereinigung zur Verbreitung von originaler Künstlergraphik ist sie zugleich auch das kulturelle Zentrum der Siedlung.[6]

Barmbek-Nord, das schon vor dem Ersten Weltkrieg mit den Schumacher-Schulbauten am Rübenkamp, 1911-1913, und Tieloh, 1913-1914, Neubauten erhielt, die auf eine stärkere zukünftige Nutzung verwiesen, ist das größte zusammenhängende Neubauwohngebiet der zwanziger Jahre in Hamburg geworden. Die formal geschlossensten Siedlungen entstanden jedoch mit den Großsiedlungen Veddel, 1926-1928, und Jarrestadt, 1926-1929. Die letztere ist 1926 aus einem von Karl Schneider gewonnenen Wettbewerb hervorgegangen. Über dem konservativen Straßenplan von Schumacher entstanden flachgedeckte Klinkerblocks verschiedener Bauherren und Architekten von geschlossener Wirkung: »Schon den Zeitgenossen galt sie als Denkmal des sozialen Städtebaus der Weimarer Republik.«[7]

Allein an den Schulbauten dieser genannten Großwohnsiedlungen läßt sich eine Geschichte des Schumacherschen Schul-

Die Jarrestadt, 1926-1929, galt schon zu ihrer Zeit als »Denkmal des sozialen Städtebaus der Weimarer Republik«; Foto um 1930.

baus exemplifizieren, der nach 1918 auch zum Ausdruck der sozialdemokratisch dominierten Schulpolitik der Weimarer Zeit geworden ist: Insgesamt 34 erhaltene Schulen stehen als wiederkehrendes Element seiner Architektur in allen Hamburger Stadtteilen. Es gibt keinen Hamburger, der nicht in seiner Jugend Schulbauten von Schumacher im Lokalbereich passiert oder besucht hätte. Wie keine andere Bauaufgabe haben sie das Bewußtsein von hamburgischer architektonischer Besonderheit geprägt. Sie stehen im Mittelpunkt von Stadtteilzusammenhängen und drücken mit ihren Bauformen den von Schumacher geprägten Stilwillen jener Zeit aus. Sie dokumentieren zugleich die Entwicklung des Architekten Schumacher von einem konservativen Modernen zu einem Vertreter des Neuen Bauens. [8]

Die Jahnschule, 1929-1933, von Fritz Schumacher läßt die Entwicklung des Architekten zu einem Vertreter des Neuen Bauens erkennen; Foto um 1933.

Hans Leip hat 1931 im Auftrag der Oberschulbehörde »von Großstadt, hansischem Geist, Grüngürtel, Schule und guten Wohnungen in Hamburg« geschrieben und damit die gesamte städtebauliche Leistung der Stadt nach dem Ersten Weltkrieg angesprochen, aber auch die Rolle, die die »guten Wohnungen« und die Schulen darin spielten. Tatsächlich waren es aber nicht nur die sozialen und pädagogischen Ziele der neuen Politik, die die Entwicklung des Stadtkörpers bestimmten. Neben den Schulen und Sportplätzen wurden in den Wohnvierteln auch Kirchen errichtet, wie die von Emil Heynen 1927 bis 1929 gebaute Bugenhagenkirche mit Klinkerplastiken der Bildhauer Richard Kuöhl, Friedrich Wield und Alphons Ely. Die Gartenvorstädte breiteten sich weiter aus, der »Stadtpark« entstand als neue Großparkanlage und in den äußeren Villenvierteln wurden neue private Einzelbauten errichtet.

Im Zentrum, im Hafen und in dessen Umgebung entstanden weitere Bauten für Wirtschaft und Industrie. Vor allem fällt aber für das Stadtzentrum das Kontorhausviertel neu ins Gewicht, das in dieser Zeit zur Erweiterung der City geschaffen wurde. Es vollendete die Citybildung mit ihrer Konzentration von Kontor- und Warenhäusern in der Innenstadt. Nach dem Ersten Weltkrieg wurde es für Kontorhäuser in noch größerer Dimension als bisher und im neuen, Einheitlichkeit stiftenden Klinkerbaumaterial angelegt. Es verbindet heute Speicherstadt und Warenhauszentrum an der Mönckebergstraße.

Das Chilehaus entstand als einer der ersten unter den neuen Bauten und hat dem Viertel seinen Stempel aufgedrückt. Pragmatisch bezieht es das 1906-1908 entstandene Dienstgebäude für die Landherrenschaften, scheinbar ein überdimensioniertes

Hamburger Bürgerhaus, in seinen riesigen Komplex mit ein, überbrückt die kleine Fischertwiete, paßt sich den unregelmäßigen Straßenverläufen an und erreicht doch den Eindruck von einheitlicher Monumentalität: ein riesiger, Klinkerarchitektur gewordener Schiffskörper, dessen hochragender Bug mit einem Andenkondor geschmückt ist, eine Anspielung auf den Adler am Bug der »Imperator«, die 1914 vom Stapel gelaufen war. Die Initiative für den Bau ging vom Bauherren Henry Brarens Sloman aus, der im Chile-Salpeter-Handel das damals größte hamburgische Vermögen gewonnen hatte.

Das zwischen Meßberghof und Sprinkenhof gelegene Chilehaus von Fritz Höger, 1922-1924, prägt den Charakter des Kontorhausviertels. Rudolf G. Bindings Buch von 1928 mit dem Titelbild von Rudolf Jerchel verbreitete die populäre »Bugsicht«.

Den Bau muß er 1921 als antizyklische Investition im inflationistischen Nachkriegs-Hamburg begonnen haben. Die 4 800 000 verwendeten Klinkersteine hatte er schon gekauft, bevor Höger sein Architekt wurde. Der Entwurf kam in typisch hamburgischer Weise durch Einwirkung vieler Beteiligter zustande. Sowohl der Bauherr selbst wie die Stadtplaner und die Baupflegekommission hatten ihren Anteil daran, bevor Fritz Höger den Baukörper und die Klinkerverbände durchformen und Richard Kuöhl die Hausteinarkaden und die Bauplastik gestalten konnten. »Machttat des Geistes, Spiel und Vollendung ungeheuren Gesichtes, lachende sieghafte Formung riesenhaften Gedankens, gewaltigstes überraschendstes Denkmal eingeborener Kraft einer Stadt, eines Volkes«[9] – die Beschreibung Rudolf G. Bindings ist eher eine expressionistische Paraphrase mit faschistischen Untertönen als eine Nachzeichnung des Entstehungsvorgangs. In ihrer Diktion meint man zu hören, wohin Architekt und Bildhauer sich später entwickelt haben.

Meßberghof und Sprinkenhof sind zu beiden Seiten die baulichen Partner des Chilehauses, ohne die es seine Wirkung nicht täte. Hans und Oskar Gerson entwarfen den von 1923 bis 1924 errichteten Meßberghof – vor der »Arisierung« Ballinhaus genannt –, dessen turmartiger Baukörper in Gegenrichtung zum Chilehaus seine schmale Hauptfassade zum Meßberg, heute Ost-West-Straße, ausbildet. Der Sprinkenhof entstand in drei Etappen: der Mittelbau, 1927-1928 und der westliche Teil, 1930-1932, stammen von Fritz Höger und den Gersons, während der östliche Teil in der Zeit des Nationalsozialismus, 1939-1943, von Höger allein errichtet wurde, nachdem Hans Gerson gestorben war und Oskar Gerson nicht mehr bauen durfte. Bei beiden Kontorhäusern, wie auch beim Chilehaus, verbirgt sich hinter der kunstvoll gemauerten Klinkerfassade ein Stahlbetonskelett. Ausdrucksvoll sind die Treppenhäuser, im Meßberghof wie im westlichen Sprinkenhof als die typischen Großwendeltreppen der Gersons angelegt, sowie die Erschließung durch Paternoster.

Das Kontorhausviertel entspräche seinem Namen nicht, wenn die großen Bauten nicht von weiteren umgeben wären. Die östlichen und nördlichen Bauten sind wie der Ostteil des Sprinkenhofes erst in der Zeit des Nationalsozialismus entstanden. Die Architektennamen Höger und Klophaus sowie der Bildhauername Kuöhl signalisieren Kontinuität. Aber wenn es dem Sprinkenhof auch kaum anzusehen ist, so lassen der Wohnungsbau im Altstädter Hof, 1936-1937, und im Bartholomäi-Haus, 1937-1938, in Dachkonstruktion, Zierat und Bauplastik doch die Anpassung an rückwärts gerichtete Ideologien des Nationalsozialismus erkennen.

In der Innenstadt fällt das exponierte Verwaltungsgebäude der HAPAG, 1912-1923, inmitten der östlichen Binnenalsterfassade auf. Fritz Höger hat den von Martin Haller stammenden renaissancistischen Ursprungsbau zur Alster hin in ein Sandsteinbauwerk mit Pilastergliederung und Tempelfront verwandelt, das nach Art eines französischen Stadtschlosses die Binnenalsterfassade dominiert. Auch das Karstadtgebäude des Architekten Philipp Schäfer an der Steinstraße, 1921-1924, ist aus Sandstein und trumpft mit einem Mittelrisalit aus kolossalen Halbsäulen auf. Beide tradieren sehr spät neoklassizistische Formen. Später wurden solche neoklassizistischen Formen von den Nationalsozialisten für Repräsentationsarchitektur eingesetzt: In Hamburg erscheinen sie außer am Standortkommando der Wehrmacht an der Sophienterrasse von Distel & Grubitz, 1936, nur in seltenen Fällen.

Die Nationalsozialisten haben 1933 das Bauwesen personalpolitisch schnell umgesteuert: Fritz Schumacher wurde pensioniert, Gustav Oelsner entlassen und zur Emigration getrieben, Karl Schneider aus seiner Professur entfernt. Die freien Architekten Oskar Gerson, Fritz Block, Ernst Hochfeld und andere erhielten Berufsverbot. Zugleich wurden das Neue Bauen und der Expressionismus verfemt. Zahlreiche hamburgische Architekturbüros haben sich der neuen politischen Situation und architektur-ideologischen Vorgabe aber angepaßt. Das Jahr 1933 sollte keinen Bruch, sondern eine Umsteuerung in den Bauaktivitäten signalisieren. Sowohl im Kontorhausviertel wie im dezentralen Wohnungsbau wurden angefangene Projekte deshalb noch zu Ende geführt. Das Backsteinmaterial wirkte dabei vermittelnd. Wohnbauten wie im Kontorhausviertel und in der Neustadt (Rademacher Gang, 1933-1937) oder dezentrale Einzelhausanlagen wie die Hermann-Göring-Siedlung in Wilhelmsburg oder die Siedlung Meilskamp in Berne von Konstanty Gutschow, 1937-1939, sollten vortäuschen, daß die Nationalsozialisten sich noch für Wohnungsbau einsetzten. Ihre wahren baupolitischen Ziele sollten indes schon bald erkennbar werden.

Obwohl Adolf Hitler Hamburg – neben München, Nürnberg, Berlin, Linz – zur »Führerstadt« gemacht hatte und sich bei Besuchen persönlich für die planerische Umgestaltung der Stadt interessierte, sind die Pläne, die Konstanty Gutschow seit einem Wettbewerb aus den Jahren 1937 bis 1938 als leitender »Architekt des Elbufers« und als »Architekt für die Neugestaltung der Hansestadt Hamburg«[10] betrieb, Zeichnungen geblieben: Das preußische Altona sollte zum Zentrum von Groß-Hamburg werden. Hier sollte die Reichsautobahn auf einer riesigen Hängebrücke die Elbe überqueren und auf eine neue City mit dem Gau-Hochhaus der NSDAP – dem einzigen Renommier-Wolkenkratzer des »Dritten Reiches« – am völlig umgestalteten Elbufer stoßen.[11]

Wie diese Planungen blieb auch die Einbeziehung Hamburgs in das geplante Autobahnnetz – sieht man vom Horner Kreisel und der Autobahn nach Lübeck ab – unvollendet. Hamburg blieb lange umgeben von halbfertigen Projekten wie dem Horster Dreieck oder der Autobahn nach Berlin.

Obwohl als freier Architekt tätig, konnte Gutschow 1939 die Kompetenz für das öffentliche Bauwesen an sich ziehen und mit seinen Mitarbeitern, zu denen auch die Städtebauer der Nachkriegszeit Rudolf Hillebrecht (geboren 1910), Bernhard Reichow (1899-1974) und Wilhelm Wortmann (geboren 1897) gehörten, von 1940 an einen neuen Generalbebauungsplan entwerfen. Nach den Zerstörungen von 1943 sahen sie im Generalbebauungsplan von 1944 erweiterte Möglichkeiten zur Umsetzung ihrer Pläne. Es gehört zur Ironie der Geschichte, daß der »unpolitische« Baudirektor Schumacher freundschaftliche Kontakte zu diesen Städteplanern unterhielt, die dann direkt oder indirekt den Wiederaufbau nach 1945 beeinflußt haben.

Realität der nationalsozialistischen Architektur war dagegen der Ausbau Hamburgs zur Garnisonsstadt. Um die Stadt herum, die – abgesehen von Kasernen im preußischen Altona, Wands-

Hitler selbst interessierte sich für den propagandistischen Ausbau der »Führerstadt«: Entwurf des Elbufers von Konstanty Gutschow, 1937-1938.

Das Konzentrationslager Neuengamme wurde das Zentrum eines Lagersystems in Norddeutschland. Es war umgeben von Rüstungsbetrieben, in denen die Häftlinge zur Arbeit gezwungen wurden: Klinkerwerk; Foto von 1993.

bek und Harburg – Militärbauten bisher kaum kannte, wurden zwischen 1934 und 1939 dreiundzwanzig ausgedehnte Kasernengelände angelegt und Backstein- oder Putzbauten mit Satteldach hochgezogen. Das Standortkommando der Wehrmacht im bürgerlichen Harvestehude war Zentrum dieser Garnisonsstruktur. Kräfte, wie sie auf diese Arbeiten konzentriert wurden, standen weder für die Propagandabauten noch für eine ins Gewicht fallende Fortsetzung der früheren Wohnbaupolitik zur Verfügung. Sie zeigten, daß sich die Erweiterung der militärischen Infrastruktur, die zwischen 1934 und 1938 insgesamt sechzig Prozent der Reichsausgaben beanspruchte, in Hamburg deutlich auswirkte. Stärker noch bestimmten allerdings seit 1939 die begonnenen Bunkerbauten das Gesicht der Wohngebiete. Anfangs waren es klinkerverkleidete Rundbunker des »Systems Zombeck« (auf der Moorweide, bei der Überseebrücke, am Bahnhof Barmbek); später wurden ihre Dimensionen jedoch immer größer – bis hin zum Flak-Hochbunker auf dem Heiligengeistfeld –, und der Beton blieb unverkleidet. Waren die Großwohnsiedlungen und die Schulen Fritz Schumachers sprechende architektonische Monumente für die Politik der Weimarer Republik, so wurden es Kasernen und Bunker für die Weltkriegspolitik nach 1933.

Bittere Realität wurde auch ein anderes Bauvorhaben der Nationalsozialisten, wenn auch weit von der Innenstadt abgerückt: das Konzentrationslager Neuengamme. Nachdem zunächst die meisten der politisch Verfolgten in den städtischen Strafanstalten untergebracht und die »rassisch« Verfolgten zur Emigration und später in die Deportation gezwungen worden waren, wurde es 1938 zunächst als Außenlager von Sachsenhausen, dann als Zentrum eines norddeutschen Lagersystems angelegt: ein KZ umgeben von Bau- und Rüstungsproduktionsstätten, in denen Verfolgte und Kriegsgefangene zusammengezogen wurden und fünfundfünfzigtausend von ihnen zu Tode kamen. Im dazugehörigen Klinkerwerk wollte die SS das Baumaterial für weitere Kasernen und dann für die Paradebauten des geplanten »Neuen Hamburg« herstellen lassen.

Schiffbau vor dem Zweiten Weltkrieg

Nachdem 1919 die deutschen Schiffe an die Siegermächte abgeliefert worden waren, setzte in den folgenden Jahren zunächst nur verhalten eine neue Periode des Schiffbaus ein. Die Schiffe waren kleiner und bescheidener als zuvor, Anspruch und Luxus wurden zurückgenommen. Der historistische Prunk der Schiffsausstattungen, gegen den sich der Begriff »Dampferarchitektur« richtete, wich – wie seit 1906 den Jugenstildekorationen auf den Schiffen des Norddeutschen Lloyd – nun auch auf Schiffen der Hamburg-Amerika-Linie einer zurückhaltenden Art deco in der Luxusklasse. Höhepunkte des Schiffbaus nach Größe, Schnelligkeit und Ausstattung wurden in den Jahren 1926 bis 1929 die berühmten 40 000-BRT-Schiffe »Europa« und »Bremen«, vom Lloyd bereedert, aber bei Blohm und Voss in Hamburg beziehungsweise bei der AG Weser in Bremen gebaut. Sowohl ihr äußeres Erscheinungsbild ohne die hochragenden Schornsteine der Imperatorklasse als auch ihre Inneneinrichtung – bei der »Europa« von Paul Ludwig Troost, bei der »Bremen« von Fritz August Breuhaus de Groot (1883-1960), Rudolf Alexander Schröder (1878-1962) und Bruno Paul (1874-1969) – bestimmten seither die Vorstellungen von Passagierschiffsarchitektur, solange Passagierschiffe noch über den Atlantik fuhren.

Bereits in den dreißiger Jahren war absehbar, daß die Zahl der Passagiere und Auswanderer der Nordatlantikfahrt sinken und das Flugzeug das Verkehrsmittel der Zukunft sein würde. Dennoch plante man 1938, drei neuen 80 000-BRT-Schiffen Großbritanniens mit vom Reich subventionierten Riesenschiffen Konkurrenz zu machen. Es blieb jedoch bei einem vollmundigen Plakat mit der Aufschrift: »Neuer Hamburger Ozeanriese im Bau«.

Denkmäler, Bauskulptur, Plastik

Eine vehement geführte Diskussion um Kriegerdenkmäler nach dem Ersten Weltkrieg setzte dem Boom von öffentlichen Denkmälern ein Ende: Mit dem Ersten Weltkrieg hatte die Bevölkerung den Kriegstod in bisher nie gekanntem Ausmaß – 42 000 Tote aus dem Gebiet des späteren Groß-Hamburg – und einen verlorenen Krieg erlebt; reichsweit diskutierten nun Architektur- und Kunstfachleute über eine angemessene Soldatenehrung. Auch in Hamburg gab es anhaltende politische Diskussionen um eine offizielle Reaktion auf Krieg und Soldatentod.[12] Drei verschiedene Vorstellungen von einer offiziellen »Kriegerehrung« bestimmten seit 1916 die Auseinandersetzung: die »Heldengedächtnishalle«, der »Ehrenhain« und sogenannte »lebensspendende Stiftungen« für Kriegsversehrte und Hinterbliebene. Nach dem Kriege kam die Idee der »Kriegerdanksiedlung« hinzu. In einer Bürgerschaftsdiskussion von 1919 wurden die sozialdemokratische Vorstellung von einem »Antikriegsdenkmal« und die bürgerliche Idee von einer »Heldengedächtnishalle« einander gegenübergestellt. Diese Polarisierung bestimmte die weitere Entwicklung von Kriegsdenkmälern und prägt unterschwellig bis heute die Diskussion. 1928 wurden schließlich eine Stiftung mit dem Namen »Kriegerdank« und ein »schlichtes Mal« im Zentrum der Stadt beschlossen.

Die Stele von Klaus Hoffmann mit dem Relief von Ernst Barlach, das eine schwangere Kriegerwitwe und ihr Kind darstellt, ist das offizielle, 1932 eingeweihte Antikriegsdenkmal der Stadt; Foto von 1982.

Fritz Schumacher schlug für das Denkmal den Standort bei der Treppe zur Kleinen Alster vor; zu seinem Vorschlag gehörte auch die Entfernung des Kaiser-Wilhelm-Denkmals vom Rathausmarkt. Ein Wettbewerb mit namhaften Künstlern erbrachte die Wahl der aus dem Wasser aufsteigenden Stele des Architekten Klaus Hoffmann. Ernst Barlach (1870-1938) wurde mit einem Relief dafür beauftragt und führte 1931 die Darstellung einer schwangeren Kriegerwitwe aus, die tröstend ein weinendes Kind umarmt. 1931 stellte die Deutschnationale Volkspartei offen einen Bürgerschaftsantrag gegen das Barlachrelief und damit gegen ein Denkmal mit dieser Aussage. Er wurde noch überstimmt. Aber das Monument war bereits in den Strudel der Nazipropaganda geraten: Barlach mußte sich bei seinen letzten Arbeiten vor Ort mit einem Bretterverschlag schützen. Bürgermeister Rudolf Roß, ein Kunsterzieher, der schon 1901 zusammen mit Alfred Lichtwark auf dem ersten deutschen Kunsterziehungstag in Dresden aufgetreten war, sah sich gezwungen, das Monument frühmorgens allein mit einer Kranzniederlegung einzuweihen.

In Bergedorf war 1922 ein Denkmal von Friedrich Wield (1880-1940) vorausgegangen, das aus einem Block mit der Inschrift »Den Opfern« und einem Relief mit einer schmerzvoll niedergebeugten Frau bestand. In Harburg folgte 1932 dagegen ein Denkmal von Hermann Hosaeus (geboren 1875), das einen auf übermenschlich hohem Sockel trotzig weitermarschierenden verwundeten Soldaten zeigt.

Die Propaganda für ein »richtiges« Hamburger Kriegerdenkmal war 1925 angelaufen. Nach 1933 wurde das Projekt eines Denkmals für das 76er Regiment offiziell betrieben: 1934 fand ein Wettbewerb für »reichsdeutsche arische Architekten und Bildhauer« statt. Der dritte Preisträger, Richard Kuöhl, hatte für seinen Entwurf das Motiv marschierender SA-Leute aus dem Gauhaus der NSDAP plagiiert. Nachdem in einem modifizierten Entwurf alle Gefallenenerinnerung getilgt und die neue Inschrift »Deutschland muß leben und wenn wir sterben müssen« das Thema angab, fand sein Projekt die Zustimmung des Nazi-Senats: Ein geschickter Opportunist stellte den Nationalsozialisten ihr wirkungsvollstes Propaganda-Monument zusammen. Senat und Militär weihten es 1936 mit militärisch-männlichen Ritualen ein. Das Barlach-Relief des Antikriegsmonumentes dagegen wurde 1939 durch die Darstellung eines sich aus der Asche erhebenden Vogels, der Phönix und Adler zugleich sein sollte, von Hans Martin Ruwoldt (1891-1969) ersetzt. Beides zusammen demonstriert die perfekte und skrupellose Instrumentalisierung der Künstler und der Kunst zur Umerziehung für den Krieg.

Bauskulptur fand im Zusammenhang mit der Backstein- und Klinkerarchitektur zwischen 1918 und 1933 ein unauffälliges, aber reiches Betätigungsfeld. Sie hatte nach Auffassung der konservativen Moderne eine dienende Rolle im Zusammenhang architektonischer »Gesamtkunstwerke« zu spielen. Gebäude wie das der Finanzdeputation am Gänsemarkt von Fritz Schumacher wurden von Figurenreliefs am Außenbau über die Keramikdekoration der Haupträume bis zu den Türklinken opulent ausgestattet. Populäre gegenständlich arbeitende Bildhauer und Steinmetzen wurden mit Förderung Schumachers von den Architekten beschäftigt. Unter ihnen waren Ludwig Kunstmann (1877-1961), Artur Storch (1870-1947) und Oscar Ulmer (1888-1963). Neue Wege ging dagegen die Baukeramik und Bauausstattung jener Zeit. Richard Kuöhl, ursprünglich Keramiker und bekannt durch seine Mitwirkung am Chilehaus, war ein vielbeschäftigter Mann, der keine Schwierigkeiten hatte, sich nach 1933 auf die Anforderungen der neuen Machthaber einzustellen.

Richard Luksch (1872-1936), Professor für Bildhauerei an der Kunstgewerbeschule, entwickelte die Jugendstilformen, die noch sein Liliencron-Grabmal zeigen, weiter und ragte mit einem stark expressionistischen Werk in die Zeit zwischen 1918

Von 1933 bis 1936 unterstützte der nationalsozialistische Senat das nach der Regimentsnummer 76 benannte Gegendenkmal von Richard Kuöhl. Seine Inschrift »Deutschland muß leben und wenn wir sterben müssen« über der Kolonne marschierender Soldaten ist eine unmißverständliche Aufforderung zum Krieg; Pressefoto von der Einweihung 1936.

und 1933 hinein. Neben ihm wurde Elena Makowsky (1878-1967), seine Frau, meist vergessen, die mit ihrer monumentalen Steingut-Plastik *Frauenschicksal* den »Zwiespalt einer Frau, deren Seele mitfliegen könnte in das Reich der Phantasie und deren wirkliches Sein gebannt ist in die Ansprüche an ihre Mütterlichkeit« dargestellt hat wie sonst keine Frau dieser Generation.[13] Tonangebend in der freien Plastik wurde die zum Teil von Luksch ausgebildete jüngere Generation: Richard Haizmann (1895-1963), Friedrich Wield, Hans Martin Ruwoldt, Karl Opfermann (1891-1960) sowie Ludolf Albrecht, Paul Hamann (1871-1973) oder Paul Henle. Fast alle schlossen sich der Hamburgischen Sezession an — Wield war lange deren Vorsitzender — und stellten hier aus. Einige von ihnen erhielten öffentliche Aufträge: Haizmanns Brunnen in der Humboldtstraße — gegen das Votum des Kunsthallendirektors Pauli aufgestellt — bot als erster eine abstrakte plastische Figur, die 1937 im Nazi-Katalog über »entartete Kunst« angeprangert wurde. Von Wield, der seit 1919 ein Staatsatelier im Keller der Kunsthalle hatte, stammte außer dem Bergedorfer Kriegerdenkmal eine bereits 1912 entwickelte *Krugträgerin* im Stadtpark und das Modell eines Heinrich-Hertz-Denkmals mit dem Titel *Ätherwelle* von 1933. Ruwoldt führte 1925 einen *Liegenden Panther* im Stadtpark und dann zahlreiche andere Tierplastiken aus. Künstler der sechs Monumentalfiguren am heutigen DAG-Haus am Karl-Muck-Platz war Karl Opfer-

Elena Makowsky hat als erste Künstlerin das Thema Frauenschicksal *formuliert: glasierte Terrakotta, 1910-1912; ursprünglich im Stadtpark, jetzt Hamburger Kunsthalle.*

mann. Albrecht realisierte Kriegerdenkmäler und Grabdenkmäler, während Hamann neben Steinfiguren im Hammer Park als Vorsitzender des »Künstlerfest Hamburg e.V.« auch Faschingsdekorationen schuf. Henle schließlich entwarf Grabmäler für den Ohlsdorfer Friedhof. Die meisten Sezessions-Bildhauer, unter denen Haizmann und Wield künstlerisch herausragten[14], formulierten ihre Arbeiten vor 1933 in einer maßvoll expressionistischen Figürlichkeit. Sie haben unterschiedlich auf die Machtergreifung reagiert: Hamann und Henle emigrierten früh, Wield nahm sich 1940 das Leben. Opfermann wurde nach vergeblicher Annäherung an das Regime – es gibt eine Hitlerbüste von 1935-1937 und 1943 als Künstler verfolgt. Albrecht und Ruwoldt dagegen paßten sich wie Kuöhl erfolgreich an, Albrecht als Vorsitzender der gleichgeschalteten Hamburger Künstlerschaft, Ruwoldt als Vorsitzender der »Reichskammer für bildende Künste in Norddeutschland, Sektion Bund Deutscher Bildhauer«.

Richard Haizmanns 1932 in der Humboldtstraße aufgestellter Brunnen bot als erster eine abstrakte plastische Figur. 1937 wurde sie als »entartete Kunst« angeprangert und beseitigt; Foto um 1932.

Nach 1933 gab es kaum noch bildhauerische Aufträge – trotz des Goebbelsschen Erlasses zur »Kunst am Bau« von 1934. Ausnahmen sind konventioneller figürlicher Bauschmuck an den Nazi-Bauten des Kontorhausviertels, der Hummel-Brunnen von Kuöhl, 1938, marschierende SA-Leute am Gauhaus, 1933, marschierende Soldaten am Kriegsdenkmal am Dammtordamm, 1934-1936, sowie militärische Skulpturen und Adler werk an Kasernen und Bunkern.

Keineswegs beschäftigte sich die Stadt 1919 bis 1933 allerdings nur mit der in Hamburg ansässigen Bildhauerschaft. Vor allem der Kunstverein zeigte in seinem neuen, von Karl Schneider entworfenen Gebäude an der Rabenstraße die Skulptur der internationalen Moderne. Eine neue Rolle für die Vermittlung von moderner Plastik und angewandter Kunst spielte auch das Museum für Kunst und Gewerbe unter dem seit 1919 amtierenden Direktor Max Sauerlandt. Er machte sich zum Apologeten des Expressionismus. Eindrucksvoll war das von Karl Schneider für ihn gestaltete Foyer des Museums mit Skulpturen der Brücke-Künstler, das in der Nazizeit entfernt wurde.[15]

Malerei

Alfred Lichtwark setzte das Programm von Einladungen an auswärtige Künstler nach Hamburg bis zu seinem Tode 1914 fort. Aber es blieben Impressionisten und Neoimpressionisten, die er einlud, und die Vorstellung von »Landschaft« und »Porträt« als Thema der Malerei wurde nicht in Frage gestellt.

Unabhängig vom Programm der Kunsthalle kam nun aber auch expressionistische Malerei in die Stadt. Gustav Schiefler, Rosa Schapire und die Galerie Commeter leisteten die Vermittlungsarbeit: Richard Dehmel hatte Edvard Munch (1863-1944) in Berlin kennengelernt, Commeter stellte ihn aus und Schiefler veröffentlichte 1907 ein Verzeichnis seiner Graphiken. Auch Emil Nolde (1867-1956) wurde 1907 erstmals bei Commeter ausgestellt und gewann Freunde und Sammler in Hamburg; 1910 legte Schiefler ein Graphikverzeichnis des Künstlers vor. Rosa Schapire lernte 1907 Karl Schmidt-Rottluf (1884-1976) kennen und propagierte sein Werk in Hamburg, das Dr. Paul Rauert dann 1909 zu sammeln begann. 1924 hatte Schiefler schließlich auch von Ernst Ludwig Kirchner (1880-1938) ein Verzeichnis des graphischen Werkes fertig.

Unbemerkt vom offiziellen Programm der Künstlereinladung und vom Galerienbetrieb war schon 1901 Käthe Kollwitz (1867-1945) in Hamburg zu Besuch gewesen. Sie hatte sich mehr für das Kneipenmilieu interessiert als für die Programme der Kunsthalle und hatte hier auch künstlerisch gearbeitet. Die Pinselzeichnung *Hamburger Kneipe* ist ein Zeugnis dieser Arbeit.

Ein besonders intensives Verhältnis zur Stadt hatte Emil Nolde. Im Frühjahr 1910 hielt er sich in Hamburg auf und zeichnete, radierte und malte im Hafen – auch ohne Einladung – hamburgische Landschaft. »Die entstandenen Radierungen hatten Lärm und Tosen, Rauch und Leben, doch wenig Sonne nur«, erinnerte er sich später selbst.[16] Eindrucksvolle Darstellungen der Arbeit im Hamburger Hafen und auf der Elbe sind seine Ölbilder *Schiff im Dock* und *Schlepper auf der Elbe.*

Die Kunsthalle hat nach 1918 einige Werke von Nolde, Schmidt-Rottluf und Kirchner gekauft oder als Geschenk übernommen, aber als Triebfeder dahinter ist eher die Schar der Bewunderer und Förderer außerhalb des Museums als dessen eigenes Sammelinteresse spürbar.

Nachdem die Werke Noldes, Schmidt-Rottlufs und Kirch-

Emil Nolde gehörte nicht zu den offiziell nach Hamburg eingeladenen Künstlern. 1910 malte er im Hafen: Schlepper auf der Elbe, *1910; Hamburger Kunsthalle.*

Die Maler der Hamburger Sezession entwickelten einen eigenen, großflächigen Sezessions-Stil, dessen Themen Porträt und Landschaft blieben: Eduard Bargheer, Jungfernstieg, *1933-1934; Hamburger Kunsthalle.*

ners mit großen Stückzahlen unter den beschlagnahmten Werken der Ausstellung »Entartete Kunst« 1937 vertreten waren, wurden ihre Bilder aus der Kunsthalle entfernt. Der heutige Bestand expressionistischer Malerei der Kunsthalle ist erst nach 1945 neu angekauft worden. Mit den Hafen- und Elblandschaften von Nolde und dem Bildnis Dr. Rauert von Schmidt-Rottluf zeigt sie heute aber wieder Bilder, die von der Tätigkeit der Expressionisten in Hamburg schon vor dem Ersten Weltkrieg zeugen.

Aus Krieg und Revolution brachten die Hamburger Maler 1918 den Impetus des »Revolutions-Expressionismus« mit, wie ihr Biograph Heydorn ihn nannte.[17] Die Gründung der Hamburgischen Sezession 1919 sollte anfangs ein Zeichen des Aufbruchs der Jüngeren sein. Nicht nur das Werk des Anregers und ersten Vorsitzenden Heinrich Steinhagen, sondern auch die auf der ersten Ausstellung 1919 gezeigten Bilder waren expressionistisch.

Weil es hamburgische avantgardistische Anregungen nicht gab, suchten Erich Hartmann (1886-1974), Emil Maetzel (1877-1955) und seine Frau Dorothea Johannsen (1886-1930) zunächst Anregungen bei den Dresdener Künstlern der Brücke, Otto Fischer-Trachau (1878-1958) bei den Münchenern des »Blauen Reiter« und Cesar Klein (1876-1954) bei den französischen Kubisten. Einer kurzen Experimentierphase folgte dann aber die Rückwendung einer Mehrheit der Malerinnen und Maler zur »Tradition des Pleinairismus«. In der Sezession setzte sich eine Mehrheit um Friedrich Ahlers-Hestermann durch, der seine Herkunft aus der Künstlerclub-Tradition in seinem Werk nie verleugnet hat. Die Lichtwarksche Sammlungs- und Auftragspolitik und die Lehrtätigkeit der Künstlerclub-Mitglieder haben bewirkt, daß die Malerei in Hamburg eine maßvolle, figürliche, realitätszugewandte blieb.

Im Laufe der zwanziger Jahre entwickelte eine Gruppe von Malern und einigen Malerinnen unter dem Einfluß von Edvard Munch eine neue Malweise, die später Sezessions-Stil genannt worden ist; Erich Hartmann, Rolf Nesch (1893-1975), Arnold Fiedler (1900-1985), Fritz Kronenberg (1901-1960), Eduard Bargheer (1901-1979), Willem Grimm (1904-1986) gehörten zu ihnen. Sie hielten an den Sujets der Landschaft, des Porträts und des Stillebens fest. Aber sie steigerten die Farbigkeit, trugen die Farben zum Teil mit expressionistischer Geste pastos auf und faßten formale Komplexe in ihren Bildern zu großen Flächen

Karl Kluth, Porträt Gustav Schieflers, des Protagonisten der Moderne in Hamburg, 1932-1934; Hamburger Kunsthalle.

zusammen. Einige von ihnen – so Bargheer und Nesch – haben diese Malweise schon während der Kriegszeit verlassen und sind zu einem neuen, eigenen Stil gekommen. Auch Fiedler hat sich nach 1945 konsequent zu einem Abstrakten entwickelt. Andere aber, wie Erich Hartmann, Karl Kluth (1898-1972) und Fritz Kronenberg, haben den Sezessions-Stil in die Zeit nach 1945 hineingetragen.

Bargheers *Jungfernstieg*, entstanden 1933 bis 1934, während er ein Atelier am Jungfernstieg hatte, ist ein eindrucksvolles Beispiel für den Sezessions-Stil, obwohl keineswegs typisch für den späteren Bargheer. Der künstlerisch bedeutendste unter den Malern des Sezessions-Stils war jedoch sicherlich Karl Kluth. An seinem Bildnis des Protagonisten der Moderne in Hamburg, Gustav Schiefler, – eine von zwei Fassungen, die im Besitz der Kunsthalle ist – hat er 1932 und 1934 gearbeitet. Es hat alle formalen Eigenheiten des Sezessions-Stils, kommt aber über das Formale hinaus zu einer eindrucksvollen psychologischen Deutung des alten Schiefler als seherischer Gestalt.

Kunstpflege und Kunstpolitik

Der in der Verfassung festgelegten neuen Aufgabe der »Kunstpflege« kam Hamburg seit 1919 nach, indem es eine »Senatskommission für Kunstpflege« bildete. Sowohl die beiden Museumsdirektoren Gustav Pauli und Max Sauerlandt als auch der Oberbaudirektor Fritz Schumacher arbeiteten der Kommission zu, die unter anderem über staatliche Aufträge im Bereich der bildenden und angewandten Kunst entschied.

Sie beauftragte zwar auch auswärtige Künstler, verstand ihre Aufträge aber in erster Linie als eine Art Beschäftigungsprogramm für hamburgische Künstler. Besonders ernst wurde der kunstpädagogische Auftrag dieser Kommission genommen.

Die Oberschulbehörde gab 1928 eine kleine Schrift mit dem Titel *Plastik im Freien* heraus, in der Fritz Schumacher in bewußt leicht verständlicher Weise öffentlich aufgestellte Skulpturen beschrieb: die Schrift wurde Schulabgängern als Abschiedsgeschenk überreicht.[18] Ausgewählt sind zum Teil ältere oder aber konservative Werke, deren Vermittlung nicht schwierig erschien: Drei Denkmäler, das Heine-Denkmal von Hugo Lederer (1912), aufgestellt 1923, das Bürgermeister-Burchard-Denkmal von Adolf von Hildebrand (1842-1921), 1912, der Mönckebergbrunnen von Georg Wrba (1872-1939), 1914 bis 1926, und figürliche Skulptur der Kunsthalle und des Stadtparks, darunter der *Reiter* von Hermann Hahn (1868-1945), 1908, und Tierskulpturen wie der *Pinguinen-Brunnen* von August Gaul (1869-1921). Der vermittelte Kunstbegriff, die Skulpturenauswahl und die Art, wie sie erläutert wurden, haben im öffentlichen Bewußtsein offenbar lang anhaltende Wirkung gehabt.

Neben der *Plastik im Freien* war ein Auftragsprogramm zu Wandgestaltungen in den von Schumacher entworfenen Schulbauten kunstpädagogisch gemeint, das den Betrachtern kaum avantgardistische Schwierigkeiten zumutete: *24 Wandbilder in Hamburger Staatsbauten* lautete der Titel der Schumacherschen Publikation von 1932 dazu. Unter den Beauftragten waren Eduard Bargheer, Willem Grimm, Karl Kluth, Rolf Nesch, Anita Reé (1885-1933) oder Grete Wohlwill.[19] Nach 1933 wurden viele Bilder — obwohl sie bis dahin freundlich akzeptiert worden waren — als »jüdisch« oder »entartet« übermalt oder zerstört.

Rolf Nesch gelang 1930 in der Aula der Volksschule Wendenstraße ein eindrucksvolles Triptychon, das sich programmatisch Hamburger Hafenarbeiter zum Thema nahm: drei Bilder, die das Herbeiströmen und das Abziehen von Kolonnen der Hafen- und Werftarbeiter an der Hafenkante zeigten. Der Maler stand formal noch dem Sezessions-Stil seiner Hamburger Freunde nahe, den er später in der Emigration ganz hinter sich gelassen hat.

Für die Vermittlung der Malerei in Hamburg spielte die Kunsthalle nach der Amtszeit Lichtwarks die Rolle eines konsolidierten Großstadt-Kunstmuseums mit einer Sammlung bürgerlicher historischer und moderner Kunst. 1914 trat der Bremer Bürgermeistersohn und Kunsthallendirektor Gustav Pauli Lichtwarks Nachfolge an. Hatte der ältere Lichtwark die Moderne nach dem »Pleinairismus« seiner Schützlinge schon nicht mehr verfolgt, so war Pauli noch zurückhaltender. Die Wahl der Künstler, von denen die beiden sich porträtieren ließen, spricht für ihr Verhältnis zur Avantgarde des 20. Jahrhunderts: Lichtwark hat sich 1912 vom Grafen Kalkreuth malen lassen, Pauli 1924 von Max Slevogt. Sammlung und Ausstellungen vermittelten zwischen 1918 und 1933 ein konservatives Bild von der Moderne der Malerei. In dieser Zeit entstand das Bild des sich gegenüber der Moderne zurückhaltenden Museumsdirektors.

Rolf Nesch malte 1930 drei Ölbilder mit Hamburger Hafen- und Werftarbeitern in der Volksschule Wendenstraße: Mittelbild; Foto von 1994.

Seine vermeintliche Bestätigung schien es durch das Vorgehen der Nazis zu erhalten: Als ersten entließen sie 1933 den Direktor des Museums für Kunst und Gewerbe, Max Sauerlandt, weil er sich programmatisch für den Expressionismus einsetzte. Die Vermittlung der Kunst der Moderne betrieb noch eine Zeitlang der Kunstverein in seinem neuen Ausstellungshaus in der Rabenstraße, ehe dieses 1936 wegen seines Charakters als Werk des Neuen Bauens und seiner avantgardistischen Ausstellungspraxis geschlossen wurde.

Die Zurückhaltung der Sezessionskunst und ihre Akzeptanz im Hamburger Bürgertum mag es gewesen sein, die sie vor der bedingungslosen Verfolgung durch den Nationalsozialismus geschützt hat. Als die Jahresausstellung der Sezession nach der Machtergreifung 1933 überraschend geschlossen wurde, schrieb der »Völkische Beobachter« noch: »Unter den Mitgliedern der Sezession sind Maler und Bildhauer, deren großes Können auch aus ihrem abwegigen Schaffen klar erkennbar ist.«[20]

Die Nationalsozialisten maßen kulturpolitischen Fragen von vorneherein höchste Bedeutung bei und ergriffen gleich nach ihrer Machtergreifung rigorose Maßnahmen. Es gelang ihnen jedoch nie ganz, eine einheitliche Kunstpraxis einzuführen, weil die eigene Anhängerschaft unterschiedlicher Auffassungen war. Darüber hinaus ließ sich Hamburg weniger einheitlich ausrichten, weil es nicht die Residenzstrukturen der Reichshauptstadt und der »Hauptstadt der Bewegung« bot; sein Kulturleben war nicht ohne weiteres nach dem »Führerprinzip« zu steuern.

Bereits das »Gesetz zur Wiederherstellung des Berufsbeamtentums« vom April 1933 tat seine Wirkung: Es lieferte die Handhabe für die Entfernung von Kunstschulprofessoren und Museumsbeamten. Gleichzeitig erreichte der »Kampfbund für Deutsche Kultur« die Gleichschaltung der Berufsorganisation der Künstler: Im April 1933 entstand das »Reichskartell der bildenden Künste«. Im September 1933 wurde die Reichskulturkammer dem Ministerium Joseph Goebbels' unterstellt und den Kampfbundfunktionären der Einfluß auf die Künstlerschaft genommen. Der kunstpolitische Kurs der Nationalsozialisten blieb danach mehrdeutig. Zwar hatte sich Hitler bereits 1934 sowohl gegen die »Kunstverderber« – Kubisten, Futuristen und Dadaisten – wie gegen »das plötzliche Auftauchen jener Rückwärtse, die meinen, eine einfache ›Teutsche

Kunst‹ [...] der nationalsozialistischen Revolution [...] mitgeben zu können«[21], ausgesprochen, aber erst seine Kulturrede auf dem Reichsparteitag 1936 und die dann folgenden »Säuberungen« der Museen, besonders auch von Werken der Expressionisten, schafften Klarheit über den Charakter der verordneten Kunstdoktrin. Die Wanderausstellung »Entartete Kunst« sollte im Negativen, die jährliche »Große deutsche Kunstausstellung« im Münchener Haus der Kunst im Positiven diese Doktrin weiter verbreiten.[22]

Die Künstler erlebten seit 1933 die Diffamierung ihrer jüdischen und seit 1937 die Anprangerung ihrer expressionistisch arbeitenden Kollegen. Die Mehrzahl der Hamburger Künstlerinnen und Künstler – auch der Sezession – blieb aber Mitglied der Reichskulturkammer und konnte auch ausstellen. Selbst nach Verschärfung der Situation 1936 blieben viele von ihnen unbehelligt. Der Maler Volker Detlev Heydorn (geboren 1920), der diese Zeit miterlebt hat, hebt in seiner Monographie *Maler in Hamburg* jedoch den »subjektiven Aspekt« hervor, der die Mehrzahl der Künstler beherrschte: Nachdem Hugo Meyer-Thur von der Hamburger Landeskunstschule im Zuchthaus Fuhlsbüttel 1933 ermordet worden war, entstand bei ihnen das Bewußtsein der Lebensgefährdung. »Manche der Jüngeren erfuhren durch Bedrohung und Stolz auf eben diese Bedrohung eine seltene Steigerung des Lebensgefühls, andere zogen sich still in einsame Oasen zurück und noch andere zerbrachen innerlich.«[23] Eduard Bargheer, der sich erst nach Finkenwerder, dann nach Florenz und Ischia zurückzog, konnte in dieser Zeit trotz aller Schwierigkeiten sein Werk vergrößern und nach 1945 noch eine neue Entwicklung einschlagen. Rolf Nesch, der sich durch Emigration nach Norwegen dem Zugriff der Nationalsozialisten entzog, hat losgelöst von der Hamburger Sezession ein ganz eigenes neues Werk geschaffen. Es überwiegen unter den Emigranten aber diejenigen, deren Person und deren Werk unter diesen Bedingungen schwer gelitten haben; unter ihnen waren die jüdischen Frauen wie Grete Wohlwill (1878-1962) besonders betroffen. Zum Teil haben sie die wichtigsten Jahre ihres Künstlertums verloren.

Manche Künstler zogen sich innerhalb Deutschlands in ländliche Abgeschiedenheit zurück: Nolde in Niebüll und Barlach in Güstrow gehören zu ihnen. Auch Richard Haizmann, dessen Arbeit in der Ausstellung »Entartete Kunst« verhöhnt worden war, ging, wie Nolde, nach Niebüll, ohne dort bis zu seinem

Tod 1963 jemals wieder wesentliche künstlerische Arbeiten hervorgebracht zu haben.

Andere schließlich, ob in Deutschland oder in der Emigration, verließ jeglicher Lebensmut: Anita Rée hat bereits 1933 den Freitod gesucht; Friedrich Wield ist 1940 »vom Tisch des Lebens aufgestanden«, wie er selbst es formuliert hat. Kurt Löwengard hat sich 1940 in London das Leben genommen. 1943 ist auch Alma del Banco in den Tod gegangen.

Die Kulturwissenschaftliche Bibliothek Warburg

Seit seiner Rückkehr aus Florenz 1902 hatte Aby Warburg (1866-1929), der älteste Sohn der Hamburger Bankiersfamilie, in seinem Haus in der Heilwigstraße – von der Öffentlichkeit lange unbemerkt – eine immer reichere kulturwissenschaftliche Bibliothek zusammengetragen, die bei seinem Tod 65 000 Bände umfaßte. Warburgs Konzentration auf den Aufbau dieser Bibliothek, den nicht zuletzt der fast unbegrenzte finanzielle Rückhalt der Bankiersbrüder ermöglichte, und sein Verzicht auf eine Universitätskarriere haben neben den Anstößen aus seinen wissenschaftlichen Arbeiten dazu geführt, daß Hamburg nach 1919 zu einem kunstwissenschaftlichen Zentrum wurde, das seine Wirkung allerdings erst nach der Emigration der Bibliothek 1933 nach London entfaltet hat. Fritz Saxl hat die Umwandlung von Warburgs Bibliothek zu einem öffentlichen Institut als kommissarischer Leiter der Bibliothek seit 1920 mit den »Vorträgen der Bibliothek Warburg« – unter den Vortragenden waren 1921 Ernst Cassirer, Adolph Goldschmidt und Gustav Pauli – und den *Studien der Bibliothek Warburg* realisiert. Erwin Panofsky, seit 1921 der erste Kunsthistoriker der Universität, führte seine frühen Seminare im Hause Warburg durch. Auch Saxl, 1922 habilitiert, und Warburg selbst hielten hier Seminare ab. Die Studenten des in der Kunsthalle eingerichteten Universitätsinstituts nutzten die Bibliothek Warburg. Zwischen 1924 und 1926 erhielt sie dann ihre eigene architektonische Gestalt: Saxl ließ zunächst den Architekten Felix Ascher einen Entwurf machen, Warburg entschied sich dann aber für den von Fritz Schumacher vorgeschlagenen Gerhard Langmaack (1898-1986). Dieser errichtete in einer Baulücke neben Warburgs Haus in der Heiligenstraße einen dreiachsigen Klinkerbau, hinter dem sich über einem von Schumacher vorgeschlagenen

Mit der Kulturwissenschaftlichen Bibliothek schuf Aby Warburg in Hamburg ein kunstwissenschaftliches Zentrum, das seine Wirkung erst nach der Emigration in der angelsächsischen Welt entfaltete; Foto vor 1933.

Hamburg nach der »Operation Gomorrha«: zerbombte Wohnhäuser, ein erhaltener Bunker und auf den Straßenzügen errichtete sogenannte Nissenhütten in Eilbek; Foto von 1947.

elliptischen Grundriß der Bibliothekssaal anschließt. Schumacher entwarf die Buchstaben der Inschrift »ΜΝΗΜΟΣΥΝΗ« (Erinnerung, Gedächtnis, Denkmal). Nach dem Auszug der Bibliothek und ihrer Angliederung an die Londoner Universität erinnert in Hamburg immerhin noch dieses Gebäude an jene bedeutsame privat finanzierte Einrichtung und ihre Wirkung[24]; seit 1995 ist das »Warburg-Haus« mit Einrichtungen des kunstgeschichtlichen Seminars der Universität wieder geöffnet.

Die zerbombte Stadt

Nach der Verfolgung aller den Nationalsozialisten Mißliebigen, nach Aufrüstung und Kriegsausbruch, nach dem Ersterben des kulturellen und künstlerischen Lebens in Hamburg wurde die Stadt selbst, wurden ihre Bau- und Kunstwerke, ihre Kunsteinrichtungen und ihre Bewohner von Kriegszerstörungen neuen Ausmaßes getroffen. Das Bomberkommando der Royal Air Force hatte vom 18. Mai 1940 bis zum 25. Juli 1943 bereits 137 Einsätze über der Stadt geflogen. Im Einsatzbefehl vom 27. Mai 1943 wurden dann die Einzelheiten eines Großangriffs mit der »Absicht, Hamburg zu zerstören«, geregelt. Die Morgenbesprechung am 22. Juli 1943 brachte die Entscheidung über die »Operation Gomorrha«: Das erste Mal sollten neben allen nachts fliegenden britischen Bombern auch die tagsüber angreifenden amerikanischen Bomberstaffeln zur »Rund-um-die-Uhr-Bombardierung« gleichzeitig eingesetzt werden. In der Nacht des 24. Juli begann der bis zum 3. August dauernde, »erfolgreichste Angriff von Bombern auf eine deutsche Stadt«, bei dem 45 000 Menschen getötet und allein 50 Prozent der Wohnbauten vernichtet wurden. »Feuersturm« wurde der Begriff für die dabei erstmals auftretenden, orkanartigen Hitzeströmungen, die den größten Zerstörungs- und Tötungseffekt hatten.

Sämtliche historische Bauten der Stadt wurden in diesen Tagen zerstört oder zumindest in Mitleidenschaft gezogen. Die bis dahin erhaltenen althamburgischen Häuser in Alt- und Neustadt brannten nieder. Auch die Altonaer Altstadt wurde vernichtet, der Hafen zerstört; von der Speicherstadt allerdings blieben große Teile stehen. Bestimmte Wohnstadtteile wie Rothenburgsort wurden völlig zerbombt und nicht wieder aufgebaut, andere, wie Hamm, wurden nach dem Krieg wiedererrichtet, ohne daß alte Strukturen erkennbar geblieben wären. Nur wenige, wie zum Beispiel Barmbek-Nord, erstanden so aus den Trümmern, daß der alte Charakter wiedergewonnen wurde.

Die Spuren der Kriegszerstörungen treten heute allerdings nicht mehr in ihrem Umfang in Erscheinung, auch wenn sie sich überall beobachten lassen: Charakteristische Gebäude wie die wiedererbauten Kirchen, das Rathaus, die Speicherstadt, die Kontorhäuser oder die Schumacher-Schulen haben den Zerstörungen einiges entgegenzusetzen gehabt, sind rekonstruiert worden und haben als Rekonstruktion bereits wieder Patina angesetzt.

St. Nikolai, diejenige der fünf Hauptkirchen, die aus dem 19. Jahrhundert stammt, ist in einem ruinösen Zustand fixiert worden und erinnert als Monument an die Kriegszerstörungen.

Die charakteristische Erscheinung der Stadt als Trümmerlandschaft hat sich nicht nur ins Bewußtsein der überlebenden Frauen und Kinder eingeprägt; auch Fotografen haben sie festgehalten. Vor allem die Fotoserien von Erich Andres dokumentieren die Stadt in Trümmern.[25] Darüber hinaus ist die zerbombte Stadt auch Gegenstand malerischer Darstellung geworden. Die Ruinenlandschaften des 16. bis 18. Jahrhunderts und Bilder der Zerstörung aus dem Dreißigjährigen Krieg haben nach 1945 eine neue Form gefunden. »Vanitas«, »Memento mori« und »Kriegsanklage« spielten dabei eine Rolle.

Der Wiederaufbau

Wie nach dem Brand von 1842 entstanden auch nach der Zerbombung 1943 typische Formen von Notwohnungen, die die heute vergessene Wohnbaukultur jener Zeit ausmachten.

In den letzten Kriegsjahren sollte der Wohnungsnot noch mit dem Einsatz von KZ-Häftlingen begegnet werden: Bis zur Evakuierung des Konzentrationslagers Neuengamme 1945 arbeiteten Tausende von Häftlingen bei der Trümmerräumung. 1944 wurde das »Frauen-Außenkommando« Sasel des Lagers zum Bau von Plattenhäusern eingesetzt. Eines dieser Häuser wird in Poppenbüttel museal genutzt. Daneben gab es nach dem Reichswohnungskommissar Robert Ley genannte »Leybuden« und in Wohldorf die »Norwegerhäuser« genannten Holzhäuser.

Nach 1945 wurden Obdachlose in »Nissenhütten«, benannt nach dem englischen Offizier P.N. Nissen, untergebracht. Sie bestanden aus Wellblech und boten weder Wärme- noch Kälteisolierung. In Bahrenfeld, Eimsbüttel, Barmbek, Eilbek, Hamm und Borgfelde bestimmten sie lange den Charakter der Stadtlandschaft. Außerdem setzte nach 1945 eine »wilde« Bautätigkeit vor allem auf den Schrebergartenflächen ein, die von den Alliierten und der Hamburger Bauverwaltung geduldet werden mußte.

1947 legte Bausenator Paul Nevermann den ersten neuen Generalbebauungsplan vor: »Die Zerstörungen der Großstädte im letzten Kriege geben erstmalig die Möglichkeit zu einer Gesamtschöpfung, einer Zukunftsplanung aus demokratischem Geist.« »Die Würde des Menschen, ein menschenwürdiges Dasein ist Mittelpunkt aller Überlegungen«, war der moralische Anspruch des Stadtplanungsausschusses, der seit September 1945 vor der Ausarbeitung des Planes zahlreiche Experten und Interessenten zu Worte kommen lassen hatte.[26] In die Diskussion waren bedeutende Vertreter der Hamburger Architektur vor 1933 einbezogen worden. Fritz Schumacher hatte den ersten Vortrag vor dem Ausschuß gehalten. Friedrich R. Ostermeyer, der zwischen 1918 und 1933 in Altona, Barmbek-Nord, Barmbek-Süd und Bergedorf wichtige Architekturen des Neuen Bauens realisiert hatte, leitete das den Plan umsetzende Büro. Aber auch Architekten wie Gerhard Langmaack, Jürgen Elingius (geboren 1912) und Bernhard Hermkes (geboren 1903), die in der NS-Zeit weitergebaut hatten, wurden beteiligt. Schließlich spielten die Architekten Werner Kallmorgen (1902-1979) und Rudolf Lodders (1901-1978) eine Rolle.

Der Generalbebauungsplan bestand aus fünf Einzelplänen zu den Themen Arbeit, Wohnen, Erholung und Ernährung, Verwaltung und Versorgung sowie Verkehr. Er strebte unter anderem den Hafen als Hauptarbeitsplatz, die Zusammenlegung der Industriegebiete, eine starke Auflockerung der Wohngebiete, den Bau möglichst kleiner Wohnungen und die Durchsetzung eines Stadtkörpers mit Grünanlagen an. Zum Teil übernahm er damit Vorstellungen der Zeit von vor 1933, aber durchaus auch aus Plänen von 1941 und 1944. Besondere Sorgfalt legte er auf die Erhaltung der Struktur der Innenstadt und auf die niedrige Bebauung um die Alsterbecken. Er konzipierte aber auch die Ost-West-Straße, die als neue Verkehrsschneise durch Alt- und Neustadt gelegt wurde; Friedrich R. Ostermeyer und der erste

Oberbaudirektor Otto Meyer-Ottens stellte sich die Ost-West-Straße mit Zeilenbauten und Schaufensterpassagen fast ohne Autos vor: Holzschnitt, 1947.

Oberbaudirektor Otto Meyer-Ottens (1887-1953) sowie der Leiter des Planungsamtes Hans Speckter gehörten zu ihren geistigen Vätern. Ein Holzschnitt von Meyer-Ottens von 1947 stellt die Straße mit Zeilenwohnbauten, begleitenden Schaufensterpassagen und ohne Autoverkehr dar; er zeigt, wie anders sich jene Zeit diesen Straßendurchbruch wünschte. Der Bebauungsplan schuf schließlich die Konzeption von Straßen- und Bahnverkehr für die ganze Stadt, der im wesentlichen noch heute gefolgt wird.

Die Denkmalpflege brachte sich nur mit dem traditionellen Interesse an mittelalterlichen Kirchen, klassizistischen Bauten und historischen Bauernhäusern ein. Aber die Erhaltung der historischen Museumsbauten, der Wiederaufbau der Theater, die Zuweisung historischer Bauten an Universität, Hochschulen und Staatsbibliothek sowie der Wiederaufbau der Schumacher-Schulen wurden durch den Plan ebenfalls vorgeprägt; die Akzente, die diese historischen Bauten im Stadtbild heute setzen, sind sein Verdienst.

Erst nach der Währungsrefom 1948 konnten öffentliche Mittel für den Wohnungsbau bereitgestellt werden, die eine größere Bautätigkeit auf diesem Gebiet ermöglichten. 1950 und 1951 wurden bereits je 26 000 Wohnungen in Hamburg errichtet. In dieser Zeit entstanden meist Bauten mit sogenannten Schlichtwohnungen – die Hälfte von ihnen weniger als 45 Quadratmeter groß –, die in den Stadtteilen Hammerbrook, Rothenburgs-

Die Grindelhochhäuser waren die ersten deutschen Wohnhochhäuser. Besatzungsmacht und Architekten wollten den Deutschen die Errungenschaften der internationalen Moderne vorführen; Foto um 1950.

ort, Eimsbüttel, Barmbek, Eilbek und an Stadtausfallstraßen noch heute als eine erste historische Schicht des Wiederaufbaus erkennbar sind: einfachste Blocks aus verputztem Trümmersplitbeton oder Backstein mit flachen Giebeldächern. Sie machen den Eindruck, als wären sie aus der Kasernenbautradition weiterentwickelt worden.

Ein gegensätzliches, über ganz Hamburg hinweg wahrnehmbares Signal neuer Architektur wurden dagegen die seit 1946 geplanten und bis 1956 ausgeführten Grindelhochhäuser, die ersten Wohn-Hochhäuser, die in Deutschland entstanden.[27] Sie sind von den Briten angeregt worden und waren ursprünglich für die Unterbringung von Offiziersfamilien gedacht, wurden 1948 dann aber den deutschen Stellen übergeben. Die Größe der Gesamtanlage von zwölf Blöcken, deren alles überragende Höhe sowie die architektonische Qualität waren durchaus als monumentale Demonstration der Besatzungsmacht gedacht. Zugleich wollten die Architekten aber den von der internationalen Architekturdiskussion abgeschnittenen Deutschen mit Hochhaustypus, Flachdach und Glasfassaden sowie mit dem ungewohnten inneren Komfort die Errungenschaften der Moderne vorführen. Die Planung ist eine Gemeinschaftsleistung von Architekten, die mit den Vorstellungen der zwanziger Jahre ausgebildet worden waren und an diese wieder anknüpfen wollten: Bernhard Hermkes, Bernhard Hopp (1893-1962), Rudolf Jäger (1903-1978), Rudolf Lodders (1901-1978), Albrecht Sander (1907-1985), Ferdinand Streb (1907-1970), Fritz Trautwein (1911-1993) und Hermann Zess (1901-1975). Sie überboten mit dieser Architektur zugleich das Maß der Schumacherzeit.

Das Gros des Wiederaufbaus der Wohnstadtteile vollzog sich in den fünfziger Jahren dann in dem Rahmen, den Schlichtwohnungsblocks einerseits und Grindelhochhäuser andererseits abgesteckt hatten.

Drei Persönlichkeiten haben die Wiederaufbauphase der Stadt in den fünfziger und sechziger Jahren bestimmt[28]: Werner Hebebrand (1899-1966), der 1952 Oberbaudirektor wurde, Paul Seitz (1911-1989) als Leiter des Hochbauamtes und Ernst May (1886-1970), der 1954 sein Amt als Planungschef der Neuen Heimat antrat.

Ernst May baute Mitte der fünfziger Jahre zwei Muster-Wohnstädte über leergeräumten Trümmerfeldern mitten in der Stadt: seit 1954 »Neu-Altona« und seit 1955 die Bebauung nördlich der Lübecker Straße. Vor letztere stellte er an der Sechslingspforte ein weiteres hamburgisches Paradehochhaus, bestimmt für die Hauptverwaltung der Neuen Heimat. Sowohl die äußere Gestaltung als auch die Inneneinrichtung bis hin zum Büro von Albert Vietor, dem Chef der Neuen Heimat, sind Musterbeispiele für die Baukunst der fünfziger Jahre.

Werner Hebebrand hat 1960 seinen Aufbauplan für die »aufgelockerte, gegliederte Stadt« vorgelegt. In ihr wurden Alt- und Neustadt mit der neuen Ost-West-Straße, die Innenstadt als Kontorhaus- und Einkaufszentrum, die reparierten Stadterweiterungsgebiete des 19. Jahrhunderts und die wiederhergestellte Wohnstadt der zwanziger Jahre als vorgegebene Kernstadt betrachtet. Eine zusätzliche zentrale Einheit bildete die 1961 entwickelte Geschäftsstadt Nord, später City Nord, auf freiem Gelände nördlich des Stadtparks. Um die vorhandene Stadtlandschaft herum wurden neue Siedlungen gebaut, die mit eigenen Versorgungseinrichtungen, aber leider kaum mit Kultureinrichtungen ausgestattet wurden: In Lurup, Niendorf, Langenhorn, Berne, Rahlstedt, Lohbrügge, Harburg und Wilhelmsburg entstanden die typischen Wohnsiedlungen und Trabantenstädte dieser Zeit.

Planerische Leistung Paul Seitz' ist die frühzeitige Wiederherstellung einer Struktur von staatlichen Hochbauten. 1950 war bereits mit dem Bau eines Studentenhauses an der Schlüterstraße angefangen worden; seit 1955 folgte nach einem Gesamtplan von Seitz der Ausbau des innerstädtischen Campus mit dem Auditorium maximum von Bernhard Hermkes, 1957 bis 1959, dem Philosophenturm von Seitz, 1957 bis 1962, und dem Rechtshaus von Gustav Hassenpflug (1907-1971), 1960 bis 1965. In den fünfziger und sechziger Jahren entstand auch die damals als vorbildlich betrachtete Ausstattung der gesamten Stadt mit Schulbauten. Unter den Theatern ragten vor allem die Oper von Gerhard Weber, 1953-1955, und der Neubau des Thalia-Theaterraumes von Werner Kallmorgen, 1956 bis 1960, heraus, unter den Kunst-Neubauten das Kunsthaus und der Kunstverein von Seitz, 1961-1963, die inzwischen dem Neubau von Oswald Mathias Ungers haben weichen müssen. Als ein wichtiger Funktionsbau wurde in den Jahren 1956 bis 1962 die Großmarkthalle am Klostertor durch die Planungsgemeinschaft Hermkes, Becker, Schramm und Elingius errichtet.

Inmitten der noch kaum reparierten Stadt wurde außerdem am 30. April 1953 durch Bürgermeister Max Brauer und Bun-

Der Alsterpavillon war im Hamburg der Nachkriegszeit einer der Traditionsorte von Kultur und Vergnügen; Entwurfsskizze von Ferdinand Streb, 1952.

despräsident Theodor Heuss ein Gebäude sui generis, der Alsterpavillon, wiedereröffnet, für beide damals »das schönste Lokal Deutschlands«. Wie die Staatsoper repräsentiert er die Fähigkeit der Stadt, schon in den fünfziger Jahren die Traditionsorte von Kultur und Vergnügen wiedererstehen zu lassen: Seit 1952 hatte Ferdinand Streb, ein Le-Corbusier-Schüler, über Vorgängerfundamenten ein verglastes, transparentes Gebäude errichtet, das in seiner Leichtigkeit und seiner Kurvatur ein wirklicher Pavillon geworden ist.[29]

Befördert durch die steigenden Kirchensteuereinnahmen entstanden in den wieder- und neuerbauten Wohnvierteln und in den Trabantenstädten auch neue Kirchenbauten. Unter den Neubauten waren sogar ein Hauptkirchenturm und eine neue Hauptkirche. Die Architekten Bernhard Hopp und Rudolf Jäger gaben St. Jacobi eine überkupferte hohe Turmspitze mit Eckstreben, die zum viereckigen gotischen Turmstumpf überleiten. Nachdem beschlossen worden war, die Hauptkirchen St. Jacobi, St. Katharinen, St. Michaelis und St. Petri sowie die Altonaer Trinitatiskirche wiederherzustellen, St. Nikolai aber als Ruine und Mahnmal zu erhalten, wurde zwischen 1960 und 1962 eine neue St. Nikolai-Kirche außerhalb der Altstadt im unzerbombten Wohngebiet Harvestehude errichtet. Gerhard Langmaack und

Das Zuschauerhaus der Hamburgischen Staatsoper war eines der ersten wiedererrichteten deutschen Theater: Logenanordnung von Gerhard Weber; Foto 1955.

sein Sohn Dieter Langmaack (geb. 1925) führten sie aus. Die übrigen Neubauten reagierten nur zum Teil auf historische Vorgänger, wie die St. Josephs-Kirche an der Großen Freiheit von Georg Wellhausen (1898-1987), entstanden zwischen 1953 und 1955, deren Fassade erhalten blieb, oder die Dreifaltigkeitskirche in Harburg von Ingeborg (geboren 1923) und Friedrich Spengelin (geboren 1925), 1962 bis 1963, die Reste der barokken Kirche einbezog. Schon die barocke Kirche in Hamm wurde für völlig zerstört erklärt und programmatisch durch einen 1953 bis 1956 errichteten Neubau von Richard Riemerschmid (1868-1957) ersetzt: einen Stahlbetonbau mit gelbem Klinker, Metall und Glas, der in besonderem Maße die damalige Diskussion über Kirchenneubauten anregte. »Der Kirchenbau hat sich besonders in Norddeutschland schwerer von Konventionen getrennt als andere Bauaufgaben, läuft inzwischen aber Gefahr, ins Modernistische abzugleiten«, hat Friedhelm Grundmann (geboren 1925), Sohn des damals amtierenden Denkmalpflegers und selbst Architekt mehrerer Kirchenneubauten, in seinem Aufsatz über *Bauten der Kirche* formuliert und dabei vor allem wohl den eigenen inneren Zwist des Kirchenbauers ausgedrückt.[30] Nachdem sich der erste Widerstand gegen Kirchenneubauten gelegt hatte, wurde vor allem in den neuen Wohngebieten, die keine Einwohnerschaft mit traditionellen Kirchenbauvorstellungen hatten, mit einer gewissen formalen Beliebigkeit gebaut. Außer der Aufgabe, Zentren für neue Gemeinden zu bilden, existierten kaum formale Vorgaben. Es gibt deshalb Bauten wie die Martins-Kirche in Rahlstedt von Gulbransson, 1960 bis 1961, die die Besucher mit Giebelfassade und Turm empfangen, aber auch Bauten, die konsequent neues Bauen in Beton ohne traditionelle Motive vorführen – etwa die Simeonkirche in Hamm von Friedhelm Grundmann und Kuhn, entstanden 1965 bis 1966. In den siebziger Jahren dominierte dann die Funktion des Gemeindezentrums. Typisch dafür sind die Zentren in den Großsiedlungen Steilshoop von den Architekten Patschan, Werner, Winking, gebaut 1974 bis 1976, und Mümmelmannsberg von Grundmann, Rehder, Zeuner, in den Jahren 1974 bis 1976 gebaut. Die Kirchenneubauten boten zugleich den bildenden Künstlern neue Aufgaben, die von der figürlichen Skulptur wie den Bronzereliefs am Altar der Dreieinigkeitskirche in Hamm von Fritz Fleer, 1961, bis zur nonfigurativen Skulptur und Malerei von Hans Kock am und im Gemeindezentrum von Mümmelmannsberg reichten. Sie waren zugleich auch ein Ort der Gartenarchitektur, wie beispielsweise die Umgebung des Gemeindezentrums in Steilshoop von Wehberg, Lange und Eppinger, 1972 bis 1975, zeigt.

In den Nachkriegsjahren ist eine Zeitlang mit Konstruktionen und Materialien experimentiert worden. In der Zeit der Explosion der Wohnungsbauproduktion infolge der Montagebautechnik hat sich jedoch ein neuer hamburgischer Konsens über Formen und Materialien eingestellt. Zwar folgte die Architektur baupolitischen Vorstellungen, die denen der Zeit vor 1933 ähnlich waren, aber formal distanzierte sie sich von ihnen: Statt Blockrandbebauung wurden Zeilenbauweise und die Abwechslung von Punkthäusern und Zeilenbauten üblich. Die Fassadenstruktur bestimmten der sichtbare Betonanteil, die Ganzglasfenster, die neue Balkonmanie. Die helleren Farben des Verblendmaterials setzten sich deutlich von denen des roten und braunen Klinkers ab.

Einige Großsiedlungen und Trabantenstädte der sechziger und siebziger Jahre hoben sich aus dem Gros der hamburgischen Wohnbauarchitektur heraus – durch den planerischen Mut und Übermut, mit dem sie begonnen wurden, durch Umfang und Kosten, durch neue architektonische Formen, aber auch durch die sozialen Folgen und die spätere Notwendigkeit von sozial- und kulturpolitischen Gegenmaßnahmen. Kirchdorf-Süd, Steilshoop oder Mümmelmannsberg sind charakteristische Beispiele. Spätere Wohnsiedlungen – wie Tegelsbarg oder Billwerder-Allermöhe – haben die inzwischen als Fehlentwicklung verstandene Architektur der Großsiedlungen wieder korrigiert, indem sie zu niedrigeren Geschoßzahlen zurückkehrten und aufs neue auf die Wirkung des Backstein setzten.

In die Zeit der fünfziger und sechziger Jahre fiel auch die in dem traditionellen Berichtsband des Architekten- und Ingenieurvereins *Hamburg und seine Bauten* mit Stolz berichtete Bewältigung neuer Infrastrukturaufgaben: Mit dem Ausbau der Autobahnen, Straßen, Straßenüber- und -unterführungen sowie mit Parkplätzen und Parkhäusern versuchte man dem Autoboom zu folgen. Das neue Verkehrsmittel Flugzeug erforderte den Ausbau des Flughafens; U-Bahnen, S-Bahnen und ihre Stationen mußten weiterentwickelt werden. Strom- und Hafenbau hatte seine produktivste Phase. Nach der Flut von 1962 mußten darüber hinaus die Hochwasserschutzanlagen erhöht werden. Ver- und Entsorgungseinrichtungen, zu denen der zentrale Fernsehturm genauso gehörte wie die dezentralen

Gas- und Elektrizitätswerke, Müllverbrennungsanlagen und Klärwerke, mußten ganz neuen Ansprüchen genügen.

Aber die Zeit des Wirtschaftswunders war natürlich auch die Zeit der Entwicklung der Einkaufsstadt mit ihren Kaufhausbauten in der City und der Einkaufszentren in den neuen Wohnsiedlungen. Zugleich stieg in dieser Zeit wieder die Nachfrage nach neuerem Bürohausbau. [31] Banken, Versicherungen und Großunternehmen schufen sich ihre neuen Zentralen, die nicht mehr nur Funktion, sondern auch wieder Repräsentation zum Ziel hatten.

Schiffbau in den fünfziger und sechziger Jahren

Nach der Kriegszerstörung des Hafens, der Werften, der Schiffe gab es natürlich ein stetiges Wiederaufleben des Hafenausbaus, der Hamburger Schiffahrt und damit parallel zunächst auch der Werften und des Schiffneubaus. In den siebziger Jahren kam die traditionelle Werftindustrie des Neubaus großer Schiffe dann jedoch ganz zum Erliegen. Kurz davor war es mit den von 1961 bis 1962 entstandenen sechs Cap San-Schiffen, von der Hamburg-Süd in Auftrag gegeben, von dem Hamburger Architekten Cäsar Pinnau geformt und auf Hamburger und Kieler Werften gebaut, zu einem letzten Höhepunkt hamburgischer Schiffbaukunst gekommen. Die Cap San-Schiffe kombinierten den Schiffstyp des Stückgutfrachters mit Passagiereinrichtungen und waren für die Südamerikafahrt bestimmt. Pinnau[32], geschult als junger Architekt bei der Einrichtung von Hitlers Reichskanzlei, hat später sehr viel Anpassungsfähigkeit bewiesen und sowohl historistische Hotel- und Privatbauten wie herausragende Architektur der Moderne, etwa das Verwaltungsgebäude der Hamburg-Süd in Hamburg oder den Olympictower in New York, gebaut. Seine Spezialität aber waren Großyachten, wie die »Christina« für Aristoteles Onassis, 1952, oder eine Motoryacht für den Scheich von Kuwait, 1962. In diesen Zusammenhang fügen sich auch seine Entwürfe für die Cap San-Schiffe, deren letztes erhaltenes, die »Cap San Diego«, als Museumsschiff an der Hamburger Überseebrücke liegt. Das 10 000-BRT-Schiff hat die Silhouette einer Yacht, der nur die Bordkräne und Ladebäume widersprechen. Die Inneneinrichtung strahlt die konservative Eleganz aus, von der sich Schiffsarchitekturen nie haben befreien können.

Die Cap San-Schiffe waren 1962 einer der letzten Glanzpunkte Hamburger Schiffbaukunst, bevor der Schiffbau eingestellt wurde: »Cap San Diego« als Museumsschiff, Foto um 1990.

Architektur der internationalen Moderne

Mit Bürohäusern im Stadtzentrum wie später mit den raumgreifenden Solitärbauten der City Nord entstand in Hamburg eine Architektur der internationalen Moderne, die sich von herkömmlichen Materialien distanzierte. Die frühesten Bürohäuser baute Ferdinand Streb mit dem noch niedrigen Iduna-Germania-Haus, 1950-1951, und dem Hochhaus des Verlages Axel Springer 1953-1954. Eine frühe Hochhausgruppe war der aus vier Bauten bestehende, 1956 errichtete Cityhof von Rudolf Klophaus. Die genannten Bauten erreichten jedoch noch nicht den angestrebten Eindruck vermeintlicher Schwerelosigkeit.

»Derartige Baudimensionen verlangten nach Entmaterialisierung sowie Konstruktions- und Gestaltungsmethoden, die geeignet waren, Großes klein und Schweres leicht erscheinen zu lassen«, erklärte 1969 Architekt John Rudolf Mramor[33]: »Hamburgs Architekten bemühten sich, wie die Kollegen in der ganzen westlichen Welt, Fassaden von der Schwere des verwandten Baumaterials zu befreien und eine Architektur der Transparenz zu finden [...]. Rastersysteme mannigfachster Variation, vom mehrschichtigen, geometrischen Ornament aus Beton (Polizeihochhaus, 1958-1966 [von Hans Atmer, Jürgen Marlow, Conrad Holtey, Harro Freese, Egon Jux]) bis zu den linearen Alu-Glas-Vorhängen fabrikmäßiger Serie (Hamburg-Süd, Condor-Versicherung, 1958-1959 [von Cäsar Pinnau]) bilden nunmehr die Kulisse des öffentlichen Raums [...]. Auch die hellfarbige, papierdünne Sonnenschutzblende erhob sich zu einem architektonischen Gestaltungselement (Unilever, 1958-1964 [von Helmut Hentrich und Hubert Petschnigg]). Horizontale, übereinander gelagerte Brüstungsfassaden, Bänder aus Farbglas im Kontrast zu plastisch geformten Brüstungen oder in Schichtbauweise gelagerte Körper (Commerzbank, 1960-1961 [von Godber Nissen und Wilhelm Fritzsche]) haben gleichfalls eine schwebende, vom Körperhaften gelöste Architektur geschaffen. Das Abheben ganzer Gebäude mittels schaftartigen Kerns und auskragender Geschosse ist eine andere Konstruktionsmethode, zu schwerelos scheinenden Wirkungen zu gelangen« (Deutscher Ring, 1962 bis 1964, von Joachim Matthaei und Heinz Graaf; Finnlandhaus, 1961 bis 1966, von Hentrich und Petschnigg mit Fritz Rafeiner). Vor allem zu Seiten der Ost-West-Straße wurde die Parade der klimatisierten

Das IBM-Hochhaus bildete den Höhepunkt der Parade von Bauten mit Vorhangfassaden an der Ost-West-Straße; Werner Kallmorgen, 1965-1968; Foto um 1969.

Das Einkaufszentrum Hamburger Straße ist eines der typischen Großprojekte jener Zeit; Horstmann und Kruse, 1968-1970, 1970-1977; Foto um 1980.

Bauten mit Vorhangfassaden immer dichter. Sie kulminierte im IBM-Hochhaus, 1965-1968, von Werner Kallmorgen.

Waren an der Ost-West-Straße vor allem hamburgische Architekturbüros tätig, so beschäftigten die Auftraggeber in der City Nord auch international renommierte Architekten, die aus Wettbewerben hervorgegangen waren. Die Gesamtanlage der City Nord hat deshalb den Charakter einer internationalen Architekturausstellung.

In der Geschäftsstadt Nord wurden Entwürfe international renommierter Architekten realisiert: Verwaltungsgebäude der HEW von Arne Jacobsen, 1963-1969; Foto um 1970.

Einer der wichtigsten, gleich zu Beginn entstandenen Bauten, das Verwaltungsgebäude der Hamburgischen Elektricitätswerke, 1963-1969, stammt von Arne Jacobsen (1902-1971): ein Hochhaus aus vier Scheiben, die an den Schmalseiten mit Travertin, an den Breitseiten aber mit dunklen Glasvorhangfassaden verkleidet sind, durch die die architektonische Struktur aufgehoben scheint.

Charakteristisch für Bauten von Investoren neuen Typs wurden vor allem Großanlagen, die Einkaufszentrum, Büros und Wohnungen in dezentraler Lage kombinierten. Symptomatisch für die Hypertrophie dieser Architektur sind zwei Großprojekte, die auch wegen ihrer Höhenentwicklung untypische Akzente in das Hamburger Stadtbild setzten: das Congress-Centrum mit dem Plaza-Hotel, 1970-1972, von Jost Schramm (geboren 1926) und Gerd Pempelfort (1928-1986), dazu der zur Internationalen Gartenausstellung 1973 umgestaltete Park »Planten un Blomen« und das Messegelände[34] sowie das Einkaufszentrum Hamburger Straße mit zwei Bauabschnitten, 1968-1970 und 1970-1977, von Edgar Horstmann (geboren 1902) und den Brüdern Adolf K. und Klaus Kruse. Das etwa einen Kilometer lange Zentrum an der Hamburger Straße entwickelt sich an zwei dreispurigen »Autobahnen« mit breitem Mittelstreifen parallel zur U-Bahnlinie, von der aus sein Charakter am besten erlebbar ist: In geläufiger Schiffsmetaphorik wird auf ein überdimensioniertes Containerschiff angespielt. Mit Betonfußgängerbrücken hat es nahe zweier U-Bahnstationen festgemacht. Die Betongalerie einer mehrgeschossigen Sockelzone bindet beide Bauabschnitte zusammen. Über ihr bauen sich im rechten ersten Abschnitt fünf Hochhaustürme auf, die – wie nach einem Musterkatalog – mit verschiedenen Fassaden-Strukturen dekoriert sind. Noch höher streben die drei Wohntürme über dem linken, zweiten Bauabschnitt, von denen aus die ganze Stadt überblickt werden kann. Im Inneren der Sockelzone ist zwischen zwei Parkhäusern eine lange doppelgeschossige Einkaufspassage mit Kaufhäusern eingespannt. In den Türmen sind die Kunden dieser Konsumanlage untergebracht: öffentlich Bedienstete von fünf Hamburger Behörden und die Nutzer von Komfortwohnungen.[35]

Hamburger Postmoderne

Schon 1965 schrieb Alexander Mitscherlich seine Kritik an der *Unwirtlichkeit der Städte*, die sich keineswegs etwa nur gegen deren Architektur richtete. 1973 reagierte der Deutsche Städtetag darauf mit seinen Thesen zu *Bildung und Kultur als Element der Stadtentwicklung* – »die Stadt droht ihre menschlichen Züge und damit die Eigenschaften zu verlieren, die sie einst anziehend und begehrt gemacht haben« – und leitete damit eine neue Stadtpolitik ein, die vor allem kulturpolitisch umgesetzt wurde.

Investoren, Architekten und staatliche Bauverwaltung reagierten sehr viel langsamer. Erst in der Publikation *Hamburg und seine Bauten* von 1984 ging der damalige Hochbauamtsleiter Otto Freese auf die als kritikwürdig erkannte Entwicklung ein und schilderte einen Umbruch: »Mensch, Maßstab und Milieu traten wieder mehr in den Vordergrund, forderten mit Umweltschutz und Energiesparsamkeit neue Bauformen, andere Dimensionen, gewandelte Gestaltungsprinzipien und ließen auch Materialqualitäten wieder stärker bewußt werden. Die sogenannte ›Moderne‹ hatte ihren sendungsbewußten Anspruch verbraucht.«[36]

Natürlich hat sich durch diese Besinnung das Kapitalverwertungsinteresse nicht verändern lassen. Im Gegenteil: Nach der deutschen Vereinigung wurde aus der schrumpfenden wieder eine wachsende Stadt, noch einmal steigerte sich das Interesse von Investoren an neuen großen Architekturen. Aber Stadtplanung und Architektur in Hamburg haben sich verändert.

Eine neue Aufmerksamkeit richtete sich auf den architektonischen Bestand: 1973 wurde ein hamburgisches Denkmalschutzgesetz erlassen; der erweiterte Denkmalbegriff umfaßt nicht mehr nur Kirchen, Klassizismus und Bauernhäuser, sondern auch städtische Architektur des 19. und frühen 20. Jahrhunderts bis hin zum Industriebau. Darüber hinaus bezog die Stadtentwicklungsplanung seit 1973 auch die historischen

Der Ausbau von historischen Funktionsbauten zu Kulturzentren ist ein besonderes Phänomen der Hamburger Postmoderne: Deichtormarkthallen, 1912, umgebaut zu Ausstellungshallen von Josef Paul Kleihues, 1988-1989; Foto um 1990.

Stadtteile mit ein. »Stadtpflege« und »Stadterneuerung« waren die neuen Stichworte. Sanierungs- und Milieuschutzgebiete wurden unter öffentlicher Anteilnahme in neuer Weise pfleglich behandelt, ein neuer Umgang mit der historischen Ästhetik der Altbauten stellte sich ein. Eine besondere Vorbildrolle spielte in Hamburg dabei die Umnutzung historischer Industriebauten zu Kultureinrichtungen. Außerdem gewannen Verkehrsberuhigung, Rücksichtnahme auf städtisches Grün, Wiederentdeckung traditioneller Materialien und Bautechniken, schonender Umgang mit Wasser und Energie sowie neue Recyclingmethoden allmählich auch für Planung und Bauen eine neue Bedeutung.

Schon seit 1984 hatte Gert Kähler eine »Hamburger Postmoderne« konstatiert: »In Hamburg ist in der innerstädtischen Bebauung durch Großprojekte eine Änderung eingetreten; eine Architektur setzt sich durch, die den Dialog mit der Vergangenheit sichtbar aufnimmt.« [37] Die vielfältigen Anfänge der »Hamburger Postmoderne« reichen aber noch weiter zurück. Das 1989 begonnene Jahrbuch der Architektenkammer *Architektur in Hamburg* schreibt inzwischen ihre »Erfolgsstory«. Es ist hervorgegangen aus der Gründung des Hamburgischen Architekturarchivs, zu dem sich Architekturhistoriker, Denkmalpfleger und die Architektenkammer zusammengetan hatten, um Nachlässe bedeutender Hamburger Architekten zu sammeln.

Das Verwaltungsgebäude der Techniker-Krankenkasse bezieht den Eingangsbau der Margarinefabrik Voss, 1909, in die postmoderne Anlage ein; erbaut von Schweger + Partner, 1986-1989; Foto 1990.

Hamburger Postmoderne, das ist in der Tat der Dialog heutiger Architekten mit ihren Vorvätern, die Vorliebe neuer Kultureinrichtungen für umfunktionierte Industriebauten, die Fortsetzung von Eisen-Glas-Konstruktionen im Industriebau, die vermeintlich hamburgische Bevorzugung von Klinker und Ziegel, das ist aber auch die Erinnerung an die Putzbauarchitektur der »weißen Stadt«, die Abwendung von den Dimensionen des Zeitalters der Hochhäuser, die Wiederentdeckung der »architecture parlante« für bestimmte tradierte Bauaufgaben und die Fähigkeit zu außerarchitektonischer Anspielung, das ist allerdings auch das Spiel mit historistischen Manierismen und modischen Versatzstücken.

Namhafte Architekten haben sich an den immer zahlreicher werdenden Ausbauten historischer Gebäude beteiligt. Von außerhalb kam Josef Paul Kleihues, um 1988 bis 1989 die Deichtorhallen zu renovieren. Aber vor allem Hamburger Büros wetteiferten bei solchen Aufgaben. Von Gerkan, Marg & Partner haben 1979 die »Fabrik« erneuert und von 1990 bis 1993 das Kühlhaus Union in Neumühlen zu einem Altenheim umgebaut. Schramm, von Bassewitz, Hupertz & Partner haben 1988 bis 1989 das Literaturhaus am Schwanenwik, 1988 bis 1991 die Wandelhalle des Hauptbahnhofes und 1993 bis 1994 den Alsterpavillon hergerichtet. Von der Gruppe me-di-um (Jentz, Popp und Wiesner, hier mit Peter Dinse und Isabell Feest) stammen der Umbau von Medienhaus und »Eisenstein«, 1986-1988, und das Medienzentrum Zeisehallen, 1990-1993. Jan Störmer hat 1991 bis 1993 das Kunstzentrum Markthalle umgebaut.

Die Hamburger Postmoderne hat allerdings auch wenig geglückte, monofunktionale Stadtteile neu geschaffen wie etwa City Süd/Hammerbrook. Zugleich sind ihr großartige neue städtebauliche Zusammenhänge gelungen, wie die nähere und weitere Umgebung der Fleetinsel.

Schließlich hat die Hamburger Postmoderne imponierende Einzellösungen für vielfältige Bauaufgaben gefunden: das Eckhaus Grindelhof/Grindelallee von v. Gerkan, Marg & Partner, 1985-1987, die Neubebauung Winterhuder Fährhaus von Schweger + Partner, 1985-1988, das Verwaltungsgebäude der Techniker-Krankenkasse, ebenfalls von Schweger + Partner, 1986-1989, das Musicaltheater »Neue Flora« von Kleffel und

Der Fährterminal von der Gruppe me-di-um und William Alsop ist ein typischer Bau der Hamburger Postmoderne, 1989-1992; Foto 1994.

Bild links: Der Kunsthallenkomplex wird durch den Bau der »Kunstinsel« erweitert: Oswald Mathias Ungers, 1992-1996; Foto 1995.

Köhnholdt, 1989-1990, das Verlagshaus von Gruner + Jahr von Steidle und Partner, Kiessler und Partner, Schweger + Partner, 1987-1990, das Zürichhaus von v. Gerkan, Marg & Partner, 1989-1992, den Fährterminal von me-di-um und William Alsop, 1989-1992, den Passagierterminal des Hamburger Flughafens von v. Gerkan, Marg & Partner, 1990-1993, sowie den Kunstinselbau von Oswald Mathias Ungers, 1992-1996.

Den besten Eindruck von der Hamburger Postmoderne erhält man, wenn man sie entlang der Ost-West-Straße konfrontiert sieht mit der Kontorhaus- und der Hochhausarchitektur oder wenn man den Fußweg vom Verlagshaus Gruner + Jahr am Hafen entlang nimmt, die Ost-West-Straße kreuzt und sich Zeit läßt für die Wahrnehmung des Zusammenhangs von alter Architektur und postmoderner Ergänzung um die Fleetinsel herum. Oberbaudirektor Egbert Kossak resümierte 1994 im Katalog *Hamburg 2000*: »Hamburg hat es in den letzten zehn Jahren verstanden, sich der schnöden Internationalisierung seiner Baukultur zu erwehren, Hamburg hat seine eigene Identität neu entwickelt.«[38] Der Reichtum des Veranstaltungsprogramms »Hamburger Architektur Sommer 1994« hat gezeigt, daß nicht nur die Architektenschaft, sondern mit den Kultureinrichtungen und Medien auch die ganze Stadt der Architektur ein neues Interesse entgegenbringt.

Plastik im Freien

Die »Anweisung Nr. 30« zur »Liquidierung deutscher militärischer und Nazi-Denkmäler« der alliierten Kontrollbehörde von 1946 erklärte Monumente für ungesetzlich, die geeignet seien, »den Militarismus wieder ins Leben zu rufen«[39]. Das 1936 für das 76er Regiment errichtete Denkmal am Dammtordamm, das dieser Charakterisierung entspricht, entkam der Beseitigung. Andererseits wurde jedoch Barlachs Relief der trauernden Mutter mit Kind vom Mahnmal am Rathausmarkt wieder rekonstruiert. Kriegsmonument der Nationalsozialisten und offizielles Antikriegsmonument sind bis heute eine ambivalente Hinterlassenschaft öffentlicher Skulptur.

Das größte Ereignis der Präsentation von Skulptur in der Nachkriegszeit wurde die Ausstellung »Plastik im Freien«, deren aus den zwanziger Jahren übernommener Titel bis heute Spuren in der öffentlichen Meinung über die Präsentation von

Die zur IGA 1953 veranstaltete Ausstellung »Plastik im Freien« griff auf den gleichlautenden Titel von 1928 zurück. Sie zeigte, »was in den künstlerisch führenden Ländern Europas heute geleistet wird«: Objekt von Max Bill; Foto 1953.

Kunst hinterlassen hat. Nach Anregung von Kunsthallendirektor Karl Georg Heise wurde sie zur Internationalen Gartenausstellung 1953 im von Gustav Lüttge neu angelegten Alsterpark präsentiert. Sie sollte zeigen, »was in den künstlerisch führenden Ländern Europas heute geleistet wird«[40]. Ein Ausschuß traf die Auswahl von fünfzig Skulpturen und Plastiken, die von Mai bis Oktober zu sehen war und in einem schmalen Bilderheft von Werner Haftmann erläutert wurde. Im Gegensatz zu Fritz Schumachers Heft *Plastik im Freien* von 1928, das figürliche Hamburger Skulptur vorgestellt hatte, führte es die Leser in die Skulptur der internationalen Moderne ein: »Wenige Namen markieren die historischen Ausgangspunkte der modernen Skulptur, [Auguste] Rodin [1840-1917], [Aristide] Maillol [1861-1944] für Frankreich, [Adolf von] Hildebrand [1847-1921] und [Wilhelm] Lehmbruck [1881-1919] für Deutschland [...]. Keiner kann leugnen, daß von heutiger europäischer Sicht Henry Moore [1898-1986] für England, [Marino] Marini [1901-1980] für Italien, [Henri] Laurens [1885-1954] für Frankreich, [Alexander] Calder [1898-1976] für die USA, [Fritz] Wotruba [1907-1975] für Österreich, [Max] Bill [1908-1994] für die Schweiz stellvertretend stehen.«[41] Neben den genannten waren auch Werke von Hans Arp (1887-1966), Reg Butler (geboren 1913), Julio Gonzalez (1876-1942), Berto Lardera (geboren 1911), Alberto Viani (geboren 1906) und Ossip Zadkine (1890-1967) ausgestellt. Auf das Hamburger Publikum und die überregionale Leserschaft der Feuilletons, die in ungewöhnlich umfangreicher Weise berichteten, hat die Ausstellung eine Wirkung gehabt wie die erste Dokumenta 1955. Aber obwohl durchaus andere Aspekte der Moderne im Vordergrund standen, wurde anfangs vor allem die traditionelle Figürlichkeit rezipiert.

Auch Gerhard Marcks (1889-1981) und Edwin Scharff (1887-1955), die Bildhauerprofessoren der Landeskunstschule, setzten eine Tradition der figürlichen Plastik fort. Das Monument für die Bombenopfer auf dem Ohlsdorfer Friedhof von Gerhard Marcks, 1947-1952, das den antiken Charon-Mythos für den Bombentod einsetzt, demonstriert die formale Orientierung an der Tradition und die inhaltliche Ratlosigkeit der Skulptur dieser Zeit. Ebenso charakteristisch ist Edwin Scharffs Bronzeplastik *Drei Männer im Boot*, 1953, auf hoher Stele in den Alsteranlagen in Winterhude aufgestellt.

Die Hamburger Künstlerschaft hatte sich gleich nach der

Kapitulation zur Gründung einer neuen berufsständischen Organisation getroffen. Nach der Währungsrefom strebte der Verband unter dem Vorsitz des Bildhauers Martin Irwahn eine neue »Kunst am Bau«-Regelung an, die nach Senatsbeschluß am 20.11.1951 erlassen wurde und für die gesamte Bundesrepublik Vorbildcharakter gehabt hat. Die bildende Kunst sollte danach ihren Anteil am Wiederaufbau haben. Die in den Jahren 1956 bis 1958 in den Grünflächen zwischen den Grindelhochhäusern aufgestellten Skulpturen demonstrieren den Charakter der öffentlichen Kunstpolitik: *Großer Speerträger* von Fritz Fleer (geboren 1921), *Große Liegende* von Barbara Haeger (geboren 1919), *Schwäne* von Karl-August Ohrt, *Eselsreiter* von Ursula Querner (1921-1969) und *Schreitende* von Hans Martin Ruwoldt.[42] Aufträge für figürliche Skulpturen wurden an Künstlerinnen und Künstler in Hamburg vergeben. Die Inhalte und Formen signalisieren weniger einen Neuanfang als Kontinuität über 1945 hinweg.

Auch die Ankaufs- und Ausstellungspolitik der Kunsthalle unter Karl Georg Heise (Amtszeit 1945-1955) und Alfred Henzen (Amtszeit 1955-1969) folgte dieser Linie. Rodin und Maillol, Hildebrand und Lehmbruck wurden nachträglich angekauft und der Erwerb von Werken zeitgenössischer figürlicher Bildhauer fortgesetzt. Werke der bereits 1953 in der Ausstellung »Plastik im Freien« gezeigten Künstler erschienen erst später in der Kunsthalle: Moore 1956, Arp, Lardera und Gonzalez 1958, Calder 1959. Erst nach 1969 kaufte die Kunsthalle deutlicher moderne Skulptur an; 1974 wurde der *Kleine Zyklop*, ein größeres Werk von Bernhard Luginbühl (geboren 1929), vor der Kunsthalle aufgestellt, 1976 erhielt Hans Arp im Inneren einen eigenen Raum.

Auch die Mitglieder der Kunstkommission für die öffentliche Auftragskunst näherten sich nur vorsichtig der nichtfigürlichen Plastik. 1959 empfahlen sie eine Bronzeplastik von Rudolph Belling (1886-1972), 1959 eine Metallplastik von Berto Lardera, 1968 jene Granitplastik von Max Bill, die schon 1953 gezeigt worden war, zur Aufstellung, nachdem Bill in Hamburg eine Professur erhalten hatte. Hamburger Bildhauer wie Hildegard Stromberger (geboren 1904), die nichtfigürliche Plastik schufen, kamen erst seit den sechziger Jahren aus ihrer Minderheitenrolle heraus und erhielten auch öffentliche Aufträge.[43] Hans Kock (geboren 1920), Werner Reichhold (geboren 1925) und später Jörn Pfab (1925-1986) waren in dieser Zeit die bekannten Hamburger Bildhauer, die bis in die siebziger Jahre für die Öffentlichkeit nichtfigürliche Werke ausführten. Auf sie folgte Jan Meyer-Rogge, zum Beispiel mit seiner Skulptur vor dem IBM-Hochhaus an der Ost-West-Straße, 1969.

Erst seit den sechziger Jahren wurden Werke nichtfigürlicher Skulptur auf Dauer in Hamburg aufgestellt: Objekt von Jan Meyer-Rogge vor dem IBM-Hochhaus, 1973; Foto 1989.

Neue Kunst in Hamburg

Von Lichtwark bis in die Nachkriegszeit reichten Regionalismus und Traditionalismus in Hamburg. Sie haben sich etablieren können, weil die Protektion einheimischer Künstler für einige Zeit die jahrhundertelang übliche überregionale Marktorientierung überdecken konnte: Wollte Lichtwark noch Auswärtige zu einer Stärkung der einheimischen Künstlerschaft ansiedeln, so führte die Not der Künstler in der Zeit nach 1918 bei Schiefler dann zu dem Gedanken der »Künstlerhilfe« für die regionalen Künstler. Die Künstlerverbände selbst forderten diese Hilfe für ihre Mitglieder ein. Die »Kunstpflege«-Bemühungen der Weimarer Zeit wurden teilweise zu Beschäftigungsprogrammen für einheimische Künstler. Nichts anderes wollte – bei ideologischer Gleichschaltung – Goebbels' »Kunst am Bau«-Erlaß. Und auch die Bemühungen des neuen Berufsverbandes nach 1945 zielten auf die Beschäftigung der eigenen Mitglieder. Die »Kunst am Bau«-Politik der fünfziger und sechziger Jahre hat sich zu einem Teil ebenfalls so ausgewirkt.

Zurückgeworfen durch solchen Regionalismus, abgeschnitten von der internationalen Moderne in der NS-Zeit, hatte die öffentliche Kunstrezeption in den Jahrzehnten nach dem Krieg einiges zu tun, um den Nachholbedarf zu befriedigen und wieder auf die Höhe der allgemeinen Entwicklung zu kommen.

Konträre Standpunkte, Diskussion, Auseinandersetzung über Moderne und Avantgarde gab es bereits früh nach 1945, aber sie spielte sich innerhalb der Künstlerschaft und in der Landeskunstschule ab, öffentlich wahrnehmbar war sie zunächst kaum.[44]

Die Berufung des zweiundsechzigjährigen Friedrich Ahlers-Hestermann zum Direktor hatte die Besetzung der beiden Bildhauerklassen mit seinen Generationsgenossen Gerhard Marcks und Edwin Scharff sowie der Malereiklassen mit Wilhelm Grimm, Erich Hartmann und Ivo Hauptmann (1886-1973) zur Folge. Damit wurde deutlich an die figürliche Plastik und den

Sezessions-Stil von vor 1933 angeknüpft, nicht an die Moderne der Weimarer Zeit; später kamen noch Karl Kluth und sogar Hans-Martin Ruwoldt dazu, der Barlachs Relief am Antikriegsdenkmal im Auftrag der Nationalsozialisten durch einen Adler ersetzt hatte; auch der 1958 aus Ostberlin berufene Gustav Seitz (1906-1969) setzte eine figürliche Tradition fort. Die Majorität von traditionellen unter den überlebenden Hamburger Künstlern im Berufsverband mußte sich dadurch bestätigt fühlen. Die wenigen, die sich in der »Gruppe 45« und im »Baukreis« gegen die Traditionalisten zusammentaten, blieben eine Minderheit: Willy Breest (1891-1952), Max Hermann Mahlmann (geboren 1912), Gudrun Piper (geboren 1917), Hildegard Stromberger gehörten zu denen, die abstrakt arbeiteten und die Kontakt zur von Paris bestimmten Moderne suchten. Bereits 1948 stellten sie »gegenstandsfreie« Grafik aus, 1950 zeigten sie ihre Arbeiten mit denen der Gruppe ZEN 49, zu der Willy Baumeister (1889-1955), Fritz Winter (1905-1976) und Ruprecht Geiger (geboren 1908) gehörten, und 1953 präsentierten sie als Hamburger Künstlergruppe »französische Konstruktivisten und Abstraktivisten«[45] darunter Hans Arp und Victor de Vasarély (geboren 1908).

Unabhängig von der Moderne-Diskussion in Plastik und Malerei entwickelte sich die 1946 gegründete Klasse von Alfred Mahlau (1894-1967) für »Freie Grafik«, aus der so renommierte Satiriker wie Peter Neugebauer und Vicco von Bülow, alias Loriot, hervorgegangen sind.

Auch Horst Janssen (1929-1995) hat 1946 bis 1951 diese Klasse besucht und danach – jenseits aller Kategorien – sein innerhalb und außerhalb von Hamburg beachtetes, beispielloses Werk als Zeichner immer weiter entfaltet.[46]

Eine Reihe von Künstlerbüchern ist dabei entstanden, geschrieben und gezeichnet von Janssen, zahllose druckgraphische Blätter, groß angelegte farbige Zeichnungen und daneben so manches scheinbar nebenbei entstandene Kritzelwerk, die sich insgesamt zu einem endlosen »Diarium momentaner Befindlichkeiten und Empfindlichkeiten« zusammenfügen: »Was er auch außerhalb seiner selbst zeichnet, radiert, malt, montiert ... immer ist es die Projektion seiner Selbst in das Objekt seines Willens und damit sein eigenstes Lebenszeichen: ›pingo, ergo sum‹«, hat Wolfgang Hildesheimer schon zu Janssens Lebzeiten resümiert.

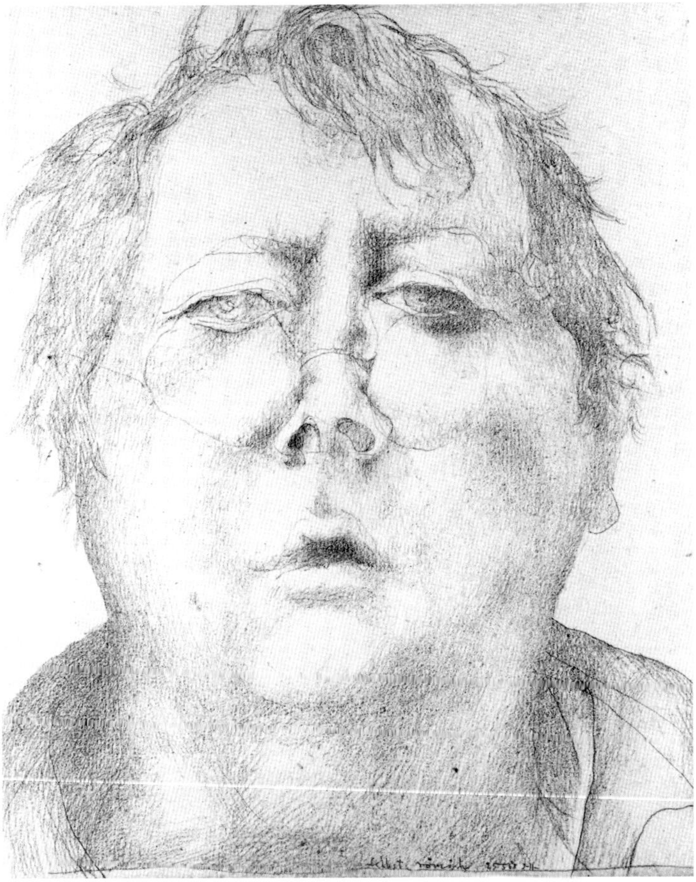

Das Werk des Zeichners Horst Janssen entwickelte sich unabhängig von der langsamen Überwindung der »Sezessions-Kunst« durch die Moderne: Selbst, *1969; Hamburger Kunsthalle.*

K.R. H.-Sonderborg erschien als erster Vertreter des Hamburger Tachismus auf der Dokumenta 1959: 22.2.1956; Hamburger Kunsthalle.

Später unter Hans Michel hat die Klasse Grafik-Designer wie Holger Matthies (geboren 1940) hervorgebracht, der seit den siebziger Jahren der profilierteste Plakat-Künstler Hamburgs ist. Er hat sich einen eigenen Wirkungskreis geschaffen: Nicht Werbung für Konsumartikel, sondern Werbung für Kulturveranstaltungen ist sein Arbeitsfeld, für das er schlagkräftige Collagen aus Vorgefundenem und aus eigenen Thesen herstellt.

Unter den Kunsthistorikern war Werner Haftmann derjenige, der in Hamburg die Moderne zu erläutern begann und schon mit seinem Konzept von »Plastik im Freien« spätere Dokumenta-Konzepte erkennen ließ. Sein 1954 erschienenes Standardwerk zur *Malerei des zwanzigsten Jahrhunderts* ist aus den Vorlesungen am Lerchenfeld hervorgegangen.

Der Nachfolger Ahlers-Hestermanns, Gustav Hassenpflug, hatte – als 1927 bis 1928 am Bauhaus in Dessau ausgebildeter Architekt – das Verdienst, die Moderne an der Hochschule zu etablieren. Dies gelang ihm nicht nur unversehens mit der Einstellung von Haftmann, sondern auch mit Kurt Kranz (geboren 1910), der die Grundlehre vermittelte, und mit dem Prinzip der wechselnden Gastdozenten: Georg Meistermann (1911-1990), Fritz Winter, Ernst Wilhelm Nay (1902-1968) waren die ersten, die seit 1953 kamen. Das Prinzip der Rotation hat sich als »wirksames Instrument gegen Tendenzen der Immobilität« [47] erwiesen. »Die ganze Schule wurde von einem Fieber erfaßt«, schrieb Hans Theodor Flemming darüber 1954 in der FAZ.

Tatsächlich hat sich in den fünfziger Jahren in der Stadt eine neue Malweise entwickelt, die sich von den Landschaften, Porträts und Stilleben des Sezessions-Stils entfernte und auch über den Konstruktivismus, etwa eines Joachim Albrecht (geboren 1913), hinausging: Arnold Fiedler (1900-1985), Herbert Spangenberg (1907-1984) und K.R. H.-Sonderborg (geboren 1913) wurden zu den Vorläufern eines Hamburger Tachismus, dessen Hauptvertreter Armin Sandig (geboren 1929), der 1951 von der Münchner Gruppe ZEN 49 nach Hamburg kam, Jens Cords (geboren 1932) und vor allem Sonderborg selbst geworden sind.

In dieser Zeit, 1955, 1959 und 1964, fanden die ersten Dokumenta-Ausstellungen statt, die maßgeblich von Werner Haftmann bestimmt wurden: »Die erste Dokumenta war die Ausstellung zu seinem Buch.« [48] Die Ausstellungen übernahmen die bis dahin regional geleistete Aufgabe, den deutschen Nachholbedarf an moderner Kunst zu befriedigen. Die regionalen Kunstpublika waren inzwischen so mobil geworden, daß sie sich von nun an regelmäßig in Kassel auf einen gemeinsamen Informationsstand über die neueste Kunst und deren historische Fundierung bringen ließen.

Die Auswahl von Künstlern aus Hamburg für die Dokumenta 1959 – die beiden figürlichen Altmeister Edwin Scharff und Gustav Seitz, der Maler Eduard Bargheer, der den Sezessions-Stil zu einer eigenen Bildsprache entwickelt hatte, und K.R. H.-Sonderborg als Exponent des Tachismus – machte deutlich, daß die Traditionellen in Hamburg noch ein hohes Gewicht hatten. Die Auswahl 1964 – Gustav Seitz, K.R. H.-Sonderborg, Hans Kock, Klaus Kröger (geboren 1920) und Paul Wunderlich (geboren 1927) – zeigte dann, daß sich in Hamburg doch etwas zugunsten neuerer Kunst verändert hatte.

Die in Kassel gezeigten Strömungen des internationalen Informel und der Neuen Figuration haben deutlichen Einfluß auf junge Hamburger der späten fünfziger und frühen sechziger Jahre gehabt, vor allem auf Klaus Kröger, aber auch auf Reinhard Drenkhahn (1926-1959) oder Gisela Bührmann (geboren 1925).

Ende der fünfziger Jahre erregte damals ein Interludium Aufsehen, das über die in Hamburg konzentrierte Presse in ganz Deutschland bekanntgemacht wurde: Die von dem Gastdozenten Friedensreich Hundertwasser und dem Aktionisten Bazon Brock inszenierte Gemeinschaftsaktion einer »unendlichen Linie« an den Wänden eines Hochschulsaales. Sie forderte eine der letzten kleinbürgerlichen Wellen der Empörung über vermeintliche Schrecken der künstlerischen Avantgarde heraus. Zugleich erschien sie als ein Wetterleuchten künstlerischer Entwicklungen wie des Happening und Fluxus, die in Hamburg dann allerdings nur eine geringe Rolle spielten. Hundertwasser, der deswegen seine Gastdozentur vorzeitig abbrechen mußte, brachte sie – auch wegen seines einprägsamen Namens – ein lange fortwirkendes Image als vermeintlicher Bürgerschreck der Avantgarde ein, in das erst in den siebziger Jahren Joseph Beuys eingetreten ist. Bazon Brock, ein Künstler, der sich weniger bildnerischer als verbaler Mittel bediente, gründete darauf seit den sechziger Jahren als Dozent einen langanhaltenden Einfluß auf die Kunststudenten in Hamburg.

In den sechziger Jahren ermöglichte das Gastdozentenprinzip am Lerchenfeld dann endlich auch eine neue internationale Orientierung. Auf die von Haftmann bestimmte Auswahl von deutschen Abstrakten folgte 1961 Eduardo Paolozzi (geboren

1924) als erster von mehreren Vertretern der englischen Pop-art-Szene: Allen Jones (geboren 1937), David Hockney (geboren 1937), Joe Tilson (geboren 1928), Richard Hamilton (geboren 1922). 1965 kam auch Richard Lindner (1901-1978) aus den USA. In dieser Zeit fand die Hochschule mit der Berufung von Dokumenta-erprobten Künstlern den selbstverständlichen Anschluß an die Moderne: Paul Wunderlich, Almir Mavignier, Gotthard Graubner, Jochen Hiltmann, Franz Erhardt Walther und K.P. Brehmer waren die neuen Professoren. Und auch im Bereich der angewandten Kunst wurde der Wechsel von der Werkstatt des Handwerkers zum Studio des Designers mit der Übernahme von Professoren und Dozenten der 1968 endgültig geschlossenen Ulmer Hochschule für Gestaltung vollzogen; mit ihnen kam sogar Max Bill nach Hamburg.[49] Die Stadt hatte Anschluß an die Moderne gefunden.

Der schnelle Wechsel der Gastdozenten am Lerchenfeld und ein neues Tempo der Informationen über Kunstneuigkeiten forderten wie in der ganzen Bundesrepublik so auch in Hamburg die öffentliche Kunstrezeption zu neuer, anfänglich Verwirrung stiftender Gangart heraus. Dem Tempo konnte zwar noch die Kunsthochschule, nicht mehr aber die Kunsthalle folgen. Der Kunstverein versuchte, Schritt zu halten, geriet dabei aber in die für diese Zeit typischen personellen Krisen.

Wie die Universität, so wurde schließlich auch die Kunsthochschule von der Studentenrevolte 1968 erfaßt. Der Beitrag der Studentenbewegung zum großen »Kunstbetrieb« kam aus Hamburg. Der AStA-Vorsitzende der Kunsthochschule, Klaus Geldmacher, entwickelte sich zum besonderen Typus des politischen Künstlers dieser Zeit. 1965 hatte er an der »Multi-Media-Show« der Klasse Harry Kramers teilgenommen, 1966 beim Deutschen Kunstpreis der Jugend mit seinen Lichtkästen den zweiten Preis gewonnen. Mit Francesco Mariotti tat er sich auf der vierten Dokumenta 1968 zum Geldmacher-Mariotti-Objekt zusammen. Das 7,5 Kubikmeter große Objekt reagierte auf die vom Bauhaus ausgehenden Bemühungen der kinetischen Kunst vor allem Nicolas Schoeffers (geboren 1912), kombinierte damit aber Elemente der industrielle Versatzstücke verwendenden Pop-art. Ein solches Objekt und die Diskussionsveranstaltungen von Geldmacher und Mariotti in Kassel waren damals noch in der Lage, das Feuilleton zum Verstummen zu bringen.[50]

In der Kunst der sechziger und siebziger Jahre dominierten in Hamburg die verschiedenen Realismen. Dies waren einerseits

In den sechziger und siebziger Jahren bestimmten Formen des Realismus die Kunst in Hamburg: Harald Duwe wurde der kritische Darsteller der »bundesbürgerlichen« Welt: Sonntagnachmittag, *1956-1960; Hamburger Kunsthalle.*

Mit der Bemalung des »Grünspan« präsentierten Dieter Glasmacher und Werner Nöfer ihre »Künstliche Landschaft«, 1969; Foto 1970.

Nachwirkungen der Schulung bei den Professoren der Hamburger Sezession, andererseits ließen sich Künstlerinnen und Künstler auf eine Auseinandersetzung mit den Realismen sozialistischer Länder und Südamerikas ein. Die Marinelandschaften und -stilleben von Volker Meier[51], die Arbeit der 1965 gegründeten Gruppe Zebra mit Dieter Asmus, Peter Nagel, Nikolaus Störtenbeker, Dietmar Ullrich[52] oder die »Neue Landschaft« und die »Künstliche Landschaft« von Werner Nöfer, Jens Lausen und Jürgen Kleinhammes[53] waren typische Hamburger Erscheinungen. Mit einem Außenwandbild an der heutigen Diskothek »Grünspan« in der Großen Freiheit, 1969, sind Dieter Glasmacher und Werner Nöfer damit auch an die Öffentlichkeit gegangen. Kleinbürgerliche Interieurs stellte auf ihre Weise Almut Heise dar.[54] Harald Duwe (1926-1984) entwickelte sich aus den fünfziger Jahren heraus vor allen anderen zu einem der großen engagiert kritischen Darsteller der »bundesbürgerlichen« Welt der sechziger und siebziger Jahre.[55] *Als guter Realist muß ich alles erfinden*, war der von ihm stammende Titel einer Ausstellung im Kunstverein, 1978, die diese realistische Malkultur resümierte. Aber auch an verschiedenen Versionen des Fotorealismus fehlte es in Hamburg nicht: Fotos von Detlev Reiß, Leinwandbilder von Adam Jankowski sowie Wandbilder von Sönke Nissen und Eckart Keller, in deren Entstehungsprozeß die »Nutzer« einbezogen wurden. Zugleich war der Hamburger Kunstverein der erste im Westen, der eine Begegnung mit realistischer Malerei der DDR ermöglichte.

Hinter den Realismus-Konzepten hatte sich aber eine spürbare Verunsicherung von Kunstproduktion und -rezeption eingestellt. Künstler zweifelten an der Relevanz ihrer künstlerischen Arbeit und fühlten sich zur Sozialarbeit für Benachteiligte verpflichtet. An der Kunsthochschule wurde vieles andere gemacht als Kunstlehre. Die öffentlichen Künstleraufträge sollten eine neue Bedeutung für »Nutzer« haben oder richteten sich auf nutzbare Geräte. Die Museen zogen sich in dieser Situation auf die Vermittlung historischer Kunst zurück. »Museumspädagogischer Dienst« trat in den Vordergrund. Der Kunstverein versuchte in der Zeit des Direktors Uwe M. Schneede (Amtszeit 1973-1984) auf diese Verunsicherungen zu reagieren, indem er die verunsicherte Künstlerschaft selbst am Ausstellungsprogramm beteiligte. Aber die nervösen Reaktionen auf die Ausstellung von DDR-Kunst zeigten, daß auch der engagierte Mitgliederkreis des Kunstvereins verunsichert war.

Die Antwort, die die Ausstellung Werner Hofmanns (Direktor der Kunsthalle 1969-1990) 1977 auf die Frage *Kunst – was ist das?* gab, hat vielen in ihrer Überpointierung dann wieder die Bedeutung der Frage bewußt gemacht. In der Kunstvereinsausstellung *Eremit? Forscher? Sozialarbeiter? Das veränderte Selbstverständnis von Künstlern* von 1979 versuchte die Hamburger Künstlerschaft selbst eine Antwort auf die Frage zu geben. Die Kunst in Hamburg wurde darüber ihrer selbst wieder sicherer.

Zunächst organisatorisch: 1977 suchte sich zum Beispiel eine Künstlergruppe eine Fabrik und richtete darin das »Künstlerhaus Weidenallee« mit eigenem Ausstellungsraum ein. 1979 gründete sich die »Freie Vereinigung«, eine Künstlergruppe, die an neu aufgespürten Orten Ausstellungen veranstaltete. Im gleichen Jahr schloß sich die »Arbeitsgruppe Bildende Kunst« zusammen, in der sich Interessenvertreter der bildenden Kunst – von den Künstlervereinigungen bis zu den Kunstmuseen – zu gemeinsamem Handeln versammelten. Solche Aktivitäten signalisierten den Aufbruch zu einer neuen Kunstpolitik der achtziger Jahre in Hamburg.

Aber auch künstlerisch hat sich jenseits der – uns heute so erscheinenden – organisatorischen Geschäftigkeit der siebziger Jahre Neues entwickelt: »Es hat damals, um 1970, eine Gruppe junger Frauen die Hochschule verlassen, die sich in der Kunstszene haben durchsetzen können: Hanne Darboven, Rebekka Horn, Anna Oppermann, Dorothee von Windheim und Lilli

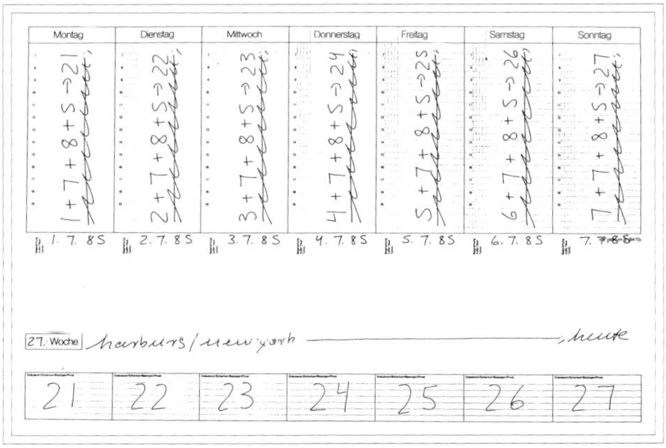

Die Harburgerin Hanne Darboven erhielt früh künstlerische Eindrücke in New York. 1985 entstand ihre Serie Harburg – New York*; Bremen, Neues Museum Weserburg.*

Bild links:
Die Kunsthalle präsentiert seit 1991 Chor der Heuschrecken *von Rebekka Horn; Foto 1995.*

Fischer. Relativ geschlossen ist das schon in den Hamburger Kunstwochen 1975 in einer Ausstellung im Kunstverein vorgeführt worden, ohne daß man in Hamburg die Sensation, daß Künstlerinnen erstmals gleichgewichtig neben männlichen Kollegen auftraten, merklich gewürdigt hätte«, hat Dietrich Helms festgestellt.[56] Jede dieser Frauen entfaltete ein ausgeprägt eigenes Œuvre. Daß dies als ein hamburgischer Beitrag zur neuen Kunst gewertet werden muß, ist in der Öffentlichkeit kaum bewußt und auch in Hamburger Kunsteinrichtungen zu wenig vorgeführt worden. Auch hat keine dieser Künstlerinnen in das seit Ahlers-Hestermann ausschließlich männlich besetzte Kollegium der freien Kunstklassen der Hochschule Aufnahme gefunden. Aber die internationale Aufmerksamkeit, die Ausstellungen und das Museumsinteresse außerhalb Hamburgs, schließlich die Vergabe des Lichtwark-Preises 1993 an Hanne Darboven haben deutlich gemacht, daß sich aus dem Feuer, aber auch aus der Asche der Zeit um 1968 eine neue Qualität der Kunst in Hamburg entwickelt hat.

Hanne Darboven hatte während eines New-York-Aufenthaltes in der zweiten Hälfte der sechziger Jahre mit Künstlern wie Carl Andre, Sol Lewitt und Lawrence Weiner in engem Kontakt gestanden. 1967 war sie bereits an zwei New Yorker Ausstellungen zur konzeptuellen Kunst beteiligt, 1969 wurden Arbeiten von ihr in europäischen Ausstellungen gezeigt. »Die klare Entschiedenheit schon des frühen Werks erlaubte ihr sogleich einen internationalen Einstieg von größter Seltenheit [...]. Jedenfalls könnte Hanne Darboven uneingeschränkt als Konzeptkünstlerin bezeichnet werden, wäre dem Werk nicht in den siebziger und dann in den achtziger Jahren noch etwas ganz entscheidendes zugewachsen, nämlich über die Bedeutung des formalen und des Schreibens hinaus eine Bedeutung des Geschriebenen«, führte Uwe M. Schneede in seiner Laudatio zur Lichtwark-Preis-Übergabe 1994 aus.[57] »In ihrem unvergleichlich konsequenten Werk verarbeitet sie schreibend die Zeit, die Gegenwart und die Vergangenheit, Ängste und Hoffnungen, Geist und Politik in beschwörender Reflexion. Dabei läßt Hanne Darboven nicht ab von einer aufklärerischen Grundhaltung. Aber auch als Moralistin bleibt sie der ihr eigenen formalen Disziplin treu.«[58]

Heute ist für die Attraktivität der Hochschule für bildende Künste typisch, daß sie von Studierenden der ganzen Welt besucht wird, so daß es nicht nur die Gastdozenten sind, die internationale Anregungen nach Hamburg tragen. Schon sind aus der Hochschule Künstlerinnen wie die Koreanerin Eun Nim Ro hervorgegangen, die bereits als Professorin an der zweiten etablierten Hamburger Kunsthochschule, dem Fachbereich für Gestaltung der Fachhochschule, wirkt. Die Partnerschaft mit einer chinesischen Kunsthochschule hat dazu geführt, daß mehrere Chinesen in Hamburg studiert haben, die maßgeblich für eine neue Orientierung der Kunst in China gewirkt haben.

Die achtziger und neunziger Jahre der Kunstgeschichte in Hamburg waren bestimmt von einer neuen Aktivität der Kunstgalerien – auch wenn sich eine Hamburger Kunstmesse nicht hat etablieren lassen –, von der Konzentration des Kunstvereins auf gegenwärtige Kunst, von Anstößen, die das »Kunst im öffentlichen Raum«-Programm der Stadt gegeben hat, von einer neuen Gegenwartsorientierung der Kunstmuseen sowie von den neuen privat und staatlich finanzierten Einrichtungen auf der postmodernen Kunstmeile, an der sich Kunsthalle, Museum für Kunst und Gewerbe, Kunsthaus und Kunstverein in der Markthalle und die Deichtorhallen reihen. Diese Aktivitäten konnten auf eine breite Bewegung des kunstinteressierten Publikums, der Künstler und Kunstspezialisten, auf private Großzügigkeit, aber auch auf staatliche Innovationsfreudigkeit bauen und haben Hamburg eine neue Bedeutung als Kunststadt gebracht.

Das »Kunst im öffentlichen Raum«-Programm [59] hat die Auseinandersetzung mit den Relikten der NS-Zeit in der öffentlichen Skulptur in Hamburg aufgenommen: Mit dem unvollendeten Gegendenkmal von Alfred Hrdlicka zum 76er-Denkmal, 1982-1986, Ulrich Rückriems Monument für die Deportierten an der Moorweidenstraße, 1983, Sol Lewitts *Black form dedicated to missing jews* in Altona, 1987, sowie mit Esther und Jochen Gerz' Antifaschismus-Denkmal in Harburg, 1986. Auch die öffentliche Skulptur läßt also »postmoderne« Züge erkennen.

Das *Gesamtkunstwerk Freie und Hansestadt Hamburg*-Projekt von Joseph Beuys, 1984, in der Reihe »Kunst-Natur-Skulptur« hat kurzfristig auch eine Schlappe der offiziellen Kunstpolitik in Hamburg ausgelöst. Der Senat untersagte die Fortsetzung des Projektes.

Die Reihe konnte aber vor allem mit drei Ausstellungen im öffentlichen Raum die historische Auseinandersetzung mit der »Plastik im Freien« fortsetzen und damit eine lang angelegte öffentliche Auseinandersetzung mit der internationalen neuen Kunst anstoßen. »Halle 6«, eine Ausstellung in der größten Halle des Kampnagel-Geländes, hat 1982 Objekte von Carl

Sol Lewitt entwarf sein Konzept Black form dedicated to the missing jews, *1987, für »Skulptur Projekte« in Münster. Auf Einladung aus Hamburg wählte er für die dauernde Aufstellung einen Ort vor dem Altonaer Rathaus; Foto um 1990.*

Die Deichtorhallen eröffneten 1989 mit »Einleuchten« eine umfassende Ausstellung zur zeitgenössischen Kunst: Eventail *von Daniel Buren in der Nordhalle; Foto 1989.*

Bild rechts: Felix Droese erhielt 1985 den Auftrag für ein Kunstobjekt am Ort der anonymen Bestattungen in Finkenwerder. Er entschied sich für ein gefundenes Rettungsboot; Foto um 1988.

Andre, Sol Lewitt, Richard Long, Mario Merz, Bruce Naumann, Ulrich Rückriem, Rainer Ruthenbeck und Franz Erhardt Walther mit den Arbeiten einer neuen Generation konfrontiert, die zum Teil in Hamburg ausgebildet worden ist: Felix Droese, Bogomir Ecker, Hubert Kiecol, Astrid Klein, Klaus Kumrow, Wolfgang Luy, Thomas Schütte.[60] Anläßlich von »Jenisch Park Skulptur«, 1986, stellte diese jüngere Generation ihre Arbeiten in die Kunstlandschaft des Parks.[61] »Hamburg 1989« schließlich lud eine Auswahl von etwa dreißig Künstlern der neuen Generation ein, auf Situationen der Hamburger Innenstadt zu reagieren.[62] Die Stadt ist damit wieder an die internationale Moderne herangerückt, an deren Entwicklung die Hamburger Hochschule und Hamburger Künstler maßgeblich beteiligt sind.

Die Deichtorhallen, die 1989 mit Harald Szeemanns resümierender Ausstellung »Einleuchten« eröffnet wurden, können auf die Wirkung dieser Projekte und anderer ständig in Hamburg präsenter Objekte aufbauen.[63] Ihr Ausstellungsprogramm ist allein der Kunst der Moderne gewidmet. Von der Kunsthalle, die sich in neuer Weise der Gegenwartskunst zu öffnen beginnt, wird dies für den Kunstinselbau erwartet, der 1997 fertig werden wird.

Anhang

Anmerkungen

In den Anmerkungen ist Literatur, soweit sie auch ins Literaturverzeichnis aufgenommen worden ist, abgekürzt. Sie ist mit Verfasser- oder Herausgebernamen und Erscheinungsjahr oder aber als Ausst. Kat. (Ausstellungskatalog) oder Kat. (Museumskatalog) mit Erscheinungsjahr zitiert.

1. Hamburg in sächsischer Zeit

1 Velleius Paterculus II, 105; zit. nach Hartmut Polenz, Römer und Germanen in Westfalen, Münster 1985, S. 37.
2 Tacitus, Annalen II, 41; zit. nach Hartmut Polenz, Römer und Germanen in Westfalen, Münster 1985, S. 58.
3 Wolf-D. v. Barloewen (Hg.), Abriß der Geschichte antiker Randkulturen, München 1961, S. 17-82.
4 Ahrens 1978; Busch 1988.
5 Orosius, gest. 418; zit. nach Bruno Brüger u. a. (Hg.), Die Germanen, Bd. 2, Berlin 1983, S. 456.
6 H. van der Kolk, Das Hildebrandslied, Amsterdam 1967.
7 Ahrens 1978, S. 471-482; Busch 1987, S. 26-32, S. 152 f.
8 Zum ersten Teil der Ergebnisse der Grabung vgl. Busch (Hg.) 1995.
9 Richter, in: Jochmann/Loose 1982, S. 23, 33.
10 Ahrens 1978; Busch 1987.
11 Busch 1987, S. 120 f.
12 Ahrens 1978, S. 185-218, Busch 1987, S. 144.
13 Steinberg 1926, S. 5.

2. Die Missionsmetropole des Nordens im 9. bis 11. Jahrhundert

1 Richter, in: Jochmann/Loose 1982, S. 17-100.
2 Busch 1987, S. 26-32, besonders S. 29.
3 Conrad Borchling, Tausend Jahre Plattdeutsch, Bd. 1, Hamburg 1927, S. 64 f.; Ahrens 1978, S. 105-116.
4 Busch 1987, S. 31-33; Busch (Hg.) 1995.
5 Steinberg 1926, S. 20.
6 Steinberg 1926, S. 24.
7 Steinberg 1926, S. 28.
8 Busch 1987; Busch 1989.
9 Steinberg 1926, S. 150.
10 Steinberg 1926, S. 116.
11 Bohnsack 1984-1985, S. 147-150.
12 Richter, in: Jochmann/Loose 1982, S. 23-25.
13 Brandt 1977.
14 Steinberg 1926, S. 98, 114, 150 f.
15 Steinberg 1926, S. 115 f.
16 Zum Bremer Dom vgl. Brandt 1977; Fliedner 1979. Zum Hamburger Dom vgl. Rosenau 1932; Mathieu 1973.
17 Richter, in: Jochmann/Loose 1982, S. 25.

18 Fliedner 1979, S. 9-55, besonders S. 31-48.
19 Löhr, in: Ausst. Kat. Der Bremer Dom. Focke-Museum Bremen, Bremen 1979, S. 96-106.
20 Steinberg 1926, S. 98.
21 Steinberg 1926, S. 114.
22 Steinberg 1926, S. 150 f.
23 Steinberg 1926, S. 167.
24 Busch 1987, S. 244 f., S. 234, S. 184 f., S. 252 f.
25 Steinberg 1926, S. 162.
26 Steinberg 1926, S. 158.
27 Steinberg 1926, S. 158.
28 Steinberg 1926, S. 162.
29 Steinberg 1926, S. 153.

3. Die Entstehung der selbständigen Stadt im 12. und 13. Jahrhundert

1 Richter, in: Jochmann/Loose 1982, S. 54.
2 Richter, in: Jochmann/Loose 1982; Theuerkauf, in: Ellermeyer/Postel 1986, S. 33-43; Bracker 1987; Bracker 1989.
3 Bracker 1987, S. 56.
4 Richter, in: Jochmann/Loose 1982, S. 69.
5 Richter, in: Jochmann/Loose 1982, S. 84.
6 Hipp 1989, S. 287.
7 Richter, in: Jochmann/Loose 1982, 7. Abb. nach S. 80.
8 Bracker 1987, S. 58.
9 Mathieu 1973.
10 Klée Gobert 1968.
11 Richter, in: Jochmann/Loose 1982, S. 95.
12 Bracker 1987, S. 56.
13 Richter, in: Jochmann/Loose 1982, S. 73, S. 84.
14 Neueste Behandlung dieses Themas durch Ralf Busch, Das Kenotaph für Papst Benedict V., in: Busch (Hg.) 1995, S. 127-136.
15 Alle Angaben nach Busch (Hg.) 1995, S. 127-130.
16 Zit. nach Busch (Hg.) 1995, S. 130.
17 Alle Zitate nach Busch (Hg.) 1995, S. 130.
18 Bracker 1989, Bd. 2, S. 30 f.
19 Königl. Bibliothek Kopenhagen. In der Hamburger Staats- und Universitätsbibliothek Carl von Ossietzky gibt es eine kleine Sammlung von Schwarzweiß-Fotografien der Illustrationen.
20 Sächsische Weltchronik 1989.
21 Bracker 1989, Bd. 2, S. 318 f.
22 Brandis 1972.

4. Die Hansestadt im 14. und 15. Jahrhundert

1 Gabrielsson, in: Jochmann/Loose 1972, S. 101-190; Bracker 1989.
2 Volker Plagemann, Hansische Kunstströmungen nach Skandinavien, in: Hansische Geschichtsblätter, 86. Jg., 1968, S. 13-36.

3 Mathieu 1973.
4 Klée Gobert 1968; Petzold/Robert 1995, S. 12-14.
5 Klée Gobert 1968, S. 103-110.
6 Möller/Dutz 1977.
7 Gaedechens/Gensler/Koppmann 1884.
8 Möller/Dutz 1977.
9 Kall 1888.
10 Lichtwark 1905, S. 44-46, besonders S. 45.
11 Reincke 1951, S. 65-91.
12 Plagemann 1986, S. 9.
13 Lichtwark 1905, S. 59 f.
14 Zu beiden Türmen gibt es einen auf den historischen Quellen aufbauenden Roman: Ingeborg von Trauwik-Hellwig, Turm wider Turm, Bonn 1994.
15 Bracker 1989, Bd. 2, S. 222 f.
16 Bracker 1989, Bd. 2, S. 260 f.
17 Mathieu 1973, Abb. 16, 18, 19, 22-28, 34, 36, 45, 46.
18 Mathieu 1973, Abb. 45.
19 Lichtwark 1905, S. 82 f.; dort Hinweis auf Goldschmidt.
20 Mathieu 1973, Abb. 6.
21 Bracker 1989, Bd. 2, S. 302 f.
22 Klée Gobert 1968, S. 95, Abb. 43 (Paulus), S. 76-78, Abb. 65 f. (Madonna).
23 Museum für Hamburgische Geschichte; Kopie im Bergedorfer Schloß.
24 Klée Gobert 1968, S. 96 f. (Literaturangaben).
25 Klée Gobert 1968, S. 139 f., Abb. 147 f.
26 Klée Gobert 1968, S. 78, Abb. 67.
27 Klée Gobert 1968, S. 74 f., Abb. 56 f., S. 79 f., Abb. 58-61.
28 Klée Gobert 1968, S. 202-205, Abb. 265-271.
29 Klée Gobert 1968, S. 199-202, Abb. 259-264.
30 Klée Gobert 1968, S. 197-199, Abb. 249-258.
31 Museum für Kunst und Gewerbe; Kat. 1980, S. 60, Nr. 112.
32 Klée Gobert 1968, S. 89, Abb. 95.
33 Klée Gobert 1968, S. 98, Abb. 96.
34 Lichtwark 1905; Literatur bei Klée Gobert 1968, S. 97.
35 Lichtwark 1905, S. 344.
36 Lichtwark 1899; Reincke 1959; Literatur bei Leppien 1992.
37 Nicolaus Staphorst, Hamburgische Kirchengeschichte, Bd. 2: Hamburg 1725; Bd. 4: Hamburg 1731, S. 65, Taf. II.
38 Literatur zur mittelalterlichen Malerei in Hamburg: Heise 1918, S. 85-123, S. 103-107 (Hans Bornemann), S. 107-117 (Hinrik Bornemann), S. 117-120 (Absolon Stumme); Busch 1940, S. 30-35, S. 69 f. (Hans Bornemann), S. 79-81 (Hinrik Bornemann), S. 35-41, S. 77 (Hinrik Funhof), S. 50-55, S. 95-97 (Meister des Halepagen-Altares); Stange, Bd. VI, 1954, S. 74-92, S. 76-83 (Hans Bornemann), S. 83-87 (Hinrik Funhof), S. 87-90 (Absolon Stumme und Hinrik Bornemann); Alfred Stange, Zwei Beispiele niederländischen Einflusses in Deutschland, in: Miscellanea Prof. Dr. Roggen, Antwerpen (1957), S. 257-265 (Hinrik Funhof); Hasse 1964, S. 310 ff. (Wilm Dedeke); Gmelin 1974, S. 27 f.,

204-215 (Wilm Dedeke), S. 13-16, S. 83-100 (Hans Bornemann), S. 16-18, S. 114-126 (Hinrik Funhof); Karl Zukorn, Zur westfälischen Herkunft des Hamburger Malers Hinrik Funhof, in: Westfälische Forschungen, Bd. 16, 1963, S. 79-83; Andreas Hahn, Wilm Dedeke und die spätgotische Malerei in Hamburg, maschinenschriftlich 1988 (in der Hamburger Kunsthalle).

39 Ralph Knickmeier, Der vagabundierende Altar, Dissertationsprojekt an der Universität Hamburg, kurz vor der Fertigstellung. Von den Ergebnissen habe ich nur gesprächsweise erfahren.

40 Stange, Bd. VI, 1954, S. 74.

41 Heise 1918, S. 87 f.

42 Stange, Bd. VI, 1954, S. 75 f.

43 Stange, Bd. VI, 1954, S. 76-83; Gmelin 1974, S. 13-16, S. 83-110.

44 Stange, Bd. VI, 1954, S. 79.

45 Heise 1918, S. 103.

46 Stange, Bd. VI, 1954, S. 84 f.

47 Stange, Bd. VI, 1954, S. 83-87; Gmelin 1974, S. 16-18, S. 114-126.

48 Heise 1918, S. 117-120; Stange, Bd. VI, 1954, S. 87 f.

49 Heise 1918, S. 107-117; Stange, Bd. VI, 1954, S. 88-90.

50 Reincke 1916; Stange, Bd. VI, 1954, S. 90 f.

51 Hasse 1964; Gmelin 1974, S. 27 f., S. 204-215.

52 Zit. nach Stange, Bd. VI, 1954, S. 87.

53 Zit. nach Stöter 1879, S. 62-65; Mathieu 1973, S. 173 f., 184.

54 Stöter 1879, Taf. 11, S. 102.

55 Zit. nach Stöter 1879, S. 99 f.; Katalogangaben über die Tafeln bei Tadeusz Dobrzeniecki, Catalogue of the mediaeval painting, National Museum Warschau, Warschau 1977, S. 354, Nr. 129, Abb. 129 A1-A4, B1-B4, C1-C4, D1-D4.

56 Ich danke Herrn Knickmeier für mündliche Mitteilungen über die Ergebnisse seiner Arbeit.

57 Binder 1988.

58 Klée Gobert 1968, S. 202-205.

59 Gmelin 1974, S. 27 f., S. 204-213; Zitat S. 27.

60 Bracker 1989, Bd. 2, S. 449.

61 Kat. [5] 1966, S. 107, Nr. 463.

62 Ausst. Kat. 1979, Kat. Nr. 3.

63 Brandis/Maehler 1967, S. VIII.

64 Brandis 1972, Einleitung, o.S.

65 Brandis 1989, Bd. 2, S. 473.

66 Bracker 1989, Bd. 2, S. 553 f.

67 Brauneck 1989, S. 17 f.

68 Die Dissertation Michler 1967 läßt leider die Vorbildlichkeit der im 13. Jahrhundert dreischiffig, im 14. Jahrhundert fünfschiffig angelegten Stufenhalle des Hamburger Dom-Langhauses für die übrigen Hamburger Stufenhallen außer acht – der Dom war ja zerstört und ist erst von Mathieu 1973 erforscht und rekonstruiert worden. Michler kommt so zu der überall (zum Beispiel Wiek, in: Malsch 1979, S. 10; Hipp 1989, S. 33, Dehio [2] 1994, S. 13) übernommenen Theorie von der Vorbildhaftigkeit von St. Johannis in Lüneburg für Hamburg, die

allenfalls für bestimmte Details – etwa den Pfeilergrundriß – gelten kann.

5. Nach der Reformation die Stadt des protestantischen Barock

1 Postel, in: Jochmann/Loose 1982, S. 191-258.
2 Loose, in: Jochmann/Loose 1982, S. 259-350.
3 Es handelt sich um eine Stichinschrift.
4 Kopitzsch, in: Jochmann/Loose 1982, S. 352.
5 Zit. nach Postel, in: Jochmann/Loose 1982, S. 216.
6 Anfang des Johannesevangeliums.
7 Zit. nach Kleßmann 1981, S. 95.
8 Zit. nach Brauneck 1989, S. 17 f.
9 Brauneck 1989, S. 22.
10 Schuster, in: Ausst. Kat. 1983, S. 115-125; Postel, in: Ausst. Kat. 1983, S. 267-270.
11 Schuster, in: Ausst. Kat. 1983, S. 115.
12 Ausst. Kat. 1983, S. 127, Kat. Nr. 2.
13 Ausst. Kat. 1983, S. 127 f., Kat. Nr. 2.
14 Zit. nach Postel, in: Ausst. Kat. 1983, S. 267.
15 Postel, in: Ausst. Kat. 1983, S. 268 f.
16 Klée Gobert 1968, S. 31 f.
17 Beutler, in: Ausst. Kat. 1983, S. 271-275.
18 Postel, in: Ausst. Kat. 1983, S. 269.
19 Hasse, in: Schadendorf 1981, S. 38.
20 Hasse, in: Schadendorf 1981, S. 35.
21 Ferdinand Stuttmann/Gert von der Osten, Niedersächsische Bildschnitzer des späten Mittelalters, Berlin [2]1957, S. 160-169.
22 Hans-Joachim Manske, Der Meister von Osnabrück, Osnabrück 1978.
23 Hasse, in: Schadendorf 1981, S. 35.
24 Horst Appuhn, Der Bordesholmer Altar und die anderen Werke von Hans Brüggemann, Königstein/Taunus [2]1987.
25 Ausst. Kat. 1983, S. 129 f.
26 Ausst. Kat. 1983, S. 129 f.
27 Reincke 1916, S. 134.
28 Zit. nach Reincke 1916, S. 136.
29 Postel, in: Jochmann/Loose 1982, S. 210 f.
30 Klée Gobert 1968, S. 34.
31 Hamburger Kunsthalle, Kat. 1966, S. 161, Nr. 587.
32 Ausst. Kat. 1983, S. 210-216.
33 Hamburger Kunsthalle, Kat. 1966, S. 161, Nr. 586.
34 St. Johannis-Kirche, Hamburg-Eppendorf.
35 Die Kunst- und Geschichtsdenkmäler des Großherzogtums Mecklenburg-Schwerin, Bd. 3 (Friedrich Schlie), Schwerin 1899, S. 104 f.
36 Klée Gobert 1968, S. 35 f.
37 Klée Gobert 1968, S. 83-89.
38 Museum für Hamburgische Geschichte; Postel, in: Jochmann/Loose 1982, S. 207-209; Bracker [2]1988, S. 77-79.

39 Klée Gobert 1968, S. 35.
40 Bracker [2] 1988, S. 83.
41 Klée Gobert 1968, S. 70.
42 Zit. nach Bolland 1964, S. 19.
43 Hanno-Walter Kruft, Geschichte der Architekturtheorie von der Antike bis zur Gegenwart, München 1985; Braunfels 1976.
44 Bocklitz, in: Clasen/Bocklitz 1979, S. 125.
45 Braunfels 1976, S. 138 f.
46 Hanno-Walter Kruft, Geschichte der Architekturtheorie von der Antike bis zur Gegenwart, München 1985, S. 122-132.
47 Bocklitz, in: Clasen/Bocklitz 1979, S. 140.
48 Bocklitz, in: Clasen/Bocklitz 1979, S. 126 f.
49 Bocklitz, in: Clasen/Bocklitz 1979, S. 142-147.
50 Klée Gobert [2] 1970.
51 Klée Gobert [2] 1970, S. 21.
52 Zit. nach Klée Gobert [2] 1970, S. 102.
53 Klée Gobert [2] 1970, S. 102; Rohde, in: Herzig 1991, S. 143-175.
54 Ausst. Kat. 1991, Abb. S. 46, S. 194.
55 Klée Gobert [2] 1970, S. 103 f.; Rohde, in: Herzig 1991, S. 143-175.
56 Klée Gobert [2] 1970, S. 112 f.; Ina Lorenz/Jörg Berkemann (Hg.), Streitfall jüdischer Friedhof Ottensen (1663-1993), Hamburg 1995.
57 Klée Gobert [2] 1970, S. 105.
58 Klée Gobert [2] 1970, S. 105-112, Abb. 66-78.
59 Klée Gobert 1968, S. 165.
60 Heckmann 1990, S. 21-23.
61 Heckmann 1990, S. 24-26.
62 Gelder 1991, S. 10-19.
63 Heckmann 1990, S. 24-26.
64 Zit. nach Heckmann 1990, S. 67.
65 Heckmann 1990, S. 68 f.
66 Heckmann 1990, S. 69.
67 Heckmann 1990, S. 75.
68 Heckmann 1990, S. 62.
69 Heckmann 1990, S. 13-20.
70 Heckmann 1990, S. 56-59, S. 84-92.
71 Heckmann 1990, S. 360-371.
72 Klée Gobert [2] 1970, S. 79-85.
73 Hipp 1989, S. 304.
74 Klée Gobert [2] 1970, S. 55-65.
75 Heckmann 1990, S. 365.
76 Zit. nach Heckmann 1990, S. 108.
77 Heckmann 1990, S. 111.
78 Heckmann 1990, S. 140-152.
79 Heckmann 1990, S. 298.
80 Heckmann 1990, S. 305-310.
81 Es befindet sich heute im Museum für Hamburgische Geschichte; Jaacks 1982; Heckmann 1990, S. 33-36.
82 Domherr Meyer 1827, zit. nach Heckmann 1990, S. 99.
83 Heckmann 1990, S. 186 f.

83 Heckmann 1990, S. 186 f.
84 Heckmann 1990, S. 328-352.
85 Heckmann 1990, S. 78.
86 Heckmann 1990, S. 78, S. 286-292.
87 Heckmann 1990, S. 171.
88 Brauneck 1989, S. 20-44
89 Zit. nach Kleßmann 1981, S. 244.
90 J.P. Willebrand, Hamburgs Annehmlichkeiten von einem Ausländer beschrieben, Hamburg/Leipzig 1772, S. 23.
91 Heckmann 1990, S. 15-17.
92 Kleßmann 1981, S. 159 f.
93 Heckmann 1990, S. 146.
94 Klée Gobert 1968, S. 34, S. 110, Abb. 108 f.
95 Klée Gobert 1968, S. 34, S. 150, Abb. 149.
96 Klée Gobert 1968, S. 34 f., Abb. 279.
97 Klée Gobert 1968, S. 36, S. 94 f., Abb. 42.
98 Klée Gobert 1968, S. 205-207, Abb. 272-276.
99 Klée Gobert 1953, S. 27.
100 Klée Gobert 1968, S. 36, S. 137 f., Abb. 142-146.
101 Klée Gobert 1968, S. 133 f.
102 Museum für Hamburgische Geschichte.
103 Klée Gobert 1968, S. 38, Abb. 77.
104 Schwindrazheim 1931, S. 171-176; Reincke 1951, S. 71-81.
105 Heckmann 1990, S. 303.
106 Klée Gobert [2]1970, S. 65-78, Abb. 26-32.
107 Klée Gobert [2]1970, S. 178-188, Abb. 166-186.
108 Klée Gobert 1953, S. 47-57, Abb. 10-16.
109 Klée Gobert 1953, S. 67-78, Abb. 37-56.
110 Klée Gobert 1953, S. 84 f., Abb. 77-90.
111 Klée Gobert 1953, S. 105-139, Abb. 124-144.
112 Klée Gobert 1953, S. 152-160, Abb. 193-210.
113 Klée Gobert 1953, S. 173-183, Abb. 250-260.
114 Klée Gobert 1953, S. 154-201, Abb. 274-287.
115 Klée Gobert 1953, S. 204-216, Abb. 292-306.
116 Klée Gobert 1968, S. 33.
117 Loose, in: Jochmann/Loose 1982, S. 340.
118 Klée Gobert 1968, S. 38 f.; Kleßmann 1981, S. 206-214; Loose, in: Jochmann/Loose 1982, S. 340-344.
119 Heckmann 1990, S. 74.
120 Museum für Kunst und Gewerbe, Kat. 1980, S. 165, Abb. 350.
121 Museum für Kunst und Gewerbe, Kat. 1980, S. 124, Abb. 254.
122 Hamburger Kunsthalle; Kat. 1966, S. 38, Nr. 361.
123 Klée Gobert 1968, S. 35, Abb. 78.
124 Klée Gobert 1968, S. 34, S. 208 f., Abb. 279.
125 Brauneck 1989, S. 25 f.
126 Zit. nach Museumspädagogischer Dienst (Hg.), Malerei in Hamburg, HK 4.3, Hamburg 1979.
127 Hamburger Kunsthalle, Kat. 1966, S. 173 f., Nr. 599.
128 Lichtwark 1899.

129 Hamburger Kunsthalle, Kat. 1966, S. 38, Nr. 361.
130 Hamburger Kunsthalle, Kat. 1966, S. 177, Nr. 592.
131 Hamburger Kunsthalle, Kat. 1966, S. 59, Nr. 360.
132 Hamburger Kunsthalle, Kat. 1966, S. 141, Nr. 247.
133 Hamburger Kunsthalle, Kat. 1966, S. 177, Nr. 593.
134 Hamburger Kunsthalle, Kat. 1966, S. 86, Nr. 149.
135 Hamburger Kunsthalle, Kat. 1966, S. 143, Nr. 256.
136 Hamburger Kunsthalle, Kat. 1966, S. 77, Nr. 215.
137 Stubbe 1983.
138 Museum für Hamburgische Geschichte; Bracker/Prange 1981, S. 182 f.
139 Museum für Hamburgische Geschichte; Bracker/Prange 1981, S. 84 f.
140 Hamburger Kunsthalle, Kat. 1966, S. 20, Nr. 347, 350.
141 Hamburger Kunsthalle, Kat. 1966, S. 143, Nr. 254.
142 Lichtwark 1898; Jaacks 1992.
143 Jaacks 1992, S. 14 f., S. 136 f., S. 152 f.
144 Jaacks 1992, S. 23 f.
145 Hamburger Kunsthalle, Kat. 1966, S. 91, Nr. 458.
146 Hamburger Kunsthalle, Kat. 1966, S. 91, Nr. 457.
147 Hamburger Kunsthalle, Kat. 1966, S. 48, Nr. 400; Museum für Hamburgische Geschichte; Jaacks 1992, S. 68 f.
148 Hamburger Kunsthalle, Kat. 1966, S. 85, Nr. 446.
149 Museum für Hamburgische Geschichte; Jaacks 1992, S. 23, S. 166.
150 Jaacks 1992, S. 16 f., S. 208.
151 Hamburger Kunsthalle, Kat. 1966, S. 107, Nr. 460.
152 Hamburger Kunsthalle, Kat. 1966, S. 51, Nr. 411.
153 Museum für Hamburgische Geschichte; Jaacks 1992, S. 201 f.
154 Hamburger Kunsthalle, Kat. 1966, S. 58, Nr. 357.
155 Hamburger Kunsthalle, Kat. 1966, S. 117, Nr. 556.
156 Hamburger Kunsthalle, Kat. 1966, S. 48, Nr. 36.
157 Hamburger Kunsthalle, Kat. 1966, S. 76, Nr. 437.
158 Hamburger Kunsthalle, Kat. 1966, S. 75, Nr. 436.
159 Hamburger Kunsthalle, Kat. 1966, S. 75, Nr. 435.
160 Museum für Kunst und Gewerbe; Kat. 1980, S. 110 f., Nr. 222, Nr. 223.
161 Heitmann, in: Schliemann 1985; Smirnowa/Heitmann 1986, Ausst. Kat. 1992.
162 Heitmann, in: Smirnowa/Heitmann 1986, S. 41.
163 Heitmann, in: Smirnowa/Heitmann 1986, S. 39.
164 Museum für Kunst und Gewerbe; Kat. 1980, S. 106, Nr. 210.
165 Museum für Kunst und Gewerbe; Kat. 1980, S. 106, Nr. 211.
166 Heitmann, in: Smirnowa/Heitmann 1986, S. 42.
167 Loose, in: Jochmann/Loose 1982, S. 336.

6. Von der Aufklärung in die Moderne

1 Kopitzsch, Ahrens und Böhm, in: Jochmann/Loose 1982, S. 351-539; Jochmann, in: Jochmann/Loose 1986, S. 15-129.
2 Kopitzsch, in: Jochmann/Loose 1982, S. 383.
3 Kopitzsch, in: Jochmann/Loose 1982, S. 384-386.

4 Ausst. Kat. 1975.
5 Plagemann 1986, S. 11-20.
6 Hirschfeld 1780, Bd. 3, S. 148.
7 Hirschfeld 1779-1785, Bd. 1-5.
8 Alle vorausgegangenen Zitate zu den Monumenten nach Plagemann 1986, S. 11-20.
9 Heckmann 1990, S. 311.
10 Hipp 1989, S. 348 f.
11 Zit. nach Klée Gobert [2]1970, S. 41.
12 Für beide »weißen Häuser« ist der Ursprung der Bezeichnung nicht genau zurückzuverfolgen. Zweifellos waren die hamburgischen Überseekaufleute aber über das amerikanische Projekt informiert.
13 Klée Gobert [2]1970, S. 43-45, S. 168-174, S. 189-199, S. 214-216, S. 222-229, S. 236-239, Abb. 162-165, Abb. 180-189, Abb. 221-223, Abb. 227-242, Abb. 250-252; hier sind auch die im folgenden erwähnten Landhäuser behandelt.
14 Ausst. Kat. Rainvilles Fest, Panorama, Promenade, Tafelfreuden, Altonaer Museum, Hamburg 1994.
15 Hipp 1989, S. 41, S. 294.
16 Klée Gobert [2]1970, S. 146-167.
17 Hannmann 1975.
18 Plagemann 1984, S. 7-20.
19 Plagemann 1967, S. 25-30.
20 Norbert Huse (Hg.), Denkmalpflege. Deutsche Texte aus drei Jahrhunderten, München 1984.
21 Plagemann 1967, S. 17.
22 Zum Abriß des Hamburger Doms vgl. vor allem Mathieu 1973.
23 Ausst. Kat. 1979, S. 9 f.
24 Gaedechens/Gensler/Koppmann 1884, S. 11 f.
25 Lichtwark 1899, S. 39.
26 Abb. bei Mathieu 1973.
27 Hipp, in: Geschichte in Hamburg 1989, S. 273-295.
28 Bracker, in: Geschichte in Hamburg 1989, S. 259-272.
29 Zit. nach Hipp, in: Geschichte in Hamburg 1989, S. 282f.
30 Zit. nach Hipp, in: Geschichte in Hamburg 1989, S. 295.
31 Plagemann 1984, S. 7-20.
32 Geldern/Fischer 1991.
33 Neueste Literatur bietet Jung-Köhler 1991.
34 Plagemann 1984, S. 19.
35 Zit. nach Plagemann 1984, S. 19.
36 Hipp, in: Herzig 1989, S. 225-269.
37 Hipp, in: Plagemann 1984, S. 34.
38 Hipp, in: Plagemann 1984, S. 32 f.
39 Maak 1985; Meyer-Veden 1990.
40 Hipp 1989, S. 218.
41 Schütte, in: Plagemann 1984, S. 28-31; Maak 1985, bes. S. 133-146, S. 154-161.
42 Schütte, in: Plagemann 1984, S. 97-99.
43 Beide Zitate nach Hipp, in: Plagemann 1984, S. 38.

44 Haspel/Schneider, in: Plagemann 1984, S. 228-235.
45 Wamser/Weinke 1991.
46 Haspel 1987.
47 Hermann Hipp, Einen Dom müßt ihr begründen..., in: Orientierung, Heft 20, 1980, S. 41-64; Hipp, in: Plagemann 1984, S. 204-207.
48 Hipp 1989, S. 62.
49 Hipp 1989, S. 256.
50 Leisner/Schulze/Thormann 1990.
51 Hipp 1989, S. 71.
52 Brauneck 1989.
53 Gisela Jaacks, in: Philharmonische Gesellschaft in Hamburg, Hamburg 1988.
54 Prange, in: Plagemann 1984, S. 119-125; Wendland 1986.
55 Frühauf 1994.
56 Plagemann 1986, S. 11-20.
57 Plagemann 1984, S. 236-239.
58 Plagemann 1986, S. 49-55.
59 Plagemann 1986, S. 49-55, S. 93-95.
60 Plagemann 1986, S. 88-91, S. 113.
61 Plagemann 1986, S. 80-86. Zum ikonographischen Programm und den Künstlerzuschreibungen vgl. Brandt 1957.
62 Brandt 1957, S. 57-68.
63 Zu einer ersten Konkurrenz wurden die drei Hamburger Börner (für Joseph II.), Peiffer (für Heinrich VI.) und Denoth (für Franz II.) sowie drei auswärtige Professoren, der in Berlin tätige Hamburger Bruno Kruse (für Lothar von Sachsen), der in Dresden tätige Hamburger Robert Ockelmann (für Ludwig den Frommen) und der Münchener Joseph von Cramer (für Maximilian I. und Karl den Großen) eingeladen.
64 An einem weiteren Wettbewerb wurden 26 Bildhauer beteiligt, die sich selbst um einen Auftrag beworben hatten. Ausgewählt wurden vier von ihnen: der Hamburger Carl Garbers (für Otto II.), der Dresdener August Herzig (für Karl IV.), der Berliner Johann Pfannschmidt (für Heinrich I.) und der Münchener Rudolf Thiele (für Konrad I.)
65 Folgende Bildhauer wurden direkt beauftragt: der Berliner August Vogel (für Otto I. und Friedrich Barbarossa), der Braunschweiger Professor Carl Fr. Echtermeyer (für Friedrich II.), der Hamburger Wilhelm Christian Andreas Gieseke (für Heinrich III.), der Berliner Professor Ferdinand Hartzer (für Maximilian II.), der Berliner Professor Karl Hermann Hilgers (für Rudolf von Habsburg), der in Berlin tätige Hamburger Wilhelm Kumm (für Konrad II.), der Hildesheimer Professor Friedrich Lüsthardt (für Ludwig den Deutschen), der Münchener Professor Jakob Ungerer (für Karl V.).
66 Plagemann 1967.
67 Plagemann 1986.
68 Volker Plagemann, Bismarck-Denkmäler, in: Hans-Ernst Mittig/Volker Plagemann (Hg.), Denkmäler im 19. Jahrhundert. Deutung und Kritik, München 1972, S. 217-252, Abb. S. 417-442.
69 Jochum-Bohrmann 1990, S. 48-71, bes. S. 66 ff.
70 Zit. nach Plagemann 1986, S. 103-106.

71 Plagemann 1986, S. 124-128.
72 Plagemann 1986, S. 122-124, S. 150 f.
73 Jochum-Bohrmann 1990, S. 100-114.
74 Pauli 1925, S. 23.
75 Ausst. Kat. 1977, S. 15 f.
76 Brief Runges vom 31.5.1808 an Achim von Arnim; zit. nach Ausst. Kat. 1977, S. 26.
77 Zit. nach Ausst. Kat. 1977, S. 220.
78 Ausst. Kat. 1977, S. 188, Nr. 127, Nr. 243.
79 Ausst. Kat. 1977, S. 188 f.
80 Ausst. Kat. 1977, S. 188-219.
81 Hohl, in: Ausst. Kat. 1977, S. 188.
82 Für eine umfassende Interpretation vgl. Traeger 1975; Zusammenfassung bei Hohl, in: Ausst. Kat. 1977.
83 Auf dem Sterbebett hatte Daniel Runge seinen Bruder davon überzeugen können, den unvollendeten *Großen Morgen* nicht zu zerstören, wie Philipp Otto es wünschte. Um 1890 hat jedoch ein späterer Nachfahre das Bild in neun Teile zerschnitten, die freilich 1927 wieder zusammengesetzt wurden. Ausst. Kat. 1977, Nr. 200.
84 Ausst. Kat. 1977, S. 220-245.
85 Pauli 1925, S. 39.
86 Friedrich Wasmann, Ein deutsches Künstlerleben, von ihm selbst geschildert, hrsg. von Bernt Grönvold, München 1896; Nathan 1954.
87 Pauli 1925.
88 Leppien, in: Plagemann 1984, S. 341 f.
89 Kempe, in: Plagemann 1984, S. 315-319.
90 Zit. nach Kempe, in: Plagemann 1984, S. 315 f.
91 Heydorn 1974, Bd. 1, S. 23.
92 Leppien, in: Plagemann 1984, S. 309-314.
93 Hamburger Kunsthalle, Kat. 1969, S. 73, Nr. 1051.
94 Schneede, in: Plagemann 1984, S. 336-340; Meyer-Tönnesmann 1985, S. 23-46.
95 Von Saldern 1988.
96 Meyer-Tönnesmann 1985, S. 23-31.
97 Meyer-Tönnesmann 1985, S. 29.
98 Kempe, in: Plagemann 1984, S. 353 f.
99 Meyer-Tönnesmann 1985.
100 Schaper im Manuskript seiner Erinnerungen; zit. nach Meyer-Tönnesmann 1985, S. 100.
101 Meyer-Tönnesmann 1985, S. 308-315.
102 Schiefler 1985, S. 120.
103 Schiefler 1985, S. 296.
104 Meyer-Tönnesmann 1985, S. 174-176.
105 Schiefler 1985, S. 302.
106 Bruhns 1986; Bruhns 1989; Bruhns, in: Herzig 1991, S. 345-360.
107 Von Stockhausen 1993.
108 Wietek 1964.

7. Hamburg im 20. Jahrhundert

1 Jochmann, Büttner, Johe, Sywottek, in: Jochmann/Loose 1986.
2 Zit. nach Büttner, in: Jochmann/Loose 1986, S. 134.
3 Lange hat es keine wissenschaftliche Beschäftigung mit Fritz Schumacher und daraus resultierende Literatur gegeben. Jetzt sind erschienen Frank 1994 (zugleich Katalog der Ausstellung »Fritz Schumacher und seine Zeit« in den Deichtorhallen, Hamburg 1994) sowie Fischer 1994 und Paschen 1994.
4 Koch/Pook 1992.
5 Timm 1984.
6 Junge 1989.
7 Hipp 1989, S. 425.
8 Fischer 1994.
9 Rudolf G. Binding, Das Chile-Haus in Hamburg, Hamburg 1925; hier auch der Chile-Haus-Holzschnitt von Rudolf Jerchel.
10 Zit. nach Hipp 1989, S. 103.
11 Höhns 1991, S. 78-99, S. 100-109; Lange 1994, S. 28-30.
12 Plagemann 1986, S. 130 f.
13 Hamburger Kunsthalle, Kat. 1988, S. 276; Heusinger 1979; Zitat nach Schumacher 1928, S. 21.
14 Zur Situation von Skulptur, Bauskulptur und Bauausstattung vgl. Jaeger/Steckner 1983 sowie neuerdings Maike Bruhns, Großstadtkultur und Baukunst. Fritz Schumacher in Hamburg, in: Frank 1994, S. 91-131.
15 Abb. bei v. Saldern 1988, S. 68.
16 Zitat nach Kat. 1985, S. 121.
17 Heydorn 1974, Bd. 1, S. 90-99.
18 Schumacher 1928.
19 Schumacher 1932.
20 Zit. nach Jaeger/Steckner 1983, S. 183.
21 Zit. nach Heydorn 1974, Bd. 1, S. 170.
22 Zur Situation in Hamburg vgl. Heydorn 1974, Bd. 1, S. 164-188.
23 Heydorn 1974, Bd. 1, S. 185 f.
24 Von Stockhausen 1993.
25 Nossack, Die vorangegangenen Zitate nach Middlebrook 1984; Fotos von Erich und Andres in 1981.
26 Zitate nach Weniger 1985, S. 84, S. 87.
27 Schildt 1988.
28 Die Literatur zum Wiederaufbau Hamburgs nach 1945 ist vollständig zusammengestellt bei Lange 1993, S. 280-302, sowie bei Lange 1994, S. 312-316; dort auch Architektenbiographien, S. 317.
29 Von Behr 1991, S. 43-50.
30 Hamburg und seine Bauten 1969, S. 377-383.
31 Lange 1993; Lange 1994.
32 Pinnau 1989; Kat. 1994.
33 Hamburg und seine Bauten 1969, S. 236.
34 Hamburg und seine Bauten 1984, S. 368-371.
35 Hamburg und seine Bauten 1984, S. 458-460.

36 Hamburg und seine Bauten 1984, S. 330 f.
37 Gert Kähler, Hamburger Ansichten, in: Bauwelt, Heft 35, 1984, S. 1432-1435; Zitat S. 1433.
38 Egbert Kossak, in: Stadtdialog Hamburg, Vorwort in: Ausst. Kat. Hamburg 2000, Hamburg 1994, S. 6.
39 Zit. nach Plagemann 1986, S. 157.
40 Zit. nach Ausst. Kat. 1953, S. 71.
41 Haftmann 1953, S. 5.
42 Hipp 1989, S. 387.
43 Groop, in: Hamburg und seine Bauten 1969, S. 384-392.
44 Zur Entwicklung von Künstlerschaft und Landeskunstschule nach 1945 vgl. Heydorn 1947, Bd. 2; Wolfgang Voigt, in: Frank 1989, S. 235-268.
45 So Heydorn 1947, Bd. 2, S. 20.
46 Ausgewählte Literatur zu Horst Janssen: Horst Janssen, Querbeet, München 1983; Horst Janssen, An und für mich, München 1986; Stefan Blessin, Horst Janssen. Eine Biographie, Hamburg 1984; Ausst. Kat. Horst Janssen, Kestner-Gesellschaft, Hannover 1965; Ausst. Kat. Horst Janssen, Kestner-Gesellschaft, Hannover 1973; Ausst. Kat. Horst Janssen, Albertina Wien, München 1982; Ausst. Kat. Horst Janssen, Munch-Museum, Oslo 1991.
47 Voigt, in: Frank 1989, S. 257.
48 Helms, in: Frank 1989, S. 372.
49 Lambeck, in: Frank 1989, S. 269-282.
50 Volker Plagemann, Das Geldmacher-Mariotti-Projekt auf der 4. Dokumenta 1968, in: Akten des Internationalen Kunsthistorikerkongresses 1969 in Budapest, S. 689-701; Rouen Bauer Jec/Klaus Geldmacher, Leuchtmontagen, Berlin 1995.
51 Ausst. Kat. 1984; Bruhns 1989.
52 Dube 1978.
53 Heydorn 1974, Bd. 3, S. 20-23.
54 Ausst. Kat. Almut Heise, Galerie Zwang, Hamburg 1988.
55 Ausst. Kat. Harald Duwe, Kunsthalle Kiel, Kiel 1974; Ausst. Kat. Harald Duwe, Hamburger Kunsthalle, Hamburg 1984.
56 Zit. nach Frank 1989, S. 83.
57 Uwe M. Schneede in seiner Laudatio zur Überreichung des Lichtwark-Preises an Hanne Darboven 1994.
58 Aus der Begründung der Jury, die Hanne Darboven 1994 den Lichtwark-Preis zugesprochen hat.
59 Plagemann 1989.
60 Ausst. Kat., Halle 6 in der Kampnagel-Fabrik, Hamburg 1982.
61 Ausst. Kat., Jenisch-Park Skulptur, Hamburg 1986.
62 Ausst. Kat., Hamburg-Projekt 1989, Hamburg 1989.
63 Ausst. Kat. 1989.

Literatur

Claus Ahrens (Hg.), Sachsen und Angelsachsen, Hamburg 1978.

Architektur in Hamburg, hrsg. von der hamburgischen Architektenkammer, Jahrbücher 1989, 1990, 1991, 1992, 1993, 1994, 1995.

Ausst. Kat. Internationale Gartenbauausstellung, Hamburg 1953.

Ausst. Kat. Harald Duwe, Kunsthalle Kiel, Kiel 1974.

Ausst. Kat. Gärten, Landhäuser und Villen des hamburgischen Bürgertums, Museum für Hamburgische Geschichte, Hamburg 1975.

Ausst. Kat. Runge und seine Zeit, Hamburger Kunsthalle, München 1977.

Ausst. Kat. Kunst – was ist das? Hamburger Kunsthalle, Köln 1977.

Ausst. Kat. Der Bremer Dom, Focke-Museum Bremen, Bremen 1979.

Ausst. Kat. Bibliotheken und Gelehrte im alten Hamburg, Staats- und Universitätsbibliothek, Hamburg 1979.

Ausst. Kat. Luther und die Folgen für die Kunst, Hamburger Kunsthalle, München 1983.

Ausst. Kat. In memoriam Harald Duwe, Hamburger Kunsthalle, Hamburg 1984.

Ausst. Kat. Almut Heise, Galerie Zwang, Hamburg 1988.

Ausst. Kat. Wir sind die Kraft. Arbeiterbewegung in Hamburg, Museum für Hamburgische Geschichte, Hamburg 1988.

Ausst. Kat. Hamburg Projekt 1989, Hamburg 1989.

Ausst. Kat. Einleuchten: WIL, Vorstel & Sinnel in Hamburg, Deichtorhallen Hamburg, Hamburg 1989.

Ausst. Kat. Horst Janssen, Munch Museum, Oslo 1991.

Ausst. Kat. 400 Jahre Juden in Hamburg, Museum für Hamburgische Geschichte, Hamburg 1991.

Ausst. Kat. Rainville, Altonaer Museum, Hamburg 1994.

Jörn Bahns, Johannes Otzen 1839-1911, München 1971.

Karin von Behr, Ferdinand Streb 1907-1970, Hamburg 1991.

Beate Binder, Illustriertes Recht – Die Miniaturen des Hamburger Stadtrechtes von 1497, Hamburg 1988.

Stefan Blessin, Horst Janssen. Eine Biographie, Hamburg 1984.

Dietrich Bohnsack, Die »Bischofsburg« am Speersort in Hamburg, in: Hammaburg, NF. 7, 1984-1985, S. 147-150.

Jürgen Bolland, Die Hamburger Elbkarte aus dem Jahre 1578, Hamburg 1964.

Michael Bose u. a., »Ein neues Hamburg entsteht«. Planen und Bauen 1933-1945, Hamburg 1986.

Jörgen Bracker/Carsten Prange (Hg.), Alster, Elbe und die See, Hamburg 1981.

Jörgen Bracker, Hamburg von den Anfängen bis zur Gegenwart, Hamburg 1987, [2]1988.

Jörgen Bracker (Hg.), Die Hanse. Lebenswirklichkeit und Mythos, 2 Bde., Hamburg 1989.

Dietmar Brandenburger/Gert Kähler, Architektour. Bauen in Hamburg seit 1900, Braunschweig/Wiesbaden 1988.

Tilo Brandis, Die Handschriften der St. Petri-Kirche Hamburg; Herwig Maehler, Die Handschriften der St. Jacobi-Kirche Hamburg; Die Handschriften der Staats- und Universitätsbibliothek Hamburg, Hamburg 1967.

Tilo Brandis, Die Codices in scrinio der Staats- und Universitätsbibliothek Hamburg, Katalog der Handschriften der Staats- und Universitätsbibliothek Hamburg, Bd. VII, Hamburg 1972.

Heinz-Jürgen Brandt, Das Hamburger Rathaus, Hamburg 1957.

Karl Heinz Brandt, Ausgrabungen im Bremer St. Petri-Dom 1974-76, Bremen 1977.

Manfred Brauneck u. a. (Hg.), Theaterstadt Hamburg. Geschichte und Gegenwart, Hamburg 1989.

Wolfgang Braunfels, Abendländische Stadtbaukunst. Herrschaftsform und Baugestalt, Köln 1976.

Anna Brenken, Hamburg, Hamburg 1993.

Maike Bruhns, Anita Rée. Leben und Werk einer Hamburger Malerin 1895-1933, Hamburg 1986.

Maike Bruhns, Volker Meier. Ein Maler in Hamburg, Hamburg 1989.

Maike Bruhns, Gretchen Wohlwill. Eine jüdische Malerin der Hamburger Sezession, Hamburg 1989.

Hans Brunswig, Feuersturm über Hamburg, Stuttgart 1978.

Harald Busch, Meister des Nordens, Hamburg 1940.

Ralf Busch (Hg.), Von den Sachsen zur Hammaburg, Neumünster 1987.

Ralf Busch (Hg.), Die Langobarden, Neumünster 1988.

Ralf Busch (Hg.), Bodendenkmalpflege in Hamburg, Neumünster 1989.

Ralf Busch (Hg.), Domplatzgrabung in Hamburg, Teil 1, Neumünster 1995.

Esla Carpie, Die Geschichte des öffentlichen Bauwesens in der Stadt Hamburg (1350-1814), Diss. maschinenschriftlich, Hamburg 1931.

Armin Clasen/Klaus Bocklitz, Studie zur Topographie Hamburgs, Hamburg 1979.

Georg Dehio, Handbuch der deutschen Kunstdenkmäler. Hamburg-Schleswig Holstein, bearbeitet von Johannes Habich, München/Berlin 1979, 2., erw. Auflage bearbeitet von Christoph Timm, München/Berlin 1994.

Margrit Dibbern, Die Hamburger Kunsthalle unter Alfred Lichtwark (1886-1914), Phil. Diss. 1974, Hamburg 1980.

Wolf-Dieter Dube u. a., Gruppe Zebra, Hamburg 1978.

Georg Eberlein/Michael Wawoczny, Die Planungsgeschichte der Ost-West-Straße, Hamburg 1990.

Michael Eissenhauer, Die Hamburger Wohnstiftungen des 19. Jahrhunderts, Hamburg 1987.

Jürgen Ellermeyer/Rainer Postel (Hg.), Stadt und Hafen. Hamburger Beiträge zur Geschichte von Handel und Schiffahrt, Hamburg 1986.

Detlev Ellmers, Frühmittelalterliche Handelsschiffahrt in Mittel- und Nordeuropa, Neumünster 1972.

Albert Erbe/Christian Rauch, Das Hamburger Bürgerhaus – Seine Bau- und Kunstgeschichte, Hamburg 1911.

Julius Faulwasser, Die St. Michaeliskirche zu Hamburg, Hamburg [1]1886.

Julius Faulwasser, Der große Brand und der Wiederaufbau von Hamburg, Hamburg 1892.

Julius Faulwasser, Die St. Jacobikirche zu Hamburg, Hamburg 1894.
Julius Faulwasser, Die St. Katharinenkirche zu Hamburg, Hamburg 1896.
Julius Faulwasser, Die St. Nikolaikirche in Hamburg, Hamburg 1926.
Julius Faulwasser, Die heilige Dreieinigkeitskirche, genannt die St. Georgerkirche in Hamburg, Hamburg 1928.
Kurt Ferber, Der Turm und das Leuchtfeuer auf Neuwerk, in: Zeitschrift des Vereins für Hamburgische Geschichte, Bd. XIV, 1909.
Manfred F. Fischer, Fritz Schumacher. Das Hamburger Stadtbild und die Denkmalpflege, Hamburg 1977.
Manfred F. Fischer, Phoenix und Jahresringe. Beiträge zur Baugeschichte und Denkmalpflege in Hamburg, Hamburg 1989.
Manfred F. Fischer, Fritz Schumacher. Bauten und Planungen in Hamburg – ein Stadtführer, Hamburg 1994.
Manfred Fischer/Ilse Rüttgerodt-Rieckmann (Hg.), Fritz Schumacher. Hamburger Staatsbauten 1909-1919/21, Hamburg 1995.
Hanns Theodor Flemming, Jean Paul Kayser, Hamburg 1980.
Siegfried Fliedner, Der frühromanische Dom zu Bremen, in: Ausst. Kat. Der Bremer Dom, Focke-Museum Bremen, Bremen 1979, S. 9-55.
Hartmut Frank (Hg.), Nordlicht. Die Hamburger Hochschule für bildende Künste, Hamburg 1989.
Hartmut Frank (Hg.), Fritz Schumacher. Reformkultur und Moderne, Stuttgart 1994.
Anne Frühauf, Die Bauwerke des Schienenverkehrs in Hamburg, Hamburg 1994.
C.F. Gaedechens, Geschichte des Hamburger Rathauses, Hamburg 1867.
C.F. Gaedechens, Historische Topographie der Freien und Hansestadt Hamburg, Hamburg 1880.
C.F. Gaedechens/Martin Gensler/Karl Koppmann, Das St. Johanniskloster in Hamburg, Hamburg 1884.
Ludwig Geldern/Manfred F. Fischer, Nutzen und Zierde zugleich bieten dem Auge sich dar. Hamburgs neue Börse, Hamburg 1991.
Geschichte in Hamburg. Erforschen – Vermitteln – Bewahren, Zeitschrift des Vereins für Hamburgische Geschichte, Bd. 74-75, Hamburg 1989.
Hans Georg Gmelin, Spätgotische Tafelmalerei in Niedersachsen und Bremen, München 1974.
Michael Goecke, Stadtparkanlagen im Industriezeitalter – das Beispiel Hamburg, Hannover/Berlin 1981.
Kurt Grobecker/Hans-Dieter Loose/Erik Verg, Mehr als ein Haufen Steine. Hamburg 1945-1949, Hamburg 1981.
Kurt Grobecker/Hans-Dieter Loose/Erik Verg, Raus aus den Trümmern. Hamburg in den fünfziger Jahren, Hamburg 1983.
Friedhelm Grundmann, Hamburg. Deutsche Lande, Deutsche Kunst, München/Berlin 1978.
Friedhelm Grundmann, Wenn Steine predigen. Hamburgs Kirchen vom Mittelalter bis zur Gegenwart, Hamburg 1993.
Günther Grundmann/Renata Klée Gobert, Hamburgs Baudenkmale – eine zerstörte Vergangenheit, Hamburg 1951.
Günther Grundmann, Großstadt und Denkmalpflege. Hamburg 1945-1959, Hamburg 1960.

Günther Grundmann, Hamburg gestern und heute. Gesammelte Vorträge, Hamburg 1972.
Dieter Haas (Hg.), Der Turm. Hamburgs Michel, Gestalt und Geschichte, Hamburg 1986.
Werner Haftmann, Plastik im Freien, Hamburg 1953.
Hamburg und seine Bauten, hrsg. vom Architekten- und Ingenieurverein Hamburg, Hamburg 1890, 1914 (2 Bde.), 1929, 1953, 1969, 1984.
Hamburgische Staatsoper (Hg.), 300 Jahre Oper in Hamburg, Hamburg 1977.
Eckhardt Hannmann, Carl Wimmel (1786-1845). Hamburgs erster Baudirektor, München 1975.
Jörg Haspel, Hamburger Hinterhäuser. Terrassen, Passagen, Wohnhöfe, Hamburg 1987.
Max Hasse, Lübecker Maler und Bildschnitzer um 1500, in: Niederdeutsche Beiträge zur Kunstgeschichte 3, 1964, S. 310 ff.
Renate Hauschild-Thiessen, Bürgerstolz und Kaisertreue. Hamburg und das Deutsche Reich von 1871, Hamburg 1979.
Hermann Heckmann, Barock und Rokoko in Hamburg. Baukunst des Bürgertums, Berlin/Stuttgart 1990.
Bärbel Hedinger, Die Elbe malerisch gesehen, Hamburg 1992.
Carl Georg Heise, Norddeutsche Malerei, Leipzig 1918, S. 85-123.
Bernhard Heitmann, Hamburg, in: Schätze deutscher Goldschmiedekunst von 1500-1920 aus dem germanischen Nationalmuseum, Ausst. Kat. Nürnberg/Berlin 1992, S. 106-113.
Arno Herzig (Hg.), Das alte Hamburg (1500-1848/49). Vergleiche – Beziehungen, Berlin/Hamburg 1989.
Arno Herzig (Hg.), Die Juden in Hamburg (1590-1990), Hamburg 1991.
Joachim Heusinger von Waldegg/Helmut R. Leppien, Richard Luksch und Elena Luksch-Makowsky, Hamburg 1979.
Volker Detlef Heydorn, Maler in Hamburg, 4 Bde., Hamburg 1974 ff.
Volker Detlef Heydorn, Eduard Bargheer, Hamburg 1976.
Hermann Hipp, Colonnaden, Hamburg 1975.
Hermann Hipp, Harvestehude Rotherbaum, Hamburg 1976.
Hermann Hipp, Wohnstadt Hamburg. Mietshäuser der zwanziger Jahre, Hamburg 1982.
Hermann Hipp, Freie und Hansestadt Hamburg. Geschichte, Kultur und Stadtbaukunst an Elbe und Alster, Köln 1989.
Christian Cajus Laurenz Hirschfeld, Theorie der Gartenkunst, 5 Bde., Leipzig 1779-1785.
Ulrich Höhns (Hg.), Das ungebaute Hamburg, Hamburg 1991.
Werner Hofmann/Martin Warnke/Georg Syamken, Die Menschenrechte des Auges. Über Aby Warburg, Frankfurt/M. 1980.
Gisela Jaacks, Die Frau sei mehr – mit Ebba Tesdorpf durch Alt-Hamburg, Hamburg 1978.
Gisela Jaacks, Abbild und Symbol. Das Hamburger Modell des Salomonischen Tempels, Hamburg 1982.
Gisela Jaacks, Gesichter und Persönlichkeiten. Bestandskatalog der Porträtsammlung im Museum für Hamburgische Geschichte, Bd. 1, Hamburg 1992.

Roland Jaeger/Cornelius Steckner, Zinnober. Kunstszene Hamburg 1919-1933, Hamburg 1983.
Werner Jochmann/Hans-Dieter Loose, Hamburg. Geschichte der Stadt und ihrer Bewohner, Bd. 1: Hans-Dieter Loose (Hg.), Von den Anfängen bis zur Reichsgründung, Hamburg 1982, Bd. 2: Werner Jochmann (Hg.), Vom Kaiserreich bis zur Gegenwart, Hamburg 1986.
Ilonka Jochum-Bohrmann, Hugo Lederer. Ein deutschnationaler Bildhauer des 20. Jahrhunderts, Frankfurt/M./Bern/New York/Paris 1990.
Evi Jung-Köhler, Verlust und Chance. Hamburg 1842, Hamburg 1991.
Henrike Junge, Wohlfeile Kunst. Die Verbreitung der Künstlergraphik seit 1870 und die Griffelkunst-Vereinigung Hamburg-Langenhorn, Mainz 1989.
Gert Kähler, Hamburger Ansichten, in: Bauwelt, Bd. 35, 1984, S.1432-1436.
Johannes Kalkreuth, Wesen und Werk meines Vaters. Lebensbild des Malers Graf Leopold von Kalkreuth, Hamburg 1967.
C. Kall, St. Gertrud in Hamburg, Hamburg 1888.
Katalog der alten Meister der Hamburger Kunsthalle, Hamburg [5]1966.
Katalog der Meister des 19. Jahrhunderts in der Hamburger Kunsthalle, Hamburg 1969.
Katalog der Meister des 20. Jahrhunderts in der Hamburger Kunsthalle, Hamburg 1969.
Katalog Hamburger Kunsthalle, München 1985.
Katalog der Hamburger Kunsthalle, Die dritte Dimension, Hamburg 1988.
Katalog Hamburger Kunsthalle, Hamburg, München 1994.
Katalog Museum für Kunst und Gewerbe, München 1980.
Werner Kayser, 500 Jahre wissenschaftliche Bibliothek in Hamburg, 1479-1979, Hamburg 1979.
Renata Klée Gobert, Die Bau- und Kunstdenkmale der Freien und Hansestadt Hamburg, Bd. 1: Bergedorf, Vierlande, Marschlande, Hamburg 1953, Bd. 2: Altona, Elbvororte, Hamburg 1959, [2]1970, Bd. 3: Innenstadt, Die Hauptkirchen St. Petri, St. Katharinen, St. Jacobi, Hamburg 1968.
Renata Klée Gobert, Victor Emil Janssen (1807-1845). Ein Hamburger Maler der Romantik, Hamburg 1988.
Eckart Kleßmann, Geschichte der Stadt Hamburg, Hamburg 1981.
Eckart Kleßmann, Hamburg. Ein Städte-Lesebuch, Frankfurt/Leipzig 1991.
Robert Koch/Eberhard Pook, Karl Schneider. Leben und Werk (1892-1945), Hamburg 1992.
Michael Koglin, Hamburg komplett. Ein *Ver*führer durch alle privaten und staatlichen Museen in und um Hamburg, Hamburg 1994.
Egbert Kossak, Stadt am Fluß, Hamburg 1989.
Günther Lange, Alexis de Chateauneuf. Ein Hamburger Baumeister, Hamburg 1965.
Ralf Lange, Vom Kontorhaus zum Hochhaussolitär. Bürogebäude und Geschäftsviertel in Hamburg 1945-1970, 2 Bde., Phil. Diss. maschinenschriftlich, Hamburg 1993.
Ralf Lange, Hamburg. Wiederaufbau und Neuplanung 1943-1963, Königstein 1994.

Erich von Lehe u. a., Heimatchronik der Freien und Hansestadt Hamburg, Köln 1967.

Barbara Leisner/Heiko K.L. Schulze/Ellen Thormann, Der Hamburger Hauptfriedhof Ohlsdorf. Geschichte und Grabmäler, bearb. v. Andreas v. Rauch, 2 Bde., Hamburg 1990.

Helmut R. Leppien, Um die Künstler selbst nicht zum Besten bestellt, in: Volker Plagemann (Hg.), Industriekultur in Hamburg, München 1984, S. 309-315.

Helmut R. Leppien, Der Thomas-Altar von Meister Francke in der Hamburger Kunsthalle, Hamburg 1992.

Alfred Lichtwark, Zur Organisation der Hamburger Kunsthalle, Hamburg 1887.

Alfred Lichtwark, Hermann Kauffmannn und die Kunst in Hamburg von 1800-1850, München 1893.

Alfred Lichtwark, Das Bildnis in Hamburg, Hamburg 1898.

Alfred Lichtwark, Meister Francke, Hamburg 1899.

Alfred Lichtwark, Matthias Scheits als Schilderer des Hamburger Lebens 1650-1670, Hamburg 1899.

Alfred Lichtwark, Meister Bertram, Hamburg 1905.

Alfred Lichtwark, Hamburgische Aufsätze, Hamburg 1917.

Ulrich Luckhardt, »... diese der edlen Kunst gewidmeten Hallen«. Zur Geschichte der Hamburger Kunsthalle, Hamburg 1994.

Henrik Lugagnini, Der Hamburger Maler Juriaen Jacobsz (1624-1685), Phil. Diss. maschinenschriftlich, Göttingen 1968.

Karin Maak, Die Speicherstadt im Hamburger Freihafen, Hamburg 1985.

Volkwin Marg/Gudrun Fleher, Architektur in Hamburg seit 1900, Hamburg 1983.

Kai Mathieu, Der Hamburger Dom, Hamburg 1973.

Wilhelm Melhop, Historische Topographie der Freien und Hansestadt Hamburg, Hamburg 1895.

Wilhelm Melhop, Alt-Hamburgische Bauweise, Hamburg 1908, ^{2}1925, Reprint 1972.

Carsten Meyer-Tönnesmann, Der hamburgische Künstlerclub von 1897, Hamburg 1985.

Carsten Meyer-Tönnesmann/Anke Manigold/Maike Bruhns, Die Maler Arthur Illies, Friedrich Ahlers-Hestermann, Karl Kluth, Hamburg 1989.

Hans Meyer-Veden/Hermann Hipp, Hamburger Kontorhäuser, Hamburg 1988.

Hans Meyer-Veden/Manfred Sack, Die Hamburger Speicherstadt, Berlin 1990.

Dirk Meyhöfer/Klaus Frahm, Hamburgs Backstein. Zur Geschichte des Ziegelbaus in der Hansestadt, Hamburg 1986.

Martin Middlebrook, Hamburg Juli '43, Hamburg 1984.

Kai Robert Möller/Werner Dutz, 750 Jahre Hospital zum Heiligen Geist mit Oberalten-Stift und Marien-Magdalenen-Kloster, Hamburg 1977.

Peter Nathan, Friedrich Wasmann. Sein Leben und sein Werk, München 1954.

Dörthe Nicolaisen, Studien zur Architektur Hamburgs 1910-1930, Nimwegen 1985.

Hans Erich Nossak, Der Untergang. Hamburg 1943, mit Fotos von Erich Andres, Hamburg 1981.
Edith Oppens, Hamburg, München 1981.
Tilmann Osterwold, Der Hamburger Landschaftsmaler Ascan Lutteroth als Vertreter des spätbürgerlichen Eklektizismus, Hamburg 1969.
Gustav Pauli, Die Hamburger Meister der guten alten Zeit, München 1925.
Joachim Paschen (Hg.), Fritz Schumacher: Mein Hamburg. Bilder und Erinnerungen, Hamburg 1994.
Eberhard Petzold/Sylvester Maximilian Robert, Mahnmal St. Nikolai, Hamburg 1995.
Volker Plagemann, Die Anfänge der hamburgischen Kunstsammlungen und die erste Kunsthalle, in: Jahrbuch der Hamburger Kunstsammlungen, Bd. 11, 1966, S. 15-42.
Volker Plagemann, Zur Ikonographie des Museums. Das Programm der Künstlerbildnisse am Außenbau der Hamburger Kunsthalle 1863-1869, in: Jahrbuch der Hamburger Kunstsammlungen, Bd. 12, 1967, S. 71-84.
Volker Plagemann, Das Deutsche Kunstmuseum 1790-1870, München 1967.
Volker Plagemann (Hg.), Industriekultur in Hamburg, München 1984.
Volker Plagemann, »Vaterstadt, Vaterland ...«. Denkmäler in Hamburg, Hamburg 1986.
Volker Plagemann, Übersee, Seefahrt und Seemacht im deutschen Kaiserreich, München 1988.
Volker Plagemann, Kunst im öffentlichen Raum. Anstöße der achtziger Jahre, Köln 1989.
Hans Platte, Albert Marquet. Zeichnungen aus Hamburg von 1909, Hamburg 1964.
Kurt Rauschnabel, Stadtgestalt durch Staatsgewalt. Das Hamburger Baupflegegesetz von 1912, Hamburg 1984.
Heinrich Reincke, Beiträge zur mittelalterlichen Geschichte der Malerei in Hamburg, in: Zeitschrift des Vereins für Hamburgische Geschichte XXI, 1916, S. 112-164.
Heinrich Reincke, Hamburg – ein Abriß der Stadtgeschichte von den Anfängen bis zur Gegenwart, Bremen 1925, [2]1926.
Heinrich Reincke, Hamburgs Rathäuser, in: Heinrich Reincke, Forschungen und Skizzen zur Hamburgischen Geschichte, Hamburg 1951, S. 65-92.
Heinrich Reincke, Probleme um den Meister Francke, in: Jahrbuch der Hamburger Kunstsammlungen, Bd. 4, 1959, S. 9-26.
Helen Rosenau, Die Baugeschichte der beiden Metropolitankirchen des Erzbistumes Hamburg-Bremen, in: Die Denkmalpflege, Jg. 1932, S. 26-34, S. 86-94.
Wolfgang Rudhard, Das Bürgerhaus in Hamburg, Tübingen 1975.
Ernst Rump, Lexikon der bildenden Künstler Hamburgs, Altonas und der näheren Umgebung, Hamburg 1912.
Sächsische Weltchronik (Staats- und Universitätsbibliothek Bremen Ms.a.33), Farbmikrofiche-Edition, Einführung zum Werk von Dieter Hägermann, München 1989.
Axel von Saldern, Das Museum für Kunst und Gewerbe 1869-1988, Hamburg 1988.

Max Sauerland, Das Museum für Kunst und Gewerbe Hamburg, Hamburg 1929.

Wulf Schadendorf (Hg.), Kirchliche Kunst des Mittelalters und der Reformationszeit, bearb. v. Jürgen Wittstock, Lübecker Museumskataloge, Bd. 1, Lübeck 1981.

Gustav Schiefler, Eine hamburgische Kulturgeschichte 1890-1920, Hamburg 1985.

Axel Schildt, Die Grindelhochhäuser, Hamburg 1988.

Gertrud Schiller, Hamburgs neue Kirchen 1951-1961, Hamburg 1961.

Reinhard Schindler, Die Bodenaltertümer der Freien und Hansestadt Hamburg, Hamburg 1960.

Erich Schliemann (Hg.), Die Goldschmiede Hamburgs, 3 Bde., Hamburg 1985.

Helga Schmal, Vier- und Marschlande, Hamburg 1986.

Ursula Schneider, Hamburgs Innenstadt. Von der alten Kaufmannsstadt zur modernen City, Hamburg 1994.

Albert Schug, Valentin Ruths (1825-1905), Phil. Diss. maschinenschriftlich, Hamburg 1957.

Fritz Schumacher, Plastik im Freien. Versuche im Betrachten von Kunstwerken, Hamburg 1928.

Fritz Schumacher, 24 Wandbilder in Hamburger Staatsbauten, Hamburg 1932.

Fritz Schumacher, Das Werden einer Wohnstadt. Bilder vom neuen Hamburg, Hamburg 1984 (Reprint der Ausgabe von 1932).

Josef Sittard, Geschichte des Musik- und Concertwesens in Hamburg vom 14. Jahrhundert bis auf die Gegenwart, Altona/Leipzig 1890.

Agnes Seemann, Die »Postpaläste« Heinrich von Stephans, 2 Bde., Phil. Diss. maschinenschriftlich, Münster 1990, besonders Bd. 1, S. 84 f., Bd. 2, S. 127-144.

Jewgenia Smirnowa/Bernhard Heitmann, Gold und Silber aus dem Moskauer Kreml, Hamburg 1986.

Heinz Spielmann, Der Jugendstil in Hamburg, Hamburg 1965.

Heinz Spielmann, Bildhauer in Hamburg, Hamburg 1972.

Alfred Stange, Deutsche Malerei der Gotik, Bd. VI, München/Berlin 1954.

Irmgard Stein, Jüdische Baudenkmäler in Hamburg, Hamburg 1984.

Sigfrid Steinberg (Hg.), Adam von Bremen. Hamburgische Kirchengeschichte, unter Mitarbeit von Bernhard Schmeidler, Leipzig 1926.

Inge Stephan/Hans-Gerd Winter (Hg.), Hamburg im Zeitalter der Aufklärung, Berlin/Hamburg 1989.

Tilman von Stockhausen, Die Kulturwissenschaftliche Bibliothek Warburg. Architektur, Einrichtung und Organisation, Hamburg 1993.

Ferdinand Stöter, Die ehemalige St. Marienkirche oder der Dom zu Hamburg, Hamburg 1879.

Lotte und Wolf Stubbe, Um 1660 auf Reisen gezeichnet. Anthonie Waterloo 1610-1690, Hamburg 1983.

Christoph Timm, Gustav Oelsner und das neue Altona, Hamburg 1984.

Christoph Timm, Altona-Altstadt und Altona-Nord, Hamburg 1987.

Jörg Traeger, Philipp Otto Runge und sein Werk. Monographie und kritischer Katalog, München 1975.

Ursula Wamser/Wilfried Weinke (Hg.), Ehemals in Hamburg zu Hause. Jüdisches Leben am Grindel, Hamburg 1991.

Ulrike Wendland, Die Hamburger Hochbahn. Stadtplanung und Bauten 1906-1915, Magisterarbeit maschinenschriftlich, Hamburg 1986.

J.C.W. Wendt/C.E.L. Kappelhoff, Hamburgs Vergangenheit und Gegenwart – eine Sammlung von Ansichten, Bd. 1, Hamburg 1896, Bd. 2, Hamburg 1897.

Kay Weniger, Wiederaufbau- und Neubauplanung in Hamburg 1945-1950, Phil. Diss. maschinenschriftlich, Hamburg 1985.

Peter Wieck, St. Marien-Magdalenen, St. Johannis und St. Gertruden, drei untergegangene Hamburger Kirchen ..., in: Zeitschrift des Vereins für Hamburgische Geschichte, Bd. 65, Hamburg 1979, S. 83-121.

Gerhard Wietek, Dr. Phil. Rosa Schapire, in: Jahrbuch der Hamburger Kunstsammlungen, Bd. 9, 1964, S. 115-160.

F. Winkelmann, Wohnhaus und Bude in Alt-Hamburg. Die Entwicklung der Wohnverhältnisse 1250-1830, Berlin 1937.

Heinz Zabel, Plastische Kunst in Hamburg. Skulpturen und Plastiken im öffentlichen Raum, Reinbek 1986.

Dank

Ich habe nicht vergessen, daß die Anregung zu diesem Buch von Karin Beth und vom Verlag C.H. Beck ausgegangen ist.

Rolf Wichmann und Susanne Oevermann vom Junius Verlag, Ulrike Theilig und Gesine Krüger verdanke ich sorgfältige Betreuung, Helga Obens Unterstützung durch das Hamburger Abendblatt.

Während der langen Entstehungszeit habe ich profitiert von Gesprächen mit zahlreichen Kolleginnen und Kollegen und auch von deren Rat und Hilfe: Jörgen Bracker, Ralf Busch, Manfred F. Fischer, Horst Gronemeyer, Hartmut Frank, Bärbel Hedinger, Bernhard Heitmann, Gisela Jaacks, Ralph Knickmeier, Volker Konerding, Franklin Kopitzsch, Friedrich Laux, Johanna Lessmann, Klaus Richter, Ilse Rüttgerodt-Riechmann, Eckhard Schaar, Uwe M. Schneede, Agnes Seemann, Georg Syamken und Ulrike Wendland. Besonders hervorheben möchte ich Hermann Hipp und Helmut R. Leppien.

Bei der Material-, Literatur- und Bildbeschaffung haben mir außer den im Abbildungsnachweis genannten Personen und Einrichtungen besonders geholfen: Ralf Busch, Michael Doose, Herbert Eisenhauer, Heide Grape-Albers, Roland Jäger, Peter Kruse, Dieter Otte, Ortwin Pelc, Ilse Rüttgerodt-Riechmann und Barbara Spieß.

Ohne Regina Elvers, Chris Felix und Tatjana Nonn-Szily wäre ich des Textes nicht Herr geworden.

Die Freunde und Gäste im Hotel Terme Preistoriche in Montegrotto haben sich lange über meine Arbeiten wundern müssen. Unter ihnen hat Wolfgang Wutzler immer wieder Interesse gezeigt.

Meine Frau Christine und mein Sohn Johann haben durch ihren Zuspruch und ihre Geduld das Buch erst möglich gemacht.

Allen möchte ich im nachhinein herzlich danken.

Bildnachweis

Altonaer Museum: 206
Architekturarchiv, Hamburg: 317, 346, 359
Bremische Staats- und Universitätsbibliothek: 52 u.
Deichtorhallen GmbH (Wolfgang Neeb): 357, 380
Denkmalschutzamt Hamburg: 64, 68, 101 r., 102, 127, 134, 136, 142, 144, 151, 152, 153, 154, 157, 158, 162 u., 168, 171, 172, 178, 180, 208, 210, 211, 220, 223, 224, 226, 227, 228, 232, 235, 237, 238, 240, 241, 243, 244, 247, 248, 251, 252, 254, 255, 257, 258, 260, 261, 263, 268, 270, 271, 306, 309, 312, 313, 321, 323, 333, 342, 353, 358
Michael Doose: 101 l., 174, 177
Dokumentenhaus KZ-Neuengamme: 318
Hamburger Abendblatt: 266, 365
Hamburger Kunsthalle: Titel, 2, 74, 77, 80-83, 89, 107, 108, 122, 125, 184, 187 o., 188, 194, 195, 197, 274, 279, 281, 282, 287, 293 l., 294, 298 u., 324, 327, 328, 330, 367, 368, 372, 376
HAPAG-Lloyd: 289
Karl Georg Heise, Norddeutsche Malerei, Leipzig 1918, T.XC III: 93
Helms-Museum: 15, 17, 18, 21, 27, 35, 49, 375
Frank Pieter Hesse: 362
Roland Jäger: 265, 314
Kulturbehörde Hamburg: 325, 379, 381
Landesbildstelle Hamburg: 70, 71, 88, 141, 164, 253, 297, 338, 343, 347, 354, 355
Lüdeking Photo-Studio, Lüneburg: 86
Dr. Kai Mathieu: 43
Museum für Hamburgische Geschichte: 69, 120, 128, 169, 182, 187 u., 190, 192, 193, 209, 264, 290
Museum für Kunst und Gewerbe: 72, 179, 198, 199, 285, 293 r., 298 o.
Museumsschiff Cap San Diego: 351
Niedersächsisches Landesmuseum, Hannover: 104
Werner Nöfer: 373
Volker Plagemann: 269
Detlef Schumacher: 25, 29
Staatsarchiv Hamburg: 39, 42, 51, 54, 57, 58, 61, 62, 63, 65, 66, 86, 99, 131, 143, 145, 146, 148, 149, 162 o., 166, 176, 207, 217
Staats- und Universitätsbibliothek: 52 o.
Ferdinand Stöter, *Die ehemalige St. Marienkirche oder der Dom zu Hamburg*, Hamburg 1879, Tafel 11: 99
Warburg-Haus, Hamburg: 337
Reimer Wulf: 360

Personenregister

Sachregister